唐鉴新绎

刘韶军 译注

文化发展出版社
Cultural Development Press

图书在版编目（CIP）数据

唐鉴新绎 / 刘韶军译注. -- 北京 ：文化发展出版社，2022.4

ISBN 978-7-5142-3682-8

Ⅰ. ①唐… Ⅱ. ①刘… Ⅲ. ①中国历史－古代史－唐代－编年体 Ⅳ. ①K242.043

中国版本图书馆CIP数据核字(2022)第016645号

唐鉴新绎

译　　注：刘韶军

责任编辑：周　蕾　　　　　　责任校对：岳智勇

责任印制：邓辉明　　　　　　责任设计：侯　铮

出版发行：文化发展出版社（北京市翠微路2号 邮编：100036）

网　　址：www.wenhuafazhan.com

经　　销：各地新华书店

印　　刷：北京文昌阁彩色印刷有限责任公司

开　　本：710mm × 1000mm　1/16

字　　数：451千字

印　　张：31

版　　次：2022年4月第1版

印　　次：2022年4月第1次印刷

定　　价：68.00元

I S B N：978-7-5142-3682-8

序言

一、范祖禹与《唐鉴》

中国历来有以史为鉴的传统，历代学者编写各种史书，都有同一个目的，即让后人通过了解历史而从中吸取经验教训，让历史成为后人的镜子，指导人们在自己的时代尽量避免前人的错误，吸取前人的智慧，把国家治理得更好，让人民生活得更为幸福。我们今天来读《唐鉴》，也是抱着同样的目的。

《唐鉴》是中国历史上一部有名的史论著作，由北宋的范祖禹（1041—1098）写成。范祖禹，字淳甫，又字梦得，华阳（今四川成都）人，是北宋时期著名的史学家、政论家。宋仁宗嘉祐八年（1063）中进士，初任资州龙水令，后协助司马光编纂《资治通鉴》，在神宗、哲宗两朝历任秘书省正字、著作佐郎、著作郎兼侍讲、谏议大夫、礼部侍郎、侍讲学士、翰林学士等职，后因朝廷党争而被贬到外地，先后出任陕州（今河南三门峡西）知州、武安军（今湖南长沙）节度副使、昭州（今广西平乐）别驾，又被贬到永州（今湖南永州）、宾州（今广西宾阳）、化州（今广东化州），终在化州病逝。化州民众为纪念范祖禹而建有范公墓，千年来一直是化州的著名人文景观。

范祖禹为人正直，平日不言他人之过，但遇大是大非，则据理力争，绝不模棱两可。担任皇帝侍讲（为皇帝讲解古代典籍的官职）时，能把古书中的思想意义讲得清楚而深透，并能结合当时的政事加以分析，因此而被苏轼誉为“讲官第一”。范祖禹的传记在《宋史》卷三三七《范镇传》之后，要了解范祖禹的事迹，可读此传。范祖禹的著作除《唐鉴》外，还有《帝学》《神宗实录》《仁皇政典》等，他的诗文合编为《范太史集》。

范祖禹撰写《唐鉴》，是他协助司马光编纂《资治通鉴》的副产品。司马光编纂《资治通鉴》时，自己负责全书的统稿，兼撰先秦部分，此外又挑选了一些专家共同编写，如汉史专家刘攽、魏晋南北朝史专家刘恕、唐五代十国史专家范祖禹，让他们每人负责撰写一个时代的历史，再由司马光最终修改定稿，可知这是集中了集体智慧的历史巨著，故在后代一直受到人们的欢迎。

《资治通鉴》中的唐代及五代十国部分，是这部历史巨著的最后部分，也是内容最为丰富而详尽的部分，因为紧接着这个时代，就是司马光和范祖禹所处的北宋。他们对刚过去的那个时代有着远比其他历史时代更为深切的感情与理解。由此可知，范祖禹负责撰写《资治通鉴》的唐及五代十国部分，在整个《资治通鉴》的撰写中占有如何重要的分量。

范祖禹为完成《资治通鉴》的唐及五代十国部分，跟随司马光在洛阳工作了十五年之久，心无旁骛，专心致志，精心整理史料，仔细研究唐及五代十国历史的各种问题，出色地完成了《资治通鉴》中的唐及五代十国部分的撰写。等到《资治通鉴》全书完成后，范祖禹还觉得有不少问题未能在《资治通鉴》中充分阐述清楚，所以他又把自己关于唐代历史的理解与认识用史论的方式写成《唐鉴》一书。

由于范祖禹在撰写《资治通鉴》的唐及五代十国部分时做了充分的研究与思考，因此他在北宋哲宗元祐元年（1086）写成的《唐鉴》，能够站在整个中国通史的高度纵论唐代三百年间各位皇帝及重要大臣治理国家的得失利弊，上起唐高祖李渊在任隋朝高官时起兵反隋，下至唐代最后一位皇帝昭宣帝被迫“禅让”帝位给朱全忠，整个唐代历史的兴衰，范祖禹全都做了自己的深刻评论，全书共有296篇评论，是历史上罕见的唐代历史通论。书成之后，范祖禹把它献给宋哲宗，希望宋哲宗能以刚刚灭亡的唐代历史为鉴戒，学习和汲取前代帝王治国理政的智慧，而不要重犯前代帝王的错误，这正是他与司马光编纂《资治通鉴》时“以史为鉴”思想的又一次体现。

二、《唐鉴》要探讨什么问题

《唐鉴》完成之后，范祖禹为《唐鉴》写了一篇序，说明了他撰写此书的根本目的。

考其（唐）兴废治乱之由。

也就是说，他要分析和总结唐代从兴起、强盛而后逐渐变弱并终至灭亡的原因是什么。为此他先考察了唐王朝是如何兴起的。他认为唐高祖李渊能“以一旅之众取关中，不半岁而有天下，其成功如此之速”的原因在于隋王朝的统治已经“大坏”，而唐的起兵是“以治易乱，以宽易暴”，所以使“天下之人归往而安息之”。

这说明一个王朝无论曾经如何强盛，也会因为帝王治国不善而使这个王朝的统治从治到乱，所谓的“大坏”，就是“大乱”的结果，由于“乱”而使整个王朝垮掉了。用今天的话说，“大坏”就是彻底垮台了。所以唐的起兵反隋，是用治来代替乱，是用宽政来代替暴政。这就是所谓的“以治易乱，以宽易暴”。易，就是代替的意思。“宽”与“暴”相对而言，暴政是对待官与民都非常残暴，毫不顾惜他们的利益，不拿他们的生命当一回事；而宽政则是实行宽松的政治，使人们都生活在和谐的环境中。这也说明，隋的“大坏”，是由隋王朝的暴政引起的必然结果，而宽政则是挽救这种暴政之恶果的唯一正确之道。正因为如此，唐王朝才能一举取代隋王朝，使天下人民都愿“归往”于唐王朝的统治，而摒弃隋王朝的暴政，因为这样一来，“天下之人”

才能得到“安息”。换句话说，谁能让人民得到“安息”，谁就能得到人民的拥护。所谓“安息”，就是平安与休息之意，不再因暴政而处于危险与不得休息的境地。而这也是天下人民最为欢迎的局面，是统治天下最好的局面。

但在新的王朝建立之后，最大的问题就是如何使这个新的王朝稳固下来，继续得到人民的拥护与支持。唐王朝做到了这一点，范祖禹认为其原因是能做到“君明臣忠，外包四荒，下遂万物”，他认为这就是唐朝能够兴盛的原因。

治理国家最重要的因素是君与臣都能做最正确的事，在古代的社会制度下，君是最根本的因素，臣是辅助性的因素，对于君来说，最重要的是要做到“明”。“明”不是个人在智力上的聪明，而是在政治上的开明、明智。君能做到在政治上开明、明智，就能识别、判断和选拔出最优秀的人才担任各级官员，这就保证了“臣忠”不是臣为了讨好君而装出来的假象，而是实实在在的为臣之人的素质。“忠”也不是臣对君的个人忠诚，而是臣对于整个国家命运、全体人民的根本利益的最大忠诚和负责精神。开明、明智的君所要求的臣的“忠”，就应该是这样的“忠”，而不是臣对君本人的言听计从，甚至是阿谀奉承。

如果君臣能做到这种“明”与“忠”，就能使整个统治机制达到最佳效果。而衡量这种最佳效果的标准应该是客观的，而不是主观的，客观的标准就是“外包四荒，下遂万物”。四荒是指遥远的四面八方，也就是要君臣能关心整个天下，不是只关注自己眼前的那点地方及其事务。万物则是整个天下中所有的人与物，要让所有的人与物都能达成自己的目的，实现自己的利益，这就是所谓的“遂”。遂，意为完成。用“外包四荒，下遂万物”作为衡量君臣治理天下的客观标准，是非常有效的，其他的事情都不能有效地衡量君臣治国的效果，无论文人墨客或大臣官僚如何歌功颂德，都不能真正衡量出君臣治国的真正效果，只有从四荒与万物的实际情况来看，才能真正看出君臣治国的实际效果。所以范祖禹说到唐王朝的治国成功与统治稳固，只用这

几句话就足以揭示其中的道理了。这就是历史学家通过对历史的整体纵观与深刻分析所能得出的最简明而有效的结论。这一结论无论观察哪一个王朝，都是足够有效的。

但唐王朝初期的君臣能做到的，不一定保证后来的君臣也能做到，这就造成了唐王朝的由盛转衰，由强变弱，由胜利走向灭亡。范祖禹研究唐代历史的整个过程，当然也会看到盛唐只是一个短暂的时期，之后就逐步走向衰亡，他考察了这一历史转变的根本原因，认为这就是：

子孙忘前人之勤劳，天厌于上，人离于下，宇内圮（圮）裂，尺地不保，此其所由废也。

“子孙忘前人之勤劳”，正是说明唐王朝后来的君主不能像初期的君主那样勤劳治国，变得懈怠，不能尽心尽力治国理政，这就使“天厌于上，人离于下”，即在上的天不再帮助唐王朝，在下的人民也不再顺从听命于唐王朝。

所谓的天助，不是说天有意志，能有意帮助一个王朝，而是指整个客观环境不再为唐王朝提供有利的条件，使唐王朝的统治之内产生了分裂与破坏的因素。在唐当初起兵反隋时，似乎有天之助，所以能够顺利成功。当时的天助，也不是有意志的天来帮助，而是当时的整个天下的各种因素汇合成为有利于唐起兵来取代隋的综合条件，到唐王朝由盛变衰而走向灭亡时，也存在着这种可称之为天的客观综合因素，这都不是哪一个人有意地造成或主观地决定的，而是整个客观环境的各种因素汇合在一起的综合效果，所以古人就用“天”来说明这种情况。也就是说，无论是一个王朝的兴起还是强盛以及衰弱或灭亡，都在客观上存在着整体的综合因素，由此造成一个王朝的兴亡盛衰，所以中国古代在很早就认识到这一点，而提出了一句名言：“顺乎天而应乎人”，简称“顺天应人”。

这是中国最著名的古代经典《周易·革卦》里的一句话：

天地革而四时成，汤武革命，顺乎天而应乎人，革之时大矣哉！

《革卦》所说的意思是天地在不断地变化，由此构成了四季的变化，这是说变化为客观世界的根本规律，一切都在不断变化，没有永不变化的事物。而历史上的商汤、周武王的“革命”，即他们采取军事行动消灭了已经腐败残暴的夏桀与殷纣王，使天命从以往的王朝手中转到自己手中，完成了王朝的更替，这就是中国古代所说的“革命”，即“天命的变化”（革指变化，命指天命），而商汤与武王之所以能够成功，就是因为他们顺乎天而应乎人，即顺应了天意与人心。在天意与人心要求进行改革时，顺乎这一要求，就是顺天应人，由此完成历史上的重大变革，就是“革之时大矣哉”。所谓的“大”，就是说变革在事物的发展过程中具有重要的意义，它能使整个世界与万事万物发生根本性的变化。

唐王朝的兴起并强盛，是顺乎天应乎人；它的衰弱灭亡，也是天意与人心的客观要求，使唐王朝不得不然。从这个意义上说，古人所说的“顺天应人”，就是种种客观因素造成了一个王朝的兴亡盛衰。范祖禹所说的“天厌于上，人离于下”，就正是唐王朝不能顺乎天，也不能应乎人，上天与人民皆抛弃了唐王朝，所以唐王朝必然由盛变衰，由强变弱，逐步走向灭亡，也就是范祖禹所说的“宇内圮（圯）裂，尺地不保，此其所由废也”。宇内即整个天下，圮（圯）裂即四分五裂，废即王朝的统治废坏崩溃。可知，范祖禹从唐代历史总结的一个重要教训就是一个王朝必须顺乎天应乎人，顺应客观环境的要求与天下民心的需要。

但历史的经验教训还不能只看到这一层，还要更为深入地具体探讨其中的问题。因此，范祖禹进一步总结说：

其治未尝不由君子，其乱未尝不由小人。

一个王朝的兴亡盛衰，根本问题是王朝的统治者如何治国理政，古人就用一个“治”字来概括这个问题。“治”字包括两方面的含义，一是“治”，一是“乱”。“治”是治理得好，“乱”是治理得不好，所以二者都包括在“治”字当中。治理得好，是因为由君子来治国理政；治理得不好，是因为由小人来治国理政。这就是范祖禹从治国理政层次对唐代历史做出的总结。至于在唐代历史中究竟哪些人是君子，哪些人是小人，他们又是如何治国理政的，这在《唐鉴》中就有非常具体的论说，详看本书内容自会明白。所以范祖禹说，怎样分辨君子之治与小人之治，这都“布在方策，显不可掩”，即由他们所采取的治国理政的方针政策就可明显地看出来，是不可能掩盖得了的。

这也说明了历史的一个重要作用，就是可以让后人通过观察前代统治者的治国方策之具体内容，分辨出这些统治者是君子还是小人，他们所采取的治国方策的不同，直接造成了国家的兴衰，这是他们无法掩盖或推脱的历史功过簿。功就是功，过就是过，谁也不能让历史为他们遮掩。所以说，历史就是一面无情的镜子，会把在历史舞台上表演过的所有人的功过是非以及他们是君子还是小人的实际情况一览无余地显示在后人面前。

范祖禹当时撰述此书，直接的目的是为宋王朝的君主从唐代历史中吸取应有的经验教训，所以他在《序》中强调说：唐王朝的兴衰转变，对宋王朝的帝王来说是“今所宜监”的，按照古人所说“我不可不监于有夏，亦不可不监于有商”的态度，以唐为鉴，故其书名为《唐鉴》。从这里可以看出以史为鉴的重点是在于吸取灭亡了的王朝与帝王的教训，所以说不可不监于有夏和有商，即是以夏桀和商纣为鉴戒，宋以唐为鉴，也就是以唐朝后期君主的错误而导致唐王朝走向灭亡为鉴。治国的成功学不好，还不至于亡国；治国的错误不能认真总结与认识，就会导致亡国，所以以史为鉴的重点要放在以前人治国的错误为鉴上，当然，同时也不要忽视前人治国的成功经验。换言之，认真地总结学习前人治国的成功之处，才能防止前人治国的错误与失败。二者是相辅相成的，但要以鉴戒前人的错误为主，学习前人的成功为辅。这也是我们认真阅读《唐鉴》所能得到的一个重要认识。

范祖禹在向皇帝献书的时候，又写了一篇《进〈唐鉴〉表》，其中又提出一个观点，即以史为鉴来帮助在位的帝王保持清醒的头脑、采取正确的施政措施时，需要“下之戒上，臣之戒君”，这是为臣者的责任。

古代是君臣制，君虽然具有莫大的权力，是治国的主导者，但君不能只靠自己一个人来治理整个国家，需要众多的大臣来负责各方面的事务，因此臣僚们有责任帮助君主，一方面是在事务上为君主分忧解愁，把自己所负责的事务办好，让君主放心；另一方面则要对君主进行监督，在君主做出错误决策时，从自己所负责的事务的角度向君主提出积极性的建议，以纠偏止误，不能一味唯君是从。所以范祖禹认为臣僚应该负起“戒上”“戒君”的责任。戒上是指对上级要有所提醒和告诫，戒君则是对君主要有所提醒和告诫。总之，作为下级或臣僚，对其上的官与君，也不是一味地服从，而应运用自己的头脑思考问题，帮助上级和君主防止出现错误。

范祖禹的这一思想是有道理的，因为上级和君主不是神仙，不可能所有的决策都是正确的，必然会有错误的决策，下级的臣僚应该更为了解具体情况与实际事务，由此来判断上级和君主的决策是不是全都正确与可行，及时提出建议与告诫，这才是真正的“臣忠”，即忠于国家和人民的根本利益，而不是单纯地忠于上级和君主。由此可知，范祖禹所说的史鉴，又包括臣僚对上级及君主的提醒告诫和劝谏，而这在中国古代政治历史中本身就是一个优良传统，是古代儒家一再强调的臣僚的优秀素质之一。从史鉴的角度看，臣对上级和君主的提醒告诫，就是由臣僚来做上级和君主的鉴（镜子），通过臣僚提供的“鉴”（镜子）而使上级与君主看清楚国家治理的各种事务的真实情况，不至于陷入聋盲境地。

总之，范祖禹在这篇《进〈唐鉴〉表》中强调，历史的借鉴就是“以古验今，以前示后”，这对于君主来说，可以起到“进哲德而养圣功”的作用，即使帝王提高自己的哲（明智）与德（品德），由此养成君主的高素质之功。圣是对君主的称呼，功则是指君主的个人素质之功效。换言之，在范祖禹看来，历史之鉴戒，是促进和提高君主个人素质的有效工具，而这正是保持治国理政之正确性的有力保障。

范祖禹还为此书写了一篇《上太皇太后表》，即把此书献给太皇太后。宋哲宗即位时年仅九岁，由太皇太后垂帘听政。太皇太后即宋英宗的皇后高氏，英宗之后为神宗，哲宗是英宗之孙，太皇太后就是哲宗的祖母。当时太皇太后对哲宗极为严厉，朝中大政实由太皇太后掌控，所以范祖禹给哲宗献书，也要同时给太皇太后上表说明情况。在这篇《上太皇太后表》中，范祖禹向太皇太后说明了以史为鉴的重要作用：

观古所以知今，章往所以察来……稽参得失，监观成败。

这是说为哲宗献上《唐鉴》是为了让哲宗了解唐代的历史，参考唐代治国的得失成败，以便更好地治理大宋的天下。他又在《上太皇太后表》中说明了以史为鉴的方法就是要注意细微之处：

治乱兴废，皆起细微。言之于已然，不若防之于未然；虑之于未有，不若视之于既有。故曰前事之不忘，后事之师也。

“细微”是指君主治国的细小之处，包括君主个人的言行、治国的政策、用人的取舍等，一切事务的细小之处都是所谓的“细微”。细微在开始时不会有太大的危害，但长此以往不加以改正，则积久而害大，等到危害积大而严重时，再想纠正，就太晚了，无能为已。所以一切都要从细微时开始加以纠正，及时发现，及时纠正，不让一切错误从细微发展为重大。“已然”是指错误与危害已经形成，非常明显，人人都能看到了，即危害变得严重。“未然”是指错误与危害还没有形成，人人都看不到，都不加以注意。但“已然”时难治，“未然”时易防，所以要从“细微”初起时加以防止，不要等到了“已然”时才来劝说。“未有”就是“未然”，“既有”就是“已然”。言、虑、防、视，都是对事情的观察、思考、提防等，君与臣治国理政，对于一切有关的事务，都要随时进行言、虑、防、视，不能平时毫不关注，等事情变得严重了才来想办法、找对策，就已经太晚了，这正是所谓的积重难返。君与臣对此都要严肃对待，包括一切治国理政的方针对策以及个人的素质修养，都要从细微处、细微时就予以密切关注，随时加以纠正，才不至于积重难返，无以为救。

但对“细微”的观察，又离不了对前人历史经验教训的总结，即要以前事为师，才能把后事做好，而不出错。由此又说明了以史为鉴的重要性，即在防备各种错误的积重难返上，也是必须要借助于历史鉴戒的。

由此我们就知道了范祖禹《唐鉴》所要提醒告诫君主与臣僚的主要意旨，以及他之所以探讨唐代兴亡盛衰而总结出来的根本经验，今天来读《唐鉴》，对此必须了然在胸，才能把书中所说的内容深入体会，才能使我们今天读此书确有收获。

三、范祖禹《唐鉴》的历史影响及版本

《宋史·范祖禹传》称赞范祖禹“长于劝讲，平生论谏，不啻数十万言。其开陈治道，区别邪正，辨释事宜，平易明白，洞见底蕴，虽贾谊、陆贽不是过云”。可知范祖禹擅长结合政治现实展开自己的历史评论，由此向帝王揭示治理天下的正道所在。这在《唐鉴》中得到了充分表现，他的文章引论宏富，辨事透辟，先据《资治通鉴》概述相关的历史事实，再针对其事提出自己的深刻评论。对于唐代的贤君和昏主，都能根据史实加以评论，既能指出他们的明智与优点，又能批评他们的昏庸和缺点。通读其书，可使后人洞悉唐代三百年治乱史，因此《唐鉴》一书确有帝王之师的宏大气度。

《唐鉴》问世以后，影响很大。与《资治通鉴》并重于当时，范氏被尊称为“唐鉴公”，有些达官贵人看到范祖禹之子，只称他为“唐鉴之子”，而不称范氏之名。张端义《贵耳集》曾记载宋高宗的话，说“读《资治通鉴》，知司马光有宰相度量。读《唐鉴》，知范祖禹有台谏手段”。其书也极为二程之一伊川先生所称道，认为“三代以后无此议论”。明清之际的大学者顾炎武也赞誉范祖禹及《唐鉴》为“良史”，这都说明后来的学者对范祖禹及《唐鉴》给予了高度评价，也显示出《唐鉴》对后代学者的深远影响。

另一方面，我们还要充分认识到《唐鉴》对于后人的重要历史价值，这就是：它不仅让人们清楚地了解了唐之所以成功并走向鼎盛的原因，更重要的是让人们认识了唐从盛而衰而弱而亡的过程与原因所在。

一般而言，人们往往只去赞叹与欣赏盛唐的万千气象，而对唐的衰弱灭亡则言之甚少，知之不详。《唐鉴》的一个重要价值，就在于它能让人们重视唐代历史不为人们注意的方面，并找出其原因，让人们从中吸取应有的教训。

中国古代思想文化的一个重要哲理就是把事物的发生发展变化看成一个必然的不以人们意志为转移的客观过程。一个事物乃至一个王朝会从无到有，从小到大，从弱到强，同时它也必然会从强到弱，乃至灭亡，失去其存在的力量。在历史上，观察任何一个王朝，无不是这样，所以中国古代的哲人由此总结出这样的真理。古代的哲人，如孔子、老子以及历代有思想的历史学家，都认同这一真理，并把它贯穿到对历史和社会的观察当中去。更为重要的不是观察和总结过往的历史，而是运用观察历史所得到的经验教训来观察与指导现实。前人的观察与总结不能只停留在口头上、书面上，而应化为现世人们的思想与文化素质之必须具有的素质。这样，才能使前人的历史观察与总结成为后人的宝贵精神财富，才能不辜负前人辛苦总结的用心。范祖禹撰写《唐鉴》，是要为当时的宋哲宗们提供历史的一面镜子，更希望它能成为后来君臣治理国家的宝贵借鉴。《唐鉴》，不仅仅是以唐为鉴，更应该是以史为鉴，而且要鉴之于现实，鉴之于当下，鉴之于自己，这样才能充分看出《唐鉴》的历史价值与思想价值，才能充分实现这些价值，才能真正地把古人的历史智慧化为自己的文化素质，增强自己的治国理政的能力与水平。现在，我们已经认识到治理能力与水平的问题，而古人早就为君臣们提供了优秀的学习教材，我们有什么理由不重视它们、不学习它们、不掌握它们呢？

当然，现在我们来读古人的著作，还存在着较多的困难，一是语言文字上的阅读障碍，二是思想文化上的理解障碍。所以还需要对古人的著作进行一定的注释和翻译，才能让今天的人们比较顺利地阅读古人著作。这次能为领导干部们注释翻译并解说宋代史学家范祖禹的《唐鉴》，对我来说，是一个非常荣幸的任务，因此我要尽力做好这件事，使《唐鉴》成为今天领导干部手中广受欢迎的读本。

要读《唐鉴》，就要选择此书的最佳版本，这是阅读历史书籍时必须注意的一个问题。《唐鉴》现存最好的版本，是宋代刻本，上海古籍出版社影印了这部珍贵的宋本。我们的注释翻译就依据这部宋本。根据书中原有的避讳字，可以判定它是南宋孝宗时期（1162—1189）的浙江刻本，这是《唐鉴》现存最早的刻本，距宋哲宗在位之时（1085—1100）仅有七八十年。可知这是《唐鉴》最为珍贵的版本。

现存的《唐鉴》宋版本，已有缺页，清代初年揆叙谦牧堂对此根据其他版本做了摹补，再与《四库全书》本及《资治通鉴》《新唐书》《旧唐书》《贞观政要》等书进行对比，改正了其中的一些错字，使之成为目前最为完善的版本。

《唐鉴》问世时分为十二卷，后来南宋的学者吕祖谦为此书作注，把每卷一分为二，于是成为二十四卷。全书篇幅较大，共二百九十五篇叙事及评论。本书从《唐鉴》原著中精选出一百四十四篇进行全新译注评析，包括了唐代历史中的重要人物与事件，可以完整了解唐代历史以及范祖禹的史论主旨。

我们为选出的每一篇加上“题解”，说明这一篇的主要内容与意旨，放在每一篇原文前面，这对读者阅读原文会有所帮助。然后列出《唐鉴》原书中的有关记载和范祖禹的评论，在其后加上“注释”，主要注释原文中的人名、地名、官名及人们感到陌生的字词。在此基础上将原文译成现代汉语。最后进行“评析”，对相关的历史事件、人物、制度及范祖禹的评论等做出分析解读。

从原书各卷中选出的篇数多少不等，故不再按原来的卷数分排。原书每篇本来没有标题，现根据各篇的内容拟出标题，以便于阅读与浏览。

刘韶军

2021年12月

目　录

高祖

太宗

高宗

中宗

玄宗

肃宗

代宗

德宗

宪宗

穆宗

文宗

武宗

宣宗

僖宗

昭宗

昭宣帝

高祖

唐太宗有志有才而不知义

【题解】

这是《唐鉴》的第一篇。隋朝末年，隋炀帝荒淫无道，天下大乱，李世民决心利用这个时机起兵反隋，进而夺取天下，取隋朝而代之。但他当时还没有任何政治影响力和军事力量，必须利用其父李渊手中的政治军事资源。李渊当时为隋朝任命的太原留守和晋阳宫监，是隋炀帝部署在西北方面防范突厥和镇压叛乱的主将。李渊手中的政治军事力量，是李世民必须借用的资源。但李世民不敢贸然把起兵反隋之事直接告诉李渊，于是和晋阳宫副监裴寂合谋，设下圈套，让李渊与晋阳宫宫女私通，以此为把柄，胁迫李渊同意起兵。起兵之后，李世民又向突厥称臣，请其出兵帮助反隋。这些做法，范祖禹都加以严厉批评，认为虽然史称李世民有济世之志、拨乱之才，但其手段却极不光彩，认为李世民这样行事是“不知义”。在《唐鉴》中，范祖禹对唐代君臣的言行，能够根据具体情况进行具体分析和评判，既不一味褒扬，也不全是批评，体现了实事求是的精神，这正是中国古代史论的精华所在。

【正文】

隋大业十三年[①]，高祖[②]为太原留守[③]，领晋阳宫监[④]。时炀帝[⑤]南游江都[⑥]，天下盗贼起，高祖子世民[⑦]知隋必亡，阴结豪杰，谋举大事。惧高祖不听，与副监裴寂[⑧]谋，寂因选晋阳宫人，私侍高祖，乃以大事告之。世民因亦入白其事，五月，以诈杀副留守王威、高君雅，遂起兵，遣刘文静[⑨]使突厥[⑩]，约连和。

臣祖禹[11]曰："匹夫欲自立于乡党，犹不可不自重也，况欲图王业，举大事，而可以不正启之乎？太宗陷父于罪而胁之以起兵，高祖昵裴寂之邪，受其宫女而不辞，又称臣于突厥，倚以为助，何以示后世矣？夫创业之君，其子孙则而象之，如影响之应形声，尤不可不慎举也。是以唐世人主无正家之法，戎狄多猾夏之乱[12]，盖高祖以此始也。或曰：'太宗苟不为此，则高祖或终不从，而突厥将为后患，二者权以济事也。'臣窃以为不然。古之王者，行一不义，杀一不辜，而得天下，不为也[13]。太宗恐高祖之不从，惧突厥之为患，终守臣节可也，岂有胁父臣虏以得天下而可为欤？此而可为，则亦无所不至矣。惜乎！太宗有济世之志，拨乱之才，而不知义也。"

【注释】

① 大业：隋炀帝杨广年号，605—618年。大业十三年，617年。

② 高祖：唐高祖李渊（566—635），唐朝开国皇帝，618—626年在位。祖父李虎、父亲李昞在西魏和北周任高官，母亲为隋文帝独孤皇后的姐姐，他是隋炀帝的姨表兄弟，深受隋炀帝重用，先后任荥阳、楼烦二郡太守、殿内少监、卫尉少卿、山西河东慰抚大使、太原留守。隋末大乱，起义军遍布全国，李渊与次子李世民在太原起兵，进取关中，618年称帝，国号为"唐"，定都长安，之后逐步统一全国。高祖武德九年（626）六月初四发生玄武门之变，李世民杀死太子李建成和齐王李元吉，逼李渊立自己为太子。不久，李渊退位为太上皇，李世民即位，史称唐太宗。李渊死后，庙号高祖。

③ 留守：皇帝离开京城时，任命一位高官掌管全城事务，称留守。隋时在行都也设留守。太原有隋炀帝行宫晋阳宫，以李渊为留守。

④ 晋阳宫监：隋炀帝设在太原的行宫称晋阳宫，宫监是主管该宫的长官。

⑤ 炀帝：隋炀帝杨广（569—618），隋文帝杨坚的次子，隋朝的第二任皇帝，604—618年在位。在位14年，消灭南朝陈，统一天下，修建

大运河，又西巡张掖，使丝绸之路畅通，设置西海、河源、鄯善、且末四郡，使甘肃、青海、新疆等西北地区成为中国不可分割的一部分。又在东南开疆拓土，使中国的领土扩大到印度支那的安南、占婆（今越南地区）等地。又把北方的突厥分裂成东突厥与西突厥，为以后唐太宗取胜奠定坚实基础。他三次巡游南方江都，三次率兵征伐高丽。由于战事频繁，隋对人民的奴役征敛十分苛重，于是人心思乱，隋炀帝的部下宇文化及等人发动兵变，将炀帝缢死在江都（今江苏扬州）。

⑥ 江都：在今江苏扬州，隋炀帝南巡时在江都建立行宫，当时天下已纷纷起兵，炀帝不能返回长安，随行的骁果禁军在宇文化及等人率领下，发动兵变，炀帝死于江都。

⑦ 世民：李世民（599—649），李渊第二个儿子，史称唐太宗，627—649年在位。李世民迫使李渊起兵，在征战中屡立战功，封为秦王。高祖武德九年（626），李世民发动玄武门之变，杀死太子李建成等，夺取帝位。在位期间，能虚怀纳谏，任人唯贤，注重吏治，形成贞观之治的兴盛局面。

⑧ 裴寂（569—629）：蒲州桑泉（今山西临猗）人，隋末任晋阳宫副监，与李渊交谊深厚，为李世民迫使李渊起兵的策划者之一，以晋阳宫米九百万斛、铠甲四十万枚支援李氏出兵。唐朝建立后，任尚书仆射（尚书省是隋唐时期最高的政务行政机构，仆射为尚书省的副职长官，为尚书省的实际长官），受到李渊的宠信，唐太宗贞观三年（629），因罪放归原籍，又流放静州（今四川旺苍）而死。

⑨ 刘文静（568—619）：彭城（今江苏徐州）人，世代居住于京兆武功（今陕西武功），故又为京兆人。隋末任晋阳令，与裴寂共同协助李渊起兵，之后出使突厥，使唐与突厥结盟，让李渊免除后顾之忧。唐朝建立后任纳言（即侍中，为门下省长官，与尚书仆射、中书令同居宰相之职），助李世民击灭薛仁果，任民部尚书、陕东道行台左仆射，后与裴寂产生矛盾，与其弟刘文起同被唐高祖处死。

⑩ 突厥：传说为匈奴人的分支，6世纪逐渐强盛，建立了突厥汗国，后分裂为东、西突厥。唐太宗、高宗时逐渐击败降服东突厥，分设若干都督府加以管理。此后突厥人活动在中亚地区，在世界史上有深远影响。

⑪ 祖禹：指范祖禹（1014—1098），成都华阳（今四川成都）人。宋神宗与哲宗朝任著作佐郎、国史院修撰、翰林侍讲学士等，参修《资治通鉴》《神宗实录》，晚年因党事遭贬。著有《唐鉴》《仁皇政典》《帝学》等。

⑫ 戎狄：古时中原王朝对四方不同民族的称呼。周代人自称华夏，对华夏周围四方的民族分别称为东夷、南蛮、西戎、北狄，后来以戎狄代称四方的不同民族，与华夏相区别。戎狄之乱，出自《尚书·舜典》"蛮夷猾夏"的说法。"猾"指侵扰、扰乱。

⑬ 行一不义，杀一不辜，而得天下，（皆）不为也：出自《孟子·公孙丑上》。范祖禹认为李世民鼓动李渊起兵的方法及向突厥称臣借兵都是不义的行为，故引《孟子》此语批评李世民为"不知义"。

【译文】

隋炀帝大业十三年（617），唐高祖李渊担任太原留守，兼晋阳宫监。当时隋炀帝到南方巡游在江都，天下到处出现叛军，高祖的儿子李世民看出隋必定灭亡，暗中结识豪杰，谋划举行起义。他怕高祖不同意，与晋阳宫副监裴寂商量，裴寂于是挑选晋阳宫的宫女，私下侍奉高祖，然后告知准备起义。世民于是也进来告白此事，五月，以诈谋杀了太原副留守王威、高君雅，于是起兵，派刘文静出使突厥，相约讲和并联兵。

臣范祖禹评论说："一个普通百姓要想在乡里自立，还不能不自重，何况打算创立帝业，举行反隋的起义，能不用正当的手段起兵吗？太宗李世民让父亲陷于有罪的境地而胁迫他起兵，高祖私下享用裴寂奉送的女人而不推辞，又向突厥称臣，以此取得突厥的协助，拿什么展示给后人呢？那些创业的君主，他的子孙会以他的做法为榜样而效法他，这就像影子、回音与实物、喊声的相应一样，尤其是不能不谨慎行事的。所以唐代的君主没有端正自家的家法，使得戎狄多次扰乱华夏，就是高祖以这种行为开其端的。有人辩解说：‘太宗如果不这样做，高祖或许不会听从，而突厥也会成为后顾之忧，做这两件事是以权变的方法来使事情成功。’臣认为不是这样。古代称王的人，做一件不义的事，杀一个无辜的人，来得到天下，都是不会做的。太宗怕高祖不听从，担心突厥成为后患，最终守住为臣的节操是可以的，岂能认为胁迫父亲、向虏称臣以取得天下是可以做的呢？这种事都可以干，也就会什么事都敢干了。可惜啊！太宗有挽救世运的志向，有拨乱反正的才能，却不懂得义。”

【评析】

李渊在隋王朝身居高官重位，掌管着隋王朝在西北的政治军事重镇太原的晋阳宫。这是隋炀帝的行宫，因太原古称晋阳，故称晋阳宫。历史上，太原一向是中原王朝防范西北方向的重镇。最初，尧把他的子孙封于此地，称为唐，西周周成王把弟弟姬虞封在此，称为唐叔虞。唐叔虞之子改国号为晋。春秋时，晋国赵简子派人在晋水之北筑城，取名晋阳。北魏时，高欢在太原营建晋阳宫，高欢之子高洋扩建。隋炀帝即位前封在此地，称晋王，称帝后对晋阳宫进一步扩建，又建了第二座晋阳宫。隋末大乱，李渊父子在晋阳起兵，建立唐王朝，太原称北都。唐代对晋阳宫不断扩建，形成西城、东城、连城三城并立的大都城。唐末五代，晋阳是后唐的西京，又先后为后晋、后汉、北汉的国都。从北齐高洋父子到隋朝杨广再到唐朝李渊父子，最后到五代后唐李存勖、后晋石敬瑭、后汉刘知远及北汉刘崇，所谓“真龙天子”都由此起家，所以晋阳又有龙城之称。宋太宗为了防止再有人从晋阳起兵，下令焚毁晋阳城，引汾水、晋水淹灌废墟。宋人避讳晋阳、太原之名，设置阳曲县，称为阳曲。宋太宗为斩断龙脉，把太原街道设计成丁字形，取“钉”字谐音，以钉死龙脉。

根据这些历史沿革，可知李渊当时的官职与所处的地区具有何等重要的地位，而他建立的王朝之所以称为唐，也有深远的历史渊源。李世民靠李渊的这种地位与其掌管的兵力与物质等，才能迅速起兵击败隋王朝。所以范祖禹说他“有济世之志，拨乱之才”，这也说明李世民当时对天下形势的分析与估量，是极为长远的。这就是唐能取代隋而成功得到天下的重要原因之一。但李世民为了让李渊同意起兵，也费了一番心思，采用了不光彩的手段达到了目的。范祖禹为此批评李世民“不知义”。“义”是儒家的孟子特别强调的一种伦理道德，对于一般人的道德修养来说是非常必要的。但对于要夺取天下的政治人物来说，有时就成为一种枷锁，李世民为了达到夺取天下的目的，而冲破这种儒家伦理道德的枷锁，从历史的发展过程看，这个错误与夺取天下后使全国走向稳定与强盛相比，就微不足道了。可以说，扭转历史进程，是一种大义；而个人的行为，是一种小义。在一定情况下，小义也要服从大义。

宋代的开国皇帝赵匡胤靠陈桥兵变夺取后周的帝位，于是黄袍加身而成为北宋王朝的开国皇帝。这种通过“兵变”而黄袍加身的做法，在五代人们已多次上演，赵匡胤之前的“兵变称皇帝”，都对历史的进程没有起到正面作用，而赵匡胤这次“兵变称皇帝”，则建立了北宋王朝，使中国延续近百年的乱世变成了治世，天下的人民由此得到了安定的生活。明末清初的大思想家王夫之在他撰写的《宋论》中，没有说赵匡胤靠这种虚假的兵变称帝的做法是不义的，而是能从赵匡胤建立宋王朝后的治国理政之效果来评价他的称帝之举，认为：“宋兴，统一天下，民用宁，政用乂，文教用兴”，“而天下胥蒙其安”，“载考其临御之方，则固宜为天下君矣”，“降德于民以靖祸乱”，“文教兴”，“宽仁布”，“终以一统天下，底于大定，垂及百年，世称盛治”，“自唐光启以来，百年嚣陵噬搏之气，寖衰寖微，以消释于无形。盛矣哉！”因此，王夫之认为赵匡胤建立宋王朝，可称为“轶汉、唐而几于商、周”（见王夫之：《宋论 · 太祖》）。这些说法充分表达了王夫之对赵匡胤通过兵变而称帝之后的治国之效果，并不是计较于称帝的手段之不光明正大，这与范祖禹评价李世民起兵反隋而批评他的手段“不知义”，形成鲜明对比。

由此也可使我们认识到，评价历史人物，要从大处着眼，看他对历史进程所起的作用，对于枝节上的义不义，则应放在次要的地位。这样才能真正认识伟大的历史人物在历史进程中所起的重大作用，而不是纠缠于一些枝节性的问题上。

英国历史学家汤因比在其《历史研究》中，根据哲学家柏格森的观点，认为观察与评价历史人物对于历史进程的作用，关键是要看这种人物能不能让社会历史“真正地向前跃进一大步”，能促成这种向前跃进一大步的人，就是对历史做出了巨大贡献的人，这种人就不是普通的人，他所做的事是一种创造性的工作，促使人类社会向上成长，即向前发展，而且也使人类的智慧界限大加开拓，并使社会中的人变成全新的人，而与以前大不相同。（参见［英］汤因比著:《历史研究》，曹未风等译，上海人民出版社1966年版，第267—268页。）由此可知，评价历史人物，主要是看他是不是促使人类社会向前跃进了一大步，其他的问题都无法与之相比。王夫之评价赵匡胤，就站在这样的高度；范祖禹评价李世民，还没有从这样的高度来看问题。

治理天下要首先开通言路

【题解】

唐高祖登基之初，能够听取官员的意见，对意见提得好的人，更能马上提升官职，赏赐物品，用意在于向更多的官员表示：大家都要向这种人学习，为了国家的利益，向皇帝不断提出更好的建议。范祖禹评论唐高祖的这一做法，其作用不仅仅是能听从臣下的建议，而是直接与国家兴亡紧密相关，意义非常重大。他认为国家的治乱维系于言路的通与不通，这就好比一个人的全身，气血流通而无阻滞，可使下情上通，上意下达。这样，民众就会知道君主在关心自己，于是产生对君主的信任之心，有什么想法都会向君主倾诉。一个王朝，如果能够建立君民之间的这种信任关系，就必会兴旺发达。所以范祖禹认为唐王朝在创建之初就能如此开通言路，后来的兴盛强大，就是必然的结果。

【正文】

万年县①法曹②孙伏伽③上表以为："隋以恶闻其过亡天下，宜易其覆辙，务尽下情，人君言动不可不慎。陛下今日即位，而明日有献鹞雏④者，又百戏散乐⑤亡国淫声，近太常⑥于民间借妇女裙襦以充妓衣，拟五月五日玄武门⑦游戏，非所以为子孙法也。"又言："太子诸王参僚，宜谨择其人。"帝省表大悦，下诏褒称，擢为治书御史⑧，赐帛三百匹，颁示远近。

臣祖禹曰：国将兴必赏谏臣，国将亡必杀谏臣，故谏而受赏者，兴之祥也，谏而被杀者，亡之兆也。天下如人之一身，夫身必气血周流无所壅底而后能存焉。谏者使下情得以上通，上意得以下达，如气血周流于一身也，故言路开则治，言路塞则乱，治乱者系乎言路而已。高祖鉴隋之所以亡，王业初基，庶事草创，而首辟言路以通下情，可谓知所先务矣。是以海内闻风，如热者之得濯，废者之得起，民知上之忧已而疾痛，将有所赴愬⑨也。唐室之兴，不亦宜乎！

【注释】

① 万年县：唐代首都长安设京兆府，长安城外东归万年县，西归长安县，两县归京兆府。

② 法曹：掌管司法狱讼。隋称法曹行参军事，唐称法曹参军事，在州府称司法参军，在县称司法佐。

③ 孙伏伽（？—658）：贝州武城（今河北故城）人。隋炀帝末年任大理寺史。入唐后于武德初年上书唐高祖李渊，建议开言路、废百戏散曲、为皇太子及诸王慎选僚友。唐高祖大喜，任命他为治书侍御史。唐高宗考察群臣，以李纲、孙伏伽为第一，是当时忠诚直言的名臣，敢于直言上谏，有魏徵之风。太宗贞观十四年拜大理卿，为朝廷重臣。

④ 鹞（yào）雏（chú）：鹞为一种鹰，雏是一种鸟，当时人们喜欢玩这两种鸟。

⑤ 百戏散乐：百戏指各种杂技。散乐指各种民间和西域音乐，不属于当时官方的正统音乐，故称散乐。

⑥ 太常：掌管朝廷的宗庙祭祀等礼仪活动，又指太常官所在的官署太常寺。

⑦ 玄武门：唐都城长安（今陕西西安）皇城太极宫（又名西内，即隋代大兴宫）的北门，唐高祖武德九年六月李世民在此发动玄武门之变，杀死太子建成与齐王元吉。唐长安皇城四个正门以古代四神兽为名，正南门为朱雀门，正北门为玄武门。唐高宗在隋朝太极宫以北修建大

明宫（又称东内），为皇帝的寝宫，大明宫北门称重玄门，遗址位于玄武门正北夹城处。唐玄宗曾率兵攻重玄门，进而杀死韦后，控制了朝廷大权。

⑧ 治书御史：唐初沿用隋制，治书御史掌管御史大夫之事，管辖御史台中各种事务，唐高宗李治即位后，以“治”为帝讳，改称御史中丞。

⑨ 赴愬（sù）：前往告诉。愬与诉同。

【译文】

万年县法曹官孙伏伽向唐高祖上书，提出：“隋朝因为厌恶听人批评它的错误而亡了天下，我朝应该改变它的覆车之辙，努力彻底去了解民间情况，因此君主的言行不可不谨慎。陛下今天即位，明天就有人献上奇异的鸟禽供陛下玩乐；另外，百戏散乐乃是亡国的荒淫音乐，最近太常官在民间借用妇女的裙子服装用作宫中歌妓的衣服，准备于五月五日在玄武门进行娱乐表演，这不是能让子孙仿效的做法。”他在上书中又说：“太子及诸王的属官，应该谨慎小心地选择其人选。”唐高祖读了奏章大为高兴，颁布诏书加以褒扬，并把孙伏伽升官为治书御史，又赏赐三百匹绸缎，向天下宣布。

臣范祖禹评论说：国家将要兴旺就必定会奖赏进谏之臣，国家将要灭亡就必定会杀死进谏之臣，所以进谏的人受到赏赐是兴旺的征兆，进谏的人被杀是亡国的征兆。天下就像人的身体一样，人的身体必须气血顺畅流通没有阻滞，而后才能生存。进谏的人使下面的情况得以通达于君主，君主的意旨得以传达到下面，就像气血在全身顺畅流通一样。所以进言的路径畅通国家就会得到治理，进言之路堵塞国家就会发生动乱，天下的治与乱，与进言之路是否相通紧密关联。唐高祖以隋朝灭亡的原因为借鉴，在王业刚刚建立之时，众事处于草创阶段，而能首先开通进言之路，以使下面的情况畅顺无阻，可以说是知道先要致力于做什么了。所以天下受高祖的影响，就像炎热的人能够沐浴，残废的人能够站起来，百姓知道皇上担心自己的疾病而痛心，他们将会前来朝见皇上诉说自己的心声。唐王朝的兴盛，不也是理所当然的吗？

【评析】

古代的帝王制度下，人们总喜欢向皇帝献上玩乐之物，以讨取其欢心和赏赐。所以唐高祖称帝后，人们就向他献上各种禽鸟和百戏散乐。百戏散乐，一直是中国古代民间流传的杂技与音乐，与宫廷中的礼乐表演和音乐不一样。古时人们喜欢听桑间濮上之乐，又称郑卫之音。但正统的儒家礼乐制度及其思想则认为这种音乐不利于国家统治，所以儒家经典《礼记·乐记》说："桑间、濮上之音，亡国之音也。"《汉书·地理志》说："卫地有桑间濮上之阻，男女亦亟聚会，声色生焉。"可知这是表现民间男女青年相互爱慕的音乐与相应的舞蹈。而儒家正统要维护的宫廷雅乐，即在举行官方礼仪活动时演奏和表演的音乐舞蹈。这两种音乐舞蹈在中国古代被认为是不可调和的，所以儒家正统为了君主的统治，一直反对君主观赏民间的音乐舞蹈及杂技表演。所谓百戏，除了现代所说的杂技之外，还有角抵，即摔跤一类的竞技活动。这在古代一直属于民间演出，不登大雅之堂，秉承儒家观念的大臣与学者都极力反对君主喜好和欣赏这类音乐舞蹈与表演等，认为这会使君主耽于玩乐而不再关心国家大事。民众喜爱这些音乐舞蹈杂技表演等，是正常的，治国的君主不可过分喜好这类东西。从治国角度看，这种说法是有道理的。因为君主过分喜好这类音乐舞蹈和表演，下面的宦官与大臣就会投其所好，在民间搜求这些东西，献给君主，以讨君主欢心并借机升官发财。北宋晚期的"花石纲"就是一个很好的例子。

可知孙伏伽告诫唐高祖不要喜好这类玩物，是政治上的忠诚进谏，因此受到范祖禹的称赞。而为太子及诸王（即唐高祖除了太子之外的诸位儿子，都封了王，故称诸王）精心挑选属官，也是当时非常重要的事务之一。造成玄武门之变的原因，表面上看是秦王李世民与太子李建成之间的矛盾与斗争，但在二人争斗过程中一直存在着挑选与聚集得力属官的竞争。孙伏伽原意是为太子及诸王挑选正直而有学问的属官，以帮助太子和诸王学习治国之道及加强个人修养。但李建成与李世民为了让自己在政治上取得胜利，则分别精心挑选属官，使之成为自己的得力干将。《资治通鉴·唐纪五》记载，李世民战功卓著，李建成没有战功，李渊有意让李世民代替李建成为太子，李建成知悉后与李元吉合谋，要把李世民除掉，为此而“各引树党友”，即双方都在暗中挑选和聚集忠诚于自己的文武人才。后来唐高祖李渊对尚书仆射裴寂说：“此儿久典兵在外，为书生所教，非复昔日子也。”这是说李世民被他身边的书生教得不像从前的样子了，可证明李世民早就挑选人才为自己服务。到唐高祖武德九年，玄武门之变爆发前夕，李建成看到“秦府（秦王李世民府中）多骁将，欲诱之使为己用，密以金银器一车赠左二副护军尉迟敬德”，并给尉迟敬德一封信，说愿与他交朋友，敬德说秦王对我有“更生之恩”，“当杀身以为报”，如果接受礼金，私下与太子相交，就是有“贰心”，为“徇利忘忠”，于是断然拒绝建成的拉拢。李元吉又在唐高祖面前说尉迟敬德的坏话，高祖将要逮捕敬德，李世民极力保护。建成等又诬告世民的左一马军总管程知节，以金帛引诱世民的右二护军段志玄，还用诬告手段除去李世民身旁的智略之士房玄龄和杜如晦，最后李世民身边只剩下长孙无忌、高士廉、侯君集、尉迟敬德、秦叔宝等人，李世民此时并未下决心与建成开战，尉迟敬德说：“大王现在处事有疑，这是非智；临难不决，这是不勇，而且你平时畜养的勇士八百人都已被召进宫了，他们在宫内擐甲执兵，事势已成，又怎能罢手不动呢？”李世民还下不了决心，就找其他府僚商议，这些府僚都说若使建成与元吉二人得志，恐天下非复唐有，而以大王之贤，取二人如拾地芥耳，奈何徇匹夫之节，忘社稷之计？李世民还下不了决心，众府僚说：“大王认为舜是怎样的人？”世民说他是“圣人”，众府僚说：“当年舜被弟弟骗而下井淘泥，如果他不设法逃出来，就变成了井中之泥。舜多次被骗，如果都不设法逃过，又怎能在后来成为帝王而泽被天下、法施后世？平时如果是些小问题，就忍受了，现在是他们要杀你了，遇到这样的大难，怎能还是忍受？”世民还要进行占卜，此时张公谨自外回，把用来占卜的龟甲扔到地上，说：“有疑问才占卜，现在事情这么清楚，没有任何疑问，还占什么卜？如果占卜的结果不吉，又怎么办？”这样世民才下定了决心。由此可看出，经过多年挑选，世民身边早已聚集了一批得力的文臣武将，在关键时刻他们发挥了至关重要的作用。

李建成方面同样也有不少人才，玄武门之变前，太子中允王珪和太子洗马魏徵就向李建成献计，要他率军出征刘黑闼，掌控实际兵力，并结交山东豪杰，可知王珪与魏徵是太子建成的得力谋臣。在玄武门之变的作战过程中，也可看到李建成方面的得力武将，如翊卫车骑将军冯立听说李建成已被李世民杀死，叹曰："岂有生受其恩，而死逃其难乎！"乃与副护军薛万彻、屈咥直府左车骑谢叔方率东宫（太子李建成为东宫）、齐府（齐王李元吉的府邸）精兵二千人驰奔玄武门来战。张公谨关了玄武门不让他们进来，云麾将军敬君弘掌皇宫宿卫兵，驻守在玄武门，挺身出战，与中郎将吕世衡大呼而进，皆战死。张公谨率守门兵与薛万彻等人力战良久，薛万彻率兵欲攻秦王府，秦王的将士大惧，尉迟敬德拿着李建成、李元吉的首级给他们看，李建成的军队于是崩溃，薛万彻与数十骑逃入终南山。冯立杀死敬君弘，对手下人说："这也足以回报太子了！"也解兵逃到野外。从这个过程看，建成方面也有不少武将忠心耿耿拼死作战，如薛万彻、冯立等，他们战败逃跑，李世民登基后虽屡次招附，他们也迟迟不归，表示对李建成的忠心。这说明李建成经多年的招揽，也聚集了不少人才在自己身边。

回到开头，孙伏伽向唐高祖建议为太子及诸王仔细挑选僚属以辅佐他们，其用意是想让这些僚属帮助太子及诸王好好努力以便将来治国，并不是想让他们得到有力僚属后相互厮杀。也许孙伏伽已经看出太子与秦王有矛盾，想用挑选优秀人才作为僚属的方法，为双方化解其间的矛盾。但在实际过程中，双方无法和解，最终形成武力争斗，而这是孙伏伽所未能控制的。

范祖禹的评论，重点是通过唐高祖听从孙伏伽的建议而赞赏唐高祖能听从臣言，从善如流，因而论君主与臣子之间的良好沟通，保持信息畅通，防止君主偏听则暗。这样的评论是对君主而言的，但其效果则对天下有利，所以他认为唐王朝从一开始就能如此听从臣言，其后走向强盛，是理所当然的。这个道理，是说给宋代君主听的，对于其他时代的君主，同样有重要的劝诫作用。但在李建成与李世民的争斗中，双方如何挑选和聚集属僚作为自己的羽翼，则是隐含在其中的重大问题，范祖禹并没有就此展开评论，所以我们今天还有必要对这一问题加以讨论。

小人最会迷惑人君

【题解】

君主建国治天下，必须任用各种人才。但人才不一定都是君子，其中也有小人。范祖禹认为唐高祖在任用隋朝降臣宇文士及和封德彝时，就受了小人的迷惑。而小人为了得到君主的任用，是不惜采用各种手段的。因此君主常常被小人迷惑，最初好像没有什么危害，但到最后都会尝到祸败的苦果。

【正文】

（武德）二年闰二月，隋宇文士及①、封德彝②来降。帝与士及有旧，时士及妹为昭仪③，由是授上仪同④。帝以封德彝隋室旧臣，而谄巧不忠，深诮⑤责之，罢遣就舍。德彝以秘策干帝，帝悦，寻拜内史舍人⑥，俄迁侍郎⑦。

臣祖禹曰：高祖以女宠⑧进士及，责德彝之谄巧，既斥之矣，复悦其计策而骤用之，甚矣佞人之难远也。自古君子易疏，小人易亲，盖君子难于进而果于退，小人不耻于自售而戚于不见知，其进也无所不至。人君一为所惑，不能自解，鲜有不至祸败者也。

【注释】

① 宇文士及（？—642）：代郡武川（今内蒙古武川）人，隋朝右卫大将军宇文述的儿子，以隋炀帝女儿南阳公主为妻，封尚辇奉御。隋末跟随哥哥宇文化及，被窦建德打败，投奔唐高祖。后随李世民征讨王世

充、窦建德，封新城县公、郢国公，唐高祖以宗室女妻之。后颇受宠而历任中书令、殿中监。

② 封德彝：名伦，渤海郡人。原是隋朝大臣，任内史舍人。大业间，封德彝依附隋炀帝宠臣虞世基，败坏朝政。隋末跟随宇文化及、宇文士及，失败后随宇文士及投奔唐高祖，唐太宗时官至尚书右仆射。

③ 昭仪：皇帝妃嫔封号之一。汉代为妃嫔的第一级，仅次于皇后，级别相当于丞相。唐代，昭仪为九嫔之首，武则天曾为昭仪。

④ 上仪同：又称开府仪同三司。三司即三公：司空、司马、司徒。东汉开始有仪同三司的虚衔，即级别相当于三公，但没有实际的官府与属官。北周时有上开府仪同三司、开府仪同三司、上仪同三司、仪同三司等官号，隋炀帝只保留开府仪同三司。唐沿用此号，是最高等级的文职散官。

⑤ 诮（qiào）：责备、斥责。

⑥ 内史舍人：舍人，皇帝亲近的属官，地位尊贵。内史舍人，后称中书舍人，是中书省的舍人，掌管撰写皇帝诏书之职。

⑦ 侍郎：唐代以侍郎为中书、门下、尚书三省各部长官的副职。

⑧ 女宠：皇帝宠爱的女人。

【译文】

武德二年（619）闰二月，隋朝的宇文士及、封德彝前来投降。唐高祖与宇文士及从前就是朋友，而此时宇文士及的妹妹正是唐高祖的昭仪，因此授给宇文士及上仪同的官爵。高祖因为封德彝是隋朝的旧臣，对于隋朝只会奉承伪善而不忠诚，因此对他深加责备，罢他的官让他回家。封德彝向高祖进献秘密的计谋求得高祖的信任，高祖很高兴，不久就封封德彝为内史舍人，很快又升迁为侍郎。

臣范祖禹评论说：高祖因为宠爱女人而进用宇文士及，谴责封德彝的奉承伪善，已经斥责他了，又因为他献上的计策而高兴，很快地封他官职，很厉害啊，佞人让人难以远离。自古君子容易疏远，而小人易于亲近，这是因为君子很难用手段来求得进用，而能果断地退让，而小人则是不以自我推销为耻辱，他们会因不被赏识而郁闷，所以小人为了求得进用什么事都做得出来。君主一旦被小人迷惑了，不能自我醒悟，很少有不落到祸败之结局的。

【评析】

古代帝王的后宫，通常说是三宫六院七十二嫔妃，或者说三千粉黛，成为天下唯帝王一人可以独享的制度。不少大臣利用这个制度，向帝王献进女人，由此获得帝王的好感，为自己的升官发财铺平道路。古代皇帝后宫妃嫔的人数与等级有严格制度。周代天子有一皇后、三夫人、九嫔、二十七世妇、八十一御妻，秦改天子为皇帝，尽收六国宫女充实后宫，正妻称皇后，其他妃嫔分为七级：夫人、美人、良人、八子、七子、长使、少使，此外还有上千的宫女。汉武帝时，妃嫔增至十四级，另有宫女几千人。三国时吴国孙皓，后宫数千人，掖庭数万人，后被晋武帝全部纳为己有。隋文帝惧怕独孤皇后，是唯一只有皇后而没有妃嫔的帝王。唐代皇后以下的妃嫔，贵妃、淑妃、德妃、贤妃为夫人，昭仪、昭容、昭媛、修仪、修容、修媛、充仪、充容、充媛为九嫔，武则天就当过昭仪、贵妃。此外还有婕妤、美人、才人、宝林、御女、采女等名号。唐玄宗时宫女增至三千，所以称三千粉黛。唐高祖喜欢女人，宇文士及以此讨好高祖。封德彝本来受到斥责，但他用秘计讨得高祖欢心，又居高位，看来也是善于讨好君主的小人。高祖对他们都不能识别清楚而加以重用，范祖禹对此非常反感，故严肃批评。并对这种现象总结出一条基本规律，即君子易于与君主疏远，小人则易于与君主亲近，其原因就在于君子不会用种种不光彩的手段谋取官位，而一旦遇到君主的斥责就急于退却，这就是所谓的“难于进而果于退”。小人则与君子正相反，他们不以自售为耻，反以不能被君主赏识而悲戚，所以为了求取加官晋爵而无所不用其极。因此，作为君主来说，一定要注意防范小人，不要让小人占据了进言的重要职位，不然的话，就会逐渐使国家政治走向衰亡。

老子岂是唐的祖先

【题解】

唐代皇帝干得最荒唐的事，是以老子为自己的祖先。和古代圣贤、帝王或某位神仙拉血缘关系，是历代皇帝的梦想，希望以此取得非同常人的出身，使自己的统治具有神圣性。李渊建立了唐王朝，马上有人出来帮他找到老子做祖先。从李渊开始鼓吹这个神话，到后来高宗、玄宗不断添油加醋，最终把老子抬高到上帝的高度。范祖禹认为唐代皇帝想取得与商、周祖先契、后稷一样的神圣地位，是非常荒唐的。商与周的祖先的神话故事，记录在司马迁《史记》中，似乎已成为信史。而唐王朝说自己的祖先是老子，不可能具有这种权威性。所以范祖禹批评他们是卑天诬祖，不合乎正道。不仅不能与商、周的祖先相比，反而更像王莽把王子乔说成自己的皇祖叔父一样可笑。

【正文】

（武德）三年五月，晋州人吉善行自言于羊角山见白衣老父，谓善行曰："为我语唐天子，吾为老君。吾，而祖也。"诏于其地立庙。

臣祖禹曰：商祖契[①]，周祖后稷[②]，皆本其功德所起，不可诬也。唐之出于老子[③]，由妖人之言，而谄谀者附会之，高祖启其原，高宗、明皇扇其风[④]。又用方士诡诞之说，跻老子于上帝[⑤]，卑天诬祖，悖道甚矣。与王莽称王子乔为皇祖叔父[⑥]，何以异哉？

【注释】

① 商祖契（xiè）：商代始祖名契，舜赐姓子氏。

② 周祖后稷：周代始祖名弃，又称后稷，姓姬氏。

③ 老子：据《史记·老子列传》，老子姓李名耳，因此唐代皇帝认为老子与自己同姓，于是奉为祖先。

④ 高宗、明皇扇其风：唐高宗和玄宗都继承唐高祖的做法，极力鼓吹老子为唐王朝的祖先，唐高宗把老子追封玄元皇帝，唐玄宗命在各地修建奉祀老子的道观，把老子的父亲封为先天太皇，又说尧舜时的皋陶是唐王朝的祖先，封为德明皇帝。

⑤ 跻（jī）老子于上帝：跻，抬高。把老子的地位抬高到与上帝齐平的程度。

⑥ 王莽（前45—23）：魏郡元城（今河北大名县东）人。汉元帝皇后王政君之侄，新朝的建立者，8—23年在位。王莽幼年丧父，在伯父王凤和元帝皇后王政君的关照下，逐步掌握了汉朝的大权，元始五年（5），毒死汉平帝，立年仅两岁的孺子婴为太子，自己代天子处理朝政，称“假皇帝”。初始元年（8）王莽接受孺子婴禅让后称帝，国号为新。建立新朝后，他仿照周朝制度推行新政，屡次改变币制官制，不断对匈奴和东北、西南各族发动战争，赋役繁重，刑政苛暴，引起人民起义。地皇四年（23）绿林军攻入长安，混乱中王莽为商人杜吴所杀。王莽为神化自己的出身，谎称王子乔是他的皇祖叔父。王子乔，本姓姬，名晋，字子乔，是周灵王的太子，史称太子晋，传说受仙人引导变成神仙。

【译文】

武德三年（620）五月，晋州人吉善行自称在羊角山看到一位白衣老人，这位老人对吉善行说：“替我告诉唐朝的天子，我是老君（即老子）。我，是你李渊的祖先。”唐高祖下诏在此地建老子庙。

臣范祖禹评论说：商朝的祖先契，周朝的祖先后稷，都是根据自己的功德而兴起的，这是不可抹杀的。唐朝李氏出自老子，这是出自妖人的说法，而谄谀奉承的人加以附会，唐高祖开启了这个荒唐把戏的开端，唐高宗、唐明皇（玄宗）接着煽风鼓吹。又采用方士的荒诞说法，把老子抬高到上帝的高度，这是对上天的不敬，对祖先的厚诬，违反正道也太甚了。这与王莽称王子乔是自己的皇祖叔父，有什么不同呢？

【评析】

唐代帝王为李氏，传说古代的哲学家老子也姓李，所以唐朝廷要攀附老子，对此，范祖禹认为是荒唐之举，这种举动，到后来的唐玄宗就发展到极点。其实这都是古代帝王欺骗人民的常用手法，使自己的家族有一个神圣的祖先，从而使这个王朝具有神圣性。但在理智的学者看来，这恰恰暴露出他们的荒唐，只能成为历史的笑话。可悲的是他们当时还不自觉，自以为得计，这就显得更为愚笨了。

王珪、魏徵辅助太子的失误

【题解】

唐灭隋及平定天下，功劳最大者是秦王李世民。然而功劳虽大，却因为不是嫡长子，而未能被立为太子，这对李世民来说，是极不公平的。唐高祖立长子李建成为太子，又让王珪和魏徵辅助之，希望建成顺利接班。王、魏看到秦王功盖天下，人心所向，建成完全没有竞争的本钱，因此想让建成也如世民一样立下战功，接纳豪杰，取得人们的拥护，由此巩固太子之位。这个方案得到了唐高祖的赞同，却受到范祖禹的严厉批评。范祖禹认为，自古以来，立太子立长而不论功劳，看有无德行而不论是否有人支持。王、魏为太子建成策划的方案不合乎这一原则，因此是错误的。正确的做法，应当教导太子孝顺唐高祖，同时与世民友好相处，只有这样才能使自己的储位安稳。如果唐高祖真要立世民为太子，建成就采取周太王长子太伯的方式，让位给贤弟，仍为明智的选择。而王、魏的方案，只能导致兄弟相争，造成不是你死就是我活的悲剧，事实也正是如此。所以范祖禹认为王、魏作为贤人，在这个问题上也犯了严重错误。

【正文】

（武德）五年，太子建成与齐王元吉，共倾秦王世民，引树党友，中允王珪[1]、洗马魏徵[2]说太子曰："秦王功盖天下，中外归心，殿下但以年长，位居东宫，无大功以镇服海内。今刘黑闼[3]散亡之余，众不满万，资粮匮乏，以大军临之，势如拉朽。殿下宜自击之，以取功名，因结纳山东豪杰，庶可自安。”太子乃请行，帝许之。

臣祖禹曰：立子以长不以有功，以德不以有众，古之道也。晋献公[4]使太子申生[5]伐东山皋落氏[6]，里克[7]入而谏君，出见太子而勉之以孝，君子曰[8]：“善处父子之间矣。”王、魏以辅导东宫为职，当劝建成以孝于高祖，友于秦王，则储位[9]安矣。秦王有定天下之功，高祖苟欲立之，能为太伯[10]，不亦善乎！且建成既为太子，则国其国也，安在于有功？乃使之击贼以立威，结豪杰以自助，是导之以争也，祸乱何从而息乎？夫以王、魏之贤，其为建成谋犹如此，况庸人乎！

【注释】

① 中允：太子官属中的一种，左庶子的副职，正五品下，级别在太子洗马上。王珪（570—639）：字叔玠，太原祁县（今属山西）人。隋炀帝时，其叔父因汉王杨谅起兵被杀，他逃到山中。隋末成为李渊的下属，任李建成的咨议参军。入唐后为东宫舍人、太子中允，辅佐太子李建成。李世民称帝后，惜王珪之才，授谏议大夫。王珪推诚纳善，每存规益。后任侍中，行宰相之职，是唐初有名的诤臣之一，与房玄龄、杜如晦、李靖、温彦博、戴胄、魏徵等人同为“贞观名臣”。

② 洗（xiǎn）马：太子洗马，太子官属中的一种，级别在太子中允之下。魏徵（580—643）：魏郡馆陶（今河北馆陶县）人，曾出家当过道士。隋朝末年，为李密的属下，李渊打败李密后，魏徵降唐，后被太子李建成用为东宫僚属。李世民杀死建成后，认为他有才能，引为自己的辅臣，后任尚书左丞、秘书监，参掌朝政。魏徵能犯颜直谏，即使太宗大怒之际，他也敢面折廷争，从不退让，唐太宗对他有敬畏之心。后接替王珪任侍中。又奉命主持编写《隋书》《周书》《梁书》《陈书》《北齐书》等，其中《隋书》的序论、《梁书》《陈书》和《北齐书》的总论都是魏徵撰，时称良史。在唐太宗晚年，他先后上《十渐不克终疏》《谏十思疏》，为古代名文。他死后，唐太宗哭言：“以铜为镜，可以正衣冠；以古为镜，可以知兴替；以人为镜，可以明得

失。朕常保此三镜，以防己过。今魏徵殂逝，遂亡一镜矣！”

③ 刘黑闼（tà）（？—623）：隋末河北起义军首领之一，清河漳南（今山东武城漳南镇）人。他先后跟从郝孝德、李密、王世充、窦建德等人，作战勇敢，军中号称神勇。窦建德战败后，他回乡种菜，又与范愿等人再次起兵，与唐军作战，大败唐淮安王李神通等。后与李世民决战于洺水（在今河北曲周西），自午至昏，不分胜负，唐军挖决洺水堰，黑闼战败。后又起兵，斩唐淮阳王李道玄等。唐命李建成、李元吉镇压，黑闼被部下诱捕，为李建成所杀。

④ 晋献公（？—前651）：春秋时代的晋国君主，曲沃武公之子，姓姬，名诡诸，因其父活捉戎狄首领诡诸而得名。即位后用士蔿之计，尽灭曲沃桓叔、庄伯子孙，巩固君位。先后攻灭骊戎、耿、霍、魏等国，击败狄戎，又用荀息假道伐虢之计，消灭强敌虞、虢，史称其“并国十七，服国三十八”，使晋国日益强大。晚年宠爱骊姬，杀太子申生，逼走公子重耳、夷吾等，立骊姬子奚齐为太子，临终嘱托荀息辅佐。死后诸公子争位，晋国大乱。

⑤ 太子申生：晋献公与齐姜所生的儿子。齐姜本是献公之父武公所娶，因武公年老，于是献公与齐姜生下申生。献公继位后，以齐姜为夫人，当时虽然公子重耳、夷吾都年长于申生，但申生是夫人之子，故立为太子。献公后征服骊戎，得骊姬及其妹，转而宠爱骊姬，生公子奚齐。在骊姬的挑拨下，献公逼迫申生自缢，而立骊姬之子为太子。

⑥ 东山皋落氏：赤狄的一支，居住于晋都东方的山中。

⑦ 里克：晋献公的大臣。他看到献公欲废太子申生，力图阻止，但没有成功。等献公死了，他杀死骊姬的儿子奚齐及骊姬的妹妹所生的儿子卓子，借助秦国的力量让公子夷吾即位，是为晋惠公。惠公上台后，认为里克杀死奚齐等人，自己无法安心为君，逼迫里克自杀。

⑧ 君子曰：《国语》和《左传》的作者在记述历史人物及事件时，为了发表自己的看法，就用“君子曰”的形式单独记录，以与所述史事分开。

⑨ 储位：指太子之位。古人认为太子是国君的副贰，故又称太子为国储，其位即储位。

⑩ 太伯：人名，又作泰伯，姬姓。他与仲雍、季历，都是周太王古公亶父的儿子，太伯为长子，但太王认为季历和季历的儿子姬昌（后来的周文王）更有能力，想把王位传给季历和姬昌，于是太伯、仲雍逃到荆蛮之地，自号句吴，文身断发，表示不可立为太子。而季历继位，称为王季，后来王季的儿子姬昌继位使周更加强大。周武王灭商之后，派人找到仲雍的后人周章，而太伯无子孙，于是封周章为吴王。

【译文】

武德五年（622），太子李建成和齐王李元吉共同打击秦王李世民，树立派别，拉拢同党，太子中允王珪、太子洗马魏徵劝说太子李建成："秦王功盖天下，内内外外的人都归心于他，殿下只是靠年长才得到东宫太子之位，没有大功镇服海内。现在刘黑闼军败逃亡，其部队不到万人，物资和军粮都很匮乏，率大军逼近他，势如摧枯拉朽。殿下应该自己前去攻他，由此取得战功和名望，再交结山东的豪杰英雄，就可以使太子之位安定了。"太子李建成于是向唐高祖请求出兵，高祖同意了他的请求。

臣范祖禹评论说：在儿子中确立太子，是根据长幼而不是根据有功，是根据德行而不是根据有无拥趸，这是自古以来的原则。晋献公派太子申生攻打东山皋落部落，里克进宫劝谏献公，出宫来见太子用孝来勉励他，因此君子评论说："里克善于处理君主父子之间的关系。"王珪、魏徵以辅导东宫太子为职责，应当劝建成孝顺高祖，与秦王友好，这样的话就会使建成的太子之位变得安稳了。秦王有平定天下的功劳，高祖如果想立他为太子，建成能像太伯一样让位于贤弟，不也是很好吗？况且建成已经成为太子，那么国家就是他的国家了，哪里用得着有战功呢？王珪、魏徵二人却让他攻打叛军来树立威望，交结豪杰以帮助自己，这是用争夺来引导他，祸乱怎能止息呢？以王珪、魏徵的贤明，他们为建成出谋划策还是如此，何况那些庸人呢？

【评析】

太子是皇帝指定的皇位继承人，一般以嫡长子为太子。太子所居之宫称为东宫，历史上又用“东宫”代指太子。古代的帝王都有很多儿子，而且往往是由不同的女人所生，君主指定其中一人为太子，他就是君主的继承人，所以太子又称为“储君”，意为准备做君主的人。太子在继位前就有很大权力，其中之一就是“监国”，即在皇帝外出不在京城时，或皇帝因种种原因不能履行职权时，太子可替皇帝处理国务。所以君主选择哪个儿子为太子，在古代帝王制度下，是非常重要的事情，必须极为慎重地做出选择。但古代君主往往受所喜爱的女人的迷惑或其他因素而在指定太子后又随便改变，这就会造成国家的灾难。范祖禹认为唐高祖在这个问题上也犯了错误，即太子人选的选择不是看他有没有战功，而是看他是不是长子，建成是长子，所以一开始就指定建成为太子，后来看到世民战功颇多，又想让世民当太子。这种犹豫两端的态度，被建成和世民都看在眼里，所以二人暗中形成了竞争关系，最后发展为生死之争，以玄武门之变结束了这场争斗。如果高祖选择建成为太子后，坚定不移，让世民没有想法，也不会激起建成的反弹，最终就不会构成二人之间的生死之争。而王珪与魏徵作为建成的辅臣，让建成率军出征以求战功，这是要让他与世民争功，所以范祖禹说这是“导之以争”，可知这本身就不是良策，只能激化二人间的矛盾与争斗，所以说王、魏二人的献策也不值得赞同。更可叹的是王、魏二人并非庸人，还只能出这样的主意，就更是不应该的。

法令不能实行，无益于治

【题解】

唐代实行租庸调法，有一定的积极意义。此法的关键在于有官田分给农民，最初民都有田，但逐渐地在民间出现田地兼并，于是贫者失地，租庸调法无法执行，所以唐代后来又改为两税法。范祖禹认为历朝历代都想由国家建立一套法令，来抑富助贫，但最终无法解决民众的贫困问题，其根本原因是国家的赋税和力役过于繁重，使民众无法承受。治国者总想着国家需要钱财，所以根本不能减轻赋税，这样持续下去，就会有越来越多的民众无法维持生计。因此，范祖禹主张治国者只有采取省其力役、薄其赋敛的方法，鼓励农业，抑制商业，提倡节俭，杜绝奢侈，这样才能使天下之民都能养生送死，在此基础上国家才能富足。治国者如果不懂得这个道理，而只知道制定新的法令，以为有了法令，问题就能得到解决，那就大错特错了。法令如果不能有效实行，对于治理国家，是没有什么用处的。

【正文】

初定均田租庸调法①。丁、中②之民，给田一顷，笃疾减十之六，寡妻妾减七，皆以什之二为世业③，八为口分④。每丁岁入租粟二石，调随土地所宜，绫绢絁⑤布。岁役二旬，不役则收其佣，日三尺。有事而加役者，旬有五日免其调，三旬租调俱免。水旱虫霜为灾，什损四以上免租，六以上免调，七以上课役俱免。凡民赀⑥业分为九等，百户为里，五里为乡，四家为邻，四邻为保。在城邑者为坊，在田野者为村。食禄之家[7]，毋得与民争利，工商杂类，毋预仕伍。男女始生为黄，四岁为小，十六为中，二十为丁，六十为老。岁造计帐[8]，三岁造户籍。

臣祖禹曰：唐初定均田，有给田之制，盖犹有在官之田也，其后租庸调法坏而为两税[9]，给田之制因不复见，盖官田益少矣。自井田[10]废而贫富不均，后世未有能制民之产使之养生送死而无憾者也。立法者未尝不欲抑富而或益助之，不知富者所以能兼并，由贫者不能自立也。贫者不能自立，由上之赋敛重而力役繁也。为国者必曰财用不足，故赋役不可以省，盍亦反其本矣？昔哀公[11]以年饥用不足，问于有若[12]，有若曰："盍彻[13]乎？夫彻非所以裕用，然欲百姓与君皆足，必彻而后可也。"后之为治者，三代之制虽未能，复唯省其力役，薄其赋敛，务本抑末，尚俭去奢，占田有限，困穷有养，使贫者足以自立，而富者不得兼之，此均天下之本也。不然，虽有法令，徒文具而已，何益于治哉？

【注释】

① 均田：即均田制。唐代对天下的男丁平均分给田地，每丁一顷，残废和有病的人分给四十亩。这些田地分给男丁，让他们种植谷物以缴纳赋税。租庸调法：即唐代的税收制度。由于每丁都分到了田地，因此按"有田则有租，有家则有调，有身则有庸"的原则，征收租、庸、调。租就是田亩税，每丁每年向国家交纳粮食二石。庸是力役，每丁每年为国家服劳役二十天，闰年加两天。如果增加服役天数，增加十五天就免除本人的调，增加三十天就租调全免。调就是交纳布帛，每年每户交纳绢二丈，若是交布就增加五分之一。

② 丁、中：中国古代为征派赋役把人口按年龄进行划分。丁就是正丁、丁男，承担赋役的适龄男子；中就是半丁、次丁、中男，指年龄低于正丁的青年，承担部分赋役。

③ 世业：世业田，指本人死后其子孙可以继承的田，不用还给国家。

④ 口分：口分田，本人生前可以使用，但在死后必须还给国家。

⑤ 绝（shī）：一种粗绸。

⑥ 赀（zī）：指民众的财产。

⑦ 食禄之家：指有人做官而享受国家俸禄的家庭。

⑧ 计帐：中国古代官府为征发赋役和计算财政收支而制作的核算簿帐。汉代郡国要向朝廷献上计书，也叫计簿，申报当地户口、垦田数字等，这种制度为后代沿袭，唐代称为计帐。

⑨ 两税：唐德宗时，宰相杨炎建议改租庸调法为两税法。凡在当地有资产、土地者，算作当地人，上籍征税，不再按丁、中征租、庸、调。而是把此前的正税、杂税及杂徭合并为总额，即“两税元额”，将元额摊派到每户，分别按垦田面积和户等高下摊分。每年分夏、秋两次征收，因此称为两税。

⑩ 井田：传说中国古代的一种土地制度，土地属于天子，因土地分成井字形而得名。

⑪ 哀公：指鲁哀公，鲁国第二十六任君主。

⑫ 有若：孔子的学生，有氏，名若，又称有子。有若的相貌和孔子非常相像，所以孔子去世后，弟子们就把有若当作老师一样对待。有若强调为人孝悌而不要犯上作乱，因此受到后来帝王的尊奉，唐玄宗时封他为“汴伯”。

⑬ 彻：指什一而税的制度。鲁哀公认为赋税不够，有若让他实行十一而税的彻法，哀公认为按十分之二抽税都还不够，十一而税就更不够用。有若告诉他：“百姓足，君孰与不足？百姓不足，君孰与足？”希望国君藏富于民，民足，君主自然不会不足。

【译文】

开始制定均田制和租庸调法。规定每个正丁和半丁，国家授给田地一顷，有重病者减去十分之六，没有妻妾者减去十分之七，都以十分之二作为世业田，十分之八作为口分田。每个男丁每年交租二石粟米，调则根据各地出产而定，绫绢粗绸以及布都可以。每年为国家服徭役二十天，不服役就收取绫绢作为代价，每天的代价是三尺绫绢。国家另有任务而要增加徭役的话，每增十五天就免除他所出的调，增三十天就把他的租和调全免。如果有水、旱、虫、霜等灾害，庄稼损失了十分之四以上者免除他的租，损失十分之六以上者免除他的调，损失十分之七以上者则全部免除。民众的资产分为九等，一百户为一里，五里为一乡，四家为一邻，四邻为一保。住在城邑中的称为坊，住在农村的称为村。有人做官享受国家俸禄的家庭，不得与民争利，工商杂类人家，不得做官而厕身士绅行列。男女刚出生称为黄，四岁称为小，十六岁称为中，二十岁称为丁，六十岁称为老。每年编制计帐，每三年编制一次户籍。

臣范祖禹评论说：唐朝初年制定均田法，有向民众分授土地的制度，这是因为官府手中还有田地，其后租庸调法被破坏了，就变为两税法，国家授予土地的制度于是再也看不到了，这是因为官府掌握的田地越来越少了。自从井田制荒废之后就有了贫富不均，后代没有能让民众积聚财产以使他们足以养生送死而无遗憾的。立法的人未尝不想抑制富人而帮助贫困者，但不知道富人所以能兼并贫者的土地，是因为贫者不能保证自给自足的生活。贫者不能自给自足，又是因为国家官府的赋敛太重和徭役太繁多。管理国家的人必定会说国家的钱财不够用，所以赋役不能够省掉，但是为什么不回到最初的状态呢？从前鲁哀公觉得每年的钱财都不够用，于是向有若询问，有若回答说："何不实行十一而税的彻法呢？这种彻法不是让君主手中有很多的钱财，但是想让百姓和君主都能够用，就一定要实行彻法才行。"后来治理国家的人，虽然不能实行夏商周三代的制度，但只要减少百姓的徭役，减少赋税，努力做好农业生产而抑制商业，崇尚节俭，去除奢侈，占有的土地有限，穷困的人得到养育，使贫困的人足以自给自足，而富有的人不得兼并贫穷者的土地，这就是使天下贫富得以平均的根本之路。不这样做，虽然有法令，也只是空有纸上的法令而已，对于治理国家有什么益处呢？

【评析】

一个王朝的统治，最根本的问题是要实行适合当时实际情况的经济制度。古代的中国是农业社会，所以最基础的经济制度就是田制。古代的王朝都是土地君有制，即所谓“普天之下，莫非王土”。在这个前提下，再由朝廷分配土地给农民，所以唐初确定实行均田制，要分配土地给农民，然后让农民向朝廷缴“租、庸、调”。但后来农民手中的土地不能一直为自己所有，会因贫富不同而出现土地兼并，所以“租庸调”难以实行了，为此朝廷改为两税法。朝廷的目的是保证朝廷的税收不能减少，但农民与土地的关系则在变化，所以最初的平均分配田地的制度到后来因贫富不均而不能靠均田制保障农民的生活。税收制度虽改，但农民的负担并不会因此减轻，他们就会觉得朝廷的赋敛重而力役繁，这使朝廷的税赋收入不能保证，使朝廷财用不足。中国古代历史上每个朝代都会反复出现这个问题，一直没有办法彻底解决。范祖禹认为只有由朝廷省其力役、薄其赋敛、尚俭去奢，才能保证国家的稳定与安全。但要朝廷做出让步，又是不可能的，所以这就成为中国古代历代王朝无法解开的死结。

唐高祖使建成世民不兼容

【题解】

本篇认为建成与世民的矛盾逐步加剧，是由高祖的不当做法引起的。也就是说唐高祖不能尽早抑止建成扩张自己的武力，而使建成有发动武装政变的举动，这又促使高祖不信任建成，使世民的势力得到进一步发展，最终二人水火不相容，只能兵戎相见，杀个你死我活。

【正文】

太子建成欲图①秦王世民，擅募骁勇，为东宫卫士，号“长林兵”，又密使发幽州突骑②三百，置东宫诸坊③，使庆州都督杨文干④募壮士，送长安⑤。帝幸仁智宫⑥，建成居守，使郎将尔朱焕⑦等以甲遗⑧文干，焕等至豳州⑨，上变告太子使文干举兵，欲表里相应。帝遣宇文颖⑩召文干，颖以情告之，文干遂举兵反。

臣祖禹曰：建成为太子，而擅募兵甲于东宫，又使杨文干反于外，以危君父，此天下之恶也，罪孰大焉。高祖不以公义废之，乃外惑于奸臣之计，内牵于妃嫔之请，至使兄弟不相容于天下，此高祖不明之过也。

【注释】

① 图：图谋，这里指害死。

② 幽州：在今北京、河北北部和辽宁一带，隋代称涿郡，唐初改称幽

州，治所幽州城，即今北京。为当时朝廷在北方的军事重镇。突骑：幽州的骑兵部队。汉代为与匈奴作战而建立了骑兵部队，经长期作战，幽州的突骑成为历代最重要的军队，如东汉光武帝刘秀就是靠幽州突骑而夺取了天下。到隋唐时期，这仍是北方最重要的骑兵部队。

③ 诸坊：隋唐时以坊为名的各官署。

④ 庆州：在今甘肃庆阳和宁夏南部一带。都督：军队官职名，指一个地区内的军队总指挥。杨文干：李建成的宿卫，后任庆州都督，他私募壮士送到长安东宫李建成处，李建成则派尔朱焕、桥公山送铠甲到庆州，二人来到豳州时，感到害怕，于是告发杨文干将要叛乱，杜风举也到唐高祖所在的仁智宫告发。唐高祖大怒，把李建成召到仁智宫软禁起来。派司农卿宇文颖到庆州传召杨文干，宇文颖到庆州，却把高祖已知悉内情并软禁李建成的事告诉了杨文干，于是杨文干起兵。唐高祖派李世民击败杨文干，杨文干被属下杀死，李世民也捉住宇文颖将他诛杀。

⑤ 长安：当时唐王朝的都城，在今陕西西安。

⑥ 幸：皇帝到某处称为幸。仁智宫：在长安以北宜君县的唐皇帝的行宫，便于避暑。

⑦ 郎将：武官名。秦置，主宿卫、车骑，唐代在中郎将之外又设郎将，左右十四卫及太子左右六率府皆有郎将，五品。尔朱焕：李建成的部下军官，在杨文干事件中向豳州官员告发阴谋。

⑧ 遗：送给。

⑨ 豳（bīn）州：在今陕西咸阳北部，东接铜川耀州，北依甘肃正宁，南傍淳化，西临平凉。隋称北地郡，唐武德时改称宁州，又从宁州分置豳州。

⑩ 宇文颖：祖上至父亲从北周到隋都任高官，宇文颖在隋为上仪同、司农少卿，降唐后任农圃监，与李元吉交好，又任司农卿，杨文干事件中，向杨文干通风报信，后被李世民俘获诛杀。

【译文】

太子李建成打算害死秦王李世民，擅自招募骁勇之士，作为东宫的卫士，称“长林兵”，建成又派密使征发幽州突骑三百名，让他们住在东宫的各官署内，又让庆州都督杨文干招募壮士，送到长安。唐高祖临幸仁智宫，让李建成留在长安守城，李建成又派郎将尔朱焕等人送盔甲给杨文干，尔朱焕等人走到豳州，向上级官员告发太子让杨文干起兵，与长安的兵力内外相应。高祖派宇文颖召见杨文干，宇文颖把情况告诉了杨文干，杨文干于是起兵反叛。

臣范祖禹评论说：建成作为太子，而擅自招募兵甲到东宫，又让杨文干在外地谋反，以危害君父，天下的罪行没有比这个更大的了。高祖不根据公义把建成的太子废掉，而是受宫外奸臣计谋的迷惑，又被宫内妃嫔的请求所牵制，致使建成与世民兄弟不能相容于天下，这是高祖的不明之过。

【评析】

这篇评论说明建成与世民的矛盾越来越深，高祖也有重大的责任，他不能想出妥善的办法消除二人的矛盾，而是使二人一步步地走到兵戎相见的地步。这次杨文干事件就是玄武门之变的前奏，二人都在准备武力，最终的杀戮已是不可避免的了。按照范祖禹的看法，高祖应当在杨文干事件爆发后，就直接把建成的太子废掉，而立世民为太子。因为建成鼓动杨文干起兵，已是极大的罪行，高祖不能利用这个机会，把建成与世民的矛盾一举解决，是最大的失策。

李世民杀太子实为大罪

【题解】

秦王李世民通过玄武门之变杀死太子建成和齐王元吉，使唐高祖立他为太子，得到了军国诸事全由自己裁决的大权，接着又使唐高祖传位于自己，使自己登上了帝位，史称唐太宗。后人鉴于太宗治国有方，使唐王朝达到极盛，故把世民杀建成、元吉比作周公杀管、蔡，给予正面的评价。范祖禹完全不同意这种评价，他毫不客气地指出：这是无君无父的行为。他认为立太子以长不以功，是立太子的根本原则，绝对不可以违反，并且阐明这样做是为了重先君之世，弟弟再有才，也不能抢长子的太子之位。至于世民杀建成、元吉更不能与周公诛管、蔡相比，理由就在于：周公诛管、蔡，是因为此二人为天下所当诛；而建成、元吉则不是得罪于天下者，世民没有理由杀他们。祖禹还驳斥了另一种说法，即如果建成登基，配上元吉，则唐必亡。祖禹认为贤人应该宁死不做不义的事，如果以不义得天下，还不如亡了更好，强调义比天下还重要。所以他认为记录唐代这一段历史的人，应直笔不隐地说世民杀了太子，这样记录，就使世民的罪昭著于天下。

【正文】

（武德）九年六月，秦王世民杀皇太子建成、齐王元吉。立世民为皇太子，诏军国庶事无大小悉委太子处决。八月，高祖传位于太子。

臣祖禹曰：建成虽无功，太子也，太宗虽有功，藩王[①]也。太子，君之贰，父之统也，而杀之，是无君父也。立子以长不以功，所以重先君之世也，故周公[②]不有天下，弟虽齐圣，不先于兄。久矣论者或以太宗杀建成、元吉比周公诛管、蔡[③]，臣窃以为不然。昔者象[④]日以杀舜[⑤]为事，舜为天子也则封之，管、蔡启商以叛周，周公为相也则诛之，其迹不同，而其道一也。舜知象之将杀己也，故象忧亦忧，象喜亦喜，尽其诚以亲爱之而已矣。象得罪于舜，故封之，管、蔡流言于国，将危周公，以间王室，得罪于天下，故诛之。非周公诛之，天下之所当诛也，周公岂得而私之哉？后世如有王者不幸而有害兄之弟如象，则当如舜封之是也，不幸而有乱天下之兄如管、蔡，则当如周公诛之是也。舜处其常，周公处其变，此圣人所以同归于道也。若夫建成、元吉，岂得罪于天下者乎？苟非得罪于天下，则杀之者，己之私也，岂周公之心乎？或者又以为使建成为天子，又辅之以元吉，则唐必亡。臣曰："古之贤人守死而不为不义者，义重于死故也，必若为子不孝，为弟不弟，悖天理，灭人伦，而有天下，不若亡之愈也。"故为唐史者书曰："秦王世民杀皇太子建成、齐王元吉，立世民为皇太子"，然则太宗之罪著矣。

【注释】

① 藩王：由中央政权分封的地方王国的统治者。设立之初，原欲其屏藩帝室，故名。唐高祖李渊曾封李世民为秦王。

② 周公：本指周代的爵位，是辅佐周天子治理天下的最高爵位，一般所说的周公是指第一代周公，姓姬名旦，亦称叔旦，是周文王姬昌第四子，因封地在周（今陕西岐山北），故称周公。他辅助周武王剪灭殷商，建立周朝。周武王死后，其子成王年幼，由周公摄政当国。之后平定三监（即武庚禄父、管叔、蔡叔）叛乱，在各地分封诸侯，又营建东都雒邑，制定礼乐制度，最后还政周成王。后来受到孔子的尊敬，被尊为儒家的圣人。

③ 管、蔡：即管叔、蔡叔。管叔一作关叔，西周初人，姬姓，名鲜，周武王之弟。蔡叔，姓姬名度，周武王之弟。周武王灭商后，将纣子武

庚封于殷商旧都，又封鲜于管（即河南郑州），封度于蔡（今河南上蔡），故称管叔、蔡叔。又命管、蔡与霍叔共同监督武庚，史称“三监”。武王死后，成王年少，周公旦摄政，管叔与蔡叔不满，联合武庚及东方夷人作乱。周公发动东征，平定叛乱，杀死武庚和管叔，放逐蔡叔。管国被灭，蔡国由蔡叔之子胡继承。

④ 象：舜的弟弟。相传舜家世寒微，父亲瞽叟，是个盲人，母亲去世，瞽叟续娶，继母生弟象。史称其父顽、母嚚、象傲，象多次设计谋害舜，舜都幸免于难。舜被推举为帝王之后，并未报复其弟，反而加以优待，以示仁德。

⑤ 舜：传说中的上古帝王。姚姓，有虞氏，名重华，史称虞舜。相传因四岳推举，尧命他摄政，尧去世后继位，重新修订历法，祭祀上帝，祭祀天地四时，祭祀山川群神，召见各地诸侯，又制定刑法，惩罚有罪之人，把共工流放到幽州，把欢兜流放到崇山，把三苗驱逐到三危，把治水无功的鲧流放到羽山。又把原来的官员重新明确分工，禹任司空，治理水土；弃任后稷，掌管农业；契任司徒，推行教化；皋陶任士，执掌刑法；垂任共工，掌管百工；益任虞，掌管山林；伯夷任秩宗，主持礼仪；夔为乐官，掌管音乐和教育；龙任纳言，发布命令，收集意见。规定三年考察一次政绩，考察三次后决定提升或罢免。其中禹的成就最大，凿山通泽，疏导河流，治服了洪水。故舜确定禹为继承人，由禹摄行政事。据说舜到南方巡守时，死于苍梧之野，葬于江南九嶷山，称为“零陵”。

【译文】

武德九年六月，秦王李世民杀了皇太子李建成和齐王李元吉。高祖把世民立为皇太子，又下诏宣布国家的军政所有事务不管大小都交由太子李世民处理。八月，高祖把皇位传给太子。

臣范祖禹评论说：李建成虽然没有战功，但他是皇太子，太宗李世民虽然立有战功，但他是藩王。皇太子，是君主之下的第二号人物，是皇父的继承人，把他杀了，这是不把君与父放在眼里。立太子依据的是长幼而不是有无战功，这是为了重视先代君王的世代次序，所以周公不称帝而占有天下，作为弟弟虽然聪明圣哲，也不能抢在兄长之前来继承帝位。很久以来人们都把太宗杀建成、元吉比作周公诛管叔、蔡叔，臣私下认为这是不对的。从前舜的弟弟象整日里都想杀死舜，舜当上了天子还把象封为诸侯；管叔、蔡叔发动商人来反叛周王朝，周公作为周的宰相诛杀了管叔、蔡叔，舜与周公所做的事是不同的，但他们遵循的原则却是一样的。舜知道象想杀害自己，所以象忧愁舜也忧愁，象高兴舜也高兴，尽自己的诚心，对象采取了亲之爱之的态度而已。象只是得罪了舜（而不是得罪了天下），所以册封他。管叔、蔡叔在国内散布流言，将要危害周公，以离间王室的团结，这是得罪了天下，所以诛杀他们。这不是周公诛杀他们，而是天下应当诛杀他们，周公怎能把这当作私事来处理呢？后世的帝王如果不幸地有一个弟弟想杀害兄长，如象这样，他就应当如舜一样册封其弟弟；如果不幸地有祸乱天下的兄长，如管叔、蔡叔那样，就应当如周公一样诛杀他们。舜是处于正常的事态之下，周公则是处于不正常的事态之下，这就是圣人不管是杀还是封都合乎正道的原因所在。至于李建成、李元吉两个人，哪里是得罪于天下的人呢？如果不是得罪于天下，则杀死他们，就是出于自己的私心，岂是周公那样的为了天下的公心呢？又有人认为假使李建成当了天子，又有李元吉辅助他，则唐必定灭亡。臣认为："古代的贤人宁愿选择死也不做不义的事，这是因为义比死更重要。如果人为儿子而不孝，作为弟弟而不尊重兄长，这就是违悖了天理，灭掉了人伦，通过这样的行为而得了天下，还不如灭亡更好。"所以撰写唐史的人记录这件事说："秦王世民杀死皇太子李建成、齐王李元吉，而高祖立李世民为皇太子。"这样书写就使太宗的罪行非常明显了。

【评析】

范祖禹认为世民不应杀太子建成，高祖也不应公开承认世民杀建成的事实。他不同意人们把世民杀建成比作周公诛管、蔡，其理由是建成没有得罪于天下；也不赞同人们认为建成如称帝就必定会使唐王朝灭亡，认为这也是没有根据的说法。总之，他认为世民杀建成并逼高祖退位，是为子不孝，为弟不悌，这样的行为是悖天理而灭人伦的，由此而称帝得天下，还不如使这个王朝灭亡为好。这样的看法，过于强调儒家的伦理道德，对于历史人物的评价并不恰当。李世民当了皇帝做得怎么样，是有历史事实证明的；而李建成当了皇帝会把天下治理得怎么样，则是完全无法验证的。从二人做事的情况看，世民善于率兵征战，消灭各地强敌，当皇帝后也形成了贞观之治的鼎盛局面，这是历史事实。从这个角度看，对于唐王朝来说，对于整个天下的人民来说，谁更适宜当皇帝，还是容易回答的。只据儒家的父父子子的伦理道德来看问题，就显得过于迂腐了。

魏徵不明君臣之义

【题解】

魏徵先受唐高祖之命而辅佐太子建成，建成被世民所杀，魏徵作为东宫之臣，不能为太子建成而死，又接受世民的任命。范祖禹认为在这件事上，世民和魏徵都不明君臣之义。人们常拿管仲与公子子纠和公子小白之间的事来比较，祖禹认为这完全不同。公子子纠和小白，都是齐君的公子，谁都不是齐君的太子，因此管仲对子纠和小白都没有君臣关系，后来小白做了齐国国君（齐桓公），管仲与桓公之间才有君臣关系。所以，用管仲与子纠和小白的例子来评价魏徵与太子建成和世民的关系，是不恰当的。辨明了两种关系之后，祖禹对世民和魏徵提出了严厉批评，也让为之辩护者无言以对。

【正文】

初，洗马魏徵常劝太子建成早除秦王，及建成败，世民召徵谓曰："汝何为离间我兄弟？"众为之惧，徵举止自若，对曰："先太子若早从徵言，必无今日之祸。"世民素重其才，改容礼之，引为詹事主簿①，亦召王珪、韦挺于嶲州②，皆以为谏议大夫③。

臣祖禹曰：齐桓公杀公子纠④，召忽⑤死之，管仲⑥不死，又相桓公以霸，何哉？桓公、子纠皆以公子出奔，子纠未尝为世子也，桓公先入而得齐，非取诸子纠也。桓公既入而杀子纠，恶则恶矣，然纳桓公者齐也。《春秋》书"公伐齐纳纠"，称纠而不称子，不当立者也。"齐小白入于齐"，以小白系之齐，当立者也。又曰："齐人取子纠杀之。”称子纠，所以恶齐也。是以管仲不得终仇桓公，而得以之为君。今建成为太子，且兄也，秦王为藩王，又弟也，王、魏受命为东宫之臣，则建成其君也，岂有人杀其君而可北面为之臣乎？且以弟杀兄，以藩王杀太子而夺其位，王、魏不事太宗可也。夫食君之禄而不死其难，朝以为仇，暮以为君，于其不可事而事之，皆有罪焉。臣之事君，如妇之从夫也，其义不可以不明，苟不明于君臣之义，而委质于人，虽曰不利，臣不信也。

【注释】

① 詹事主簿：詹事，本意为给事、执事，此指詹事府，唐时为管理东宫事务的官署，统辖三寺、二坊、十率府。詹事主簿，詹事府属官，唐时执监詹事府印信，掌检核文书簿籍之职。

② 韦挺（589—646）：雍州万年（今陕西西安）人。早年与太子李建成交厚，任太子左卫率，武德七年（624）受杨文干案牵连，流放越嶲（xī，今属四川凉山）。玄武门之变后召还，贞观年间任御史大夫、太常卿。太宗伐高丽，因督运军粮误期，罢官，以白衣从军，镇守盖牟城，后贬为象州刺史。嶲（xī）州：在今四川凉山。

③ 谏议大夫：官名。秦始置，掌论议朝政、侍从顾问，唐初置四人，正五品上。

④ 齐桓公（？—前643）：姜姓，名小白，齐僖公之子，齐襄公之弟。小白为公子时，为躲避内乱，离齐至莒。后齐襄公被杀，公子小白与公子纠争位，因他早一步赶回国都，被齐大夫迎为国君，为齐桓公，公元前685—公元前643年在位，在管仲辅佐下，尊王攘夷、九合诸侯，为春秋五霸之首。公子纠（？—前685）：姜姓，名纠，齐僖公之子，母为鲁女。齐襄公政令无常，他为避祸携管仲、召忽奔鲁。襄公被杀，鲁派兵护送公子纠回国，与公子小白相争，由于公子小白先回齐即位，并派兵击败鲁军，在齐国威逼下，公子纠为鲁君所杀。

⑤ 召忽（？—前685）：春秋时齐国大夫，辅佐公子纠。齐襄公时因逃

避内乱，与管仲一起奉公子纠奔鲁。公子纠失败被杀，召忽忠于其主，自杀。

⑥ 管仲（？—前645）：名夷吾，字仲，一字敬仲，春秋颍上（今安徽颍上）人，又称管子。早年与鲍叔牙在南阳经商，后为公子纠之傅，助其回国争位，箭射公子小白。事败后经鲍叔牙推荐，被齐桓公任命为卿相，在齐国进行改革，国力日盛，助齐桓公成就霸业。

【译文】

当初，太子洗马魏徵经常劝太子李建成早点除掉秦王李世民，等到李建成被杀，李世民召见魏徵对他说："你为何离间我们兄弟？"众人都为魏徵害怕，魏徵举止如往常一样，回答说："先前太子如果早听我的话，必定没有今日的灾祸。"李世民向来看重魏徵的才能，于是改了脸色以礼相待，把他任命为詹事主簿，也把王珪、韦挺从嶲州召到京城，都任命为谏议大夫。

臣范祖禹评论说：齐桓公杀死公子纠，公子纠的辅臣召忽为此而自杀，而另一辅臣管仲既不自杀也不战死，后来又当了齐桓公的宰相助他成为霸主，这是为了什么？齐桓公、子纠都是以公子的身份从齐国逃亡国外，子纠不曾成为齐国的太子，齐桓公在子纠之前进入齐国并得到了齐国的君位，这不是从子纠手里夺下来的。齐桓公进入齐国之后而杀死子纠，这一做法要说是恶，确实是恶的，但是接纳齐桓公为君的是齐国。记录鲁国历史的史书《春秋》里记载此事说是"鲁庄公讨伐齐国，想把子纠送回齐国为君"，称之为子纠而没有称他为太子，表明没有承认他是应当立为国君的人。《春秋》又写道："齐国的公子小白进入齐国。"把小白与齐国放在一起说，表明小白是应当立为国君的人。《春秋》又说："齐人捉来子纠而杀了他。"称他为子纠，这是表示齐国的做法是恶的。所以管仲不能永远仇恨齐桓公，而能以桓公为自己的君主。而现在李建成则是唐王朝的太子，并且是兄长，秦王李世民则是一个藩王，又是建成的弟弟，王珪、魏徵接受高祖的任命担任东宫的属臣，这样说来李建成就是他们的君主，岂有别人杀了他们的君主而自己却可以面朝北而向这个人称臣的道理呢？况且作为弟弟而杀死兄长，作为藩王而杀死太子并且夺取了他的王位，按照君臣关系，王珪、魏徵不到太宗手下做事是可以的，如果享受了君主的俸禄而不为君主的祸难去拼死相争，在早上的时候还视为仇人，到了黄昏却奉以为君主，对他不可臣服的人而奉之为君主，这都是有罪的。作为臣子奉事君主，就像妻子事奉自己的丈夫一样，其间的道义不可不弄明白，如果对君臣之义不搞清楚，却委身于人，还说自己没有得到好处，我是不相信的。

【评析】

范祖禹认为王珪与魏徵本是太子建成的属臣，不能在太子被人杀死之后还去臣附于这个杀死太子的人。他的理由是既为太子的属臣，太子就相当于他们的君主，如果有人杀他们的君主，他们就不能做这个人的臣属。这也是一种囿于儒家伦理道德的迂腐之见。因为作为太子的属臣，太子并不能具有君主的地位，真正的君主是在位的皇帝。高祖退位而让世民称帝，则他们的君主就是李世民，不再是太子建成。这是大势所趋，怎可逆潮流而动？作为历史人物，所作所为的根本标准应该是以历史潮流为准，这样才能使自己的行为正确，才能在历史上获得正确的评价。而不能只以儒家的伦理道德为衡量标准，历史的大义应该高于儒家的君臣之义。我们今天来看历史，对此应有清醒的认识。

天子不可亲自训练军队

【题解】

唐太宗在唐朝初建时期，四处征战，平定了各地的割据势力，还征服了北方的契丹等族，武功盖世，他自己也以此自豪。因此亲自在宫内训练将士，数年之间，练成了精锐之师。可是范祖禹对此却不表示赞赏，反而提出批评。其理由就在于：训练军队乃是有关部门的事，不应由帝王亲自操办。帝王的职责只是选拔适当的人选，来做领军练兵的事，只要用人得当，军队自然就会被训练得士勇技精。另外，范祖禹还批评太宗在即位之始，不先做教化礼乐的事，而急于军队的练武，这也不是帝王的应有之德。

【正文】

（武德九年）九月，太宗引诸卫[①]将卒习射于殿庭，谕之曰："戎狄侵盗，自古有之，患在边境，小安则人主逸游忘战，是以寇来莫之能御。今朕不使汝曹穿池筑苑，专习弓矢，居闲则为汝师，突厥入寇，则为汝将，庶几中国之民可以少安乎！"于是日引数百人教射于殿庭，帝亲临试，中多者赏以弓刀布帛，其将帅亦加上考。群臣多谏，帝皆不听。由是人思自励，数年之间，悉为精锐。

臣祖禹曰：有国家者，虽不可忘战，然而教士卒习射者，有司之事，殿庭非其所也。苟将士得其人，何患乎士之不勇，技之不精乎？夫以万乘之主而为卒伍之师，非所以示德也。且人君始即位，不以教化礼乐为先务，而急于习射，志则陋矣，虽士励兵强，征伐四克[②]，威加海外，非帝王之盛节，亦不足贵也。

【注释】

① 诸卫：唐代防守京城的禁卫军，共分十六个卫，每个卫就是一支单独的部队，各有不同的名称与职责。

② 征伐四克：出自扬雄《法言·先知》："汤、武桓桓，征伐四克。"说商汤和周武王非常武勇，率军征伐四方，无往而不胜。

【译文】

武德九年九月，太宗李世民率令京城各卫戍部队的将领和士卒在皇宫殿庭练习射箭，对将士们说："外族侵犯骚扰我们，自古以来就有这种情况，其祸患都发生在边境，等到稍微平安无事，国君就放逸游乐而忘了备战，所以敌寇侵入的时候无人能够抵抗。现在朕不让你们挖掘水池修筑宫苑，专门练习弓箭，平常无事时朕是你们的师傅，如果突厥入侵，朕就是你们的统帅，这样做的话，差不多可以使中国的百姓稍得平安无事！"于是每日率数百人在殿庭中教习射箭，太宗亲自到场测试，射中靶子多的人就奖赏弓刀布帛，他们的将领也列为优秀成绩。群臣对这种做法提出许多劝谏，太宗都不听从。由此人们都奋发自励，数年之间，全都成为精锐部队。

臣范祖禹评论说：夺得了天下国家的人，虽然不可以忘记征战，但是训练士卒射箭，这是有关部门的事，皇宫的殿庭不是训练的场所。如果将领和士卒都是合适的人选，哪里需要担心士卒不勇猛、技艺不精湛呢？作为天下的君主却来担任士卒和部队的师傅，这不是用来表示有德。况且国君刚刚即位，不把礼乐教化作为首先要做的事，而是急于练习射箭，其志向就很低俗了，虽然士卒勤奋而部队强大，四方征伐都能取胜，军威直达海外，但这不是帝王的盛大气度，也不值得重视。

【评析】

帝王不要亲自教士卒练习军事技艺，这是对的。帝王应该掌管天下的大事，而训练军队则是军方各种官员的专职工作。帝王当然要关心军队建设，最主要的是选择最适当的人选管理和率领军队。但范祖禹又说帝王开始即位应首先做教化礼乐的事，而不是军队训练的事，这又是儒家的论调。教化礼乐与军队建设都是专门的事务，帝王都不应亲自来做，二者相比，对于治理国家，都是不可缺少的，但不能说文教之事就一定高于或重于军队之事。尤其在唐初，天下还没有真正统一与平定，所以帝王亲自抓军队工作，也是合乎时宜的。

治天下不可依赖峻法

【题解】

唐太宗在建国之初能保持清醒头脑，懂得治国御民的关键在于国家赋税要轻，治民的官吏要清廉，能做到这两条，就会使民众衣食有余，而民众衣食有余，就不会为盗，社会就会太平稳定，这是国家走向富强的唯一途径。如果以民为敌，用严刑峻法来防止和惩罚民众的犯罪，则会适得其反。范祖禹认为帝王能认识到这一点并不难，难的是能否真正做到抑止自己内心的欲望。内心的欲望才是一切问题的最根本的源头，只有在源头上控制住过分的欲望，国家才有希望得到治理，民众才能丰衣足食，进而国家才能太平稳定。

【正文】

（武德九年）十一月，太宗与群臣论止盗，或请重法以禁之，帝哂之曰："民之所以为盗者，由赋繁役重，官吏贪求，饥寒切身，故不暇顾廉耻耳。朕当去奢省费，轻徭薄赋，选用廉吏，使民衣食有余，则自不为盗，安用重法也？"自是数年之后，海内升平，路不拾遗，商旅野宿焉。

臣祖禹曰：季康子①患盗，问于孔子②，孔子曰："苟子之不欲，虽赏之不窃。"信哉斯言也。盖君者本也，民者末也，君者原也，民者流也，本正则末正，原清则流清矣。是以先王之治，必反求诸己，己正而物莫不应矣。夫重法以止盗，法繁而盗愈多，则有之矣，未见其能禁也。去奢省费，轻徭薄赋，此清原正本，止欲之道也。太宗行之，其效如此，君人者无以迂言为难行，而以峻法为足恃，则知致治之方矣。

【注释】

① 季康子（？—前468）：春秋末战国初鲁国大夫，掌握鲁国的大权。季孙氏，名肥。鲁哀公七年（前488），鲁与吴国在鄫（今山东苍山西北）相会，吴令鲁用百牢，大大超过周礼规定，鲁被迫遵行，季康子以为耻辱而不赴会。吴太宰伯嚭召他，他让子贡拒绝。哀公十一年，齐攻鲁，他让冉求率军抵抗，又迎接孔子回鲁国，后与孟武伯共迎鲁哀公归国。他向孔子问防盗的事，见《论语·颜渊》篇。

② 孔子（前551—前479）：春秋时期鲁国（今山东曲阜）人，名丘，字仲尼，著名的思想家、政治家、教育家，儒家学派的创始人。曾任鲁国司寇，后携弟子周游列国，最终返鲁，专心执教。后世尊为圣人、素王、至圣先师、万世师表。他一生述而不作，整理古代传下来的诸多文献，如《诗》《书》《礼》《乐》《易》《春秋》，称为"六艺"，后人称为"六经"，是儒家最早的经典。孔子本人的言行保存在弟子们编集的《论语》之中。

【译文】

武德九年十一月，太宗与群臣讨论消除盗贼的事情，有人建议加重法律来防止盗贼，太宗嘲笑他说："民之所以做盗贼，是因为赋役繁重，官吏贪求，使得民众饥寒切身，所以就不能顾得廉耻了。朕应当省去奢侈的花费，轻徭薄赋，选用廉洁的官吏，使民众衣食有余，则他们自然不做盗贼，哪里用得着严刑峻法呢？"由此数年之后，海内升平，路不拾遗，商人及旅行者都可以在野外过夜。

臣范祖禹评论说：春秋时期鲁国的季康子为盗贼问题发愁，于是询问孔子，孔子说："如果人没有这种欲望，就是加以奖赏他也不会盗窃。"这话说得对。这是因为君主是根本，民众是枝叶；君主是河的源头，民众是水的分流。如果根本端正了，枝叶也就会端正；如果源头清澈了，分流的水也会清澈。所以先代的圣王治理国家，必定要反求之于自己，自己端正了，则万物都不会不跟着端正。如果用严刑峻法来防止盗贼，法律越是繁重而盗贼就会越多，这种情况是有的，没有见过能禁止盗贼的。省去奢侈的花费，轻徭薄赋，这就是使源头清澈、端正根本，就是君主制止内心欲望的方法。太宗实行这一政策，其效果如上所述，治理国家的君主不要借口这是迂阔的理论而难以实行，以为严刑峻法值得依赖，如能像太宗这样，就算是懂得达到天下大治的方法了。

【评析】

统治者如何消除社会中存在的盗匪，是一个重要的社会问题。范祖禹的方法是从统治者自身做起，即所谓反求诸己，统治者自身正了，社会就不会出现歪风邪气，盗匪也失去了存在的土壤，这是治本的办法。治末的方法就是实行严刑峻法，期望用严酷的刑法吓住盗匪，但这只是统治者的一厢情愿。而统治者反求诸己，最重要的一条就是去奢省费、轻徭薄赋，也就是说要让人民生活得好，他们自然不会去当盗匪了。

太宗

太宗能自知不足

【题解】

太宗李世民靠征战得天下，对于弓箭有很好的鉴识力，自己对此非常自信。但让制弓的专家鉴别，马上就使他丧失了往日的自信。更可贵的是，他能由此事得到启发，明白了在治国方面自己也同样不是无所不知的。于是采取措施，向群臣咨询，以增强自己的执政能力。对此范祖禹予以高度评价。

【正文】

贞观元年，帝谓太子少师萧瑀[①]曰："朕少好弓矢，得良弓十数，自谓无以加。近以示弓工，乃曰：'皆非良材。'朕问其故，工曰：'木心不正则脉理皆邪，弓虽劲而发矢不直。'朕始寤向者辨之未精也。朕以弓矢定四方，识之犹未能尽，况天下之务，其能遍知乎？"乃命京官五品以上[②]，更宿中书、内省[③]，数延见，问以民间疾苦及政事得失。

臣祖禹曰，《传》曰："国之将兴也，君子自以为不足，其亡也，若有余。"太宗因识弓之未精，而知天下之理已不能尽，询谋于众而不自用，此其所以兴也。

【注释】

① 太子少师：官名，职责是辅佐皇太子，协助太子太师、太子太傅、太子太保。隋、唐时多为荣衔，表示对大臣的恩宠。萧瑀（yǔ）

（575—648）：字时文，南朝梁宗室后裔，隋炀帝萧后之弟，降于李渊，封为宋国公，深得李渊信任，官至尚书右仆射。太宗即位，任尚书左仆射，曾向太宗建议实行分封制，后与房玄龄、杜如晦争权，诬告房玄龄谋反，遭太宗斥责，自请出家而又食言不往，削爵贬为商州刺史，不久又被太宗召回复爵。

② 京官五品以上：泛指中央高级官员。唐代九品官制中，五品以上与五品以下官员相比，拥有更多特权，如全家免除徭役等，且更易得到提升的机会，属于官员中的上层。

③ 中书、内省：官署名。皆在皇城之内，官员便于皇帝召见，唐高宗时更将中书、门下由皇城迁进大明宫内。中书，唐代中书省的简称。内省，指门下省。

【译文】

贞观元年（627），太宗对太子少师萧瑀说："朕年少时爱好弓矢，得到了良弓十几种，自以为没有能超过它们的了。最近拿给制弓的工匠看，他们说：'都不是最好的用料。'朕问其原因，工匠说：'木材的中心纹路不正的话，整个材料的脉理就都不正了，弓虽然有强劲，但射出去的箭就会不正。'朕这才明白以前对弓的挑选还不精到。朕用弓矢平定四方，可对弓箭的认识还没有达到极致，何况天下的事务，对它们能全部知晓吗？"于是下令京城官员在五品以上者，轮流到中书、门下省值夜班，多次接见他们，向他们询问民间疾苦以及政事的得失。

臣范祖禹评论说，《国语·晋语》里说："国将要兴盛，君子自以为不足；国家将要灭亡，则自以为有余。"太宗通过认识弓不精良，而知晓自己不能尽晓天下之理，向众人咨询而不刚愎自用，这就是他能使大唐王朝兴盛的原因。

【评析】

君主能有自知之明，是非常重要的治国之道，唐太宗能从对弓的认识不足而反省到自己不能尽知天下之理，这就是有自知之明的表现。君主能知道这一点，就会虚心向大臣请教，而不会刚愎自用，这是一个王朝走向兴盛的重要条件之一。

君对臣不可用诈术

【题解】

君主用人最希望忠诚而有能力，不希望奸佞蒙骗自己。但如何鉴别佞人，在实际中并不容易。有人向太宗建议，试用假装生气的方法来识别，可太宗并不采纳。他认为这不是诚实的态度，君主自己都不诚实，又怎能指望臣下对自己诚实呢？范祖禹认为太宗在这个问题上掌握了为君之道，值得表扬。

【正文】

有上书请去佞臣者，帝问佞臣为谁，对曰："臣居草泽，不能的知其人，愿陛下与群臣言，或阳[①]怒以试之。彼执理不屈者，直臣也，畏威顺旨者，佞臣也。"帝曰："君，原也，臣，流也，浊其原而求其流之清，不可得矣。君自为诈，何以责臣下之直乎？朕方以至诚治天下，见前世帝王好以权谲小数接其臣下者，常窃耻之。卿策虽善，朕不取也。"

臣祖禹曰：太宗可谓知君道矣。夫君以一人之身而御四海之广，应万物之众，苟不以至诚与贤而役其独智以先天下，则耳目大志之所及者，其能几何？是故人君必清心[②]以莅之，虚己以待之，如鉴之明，如水之止，则物至而不能罔矣。夫权衡[③]设而不可欺以轻重者，唯其平也。绳墨[④]设而不可欺以曲直者，唯其正也。我以其正，彼以其颇，我以其真，彼以其伪，何患乎邪之不察，佞之不辨，而必行诈以试之哉？一为不诚，则心且蔽矣，邪正何能辨乎？是故鉴垢则物不能察也，水动则形不能见也，己不明故也。且待物以诚，犹恐其不动也，况不诚而能动物乎？夫为君而使左右前后之人皆莫测其所为，虽欲不欺，不可得也。唯能御以至诚，则忠直者进，而憸邪者无自入矣。

【注释】

① 阳：通“佯”，假装。

② 清心：心地恬静，无思无虑。《晋书·荀勖传》：“省吏不如省官，省官不如省事，省事不如清心。”

③ 权衡：指称量物体轻重的器具。权，秤锤；衡，秤杆。

④ 绳墨：木工用以校正曲直的墨斗线。

【译文】

有人上书建议除去佞臣，太宗问佞臣是谁？此人回答说：“臣生活在民间，不能确知谁是佞臣，希望陛下与群臣谈话，有时假装发怒以此来测试他们。那些坚持原则而不屈从的人，就是耿直之臣；那些畏惧陛下的威严而顺从旨意的人，就是佞臣。”太宗说：“君主是源头，臣下是从源头出去的水流，源头都已混浊了，却要求水流清澈，这是不可能的。君主自己进行欺诈，又拿什么要求臣下耿直呢？朕正要用至诚来治理天下，看到前代的帝王喜欢用阴谋权术对待他们的臣下，对此经常在私下里觉得耻辱。你的建议虽然不错，但朕不能采纳。”

臣范祖禹评论说：太宗可以说明白为君之道了。君主靠一个人来统治如此之广的四海，要面对如此众多的万物，如果不用至诚和贤人，而认为自己一个人的智力超过全天下的人，那么他的耳目与志向之所及，能有多少呢？所以国君一定要用清静之心面对天下，保持自己的谦虚来对待万事万物，就像镜子那样明，就像水停止时那样亮，那么万事万物来到面前就不能欺罔自己了。那些称量轻重的权衡设立好了，是轻是重就不能欺骗他了，因为权衡是称量事物轻重的平衡标准。那些丈量曲和直的器具设定好了，是曲是直就不能欺骗他了，因为绳墨是丈量曲直的正直标准。如果我用正直，他们用邪僻，我用真心，他们用虚伪，哪里用得着担心邪僻不被察觉，奸佞不被辨别，却一定要用诈术来测试他们呢？一旦做了不诚实的事，自己的心就会受到蒙蔽，又怎能分辨邪正呢？所以镜子脏了就不能照察事物，水被搅动了就不能照见事物的形象，这都是因为自己不能保持清明。以诚心对待别人，还怕别人不受感动，何况用不诚之心待人，还能让别人感动吗？作为君主却使左右前后的臣子都无人能知晓君主想做什么，虽然想不被人欺骗，也是不可能的。只有能用至诚对待臣下，才能使忠诚正直的人得到进用，而没有漏洞让奸佞邪恶的人混进来了。

【评析】

范祖禹认为唐太宗能知君道，所谓君道就是为君之道。作为君主，不能只靠自己一个人的能力与智慧就把所有的事情都处理好。唐太宗能登上皇帝的大位，是靠了众多人才的支持与帮助，所以他在做了皇帝之后，知道要治理好整个天下，也要靠众人的力量来支持自己。这就是所谓的知君道。唐太宗后来取得了贞观之治，一个重要原因就在于此。后来的帝王应当由此而加深对于君道的理解。

天下不可以逆取

【题解】

如何得天下？历朝历代的取胜方法，似乎并不一样。太宗与大臣讨论这个问题时，产生了分歧。表面上看，太宗的见解更为高明，可是范祖禹却批评了太宗的观点，认为表面上汤、武与秦都是通过征伐而取得天下，即所谓的“逆取”，而实际上前者顺天应人，完全合乎仁义，后者是纯粹的诈力，不能与顺天应人的征伐相比。在范祖禹看来，取天下这种事，只能顺取，不能逆取，而唐太宗则认为天下可以逆取，但在守天下时则一定要顺乎道义。

【正文】

帝与侍臣论周、秦修短，萧瑀对曰：“纣为无道，武王征之，周及六国无罪，始皇灭之，得天下虽同，人心则异。”帝曰：“公知其一，未知其二。周得天下，增修仁义，秦得天下，益尚诈力，此修短之所以殊也。盖取之或可以逆得，而守之不可以不顺故也。”瑀谢不及。

臣祖禹曰：太宗于是失言矣。《易》曰：“汤①、武②革命③，顺乎天而应乎人④。”取之以仁义，守之以仁义者，周也。取之以诈力，守之以诈力者，秦也。此周、秦之所以异也。后世或以汤、武征伐为逆取，而不知征伐之顺天应人，所以为仁义也。太宗曰：“取之或可以逆。”非也。既谓之逆矣，则无时而可也。

【注释】

① 汤：商汤，姓子，原名履，又称武汤、成汤、商汤、天乙、天乙汤，甲骨卜辞中称作唐、成、大乙、天乙，金文和周原甲骨文中称作成唐。商原是夏朝东部以燕子为图腾的部落，始祖叫契。汤是契的第十四代孙。生卒年不详，商部落首领，在鸣条（今河南封丘东）攻灭夏桀（jié），建立商朝。汤建立商朝后，减轻征赋，安抚民心，使商的势力扩展至黄河上游。汤为部落首领17年，建商后称王13年而死。

② 武：即周武王（？—前1043），姬姓，名发，周文王姬昌的次子，周王朝第一代帝王。他继承父志，于公元前11世纪消灭殷商王朝，建立西周王朝。周人的始祖传说是帝喾（kù）元妃姜嫄的儿子弃。弃在帝舜时担任农师，号称后稷，分封于邰。商代，他的后代古公亶父迁到岐山南边的周原（今陕西岐山）定居，自称为周。古公之后，幼子季历和季历的儿子姬昌（周文王）相继继位，都城迁到丰邑（今陕西西安市长安区西南沣河西岸）。文王死后，由儿子姬发继位，即周武王，以吕尚为师，周公旦为辅，将都城扩至沣水以东的镐京（今陕西西安市长安区）。周文王受命后的第十一年十二月，武王兵出潼关，联合各方诸侯，于次年二月甲子日在牧野打败商的军队，杀死殷纣王，史称武王灭商，建立了周朝。周武王建周后，分封功臣谋士，如吕尚封于齐，周公旦封于鲁，召公奭封于燕，叔鲜封于管，叔度封于蔡。据说总计分封了71个诸侯国，其中兄弟之国15个，同姓之国40余个。周朝历经37代天子近800年，到公元前256年被秦国灭掉。公元前770年，平王迁都洛邑（今河南洛阳）。丰、镐二京在西，洛邑在东，习惯上称公元前770年以前的周朝为西周，公元前770年起为东周。

③ 革命：变更天命。革，变革，更改。命，天命。《尚书·多士》："殷革夏命。"

④ 汤、武革命，顺乎天而应乎人：出自《周易·革卦》："天地革而四时成，汤、武革命，顺乎天而应乎人。"后简称"顺天应人"，成为一条成语。

【译文】

太宗与侍从之臣讨论周、秦的长与短，萧瑀说：“殷纣王无道，周武王征伐他，周和六国无罪，秦始皇消灭他们，得天下虽然一样，但人们的看法则不一样。”太宗说：“公知道其一，却不知其二。周得到天下后，增修仁义；秦得天下后，更加崇尚欺诈和暴力，这就是双方长短之所以不同的地方。这是因为：取天下有时可以用不合正义的方法，而守天下就不可以用不合乎正义的方法了。”萧瑀当即表示不如太宗高明。

臣范祖禹评论说：太宗在这个问题上失言了。《周易》里说：“汤、武革命，顺乎天而应乎人。”用仁义来取天下，用仁义来守天下，这是周的做法。用诈力来取天下，还用诈力来守天下，这是秦的做法。这才是周与秦的不同之处。后代的人们认为汤、武征伐属于逆取天下，却不知道汤、武的征伐是顺天应人的，所以是合乎仁义的。太宗说：“取天下有时候就可以用逆取的方法。”这是不对的。按他的说法，既然认为它是逆的，那么在任何时候都不可以这样做了。

【评析】

范祖禹认为唐太宗的失言就在于他说的取天下时可以用不正义的手段，这与前面的评论是相应的。用不合乎正义的手段，就是逆取。他认为要顺乎天而应乎人，顺与应都必须合乎正义，而不能有逆乎正义的手段。但在这里，要认识到有更高更大的正义，那就是结束暴君的统治，为此可以用一切办法与手段，就都是合乎正义的。范祖禹所理解的义，只是儒家伦理道德层面的义，还没有上升到历史的高度。

圣主以天下为耳目

【题解】

“兼听则明，偏听（信）则暗”，这是魏徵的名言，人所共知。范祖禹在赞扬魏徵此言的同时，又强调了这句名言之所以能够问世，在于太宗能够提出君主为什么会有明和暗的问题，并由此阐明了君主为什么会有贤明和昏庸的原因，亦可谓得其要矣。

【正文】

（贞观）二年正月，帝谓魏徵曰：“人主何为而明，何为而暗？”对曰：“兼听则明，偏听则暗。昔尧清问下民，故有苗①之恶得以上闻，舜明四目，达四聪，故共、鲧、欢兜②不能蔽也。秦二世偏信赵高，以成望夷之祸③，梁武帝偏信朱异④，以取台城⑤之辱，隋炀帝偏信虞世基⑥，以致彭城阁之变⑦，是故人君兼听广纳，则贵臣不得壅蔽，而下情得以上通也。”帝曰：“善。”

臣祖禹曰：善哉太宗之问！魏徵之对也，可谓得其要矣。夫圣人以天下为耳目，故聪明，庸君以近习为耳目，故暗蔽。明暗之分，惟在于远近大小而已矣。

【注释】

① 有苗：有苗亦称三苗，古部族名，是尧、舜、禹时代南方较强大的部族，传说在舜时被迁到三危山。

② 共（gōng）、鲧（gǔn）、欢兜（dōu）：皆为古史传说人物。共，即共工，为尧时大臣，担任水官失职，被流放于幽州。鲧，亦作鮌，古代部落酋长名，号崇伯，禹之父。奉尧命治理大水，因筑堤堵水，不引导疏通，九年未治平，舜将其杀死在羽山。欢兜，相传为尧舜时代的部落首领，被流放到崇山。共工、鲧、欢兜与三苗并称为尧舜时代的“四凶”，舜将其诛杀或流放于边远地区。

③ 望夷：秦代宫殿名，因其东北临泾水以望北夷，故名望夷，故址在今陕西泾阳东南。秦朝末年，赵高在望夷宫逼杀秦二世胡亥。

④ 梁武帝：萧衍（464—549），南朝梁开国君主，502—549年在位。笃信佛教，广建寺院，三次欲出家。548年，东魏降将侯景勾结临贺王萧正德反叛，次年三月台城失守，武帝忧愤而死。朱异（483—549）：南朝梁吴郡钱唐（今浙江杭州）人。深受梁武帝赏识，官至中领军，掌朝政。547年，朱异揣测武帝心意，赞成接受侯景投降，又主张与东魏议和。侯景反叛以讨伐朱异为名，攻建康（今江苏南京），围台城，朱异惭愤发病而亡。

⑤ 台城：指南朝时的禁城。晋、宋间称朝廷禁省为台，所以禁城称作台城。旧址在今南京鸡鸣山南乾河沿北，其地本属三国吴后苑城，东晋成帝改建新宫，为宫城，历南朝的宋、齐、梁、陈，皆为中央政府和宫殿所在地。

⑥ 虞世基（？—618）：会稽余姚（今属浙江）人，虞世南之兄。受隋炀帝赏识，参掌朝政。隋末各地起义蜂起，郡县失没，他隐匿不报，卖狱鬻官，贿赂聚敛，宇文化及兵变时被杀。

⑦ 彭城阁之变：又称江都兵变。隋大业十四年（618）三月，南巡的隋炀帝驻在江都（今江苏扬州市江都区）不回都城长安（今陕西西安），随行的骁果军大都为西北人，久在江南不能回乡，军心混乱，被骁果军将领司马德戡等人鼓动哗变，在彭城阁杀死了隋炀帝。彭城阁为行宫中的建筑之一，故名彭城阁之变。

【译文】

贞观二年（628）正月，太宗对魏徵说：“君主因为什么而贤明，又因为什么而愚昧？”魏徵回答说：“能够兼听众人的意见就会贤明，偏听偏信就会愚昧昏庸。从前尧能清醒地询问下民，所以能够知道有苗的罪行。舜能利用众人而清楚地观察四方的情况，听取四方的消息，所以共工、鲧、欢兜的罪恶不能掩藏。秦二世偏信赵高，因此造成了望夷之祸；梁武帝偏信朱异，因此受到了台城之辱；隋炀帝偏信虞世基，因此导致彭城阁之变，所以君主广泛地听取众人的意见，于是权贵之臣就不能蒙蔽君主，而基层的情况就能传到君主面前。”太宗说：“说得好。”

臣范祖禹评论说：太宗的问题提得太好了！而魏徵的回答，也可以说是抓到要领了。那些圣人把天下的人作为自己的耳目，所以能使自己聪明；而那些昏庸的君主把身边的人当作自己的耳目，所以使自己愚昧昏庸。君主所以有明暗之分，只是在于他的耳目有远近大小之分，如此而已。

【评析】

唐太宗在称帝之初，是非常注意尽量做一个好皇帝的，所以他会与魏徵讨论君主贤明的问题。魏徵告诉他，无非就是兼听则明，偏听（信）则暗。而且魏徵把通常所说的兼听做了更深入的解释，就是以天下为耳目，这样的兼听，就是要让天下人都成为君主的耳目，而不仅仅是几个幕僚为君主出主意。要做到以天下为耳目，也只有一个办法，那就是让人们说话，不要只听好听的顺耳之言，而听不进逆耳之言。这是考验一个君主是贤明还是昏庸的试金石。

太宗能居安思危

【题解】

唐代最大外患，是北方突厥的入侵，太宗能使其首领自动表示顺从，对于唐王朝来说，是莫大的福音。太宗的可贵之处在于，面对这一伟大成就的时候，能够居安思危，所以范祖禹高度赞扬太宗，认为这是太宗之世出现贞观之治的原因之一，值得后世君主借鉴。

【正文】

（贞观二年）四月，突厥颉利可汗①请入朝。帝谓侍臣曰："向者突厥之强，控弦百万，凭陵中夏，用是骄恣，以失其民。今自请入朝，非困穷肯如是乎？朕闻之且喜且惧，何则？突厥衰则边境安矣，故喜，然朕或失道，他日或将如突厥，能无惧乎？卿等宜不惜苦谏，以辅朕之不逮也。"

臣祖禹曰，《易》曰："其亡其亡，系于苞桑。"《书》曰："儆戒无虞。"夫戒所以励善而进德也。太宗睹突厥入朝而知惧，如此其能致贞观之治，宜哉！

【注释】

① 颉利可汗（？—634）：姓阿史那，名咄苾，亦称莫贺咄设，东突厥可汗，启民可汗第三子，620年继位为大可汗，妻隋义成公主。624年，召突利可汗联兵南下侵唐。626年，复合众兵临渭水，太宗指挥大军

列阵震慑，颉利与太宗讲和方退。630年，唐军出塞，灭东突厥，颉利可汗被俘。押至长安，太宗将其释放，授右卫大将军，赐园宅，死后赠谥归义王。

【译文】

贞观二年四月，突厥颉利可汗请求前来京城朝见太宗，表示顺从。太宗对侍从之臣说："以前突厥非常强大，有百万骑兵，欺侮中华，因此变得骄傲放纵，结果失去了他的民众。现在自己请求朝见和顺从，不是到了走投无路，他肯这样做吗？朕听说此事后又高兴又害怕，为什么呢？突厥衰弱，边境就平安了，所以高兴，但是朕或许会有失误，今后或许会像今天突厥一样，能不害怕吗？你们应该不惜苦谏，以辅助朕的不足之处。"

臣范祖禹评论说，《周易·否卦》里说："总在心里想着：将会灭亡了，将会灭亡了，就会使自己的根本如桑树的根一样牢固无虞。"《尚书·大禹谟》里说："保持警诫，才会无虞。"这都是告诫自己努力向善而增进德行。太宗看到突厥前来顺服而知道害怕，他能这样思考问题，能够形成贞观之治，也是完全应该的啊！

【评析】

居安思危，无非就是君主内心总是要战战兢兢、小心翼翼，生怕失去天下，走向亡国。系于苞桑，是形容维系果实的东西非常脆弱，极易断掉。因此就要一直记着：我们的统治是非常脆弱的，是非常容易失去的。由此就能总是警诫自己。一个君主能做到这一点，他就会成为英明的君主。

太宗知数赦之弊

【题解】

古代许多帝王都喜欢经常进行大赦，但是，太宗却知道经常大赦的害处，并阐明了其中的道理。范祖禹对此给予赞扬，并且批评了其他帝王喜欢大赦的失误之所在，这都是中国古代政治实践中的宝贵经验。

【正文】

帝谓侍臣曰："古语有之：赦者小人之幸，君子之不幸。一岁再赦，善人喑哑①。夫养稂莠②者害嘉谷，赦有罪者贼良民，故朕即位以来不欲数赦，恐小人恃之轻犯宪章③故也。"

臣祖禹曰：数赦之害，前世论之详矣。夫良民不被泽④，而罪人获宥，政之偏党⑤，莫甚于此。欲以致和而措刑⑥，不亦疏乎？而人君每以赦为推恩⑦，或祈阴德⑧之报，太宗惩之，可谓善政矣。

【注释】

① 喑（yīn）哑：沉默不语。

② 稂（láng）莠（yǒu）：统称对禾苗有害的杂草。

③ 宪章：典章制度，法度。

④ 泽：恩泽，恩惠。

⑤ 偏党：党，偏私。偏党，指有所偏向。

⑥ 致和：实现人事和顺。致，求取，获得。和，顺，此指人事和顺。措

刑：刑法无所用。措，弃置，搁置。

⑦ 推恩：广施恩惠，让更多的人受到恩惠。

⑧ 阴德：暗中所做有德于人的好事。《淮南子·人间训》：“有阴德者必有阳报，有阴行者必有昭名。”

【译文】

太宗对侍从之臣说：“古人有这样的话：赦对于小人是幸运，对于君子却是不幸。一年之中两次大赦，就使善良的人不想说话了。让各种杂草充分生长就会危害嘉谷的生长，宽赦有罪的人就是贼害良民，所以朕即位以来不想多次大赦，这是因为恐怕小人仗着大赦而轻易犯法。”

臣范祖禹评论说：多次大赦的害处，前代的人已有详细的论说。大赦使良民得不到君主的恩惠，却使罪人获得宽宥，政治的偏颇不正，没有超过这一做法的。想靠大赦使和气到来而不用刑法，这种想法不是太粗疏了吗？可是君主总是以为大赦是向百姓施舍恩惠，还有人想靠此来求得阴德的回报，太宗以此作为教训而不大赦，可以说是最好的政治了。

【评析】

多次大赦，对于巩固统治，并没有好处。因为这不会让良民得到好处，只能让罪人受益。太宗能懂得赦不是推恩，也不会带来阴福，表明他是一个明智的君主。

宰相的职责在于求贤

【题解】

太宗能成为中国历史上的著名帝王，确有很多可赞叹之处，他的政治实践与思想确有值得总结的地方。对宰相，太宗能清醒地认识到宰相的职责在于发现人才、使用人才，而不是把一切事务都揽到自己手上，这样做虽然可以说是勤勉，但不符合宰相的职责。范祖禹为此找到了儒家经典中的理据：《尚书》说的“旁招俊乂，列于庶位”，即广招优秀人才，使他们进入众多的岗位。宰相能做到这样，则天下还有什么事做不好呢？儒家的这一思想，确实很有合理性。

【正文】

（贞观）三年，帝谓房玄龄①、杜如晦②曰：“公为仆射③，当广求贤人，随才授任，此宰相之职也。比闻听受词讼，日不暇给，安能助朕求贤乎？”因敕尚书④细务属左右丞，唯大事应奏者，乃关仆射。

臣祖禹曰：太宗责宰相以求贤，而不使之亲细务，能任相以其职矣。《书》曰：“惟说式克钦承，旁招俊乂，列于庶位。”⑤此相之职也。苟不务此，而治簿书期会⑥百吏之事，岂所谓相乎？

【注释】

① 房玄龄（579—648）：名乔，字玄龄，齐州临淄（今山东淄博市临淄区北）人。隋开皇年间进士，唐兵入关中，归附李世民，任秦王府记

室。擅长谋略，参与策划玄武门之变，升中书令，授尚书左仆射，监修国史，累封梁国公。为相二十余年，选举贤能，尽心奉国，临终谏太宗勿攻高丽。

② 杜如晦（585—630）：京兆杜陵（今陕西西安东南）人。隋末任滏阳尉，唐兵入关中，归附李世民，任府兵曹参军，参与玄武门之变，升兵部尚书，授尚书右仆射，与房玄龄共掌朝政。史称"房谋杜断"，一个善于谋划策略，一个能够临机决断。《旧唐书》载，唐太宗与房玄龄议事说："杜如晦如果不来，就没有人能够做出决断。"等杜如晦来了，最后还是听从了房玄龄的计谋。可知，房玄龄了解杜如晦能断大事，杜如晦了解房玄龄善建嘉谋，人称"如晦长于断，玄龄善于谋"，二人相须而行，使太宗事事成功。

③ 仆射：此指尚书省左右仆射，以左为上，唐初左右仆射皆为宰相之职，参议国政，享礼隆重。

④ 尚书：此指尚书省，官署名，下分六部，为中央执行政务的总机构。尚书省与中书省、门下省合称三省。

⑤ 惟说式克钦承，旁招俊乂，列于庶位：出自《尚书·说命下》。

⑥ 期会：在规定的期限内实施政令，多指有关朝廷官府的财物出入。

【译文】

贞观三年（629），太宗对房玄龄、杜如晦说："你们身为尚书仆射，应当广泛寻求贤人，根据其才能授以官职，这是宰相的职责。近来听说你们听取司法诉讼，日不暇给，怎能协助朕寻求贤才呢？"于是下令尚书省的细小事务都由左右丞处理，只有大事应该上奏的，才报给仆射处理。

臣范祖禹评论说：太宗要求宰相只负责寻求贤才，而不让他们亲自处理细小事务，这是能用宰相的职责来要求他们。《尚书》说："只有傅说能恭敬地顺承商王的意旨，广泛地招揽优秀人才，把他们安排到各个职位上。"这就是宰相的职责。如果不努力尽这个职责，而去忙活账簿统计之类的小吏之事，哪里是所谓的宰相呢？

【评析】

太宗知道宰相的责任是为治理整个天下寻求各种贤才，而不是亲自处理琐碎的政务。这表明太宗真正懂得当好君主的要领，不是一个平庸之君。后来能取得贞观之治，不是没有原因的。历史上曾有很多君主，能懂得这个道理的，却并不太多。

君臣要相互交修

【题解】

唐朝的中书省、门下省，都是重要的国家政务部门，太宗对他们的工作抓得很紧，要求他们不仅要按照皇帝的旨意去办理政务，还要求他们能够对帝王的决策中不太妥当的地方随时提出自己的意见，不能一味顺从。他说：如果只是顺命，这样的事谁做不到呢？又何必选择人才来当宰相呢？这当然是太宗对当时宰相如房玄龄等人的委婉批评。对于太宗的这一做法，范祖禹阐明了其中的原理，即《尚书》所说的上下交修，相互补充和协助，而不应只知上下相从。他也指出了，实际上有不少帝王并不明白这个道理，不愿意听到不同的意见，结果造成政治混乱而在上的帝王却不了解情况的局面。太宗能用这个道理来要求他的宰相，形成良好的政治，也就是理所当然的了。

【正文】

（贞观三年）四月，帝谓侍臣曰："中书[①]、门下[②]，机要之司，诏敕有不便者，皆应论执。比来唯睹顺从，不闻违异，若但行文书，则谁不可为？何必择才也。"房玄龄等皆顿首谢。

臣祖禹曰：朝廷设官分职，非徒使上下相从，欲交修其所不逮也。故《书》曰："百官修辅。"苟取充位而奉行上令，则是胥史[③]而已。不明之君，自以无过恶人之言，是以政乱而上不闻。太宗敕责而使之言，虽欲不治，不可得也。

【注释】

① 中书：指中书省，掌草拟诏令。

② 门下：指门下省，掌审核封驳。

③ 胥史：即胥吏，古代官府中执行办事的小吏。古代“史”与“吏”本有分别，后来混用。

【译文】

贞观三年四月，太宗对侍从之臣说：“中书省、门下省，是朝廷的机要部门，我的诏命中有不妥当之处，你们都应该有所议论批评。近来只看到你们的顺从，没有听到有什么不同意见，如果只是发布文件，那么谁又做不到呢？何必选拔人才来当宰相呢？”房玄龄等人都叩头谢罪。

臣范祖禹评论说：朝廷设立官职，分排任务，不只是要求上下相互顺从，而是希望相互修正不足之处，所以《尚书·胤征》篇说：“百官交相修正辅助。”如果只担任了官职而执行上级的命令，就只是一个普通的办事员而已。不明智的君主，以为自己就是没有错误，也厌烦别人的批评，所以政治混乱而在上的帝王还毫不知情。太宗要求宰相明确自己的职责而让他们提出意见，就是想不治理好国家，也是不可能的。

【评析】

“交修其所不逮”，是说相互补充，这包括相互配合。一个部门负责一个方面的事务，但不可能把相关的事都考虑周到并办理好，所以需要其他部门的配合。因此各部门的官员不能只知道听从与己相关的上级的指示，还要发挥主动性来与其他的相关部门沟通与配合，由此使事情办得更好、更完善。这就是古代的儒家经典《尚书》中所说的“百官修辅”，所有的部门与职官都要努力相互辅助，不要搞以邻为壑的部门分割。另外，就是对上级的指示，也要能提出自己的意见，不要像太宗批评的那样，只知道上传下达，做个单纯的传声筒。

太宗启唐代戎狄之乱

【题解】

突厥降服之后，他们的大量人口如何处理？对唐王朝来说，是一个新课题。众人提出多种方案，太宗最终采纳了温彦博的方案，将他们集中安置于北方边境地区，再设四都督府六州来管理他们。至于他们的各级首领，则封以官职，入居长安。从历史发展的角度看，这样做有利于民族融和。不过范祖禹却批评这种做法，他坚持儒家华夷之辨的观点，认为不可以让异族与华夏混居，否则会使华夏也变成落后民族，并且认定太宗这一做法就是导致唐朝总有戎狄之乱的原因所在。

【正文】

突厥部落分散，其降唐者尚十万口，诏群臣议区处之宜。朝士多言宜悉徙之河南①、兖②、豫③之间，散居州县，教之耕织，可以化为农民。颜师古④请皆置之河北，分立酋长，领其部落。李百药⑤以为宜因其离散，各即本部，署为君长，不相臣属，国分势敌，各自保全，必不能抗衡中国。窦静⑥以为宜假之王侯之号，妻以宗室之女，分其土地，析其部落，使其权弱势分，易为羁制。温彦博⑦请准汉武故事，置降匈奴于塞下，使为中国捍蔽。魏徵以为宜纵之使还故土，不可留之中国。帝卒用彦博策，置四都督府六州⑧以处降众，酋长至者，皆拜将军、中郎将⑨，布列朝廷，五品以上百余人，殆与朝士相半，因而入居长安者近万家。

臣祖禹曰：先王之制戎狄荒服[⑩]，夷不乱华，所以辨族类，别内外也。孔子美齐桓之功曰："微管仲，吾其被发左衽矣。"圣人之惩戎狄如此。太宗既灭突厥，而引诸戎入中国，使殊俗丑类与公卿大夫杂处于朝廷，苟欲冠带四夷，以夸示天下，而不知乱华亦甚矣，然则中国几何不胥而为夷也？是以唐室世有戎狄之乱，岂非太宗之所启乎？

【注释】

① 河南：黄河以南。

② 兖：兖州，原为古九州之一，历代区划有别，唐时辖境相当于今山东济宁、金乡、鱼台、泗水、莱芜、泰安、曲阜、邹城、宁阳、汶上等地。

③ 豫：豫州，原为古九州之一，辖境历代多有伸缩变化，大致在今河南一带。

④ 颜师古（581—645）：京兆万年（今陕西西安）人。隋时任安养县尉，贞观年间与魏徵等修撰《隋书》，唐太宗以五经传写多有讹误，令颜师古校订五经文字，时人叹其博学，后升任秘书少监，校勘官藏图籍，官至秘书监、弘文馆学士。撰《汉书注》，对《汉书》研究影响巨大，与《汉书》合刊并行于世。

⑤ 李百药（565—648）：定州安平（今属河北）人。幼年多病，其祖母以百药名之，父李德林曾任隋内史令。隋时任太子杨勇通事舍人、东宫学士，隋炀帝夺位将其贬为建安郡丞，赴任时为起义军拘留，任以官职，在李渊建唐后被流放泾州，太宗授中书舍人，官至宗正卿。

⑥ 窦静（？—635）：扶风平陵（今陕西咸阳西北）人，唐高祖李渊皇后窦氏族侄，唐高祖时任并州大总管府长史，升任检校并州大总管。太宗召入中央任司农卿，转任夏州都督，离间突厥部众，使郁射设所部九俟斤内附。授宁朔大使，迁民部尚书。

⑦ 温彦博（575—637）：并州祁县（今属山西）人，温大雅之弟。隋授文林郎，后从幽州总管罗艺归唐，升中书侍郎。625年，与突厥交战

被俘，囚于阴山苦寒之地，太宗即位，得释还朝，任中书令，多陈政事得失，升尚书右仆射。

⑧ 四都督府：用于安置东突厥降众的顺州都督府、祐州都督府、化州都督府、长州都督府。六州：太宗灭东突厥后，分颉利之地为六州，左置定襄都督府，右置云中都督府，用以监管其部众。

⑨ 中郎将：原为郎中令（光禄勋）属官，唐代用以分别统领卫府兵，诸卫所置正四品下，诸率所置从四品上。

⑩ 荒服：古"五服"之一，指离京师二千至二千五百里的边远地方，后用以泛指边远地区。

【译文】

突厥战败之后，众多的部落四处分散，其中降服唐朝的还有十万人，太宗诏命群臣商议应如何处置他们。朝廷大臣大多认为应把他们全部迁徙到黄河之南的兖州、豫州地区，分散居住于各州县，教导他们进行耕织，可以变成农民。颜师古请求把他们安置在黄河以北地区，分别册立酋长，率领他的部落。李百药以为应该利用他们四处分散，让他们分别定居于各地，单独设立首领与官吏，使各个部落相互之间不再有从属关系，各自分散并且势力相当，各自保全自己的部落，就必然不能再与中国抗衡了。窦静以为应该对他们的首领在名义上给予王侯的称号，并且将唐王室的女儿嫁给他们做妻子，分散他们的土地和部落，削弱其权力，分散其势力，便于朝廷控制。温彦博请求仿效汉武帝时的做法，把投降的匈奴安置在北方边塞地区，让他们成为中国抵挡外来侵略的保护层。魏徵以为应该把他们放回故土，不可留在中国。太宗最终采纳了温彦博的方案，把突利可汗的属地设置为四个都督府，又把颉利可汗的属地分为六个州，用来安置降服的突厥民众，而酋长以上来到京城者，皆封为将军、中郎将等职，散布于朝廷之中，官级在五品以上者有一百余人，几乎与中原的朝廷大臣各占一半，由此进入长安居住者近万家。

臣范祖禹评论说：先王让戎狄异族居住于离京城很远的地区，让异族不扰乱华夏，这是为了分辨不同的族类，让天下有内外之分。孔子赞美齐桓公的功劳时说："如果不是管仲，我们大概要像异族一样披散着头发，穿着衣襟向左的衣服了。"孔圣人就是这样以异族为戒的。太宗灭掉了突厥之后，却让各种异族进入中国，让有着不同风俗的异族人士与公卿大夫混杂相处于朝廷，希望由此让四方异族变得如中原贵族一样文明，以此向天下显耀，却不知道这样做就严重扰乱了华夏，华夏又怎能不渐变成异族呢？所以唐朝各个皇帝时都有异族引起的战乱，难道不是太宗开启了其源头吗？

【评析】

中国古代一直有华夷之辨的传统，要分清内外。我们要讲民族大团结，一个共同的国家，团结所有中国人的力量，不分民族，不分内外。但中国与外国还是有内外之分。古人怕有戎狄之乱，现代人则怕国家受外国的侵略，这种担心还是不能完全丢失的。所以要讲国家的主权与根本利益，这是不容怀疑的。

太宗能从大臣直言

【题解】

太宗想使用军队修建洛阳宫殿，张玄素认为这是仿效隋炀帝的错误做法，况且当时的财力物力还比不上隋炀帝时，因此造成的后果又会超过隋炀帝。这一批评十分严厉，太宗虽不爱听，但还能反省自己的不足，赞赏张玄素的批评。对此范祖禹给予高度评价，认为太宗能虚己而求大臣的直言批评，并且加以赏赐，这对于帝王来说，是难能可贵的。更重要的是使自己不会再犯错误，这对于国家和君主自己，都是最好的结果。

【正文】

（贞观四年）六月，发卒修洛阳宫，以备巡幸。张玄素[①]谏曰："陛下初平洛阳，凡隋氏宫室之宏侈者，皆令毁之。曾未十年，复加营缮，何前日恶之而今日效之也？且以今日财力何如隋世，陛下役疮痍之人，袭亡隋之弊，恐又甚于炀帝矣。"帝谓玄素曰："卿谓我不如炀帝，何如桀纣？"对曰："若此役不息，亦同归于乱。"帝叹曰："吾思之不熟，乃至于是。"顾谓房玄龄曰："朕以洛阳土中，朝贡道均，意欲便民，故使营之。今玄素所言，诚有理，宜即为之罢役。后日或以事至洛阳，虽露居亦无伤也。"仍赐玄素彩二百匹。

臣祖禹曰：上之所好者，下之所竞也。太宗虚己以求直言，故群臣争救其失，唯恐其言之不切。太宗不唯悦而从之，又赏以劝之，此人君之所难能也。夫如是，何患于有过乎！

【注释】

① 张玄素（？—664）：蒲州虞乡（今山西永济东北）人，太宗时任给事中，直言敢谏，后任太子右庶子，太子声色游猎，多次上书切谏，因太子李承乾被废而受牵连，除名为民，后又改授邓州刺史。

【译文】

贞观四年（630）六月，派出士兵修建洛阳的宫殿，以备东巡时使用。张玄素劝谏说："陛下当初平定洛阳时，凡是隋朝的宏大宫殿及奢侈设施，都下令拆除销毁。可是不曾到十年，又重新加以营建修缮，为什么以前厌恶他而今日却要仿效他呢？况且今日国家的财力哪里比得上隋代呢，陛下让饱受疮痍的人为国家修建宫殿，沿袭隋朝亡国的弊端，恐怕又比隋炀帝更过分了。"太宗对玄素说："卿说我不如隋炀帝，那么与桀纣相比又怎样呢？"玄素回答说："如果这场工程不停止，也会像他们一样以祸乱而告终。"太宗感叹说："我考虑得不够成熟，以至于到了这个地步。"又回头对房玄龄说："朕以为洛阳处于天下的中间位置，各地朝见和上贡的路程都很适中，本意是想方便民众，所以让他们营建洛阳。现在玄素所说的话，确实有道理，应该当即为此而停止工程。以后有人为了某件事来到洛阳，虽然露天而居也无妨啊。"仍然赏赐张玄素二百匹彩绸。

臣范祖禹评论说：君主喜好某种事情，在下的人就会争着以此来讨好君主。太宗虚心以求大臣的直言进谏，所以群臣争着挽救他的失误，唯恐说得不真切。太宗不但喜欢这种批评而且能够听从批评，还加以赏赐以鼓励人们的进谏，这是国君最难能可贵的。像这样做，哪里担心会有失误呢？

【评析】

高明的君主就是能听各种不同的意见，不管顺不顺耳。能真正做到这一点，是非常不容易的，所以说是"人君之所难能"。其好处就在于能使君主随时发现自己的不足与错误，及时改正，而使国家的利益不受损害。

君主大臣各有其职

【题解】

历史上有些皇帝很想把国家治理好，但效果并不好，其原因何在？太宗对此也有自己的分析。他认为隋文帝是励精治国的君主，但他只相信自己，不相信大臣，而只靠自己一个人的力量，是不能把所有事务都办好的。因此太宗借鉴隋文帝的失误，认为一定要择天下贤才，让他们各任一职，而君主只要赏有功罚有罪，使群臣莫敢不尽心力，自然就会把国家治理好。这一认识得到了范祖禹的赞赏，认为儒家经典中早就阐明了这一治国之道，即元首要明智，大臣要优秀，上下各尽其职，国事就会全都得到妥善处理。对于君主而言，如隋文帝那样辛苦，并不是最好的君主，治国者必须懂得这个道理。

【正文】

帝问房玄龄、萧瑀曰："隋文帝何如主也？"对曰："文帝勤于为治，临朝或至日昃，五品以上，引坐论事，卫士传餐而食，虽性非仁厚，亦励精之主也。"帝曰："公得其一，未得其二。文帝不明而喜察，不明则照有不通，喜察则多疑于物。事皆自决，不任群臣，天下至广，一日万几，虽复劳神苦形，岂能一一中理？群臣既知主意，惟取决受成，虽有愆违，莫敢谏争，此所以二世而亡也。朕则不然，择天下贤才，置之百官，使思天下之事，关由宰相，审熟便安，然后奏闻。有功则赏，有罪则刑，谁敢不竭心力以修职业？何忧天下之不治乎？"因敕百司，自今诏敕行下，有不便者，皆应执奏，毋得阿从，不尽己意。

臣祖禹曰，《书》云：“元首明哉，股肱良哉，庶事康哉。”又曰：“元首丛脞哉，股肱惰哉，万事堕哉。”此舜、皋陶所以赓歌而相戒也。夫君以知人为明，臣以任职为良。君知人则贤者得行其所学，臣任职则不贤者不得苟容于朝，此庶事所以康也。若夫君行臣职，则丛脞矣，臣不任君之事，则惰矣，此万事所以堕也。当舜之时，禹平水土，稷①播百谷，土谷之事，舜不亲也。契②敷五教，皋陶③明五刑，教刑之事，舜不治也。伯夷④典礼，夔⑤典乐，礼乐之事，舜不与也。益⑥为虞，垂⑦作共工，虞工之事，舜不知也。禹为一相，总百官，自稷以下分职以听焉。君人者，如天运于上，而四时寒暑各司其序，则不劳而万物生矣。君不可以不逸也，所治者大，所司者要也。臣不可以不劳也，所治者寡，所职者详也。不明之君，不能知人，故务察而多疑，欲以一人之身代百官之所为，则虽圣智，亦日力不足矣。故其臣下事无大小皆归之君，政有得失，不任其患，贤者不能行其志，而持禄之士得以保其位，此天下所以不治也。是以隋文勤而无功，太宗逸而有成，彼不得其道，而此得其道故也。

【注释】

① 稷：周人先祖，相传其母姜嫄踩到天帝的足迹，怀孕所生，因被弃而不养，故名为“弃”。长大后被虞舜任命为农官，教民耕稼，称为后稷。

② 契：传说是商人祖先，为帝喾之子。虞舜时辅佐大禹治水有功，被舜任为司徒，封于商，赐姓子。

③ 皋陶（yáo）：亦作皋繇。传说为虞舜时代的司法官。唐王朝认为他是李氏得姓之始。

④ 伯夷：传说为虞舜时掌管礼仪的大臣，姜姓，齐太公的祖先。

⑤ 夔（kuí）：相传是虞舜时主管音乐的官员。

⑥ 益：即伯益。相传为尧舜时的大臣，东夷部落的首领，为嬴姓各族的祖先。伯益帮助大禹治水有功，禹要让位给伯益，伯益避居在箕山

之北。

⑦ 垂：相传是虞舜时主管百工之事的官员。

【译文】

太宗问房玄龄、萧瑀："隋文帝是怎样的国君？"回答说："文帝辛勤地治理国务，上朝办公有时忙到黄昏，五品以上的官员，叫来坐着讨论事务，忙得只能让卫士送饭来吃，虽然他的性子并不仁厚，但也是一位励精图治的国君。"太宗说："你们看到了一个方面，还有一个方面没有看到。隋文帝对事物的认识并不明睿，却喜欢辨察，认识不明睿就会有看不到的地方，喜欢辨察就会对事物多疑。事情都由自己裁决，不信任群臣，天下极为广大，每天的政务成千上万，虽然自己劳心劳力，但怎能每件事情都处理得合乎道理？群臣既然知道了国君的意思，就只是听从国君的裁决而接受已定的旨命，虽然国君的决定会有失误之处，也没有人敢于谏争，这就是隋朝仅传了两代就亡了国的原因。朕则不是这样，选择天下的贤才，任命他们担任各种官职，让他们思考天下的事务，再交由宰相加以处理，考虑成熟后，既便于实施又没有不妥，然后向我上奏报告。实施之后，有功者就奖赏他，有罪者就惩罚他，谁敢不竭心尽力以搞好自己的本职工作？哪里用得着担忧天下不被治理好呢？"于是命令各个部门，自今以后凡是诏命颁布之后，如果有不妥之处，都应该加以指出和上报，不得一味顺从，不充分表示自己的意见。

臣范祖禹评论说，《尚书》里说："国家元首非常贤明，股肱大臣就会全都优秀，国家众事就会成功无误。"又说："国家元首亲自过问琐碎的事务，股肱大臣就会懈怠懒惰，国家众事就全都荒废了。"这是舜和皋陶一唱一和以相互告诫。作为国君，以了解人才为贤明；作为大臣，以尽忠职守为优秀。国君了解人才，贤良的人才就能够推行他所学的东西；大臣尽忠职守，没有才能的人就不能在朝廷中占着位子不做事，这就是国家众事全都成功无误的原因。如果国君去做大臣的事，就会身陷琐碎事务之中；如果大臣不过问自己的本职工作了，就会变得懒惰，这就是国家众多事务全都荒废的原因。在舜称帝的时候，大禹负责治理水灾和恢复农田，稷负责教民播种百谷，于是与土地和庄稼有关的事，舜就不亲自过问了。契负责推广五种教化，皋陶负责制定各种刑法，教化与刑法的事情，舜也不用亲自过问。伯夷负责礼制，夔负责音乐，礼乐之事，舜也不参与。益担任虞，垂担任共工，虞官和工官之事，舜也不过问。禹作为唯一的宰相，总管百官，自稷以下则分头负责专门的工作以听从禹的管理。统治民众的人，像天在上运行一样，四季的寒暑变化各自按照顺序转换，天就不用辛劳而万物都会生存生长了。国君不能不闲逸，因为他治理的天下极大，而所过问的只能是最重要的事。臣子不能不辛劳，因为他们所掌管的事情少，而要处理的事情则非常详细。不明智的国君，不能了解人才，所以务求辨察而造成了多疑，想靠一个人的力量完成百官所要处理的工作，那么他虽然是圣智之人，也是每天都会感到力量不够。所以把他的臣下所要处理的事务不管大小都收到自己手中，国家政治会有得有失，而君主无法承受其祸害，贤能的人才又不能实现自己的志向，那些只想保住俸禄的人却能保住自己的官位，这就是天下得不到治理的原因。所以隋文帝辛苦地处理政务却没有好的效果，唐太宗轻松闲适却能有很大的成功，这是因为隋文帝不懂得治国之道，而唐太宗掌握了治国之道。

【评析】

古人早就认识到君与臣是分工合作的关系，不能只当作上下关系。所以《尚书》里说国家元首要开明，股肱大臣要优秀，这样才能让众多的事务都得到良好的治理。其反面就是元首只操心琐碎的事务，大臣们却懒惰而不勤政，这样的话万事都会废坏。范祖禹则进一步说明君主的明在于知人，大臣的良在于能胜任其职。君主能知人，才能挑选合适的人来担任各个官职，这样的人来当大臣当然就会胜任其职。有了这样的君臣，国家就不愁治理不好了。衡量政治的好坏，这是最重要的一个标准。

贞观之治的原因所在

【题解】

太宗与群臣讨论民众的教化问题，以为大乱之后民众不易教化，魏徵认为此时的民众正是最容易教化的。封德彝不同意魏徵的说法，认为汉代曾想教化民众，却未能达到目的，又批评魏徵只是一个书生，所说也是空洞的理论。魏徵则用历史事实证明自己的说法是合乎现实的。对比之下，太宗认为魏徵的意见更为有理，便采纳了他的主张。经过数年的实践，太宗果然取得了贞观之治。此时太宗又反思当初魏徵提出的偃武修文以使四方异族自动顺服的策略也很高明。范祖禹的评论认为，由此可知太宗善于对不同的意见进行分析和取舍。同时也指出了魏徵与封德彝的差别，一是仁义之言，一是刑罚之言，仁义之言符合事理，刑罚之言则违反人的本性，所以在现实政治上的效果就会截然不同。本篇阐明了贞观之治所以取得成功的根本原因，就在于用仁义之道，顺民众之心。

【正文】

帝之初即位也，尝与群臣语及教化，帝曰："今承大乱之后，恐斯民未易化也。"魏徵对曰："不然。久安之民骄佚，骄佚则难教，经乱之民愁苦，愁苦则易化。譬犹饥者易为食，渴者易为饮也。"帝深然之。封德彝非之曰："三代以还，人渐浇讹，故秦任法律，汉杂霸道，盖欲化而不能，岂能之而不欲邪？魏徵书生，未识时务。若信其虚论，必败国家。"徵曰："五帝[①]三王[②]不易民而化。昔黄帝[③]征蚩尤[④]，高阳[5]征九黎[6]，汤放桀[7]，武王伐纣[8]，皆能身致太平，岂非承大乱之后邪？若谓古人淳朴，渐致浇讹，则至于今日，当悉化为鬼魅矣，人主安得而治之？”帝卒从徵言。

（贞观）元年，关中饥，米斗直绢一匹。二年，天下蝗。三年，大水。帝勤而抚之，民虽东西就食，未尝嗟怨。是岁天下大稔，流散者咸归乡里，米斗不过三四钱，终岁断死刑才二十九人。东至于海，南及五岭，皆外户不闭，行旅不赍粮，取给于道焉。帝谓长孙无忌[9]曰：“贞观[10]之初上书者，皆云‘人主当独运威权，不可委之臣下’。又云：‘宜震耀威武，征讨四夷。’唯魏徵劝朕偃武修文，中国既安，四夷自服。朕用其言，今颉利成擒，其酋长并带刀宿卫，皆袭衣冠[11]，徵之力也，但恨不使封德彝见之耳。”徵再拜谢曰：“突厥破灭，海内康宁，皆陛下威德，臣何力焉？”帝曰：“朕能任公，公能称朕所任，则其功岂独在朕乎？”

臣祖禹曰：太宗可谓能审取舍矣。魏徵，仁义之言也，欲顺天下之理而治之。封德彝，刑罚之言也，欲咈[12]天下之性而治之。夫民莫不恶危而欲安，恶劳而欲息，以仁义治之则顺，以刑罚治之则咈矣。故治天下在顺之而已，咈之而能治者，未之闻也。太宗从魏徵而不从德彝，行之四年，遂致太平，仁义之效，如此其速也，故治道在人主所力行耳，孰不可为太宗乎！及其成功，复归美于下，此近世帝王之所不及也。

【注释】

① 五帝：传说中的五位帝王，有五种说法：一指黄帝、颛（zhuān）顼（xū）、帝喾、尧、舜；一指伏羲、神农、黄帝、尧、舜；一指太昊、炎帝、黄帝、少昊、颛顼；一指少昊、颛顼、帝喾、尧、舜；一指黄帝、少昊、颛顼、喾、尧。第一与第四种说法为常见，第三种说法是指东西南北中五个方位的天神，东方太昊，南方炎帝，西方少昊，北方颛顼，中央黄帝。

② 三王：指夏、商、周三代开国之君。三种说法，一指夏禹、商汤、周武王；一指夏禹、商汤、周文王；一指商汤、周文王、周武王。

③ 黄帝：少典之子，姓公孙，居轩辕之丘，号轩辕氏。又居姬水，于是改姓姬，国于有熊，称有熊氏。后世五行说认为他以土德王，土配黄色，故曰黄帝。

④ 蚩（chī）尤：古代九黎族首领，与黄帝战于涿鹿，兵败被杀。

⑤ 高阳：即颛顼，黄帝之孙，昌意之子，颛顼有天下，号高阳。

⑥ 九黎：上古东夷集团部落名。

⑦ 桀：夏朝末代君王，名履癸，商汤讨伐夏桀，夏桀众叛亲离，败于鸣条。

⑧ 纣：商代最后一个帝王，史称帝辛，名受或受德，纣是周人对他的贬称。据《史记》，帝辛“资辩捷疾，闻见甚敏，材力过人，手格猛兽”，深得其父帝乙之爱，虽非长子，却继承君位。帝辛即位后，征伐东南夷，扩大商的领地。后来非常残暴，“重刑辟、有炮格之法”，用铜铸成空心柱子，柱子中烧红炭火，将不满暴行的臣民脱光衣服，绑在铜柱上活活烤死。对劝谏的大臣，则“脯鄂侯尸、剖比干心”。又好饮酒，贪女色。以酒为池，悬肉为林。纣的暴虐导致众叛亲离，最终被周武王起兵击败，纣自焚而死。

⑨ 长孙无忌（？—659）：河南洛阳人，先世出于北魏皇族，是太宗长孙皇后之兄。帮助李世民策划玄武门之变，任尚书右仆射，封赵国公。受遗诏辅立高宗，任太尉、同中书门下三品，反对高宗废王皇后立武昭仪，但武氏仍被立为皇后。后被人诬告谋反，流放黔州，被逼自缢。

⑩ 贞观：唐太宗年号，取自《周易·系辞下》：“天地之道，贞观者也。”

⑪ 衣冠：指华夏朝廷官员穿的正式官服，少数民族的首领穿上朝廷官服，表示他们已经顺服中央朝廷。

⑫ 咈（fú）：违逆、违背。

【译文】

太宗刚刚即位的时候，曾经与群臣说到教化的问题，太宗说："现在刚刚度过了天下大乱的时期，恐怕民众不容易加以教化。"魏徵说："不是这样。长久享受太平的民众已经变得傲慢放纵，傲慢放纵之后就难教化了。经过战乱的民众内心忧愁痛苦，忧愁痛苦的民众就容易教化。这好比过于饥饿的人什么食物都能吃，过于口渴的人什么饮品都能喝。"太宗非常同意这个说法。封德彝认为这个说法不对："三代以后，民众逐渐变得虚伪欺诈了，所以秦朝只用法律治民，汉代则夹杂使用霸道，这是因为想教化却做不到，难道能教化还不想教化他们吗？魏徵只是一个书生，不懂得现实的情况。如果相信他的空洞理论，必定会败坏国家。"魏徵说："五帝三王并没有交换了民众来教化他们。从前黄帝征伐蚩尤，高阳征讨九黎，商汤流放了夏桀，周武王讨伐殷纣王，都能亲自使天下太平，难道不是在大乱之后吗？如果说古人淳朴厚道，之后的人逐渐变得虚伪欺诈，那么到了今天，应当全都变成鬼魅了，国君又怎能治理他们呢？"太宗最终听从了魏徵的意见。

贞观元年，关中发生饥荒，一斗米的价钱相当于一匹绢。贞观二年，天下发生蝗灾。贞观三年，发生大水灾。太宗辛勤处理国事而抚养民众，民众虽然东西流动找粮食吃，却未尝埋怨和愁叹。此年天下的庄稼大丰收，四处流散的民众全都回归乡里，一斗米的价钱不超过三四文钱，全年判处死刑的才二十九个人。国家的疆域东至于海，南到五岭，人们都可以外出而不用关门，到外地旅行不用带粮食，在路上都能买到。太宗对长孙无忌说："贞观初年人们上书，都说'君主应当独自运用威权，不能交给臣下'。又说：'朝廷应当大力显耀威武，征讨四方夷狄。'只有魏徵劝朕偃武修文，中国安定之后，四方夷狄自会顺服。朕采纳他的建议，现在突厥的颉利可汗已被擒拿，他的酋长全都佩着刀在京城当禁卫军，都穿上了华夏官员的服装，这都是魏徵的功劳啊，只是遗憾不能让封德彝看到这些了。"魏徵两次下拜辞谢说："突厥灭亡，海内太平安宁，都是陛下的威德所致，臣有什么功劳？"太宗说："朕能任用你，你能完成朕的委任，那么其功劳怎能只是我一个人的呢？"

臣范祖禹评论说：太宗可以说是对大臣的意见善于加以取舍的。魏徵的意见，是仁义之言，是想顺着天下之理而治国。封德彝的意见，是刑罚之言，是想违背天下人的本性而治理他们。那些民众没有谁不厌恶危险而想获得太平安宁，没有谁不厌恶辛劳而想得到休息，用仁义的方法治理，就合乎民众的本性，用刑罚的方法治理，就违背民众的本性。所以治天下只在于顺从民众的本性而已，违背民众的本性而能治理天下，是从没听说过的。太宗听从魏徵而不听从封德彝，实行了四年，于是使太平到来，以仁义治国的效果，是如此之快，所以治国之道在于国君的亲自实行而已，哪个君主不能做到太宗这样呢？等到成功了，又归功于臣下，这是近代帝王都不如太宗的地方。

【评析】

大臣的进言，君主一定要有所取舍，分辨其中的优劣。太宗能做到这一点，故能成为英明的君主，并按照所听取的意见付诸实施，所以会有贞观之治。后来的君主不能做到这一点，这就是太宗超过其他君主的地方。

因时制宜才会有合适的制度

【题解】

中国古代的封建，是指皇帝将宗室和功臣分封为诸侯。太宗也想搞封建，魏徵等人以为不宜搞封建，颜师古建议只搞小型的封建，与州县混杂而居。可是分封之后，受封的大臣却不愿意前往领地，于是只好停止分封大臣，只分封了皇族子弟。范祖禹认为，唐代柳宗元专门写了《封建论》一文，反对搞封建，认为封建并不是圣人主观上设想出来的制度，只是客观形势造成的一种结果。形势需要的时候，谁也废不了封建制，但时代发展之后，封建制度是谁也恢复不了的。范祖禹指出：周能享国长久，不仅要靠封建，更要靠有德。后代帝王都想效法古代的封建制，只有弊而没有利。所以治国的关键是因时制宜，不能拘泥于封建一类的制度。

【正文】

（贞观）五年，初，帝令群臣议封建。魏徵、李百药以为封建不便，颜师古以为不若分王宗子，勿令过大，间以州县杂错而居。十一月，诏皇家宗室及勋贤之臣，宜令作镇藩部，贻厥子孙，非有大故，无或黜免，所司明为条例，定等级以闻。至十一年六月，诏荆王元景等二十一王，长孙无忌等十四人刺史[①]，皆令世袭。无忌等皆不愿之国，上表固让。其明年诏停袭封刺史。

臣祖禹曰，柳宗元[②]有言曰："封建非圣人意也，势也。"盖自上古以来有之，圣人不得而废也。故制其爵位之等，为之礼命之数，合之以朝觐[3]会同，维之以长帅牧伯，而后可治也。周室既衰，并为十二，列为六七，而封建之礼已亡。秦以诈力一天下，刬[4]灭方国以为郡县，三代之制不可复矣。后世唯知周之长久[5]，而不知所以长久者由其德，不独以封建也。必欲法上古而封之，弱则不足以藩屏，强则必至于僭乱[6]，此后世封国之弊也。且尧、舜有天下，犹不能私其子，不以一人而害天下也。况诸侯之后嗣，或贤或不肖，而必使之继世乎？是以一人而害一国也。然则如之何？《记》曰："礼，时为大，顺次之。"尧、舜禅授[7]，汤、武征伐，三代封国，后世郡县，时也。先王之礼，或损或益，因时制宜，以便其民，顺也。古之法不可用于今，犹今之法不可用于古也。后世如有王者，亲亲而尊贤，务德而爱民，慎择守令，以治郡县，亦足以致太平而兴礼乐矣，何必如古封建乃为盛哉？

【注释】

① 刺史：原为朝廷派遣到地方执行督察职责的官员，后沿为地方官职名称，为一州行政长官。

② 柳宗元（773—819）：河东解县（今山西运城西南）人，世称柳河东。贞元间进士，任礼部员外郎，参与王叔文、王伾改革，反对宦官专政与藩镇割据，改革失败被贬为柳州刺史，政绩显著，又称柳柳州。著《封建论》，认为郡县制取代封建制是历史大势之所必然。

③ 朝（cháo）觐（jìn）：臣子朝见君主之礼。

④ 刬（chǎn）：同"铲"，削除。

⑤ 周之长久：周有天下，合西周与东周，三十七世，将近八百年，故云长久。

⑥ 僭（jiàn）乱：犯上作乱。僭，僭越，超越本分。

⑦ 禅授：即禅让，以帝位让人，中国古代历史上统治权转移的一种方式。

【译文】

贞观五年，起初，太宗命群臣商议实行封建的问题。魏徵、李百药认为实行封建并不适宜，颜师古认为不如分封各个亲王宗族内的子弟，不要让分封的诸侯过大，与地方州县交错而居。十一月，诏命皇家宗室及有功和贤能的大臣，应该让他们分别到各地作为镇藩之部，遗传给自己的子孙，没有大的罪过，不用废黜。又命有关部门明确地定为条例，定好不同的等级上报给国君。到贞观十一年（637）六月，诏命荆王李元景等人为二十一个诸侯王，长孙无忌等十四人担任各封国的刺史，都让他们的子弟世袭。长孙无忌等人都不愿意前往封国，上书坚决推辞。到了第二年，下诏停止世袭分封的刺史。

臣范祖禹评论说，柳宗元曾说过："封建，不是圣人设想出来的一套制度，只是客观形势造成的一种结果。"封建自上古以来就有这种制度，圣人也不能把它废除。所以制定了爵位的等级，区分了礼器仪式的数量，再与朝见会同的制度相配合，又用诸侯之中的首领和领袖加以维护，而后可以治理天下。周王室衰败之后，天下众多的诸侯先是合并为十二诸侯，之后又合并为六七个大诸侯国，而封建的制度已经灭亡。秦靠使用阴谋与暴力统一了天下，消灭了各方的诸侯国而划分为郡县，于是三代以来的封建制就不能恢复了。后来的人只知道周朝有八百年之长久，却不知道之所以能够如此长久是由于周朝重德，不单单靠封建制。一定想要效法上古而进行分封，就只能使弱小的诸侯无力护卫天子，而强大的诸侯则必定会僭越天子而使天下大乱，这就是后代分封诸侯国的弊端。况且尧、舜做了天下的君主，还不能私自传给其儿子，不能因为一个人而危害天下。何况诸侯的后代，有贤明的，也有不贤明的，能一定要让他们继承诸侯的爵位吗？这是让一个人害了一个国家。既然如此又该怎么办呢？《礼记》里说："礼，以适应时势的变化为最重要的原则，至于机械执行则要次一等。"尧、舜之间采取了禅让的方式，商汤对于夏桀、周武王对于殷纣，则采取了征伐的方式，三代分封诸侯国，后世采取郡县制，都是时势的需要。先王的礼乐制度，有的地方要改掉，有的地方要补充，都要因时制宜，以方便它的民众，这才是顺乎道理的。古代的法度不能用于今天，就像今天的制度不能用于古代一样。后世如果有做了君王的人，亲爱他的亲人，尊重贤人，努力求德而爱护民众，谨慎地选择州县的太守和县令，由此来治理郡县的事务，也足以使天下太平而使礼乐制度兴盛起来了，又何必像古代那样实行封建制才算是兴盛呢？

【评析】

历史上任何一种政治制度，都有它得以产生的特定的时代背景与社会环境，不是哪个君主靠聪明想象出来的。后人对前人的制度，也不能一味遵守，不敢改革，最重要的是因时制宜。英明的君主最重要的工作就是分析时宜是怎样的，这样才能制定出最适宜的制度，而不是机械地固守以前的制度，或盲目地照搬别人的制度。人们在讲改革时，也必须遵守这个原则。

治国用刑必须慎重

【题解】

治理国家，刑法是不可缺少的，但如何用刑，则有讲究。太宗对用刑非常慎重，体现了爱民之心。他的慎重，是对死刑多次反复审核，一般是复审三次，但他要复审五次，这是历史上很少有的。范祖禹评论说，对于死刑采取推迟执行的方式，多审几次还不是重点，能出于至诚来对待这个问题，才是关键。又指出，君王慎重用刑，会有良好的政治效果，这就是刑清而民服。一个国家，用刑很少，表明民众很少犯罪；民众很少犯罪，表明民众遵守法令。用刑不是目的，使民众很少触犯刑律，才是目的。太宗在用刑的问题上，几乎达到全国不必用刑的程度，表明他的慎重用刑，是出于至诚，而其治国的成就，也几乎可与上古的圣王相比了。

【正文】

（贞观五年）十二月，帝谓侍臣曰："朕以死刑至重，故令三覆[①]，盖欲思之详熟故也。而有司须臾之间三覆已讫。又，古者刑人，君为之彻乐减膳。朕庭无常设之乐，然常为之不啖酒肉，但未有著令。又，百司断狱唯据律文，虽情在可矜，而不敢违法。其间岂能尽无冤乎？"丁亥，制决死囚者，三日中五覆奏，下诸州者，三覆奏，行刑之日，尚食[②]勿进酒肉，内教坊[③]及太常不举乐，皆令门下覆视。有据法当死而情可矜者，录状以闻。由是全活甚众。其五覆奏者以决前一二日，至决日，三覆奏，唯犯恶逆[④]者，一覆奏而已。

臣祖禹曰，《易·中孚》之象曰：“君子以议狱缓死。”中孚者，信发于中也。议狱缓死者，出于至诚也。古者大司寇[5]以狱之成，告于王，王命三公[6]参听之，三公以狱之成，告于王，王三又，然后制刑。先王重慎如此，故刑清而民服。若太宗之恤刑也，可谓至诚而近于古矣，几致刑措，不亦宜乎？

【注释】

① 三覆：三度复审。

② 尚食：官名，掌管帝王膳食，唐时属殿中省。

③ 内教坊：管理宫廷音乐的官署，其官隶属太常，唐初设于禁中，故称内。管理雅乐以外的音乐、舞蹈，以及百戏的教习、排练、演出等事务。

④ 恶逆：特指最严重的十大罪行之一，指殴打及谋杀祖父母、父母，杀死伯叔父母、姑、兄、姊、外祖父母、夫、夫之祖父母、夫之父母的人。

⑤ 大司寇：夏商已有之，周为六卿之一，称秋官大司寇，掌刑狱、纠察之职。春秋诸国多置之，孔子曾任鲁国司寇。

⑥ 三公：天子以下的最高辅政大臣。

【译文】

贞观五年十二月，太宗对侍从之臣说：“朕认为死刑是最重的刑罚，所以命令判决死刑时要复审三次，这是因为想对判决死刑思考得非常成熟。可是相关部门在很短的时间内就三次复审完毕，这不符合朕的本意。另外，古代对人执行死刑，君主为此要撤掉音乐和减少膳食。朕的宫廷里没有日常设置的音乐，但常因为执行死刑而不吃酒肉，只是没有写到法令之中。此外，各个部门判处案件只知道根据法律条文，对那些在情理上应该加以同情的罪犯，也不敢违反法律条文。这中间又怎能全无冤枉的呢？”初二这天，下诏规定：判决死刑犯，三天当中复审五次，奏请发下各州判决的，复审三次然后上奏，执行死刑之日，宫内尚食局不得献上酒肉，内教坊及太常寺不得奏乐，都让门下省复核。有的罪犯，根据法律应当处死，但情有可原，要记录其案情向上报告。实行这些制度后，保全了不少人的性命。其中复审五次者，在裁决前的一二天，到裁决之日，进行三次复审。只有犯了十恶不赦之罪的人，才仅复审一次而已。

臣范祖禹评论说，《周易·中孚卦》的象辞说："君子要在商议刑事案件时推缓判处死刑。"所谓的中孚，是指诚信发自于心中。商议刑事案件推迟判决死刑，就是要出于至诚。古时的大司寇要在案件判决之后，上报于君王，君王又命三公相互听取判决报告，等到三公也判决之后，又向君王报告。王又反复审核，然后才能定刑。先王用刑如此慎重，所以能做到刑狱很少而民众顺服。像太宗这样小心用刑，可以说是出于至诚而接近于上古的帝王了，最后几乎使全国都不用刑罚，不也是很应该的吗？

【评析】

治国理政，不能没有法律和法制，但不能只靠法律和法制，还要运用其他的制度与手段。而法律与法制，也不是一味只讲严刑峻法，要讲求适当，合乎民心与社会需求。英明的君主要尽量少用重刑，而使社会得到治理。

论封禅无益

【题解】

封禅是古代的一项重大政治活动，许多帝王都喜欢从事这项活动，希望由此获得君命神授的权威性。唐太宗即位后第六年，大臣们请求举行封禅，他们认为封禅能让唐王朝的政权和自己的官位都取得天帝认可的合法性。太宗认为只要天下太平，民众生活富足，封不封禅，又有何妨？魏徵坚决支持太宗，太宗动摇时，魏徵也坚决认为不可封禅，这在官员中极为少见。范祖禹认为封禅本来就不是天子应做的事，天下只应在巡狩四方时，在每一方的最高之山上祭天，表示对天的尊敬。后来的学者歪曲了这种活动的本来意义，希望由此讨好帝王，才编造出了封禅的说法。而封禅与王朝兴盛也没有必然联系，这是对封禅的清醒认识。他还评论了唐代著名人物在封禅问题上的表现，指出只有柳宗元能认识到封禅是错误行为，连韩愈这样贤明的人物，都劝宪宗封禅，其他的人就可想而知了。

【正文】

（贞观）六年，文武官复请封禅①，帝曰："卿辈皆以封禅为帝王盛事，朕意不然。若天下乂②安，家给人足，虽不封禅，庸何伤乎？昔秦始皇封禅，而汉文帝不封禅，后世岂以文帝之贤不及始皇邪？且事天扫地而祭，何必登泰山之巅，封数尺之土，然后可以展其诚敬乎？"群臣犹请之不已，帝亦欲从之，魏徵独以为不可，乃止。

臣祖禹曰：古者天子巡狩③，至于方岳④，必告祭柴望⑤，所以尊天而怀柔百神也。后世学礼者失其传，而诸儒之谄谀者为说，以希世主，谓之封禅，实自秦始，古无有也。且三代不封禅而王，秦封禅而亡，人君不法三代而法秦，以为太平盛事，亦已谬矣。太宗方明，朝多贤臣，而佞者犹倡其议，独魏徵以为时未可，而亦不以其事为非也。其后颜师古议其礼，房乔⑥裁定之，徵亦预焉。贞观之末，屡欲东封，以事而止⑦。高宗、明皇遂踵行之⑧，终唐之世，唯柳宗元以封禅为非，以韩愈⑨之贤，犹劝宪宗⑩，则其余无足怪也。呜呼！礼之失也久矣，世俗之惑，可胜救哉？

【注释】

① 封禅（shàn）：在泰山之上筑土为坛，报天之功，称封；在泰山之下的梁父山上辟场祭地，报地之德，称禅。封禅是古代帝王祭祀天地的大典，是受命盛德的象征。

② 乂（yì）：安定。

③ 巡狩：天子出行，视察邦国州郡。

④ 方岳：四方之山岳，古指东岳泰山、南岳霍山（一指衡山）、西岳华山、北岳恒山。

⑤ 告祭：举行封禅大典。柴望：柴，指烧柴祭天；望，指遥祭名山大川。

⑥ 房乔：即房玄龄。

⑦ 以事而止：贞观十五年，太宗东巡，准备到泰山封禅，行至洛阳，因为天空出现了彗星，于是停止东巡封禅。

⑧ 高宗、明皇遂踵行之：唐高宗乾封元年封泰山，唐玄宗开元十二年封泰山。

⑨ 韩愈（768—824）：河南河阳（今河南孟州南）人，祖籍河北昌黎，世称韩昌黎。35岁中进士，赴汴州董晋、徐州张建封节度使幕府任职。后回京任四门博士、监察御史，因请减免赋税，贬为阳山令。宪宗时任国子博士、太子右庶子、刑部侍郎。因谏阻宪宗迎佛骨，贬潮

州刺史。回朝后，任国子祭酒、兵部侍郎、吏部侍郎、京兆尹等。韩愈提倡先秦两汉的文章，世称文起八代之衰，是唐宋八大家之首。

⑩ 宪宗（778—820）：李纯，原名李淳，唐顺宗长子，立为皇太子以后改名，唐代中兴君主。宪宗即位后，经常阅读历朝实录，读到贞观、开元故事，仰慕不已，能以祖上圣明之君为榜样，总结历史经验，注重发挥群臣的作用，敢于任用和倚重宰相。在位15年，君臣同心同德，取得了削藩的巨大成果，成就了唐朝的中兴气象。唐朝皇帝得到评价较高的三人：太宗、玄宗、宪宗。宪宗不像太宗和玄宗开创辉煌盛世，却能和他们相提并论。后来宠信宦官，导致晚唐宦官专政。

【译文】

贞观六年，文武百官再次请求前往泰山封禅。太宗说："你们这伙人都认为封禅是帝王的盛事，朕的想法却不是这样。如果天下太平安定，百姓家给人足，虽不封禅，又有何妨？从前秦始皇封禅，汉文帝不封禅，后世难道会认为汉文帝不如秦始皇贤明吗？况且对于上天扫净一块地就能举行祭祀，何必登上泰山之巅，封住数尺之土，然后才能表达对于上天的诚敬？"群臣还是不停地请求，太宗也想听从大家的建议了，只有魏徵一个人认为不能封禅，这才停止下来。

臣范祖禹评论说：古代的天子巡狩四方，到达四方各山的主山，一定要登山举行告祭柴望等祭祀活动，由此来表达对天的尊崇和对山川众神的敬意。后世学礼的人失去了这些活动的本意，而儒生之中那些爱搞谄谀的人又为此进行解释，以此来讨好当世的帝王，于是就称为封禅，实际上从秦始皇才开始搞封禅活动的，古时并没有封禅。况且夏商周三代不搞封禅而称王于天下，秦始皇搞了封禅却很快灭亡了，国君不效法三代却效法秦代，认为这是太平时期的盛大事件，也已经是很大的谬误了。太宗正处于贤明的时期，朝廷内有很多贤臣，可是邪佞的人还提出封禅的建议，只有魏徵认为时机还不允许，却也不认为封禅之事是不对的。其后颜师古曾论述过封禅的礼仪，房玄龄加以裁定，魏徵也参与了此事。贞观末年，屡次想去东方泰山封禅，因为别的事而停止未去。唐高宗、明皇后来都搞过封禅，整个唐代，只有柳宗元认为封禅是不对的，以韩愈这样贤明，还劝宪宗封禅，其余的人就不足为怪了。呜呼！礼的学说，失传的时间已经很久了，世俗之人在礼学上的迷误，还能救得过来吗？

【评析】

帝王登基后举行封禅，是古代朝廷的重大政治活动，但太宗认为这不是决定国家政治命运的根本原因。所以不愿意举行封禅活动。范祖禹认为这是君主的明智，只有少数人能认识到这一点，如魏徵，但对此认识得最清楚的是柳宗元，在这一点上，可知柳宗元超过唐代君臣绝大多数人。

君子之才与小人之才

【题解】

唐太宗认为任命官员必须慎重选择人选，要做到用君子而不用小人。魏徵认为用人要灵活，夺天下时可以只用才而不管品行，天下安定后，则必须才行兼备。范祖禹批评魏徵的观点，认为魏徵把才与行分开，这样的才是小人之才，而真正的才必须兼具德行，为此他举了高阳氏八子、高辛氏八子及周公、孔子的实例。最后指出魏徵之所以把才与行分开，根源在于他的学问驳杂不纯，最终导致他不能辅助唐太宗达到三王之治。

【正文】

帝谓魏徵曰："为官择人，不可造次。用一君子，则君子皆至；用一小人，则小人竞进矣。"对曰："然天下未定，则专取其才，不考其行，丧乱[①]既平，则非才行兼备不可用也。"

臣祖禹曰：太宗以治乱在庶官，欲进君子退小人，此王者之言也。而魏徵之所谓才者，不亦异乎！夫才有君子之才，有小人之才。古之所谓才者，君子之才也；后世之所谓才，小人之才也。高阳氏[②]有子八人，天下以为才；其所以为才者，曰"齐圣广渊，明允笃诚"。高辛氏[③]有子八人，天下以为才；其所以为才者，曰"忠肃共懿，宣慈惠和"。周公制礼作乐，孔子以为才。然则古之所谓才者，兼德行而言也。后世之所谓才者，辩给以御人，诡诈以用兵，僻邪险诐，趋利就事，是以天下多乱。职斯人之用于世也，在《易·师》[④]之上六曰："开国承家，小人勿用。"《象》曰："小人勿用，必乱邦也。"《既济》⑤曰："高宗⑥伐鬼方⑦，三年克之，小人勿用。"王者创业垂统，敷求哲人，以遗后嗣，故能长世也，岂其以天下未定而可专用小人之才欤？夫有才无行之小人，无时而可用，退之犹惧其或进也，岂可先用而后废，乃取才行兼备之人乎？（魏）徵之学驳而不纯，故所以辅导其君者，卒不至于三王之治也。

【注释】

① 丧乱：死亡祸乱。后多以形容时势或政局动乱。

② 高阳氏：名颛顼，黄帝之孙，昌意之子。

③ 高辛氏：帝喾，上古帝王。姬姓，号高辛氏。相传是黄帝后裔。

④《易·师》:《易》，又称《周易》《易经》。周代的占卜书，以八卦象征天、地、雷、风、水、火、山、泽等自然现象，推测自然和社会的变化，认为阴阳两种势力的相互作用形成万事万物，包含朴素辩证观点，后成为儒家经典之一。《师》是《易》第七卦的卦名，象征军旅。军队统帅筮得此卦出征吉利。

⑤《既济》:《周易》第六十三卦的卦名，象征事功已成。这是小见吉利的贞卜，但要戒备最初吉祥最终危乱。

⑥ 高宗：即殷高宗武丁。名昭，武丁是庙号。小乙之子，即位后，关心百姓疾苦，求贤觅才，征讨四方，使商朝复兴。在位五十九年，死后谥号高宗。

⑦ 鬼方：上古种族名，为殷、周西北境强敌。

【译文】

唐太宗对魏徵说："任用官员选择人才，不可以轻率随便。任用一个君子，那么君子们就会全部到来；任用一个小人，那么小人们就都会争相求进了。"魏徵回答说："然而天下尚未平定时，可以专门重视人们的才能，不必考察他们的品行；祸乱已经平定之后，如果不是才能和品行兼备的人就不可以任用了。"

臣范祖禹评论说：唐太宗认为国家的治乱在于百官的任用，他想要进用君子而抑退小人，这是称王天下的人所说的话。而魏徵所说的才能，不是很怪异吗？所谓的才，有君子之才，又有小人之才。古时所说的才，是君子之才；后世所说的才，是小人的才能。高阳氏有儿子八人，天下人认为他们有才能；他们之所以有才能，是因为他们“聪明圣哲、广大深远、明察诚信、切实忠诚”。高辛氏有儿子八人，天下人认为他们有才能；他们之所以有才能，是因为“忠诚恭敬、端庄纯美、博闻慈爱、仁爱和顺”。周公制定礼仪、制作音乐，孔子认为他有才能。既然这样，那么古人所说的才能，是将道德与品行放在一起而言的。后世所说的才能，是用能言善辩来制御他人，用诡计欺诈来用兵作战，奸邪不正阴险邪僻，为追逐利益而做事，因此天下祸乱众多。这种人在世上得到任用，在《周易·师卦》的上六爻辞说：“建立邦国、继承封邑的人，小人不要任用。”其《象》辞说：“小人不要任用，否则必定会搅乱国家。”《既济卦》说：“高宗征伐鬼方，三年才将其打败，小人不要任用。”称王天下的人开创基业、留传基业，广泛寻求智慧卓越的人，来留给后代，所以能够历世久远，难道他因为天下尚未平定就可以专门任用小人吗？那些拥有才能而没有品行的小人，任何时候都不能任用，抑退小人还怕有的小人得到任用，怎么可以先任用而后废弃，再任用才能和品行兼备的人呢？魏徵的学问驳杂而不纯粹，以此来辅佐引导君主，最终也没能帮助唐太宗达到三王那样的政绩。

【评析】

范祖禹认为人的才与德必须兼备，这是儒家的观点。他认为魏徵之所以要把才与德分开，是因为他的学问不纯，即不纯是儒家之学。魏徵曾当过道士，有道家思想。范祖禹的看法是据儒家为准的。从实际情况看，才与德确实是可以分开的，二者并不会真正统一。儒家是希望人的才与德达到统一的地步，不要只追求才能，也要磨炼自己的品德。并且以德统才，不要让才的使用走上邪道，从这个意义上说，范祖禹的看法是有道理的。

太宗能知臣之忠贞

【题解】

此篇说明太宗李世民认为萧瑀忠诚于自己，在关键问题上能站在自己一边。萧瑀是李渊的表弟，是世民的姑父，但这都不能保证他必然忠诚于世民。经过玄武门之变，世民才看出萧瑀对自己的忠诚，所以说是“疾风知劲草，板荡识诚臣”，即他是经过战斗考验的忠臣。

【正文】

（贞观）九年十一月，以光禄大夫萧瑀①为特进②，复令参预政事③。帝曰：“武德六年以后，高祖有废立之心而未定，我不为兄弟所容，实有功高不赏之惧。斯人也不可以利诱，不可以死胁，真社稷臣也。”因赐瑀诗曰：“疾风知劲草，板荡④识诚臣。”

臣祖禹曰：太宗以萧瑀无贰心于己而嘉之，可谓能知臣矣。且太子在而私于藩王⑤者，明君之所甚恶也，或诱以利，或胁以死，而从之者，不亦多乎！惟瑀介然自立，有陨无贰，太宗所以知其临大节而不可夺也。人君以此取于人，岂不得忠正之士乎？

【注释】

① 光禄大夫：战国时有中大夫，汉武帝改为光禄大夫，掌顾问应对。唐用作散官文阶之号，唐光禄大夫为从二品，金紫光禄大夫为正三品，银青光禄大夫为从三品。属于皇帝近臣，无固定员数，无固定职务，

依皇帝诏命行事。光禄大夫前加“特进”，是文臣的最高阶官。萧瑀（575—648）：字时文，南兰陵（今江苏常州西北）人。南朝梁明帝萧岿第七子，隋炀帝萧皇后同母弟。萧瑀妻子是隋文帝独孤皇后娘家侄女，李渊是独孤皇后的外甥，萧瑀与李渊是表兄弟，为李世民姑父。唐高祖武德年间，拜内史令、尚书左仆射、尚书右仆射、户部尚书、光禄大夫，封宋国公。唐太宗时，六任宰相，六次罢相。贞观二十二年，姐姐萧皇后去世，他也身染重病而死。

② 特进：地位同三公，非固定官职，只是给高级文官的特别地位。西汉后期始置，本非正式官名，为引见之称。唐、宋为文散官，第二阶，正二品，位开府仪同三司之下。

③ 参预政事：隋唐实行三省六部制，中书省、门下省、尚书省为三省，是朝廷最高行政机构，中书省负责决策，门下省审核，皇帝御批后，尚书省执行，三省的负责人都是宰相。尚书省最高官职为尚书令，因李世民任过此职，后来臣子不能再任此职，故废掉尚书令，只以尚书左右仆射为尚书省长官。唐太宗把官品较低的官员也提拔上来，和中书省、门下省、尚书省的负责人一起执行宰相的职责。低级官吏执行宰相职权的名分是“参知政事”“参预朝政”“参议得失”等，以后又称“同中书门下三品”“同中书门下平章事”等。

④ 板荡：《诗经·大雅》有《板》《荡》两篇，写政治黑暗、人民痛苦，后用“板荡”指政局混乱，社会动荡不安。

⑤ 藩王：皇帝诸子所封的诸王，意为由他们作为藩篱以保护皇室。

【译文】

贞观九年十一月，任命光禄大夫萧瑀为特进，以让他参与最高政务。太宗说：“武德六年以后，高祖想废建成而立我为太子，但没有下定决心，而我不能被兄弟容忍，当时我实有功高无法赏赐的恐惧。萧瑀这个人不会受利的引诱，也不会怕死的威胁，真是社稷之臣。”于是赐给萧瑀一首诗，其中说：“疾风知劲草，板荡识诚臣。”

臣范祖禹评论说：太宗认为萧瑀没有叛变之心而称赞他，可以说是能了解大臣。而且太子李建成还在位时萧瑀就能在私下里与作为藩王的世民交好，这明显是当时的君主所厌恶的。那时或被物利引诱，或被死亡威胁，而屈从于引诱与威胁的人，不也有很多吗？只有萧瑀能不为所动，保持气节，自立于世，不怕有什么伤害而有叛变之心，太宗因此就知道他是可以在大节上立场坚定而不会被人夺去忠诚之心的。君主由此来选人作为大臣，怎能得不到忠正之士呢？

【评析】

君主任命大臣最重要的一条，是大臣对君主的忠贞。范祖禹所说的“忠正之士”，强调忠与正，这与一般所说的忠诚有所不同。愚忠也可以说是忠诚，死党也可以说是忠诚，跟着主子干坏事，也离不了忠诚。但这都不是忠正或忠贞，贞就是正，这要求在忠的同时还要能坚持正道正义，不在忠诚的名义下跟着干坏事。范祖禹用忠正来评价萧瑀，也是看得非常准的。

太宗分辨直言与告讦

【题解】

太宗希望人们能够直言进谏，但不希望有人利用进言的机会揭发别人的阴私，他能把直言进谏与恶意告讦区别开来，并视为罪行而加以惩罚，这是君主贤明的表现。范祖禹对此非常赞赏，认为是为君为长之道，值得其他的帝王借鉴。

【正文】

（贞观）十年八月，帝谓群臣曰："朕开直言之路以利国也。而比来上封事者，多讦[①]人细事。自今复有为是者，以谗人罪之。"

臣祖禹曰：太宗欲闻直言而恶告讦，不惟堲谗[②]，而又罪之，可谓至明且远矣，此为君为长之道也。

【注释】

① 讦（jié）：揭发、攻击他人的阴私之事。

② 堲（jí）谗：堲，痛恨。谗，谗言。

【译文】

贞观十年八月，太宗对大臣们说："朕开通直言之路以利于国家。可是近来上书的人，多是攻击别人的小事。自今以后还有做这种事的人，就以进谗言之人的罪名惩罚他。"

臣范祖禹评论说：太宗想听到直言而厌恶打别人的小报告，不仅把这种行为视为进谗言，而又治他的罪，可谓极为贤明而且眼光远大，这就是做君王、做官长的正确之道。

【评析】

作为君主，最重要的一点是不要喜欢听人们打小报告，对此不仅要深恶痛绝，更要加以严厉惩罚，这样才能不为小人所误，长久保持君主的开明正直。

魏徵格君心之非

【题解】

太宗为皇后去世过分悲伤，甚至专门建造了层观天天遥望皇后的陵墓。作为一国之君，这种感情不利于治国。所以魏徵用巧妙的办法提示太宗：应该懂得大义，而不要像平民百姓一样沉湎于个人感情之中而不能自拔。范祖禹认为魏徵对太宗的帮助是以义正君，即用道义纠正君主的不当行为，这种观念来自于孟子，其中包含两层意思，一是要纠正君主思想上的错误，一是能纠正君主错误的人称为“大人”。而这种“大人”之所以“大”，是因为他所凭借的是高于一切的道义，所以就连君主也要听从这种“大人”的劝谏。

【正文】

文德皇后[①]崩。十一月，葬昭陵。帝念后不已，于苑中作层观[②]，以望昭陵。尝引魏徵同登，使视之。徵熟视曰：“臣昏眊不能见。”帝指视之，徵曰：“臣以为陛下望献陵[③]，若昭陵，则臣固见之矣。”帝泣为毁观。

臣祖禹曰：魏徵可谓能以义正君矣。造次不忘纳之于善，恐其薄于孝而厚于爱也。孟子曰：“唯大人为能格君心之非。”若魏徵，近之矣。

【注释】

① 文德皇后：唐太宗的皇后，姓长孙，隋右骁卫将军长孙晟之女。十三

岁时嫁给李世民。世民即位后，立为皇后。长孙皇后深明大体，太宗常与她论赏罚之事，她总是说："妾以妇人，岂敢豫闻政事？"太宗还与她谈论，她竟闭口不答。贞观十年逝世，仅三十六岁，葬于昭陵。她撰《女则》，录历代妇人善事。著论驳汉明德马皇后，以为马皇后不能抑退外戚，是开其祸源。皇后死后，太宗对近臣说："后在宫中，每能规谏，补朕之阙，今不复闻善言，是内失一良佐，以此令人哀耳！"

② 层观（guàn）：高耸的楼观。

③ 献陵：唐高祖李渊的陵墓，位于陕西三原县徐木乡永合村。唐太宗决定按东汉光武帝原陵的规模营建，分为内外二城，规模宏大壮观。

【译文】

文德皇后逝世后，十一月，葬在昭陵。太宗一直思念皇后，无法停止，就在宫内的花苑中建造了一座高层楼观，站在上边遥望昭陵。曾带着魏徵一同登上楼观，让魏徵也看昭陵。魏徵认真地看了半天，却说："臣眼睛昏花，看不见。"太宗用手指给魏徵看，魏徵说："臣以为陛下遥望高祖的献陵呢，如果是看皇后的昭陵，臣本来就看见它了。"太宗听了此话，非常悲泣，为此而拆毁了楼观。

臣范祖禹评论说：魏徵可以说是能用道义纠正君主的人了。随时随地不忘记把君主引导向善，恐怕君主忘了对父亲的孝道而过分沉湎于夫妻的恩爱之中。孟子说："只有大人能制止君主心中的错误。"像魏徵这种人，可以说已经非常接近这种"大人"了。

【评析】

作为大臣的忠正忠贞，在这里得到了很好的体现，即能用正道大道来开导君主，帮助君主消除心中的不正确的想法或念头，而不是事事唯君主是从，只做君主的一只哈巴狗。

太宗闻谏而能自省

【题解】

人当上皇帝就变得与以前不一样了，李世民当皇帝之前经过洛阳，可以买饭吃，租房子住；当上皇帝再到洛阳，就嫌官员准备的不够丰美而大发脾气。魏徵及时提出批评，让他注意。而李世民也能虚心听取，反省自己，可谓明君忠臣。

【正文】

帝幸洛阳，至显仁宫[①]，官吏以阙储偫[②]，有被谴者。魏徵谏曰："陛下以储偫谴官吏，臣恐承风相扇，异日民不聊生，殆非行幸之本意也。昔炀帝讽郡县献食，视其丰俭以为赏罚，故海内叛之，此陛下所亲见，奈何欲效之乎？"帝惊曰："非公不闻此言。"因谓长孙无忌曰："朕昔过此，买饭而食，僦[③]舍而宿，今供顿如此，岂得犹嫌不足乎？"

臣祖禹曰：富而不忘贫，则能保其富矣，贵而不忘贱，则能保其贵矣，夫以万乘之贵，四海之富，而犹以为不足，何哉？忘其始之贱贫，而欲大无穷也，是以高宗旧劳于外，爰暨小人，及其即位，卒为贤君，文王卑服，即康功田功，周公作书，以戒成王，恐其不知稼穑之艰难而骄逸也。汉文有言曰：朕能任衣冠，念不至此，是以恭俭爱民，唯恐烦之，呜呼！其可谓有德者矣。若太宗闻谏而能自省，不亦贤乎？

【注释】

① 显仁宫：隋炀帝时营建洛阳，在皂涧建显仁宫，在今河南宜阳县境内，将海内奇禽异兽草木置于宫中的园苑。

② 储偫（zhì）：储备，特指存储物资以备需用。

③ 僦（jiù）：租赁。

【译文】

太宗到洛阳，来到显仁宫，官吏们因为准备的物品不足，受到谴责。魏徵劝谏说："陛下因为准备物品的事斥责官吏，臣怕人们都顺着这个风气来做事，以后会使民不聊生，大概不是陛下巡视各地的本意。从前隋炀帝要求郡县献上食物，根据他们所献食物的丰盛与否来实行赏罚，所以天下都反叛了，这是陛下亲眼看到的，为什么又仿效他呢？"太宗吃惊地说："不是你，我听不到这样的话。"于是对长孙无忌说："朕从前经过这里，买饭吃，租房子过夜，现在这样供应，怎能还嫌不够呢？"

臣范祖禹评论说：富了而不忘贫，才能保住富；贵了而不忘贱，才能保住贵。君主有万乘之贵、四海之富，还觉得不满足，这是为什么呢？就是忘了开始时的贫贱，欲望过大而无穷了。所以《尚书·无逸》里说商代的高宗武丁，曾长期在外劳作，接近了老百姓，知道了百姓的辛苦，后来登基为帝，最终成为贤君；周文王穿着百姓的粗劣衣服参加农业劳动，周公在书中把这些事记载下来，用来告诫周成王，怕他不懂得庄稼耕种的艰难而变得娇生惯养。汉文帝也说过：朕成人以来，没有想到要到远方用兵，所以恭俭爱民，唯恐烦扰了百姓。呜呼！这可以说是有德之君了。若太宗听到谏言而能自省，不也是贤君吗？

【评析】

帝王富有天下，贵为一人，就往往忘了人民的辛苦劳作，任意地做些兴师动众而劳民伤财的事。这时要有大臣在一旁及时劝谏，提醒君主。君主能听进去，是天下万民之幸；听不进去，就成为国家走向衰亡的起点，隋炀帝就是一个好的例子。

太宗能以隋为戒

【题解】

亡国之君往往都爱大修宫殿，耗费民力，以满足自己的私欲，结果都不能长久，很快就成为历史的过客。新王朝的君主一般还能保持清醒头脑，因为他亲眼看到亡国之君是如何走向灭亡的，故面对亡国之君的遗物而多有感慨，可以促使自己不敢妄为。唐太宗在隋炀帝修建的洛阳宫中游览，当是此种心情，故能反思其亡国的原因，告诫自己不要重蹈覆辙。范祖禹认为太宗能够不忘戒，是他成为史上著名明君的重要原因。而要总结前代灭亡的原因，还要能够抓到要害，在范祖禹看来，这个要害就是不要让谄谀之人蒙蔽了帝王的眼睛和思想，随时对此保持警觉，才有希望使王朝长存，更有希望形成古代圣王那样的盛世。

【正文】

（贞观十一年）三月，帝宴洛阳宫西苑，泛积翠池，顾谓侍臣曰："炀帝作此宫苑，结怨于民，今日悉为我有，正由宇文述①、虞世基②、裴蕴③之徒，内为谄谀，外蔽聪明故也，可不戒哉！"

臣祖禹曰：太宗可谓不忘戒矣。睹隋之宫苑，而以谄谀掩蔽戒群臣。夫知彼之所以亡，则图我之所以存而不敢怠也，此三王之所由兴也。

【注释】

① 宇文述（？—616）：本姓破野头，代郡武川（今内蒙古武川西）人，宇文化及、宇文士及之父。北周时官至上柱国，入隋助杨广夺位，封许国公，随炀帝下江都时病死。为官善于奉迎，深得隋炀帝宠信。

② 虞世基（？—618）：会稽余姚（今属浙江）人，虞世南之兄，仕陈为尚书左丞，入隋，受隋炀帝赏识，参掌朝政。各地起义，他都隐匿不报，宇文化及兵变时被杀。

③ 裴蕴（？—618）：河东闻喜（今山西闻喜东北）人。初仕陈，隋炀帝时为太常少卿，知帝好声色，大收乐人倡优入太常。后升为御史大夫，参掌机密。为官善揣摩奉迎，专刑狱大权，宇文化及兵变时被杀。

【译文】

贞观十一年三月，太宗在洛阳宫西苑设宴，然后又在积翠池乘船，回头对侍从的大臣们说："隋炀帝建造这些宫殿苑池，就与民众结下了怨仇，今日全部为我所有，正是因为宇文述、虞世基、裴蕴一伙人，在内大搞阿谀奉承，对外则蒙蔽炀帝的聪明，能不引以为戒吗？"

臣范祖禹评论说：太宗可以说是不忘警诫了。看着隋朝的宫殿苑池，而用小人阿谀奉承蒙蔽君主的事例告诫群臣。知道了隋炀帝灭亡的原因，就会追求我朝的长治久安而不敢懈怠，这正是三代圣王兴盛的原因。

【评析】

刚建国的君主，一般还能保持清醒，不敢胡作非为。太宗有这样的戒惧之心，并且懂得这都是那帮阿谀奉承的大臣误导君主。可知国家兴亡的根本原因就在于君主与大臣能不能保持清醒与正直，而不要好大喜功。

马周劝太宗莫营不急之务

【题解】

马周劝谏太宗：在连年丰收的时候也要忧念百姓，不要多做不急之事。作为帝王，心中忧念百姓，就是要把百姓摆在第一位，否则百姓就会怨恨帝王。他还阐明，国家的兴亡，不在于国家是否富足，而在于百姓的苦乐。而百姓的苦乐，又是由帝王造成的，帝王忧念他们，他们就乐；帝王不忧念他们，他们就苦。这是精神上的问题，不是物质上的问题。之所以要重视百姓的苦乐，是因为这决定了百姓是否怨恨帝王。如果百姓怨恨帝王，虽然天下富足，也会很快灭亡。说到底，就是百姓是否在内心深处拥护你的问题。范祖禹认为马周的意见非常正确，并进一步分析问题的性质，乃是人主务德还是务聚敛的问题。天下富足，但都被帝王聚敛到自己的手中，百姓怎能不怨恨你呢？他还指出了太宗不忧念百姓而聚敛天下财富的原因，是想用兵于国外，想有所作为。马周能在事前就告诫太宗，可谓有先见之明。而范祖禹批评太宗想用兵于国外，也表明他希望帝王能坚持无为而治。

【正文】

（贞观十一年）八月，马周[①]上疏，其略曰："贞观之初，天下饥歉，斗米直匹绢，而百姓不怨者，知陛下忧念不忘故也。今比年丰穰，匹绢得粟十余斛，而百姓怨咨者，知陛下不复念之，多营不急之务故也。自古以来，国之兴亡，不以蓄积多少，在于百姓苦乐。且以近事验之：隋贮洛口仓而李密[②]因之，东都[③]积布帛而世充[④]资之，西京[⑤]府库，亦为国家之有，至今未尽。夫蓄积固不可无，要当人有余力，然后收之，不可强敛以资寇敌。夫俭以息人，陛下已于贞观之初亲所履行，在于今日，为之固不难也。陛下必欲为长久之谋，不必远求上古，但如贞观之初，则天下幸甚。”

臣祖禹曰：纣积钜桥[⑥]之粟，武王发之。人主不务德而务聚敛者，民散而国亡。太宗在位寖久，将外事四夷，内治宫室，聚财积谷，欲以有为。马周先事而谏，欲如初年之节俭，可谓将顺其美而救其恶矣。

【注释】

① 马周（601—648）：博州茌平（今属山东）人。少孤贫好学，为中郎将常何宾客，代常何上疏论事，为太宗所赏识，太宗曾言自己暂不见马周即思之，官至中书令，兼太子右庶子，死后陪葬昭陵。

② 洛口仓：也称兴洛仓，隋代在今河南郑州巩义河洛镇附近修建的粮食仓窖，其三千窖，可储粮二千四百万担，为当时全国最大的粮仓。李密（582—619）：京兆长安（今陕西西安西北）人，隋朝上柱国、蒲山公李宽之子。隋末随杨玄感起兵反隋，后又投奔瓦岗军，屡立战功，深受翟让信任，被推为首领，以洛口仓为据点，称魏公。设计杀翟让，后兵败降唐，封邢国公，又反唐而被杀。

③ 东都：指洛阳。

④ 世充：即王世充（？—621），新封（今陕西西安市临潼区东北）人，本为西域人支颓耨之孙，其父为王粲养子，故改姓王。善阿谀逢迎，得隋炀帝宠信。江都兵变后，与元文都等在洛阳立越王杨侗为帝。619年，废侗称帝，国号郑。621年，唐军围困洛阳，被迫降唐，至长安为仇人所杀。

⑤ 西京：指长安。显庆二年（657）以洛阳为东都，称长安为西都，一称西京，天宝元年，定称西京。

⑥ 钜桥：指钜桥仓，相传为商纣王时代粮仓名，旧址在今河北曲周东北。

【译文】

贞观十一年八月，马周上疏，其大意是说：“在贞观初年，天下歉收而发生饥荒，一斗米卖到一匹绢的价钱，而百姓并不怨恨，这是因为他们知道陛下也为他们担忧挂念而没有忘记他们。现在连年丰收，一匹绢可以买到十多斛粮食，可是百姓却有怨恨情绪，这是因为知道陛下不再挂念他们，而是忙着做许多不紧急的事情。自古以来，国家的兴亡，不在于帝王蓄积了多少粮食，而在于百姓是苦还是乐。就用最近的事情加以验证：隋朝修建了洛口仓贮存粮食，被造反的李密利用了；东都蓄积了布帛，却帮助了反叛的王世充；西京的国家仓库，也被我们大唐得到，至今还没有用完。物资的蓄积当然不能没有，但必须是民众的财力有余，然后收聚到国家手中，不能强行聚敛来帮助造反的敌人。节俭用来生养民众，陛下已在贞观之初亲自履行了，到了今日，要这样做本来就不困难。陛下一定要谋划长治久安，不一定寻求很早以前的上古帝王作为榜样，只要像贞观初年那样，天下就非常有幸了。”

臣范祖禹评论说：商纣王把粮食积蓄在钜桥，结果却让周武王开仓发给了民众。君主不努力增长德行而用心聚敛民财，就会使民众四散而国家灭亡。太宗在位的时间很久了，将要出兵攻打高丽，就在内修建宫室，聚积物资和粮食，想有所行动。马周在事前就进行劝谏，想要太宗像贞观初年那样节俭，可以说是能帮助太宗发扬政治上的美德而挽救他的错误了。

【评析】

君主治国，不同的事务当有轻重缓急之分，马周在太宗用兵于外之前就提醒他治国当以务德为先，物资聚敛应当放在后面，且要以节俭为原则。范祖禹认为这是顺其美而救其恶，说明太宗所要做的事将会导致恶果，因为他放弃了以前的治国之美。这说明治国以什么为美、什么为恶，君主必须心里有数，不要因为客观形势的变化而忘了这个根本的治国之道。

守成难于创业

【题解】

创业难还是守成难，一直都是古代帝王关心的问题。太宗与他的大臣讨论此事，出现不同的意见。房玄龄主张创业难，因为要与群雄竞争，要靠力量制服竞争对手，才能创业成功，一不小心就会失败，不仅创业不成，而且还会被杀。唐王朝创业期间，就杀了不少这种竞争对手。所以创业的难处之中还包括极大的危险。但是，魏徵认为守成更难。因为从艰难之中进行创业，会逼迫自己尽心尽力，不敢懈怠；而创业成功之后，独享天下，反而容易失之于安逸，很难守住胜利成果。所以他主张守成比创业更难。太宗认同了魏徵的看法，与大臣共勉：创业之难，已经过去了；守成之难，还远没有完成，所以大家要加倍小心，以免失去得来的天下。范祖禹认为守成之难早在周公时就已提出了告诫，关键是继位之君不懂得创业之君的艰难，只知享受，因此他提出不仅是创业之君守成难，后继之君守成更难，所以要加倍小心谨慎。

【正文】

（贞观）十二年九月，帝问侍臣创业守成孰难？房玄龄曰："草昧之初，与群雄并起，角力而后臣之，创业难矣。"魏徵曰："自古帝王莫不得之于艰难，失之于安逸，守成难矣。"帝曰："玄龄与吾共取天下，出百死得一生，故知创业之难。徵与吾共安天下，常恐骄奢生于富贵，祸乱生于所忽，故知守成之难。然创业之难，既已往矣，守成之难，方当与诸公慎之。"

臣祖禹曰：自古创业而失之者寡，守成而失之者多。周公曰："相小人，厥父母勤劳稼穑，厥子乃不知稼穑之艰难。"[①]故祸乱未尝不生于安逸也。然非特创业之君守成为难，其后嗣守成尤难也，可不慎哉？

【注释】

① 相小人，厥父母勤劳稼穑，厥子乃不知稼穑之艰难：出自《尚书·无逸》。小人，指老百姓。

【译文】

贞观十二年九月，太宗问侍臣：创业和守成，哪一个更难？房玄龄说："刚刚开始创业的时候，与群雄并起，相互拼杀而后使群雄称臣，所以创业更难。"魏徵说："自古帝王莫不是从艰难中夺得天下，却在安逸中失去天下，所以守成更难。"太宗说："房玄龄和我同时起兵夺取天下，经过了上百次死亡的威胁而后获得生存，所以他知道创业的艰难。魏徵和我一起安定天下，经常担心我在富贵之中产生骄奢之心，因为疏忽而产生祸乱，所以知道守成的艰难。但是创业的艰难，已成为往事了，守成的艰难，正要与诸位大臣共同谨慎对待。"

臣范祖禹评论说：自古创业而失去天下的很少，守成而失去天下的则很多。周公说："看那些无知的人，他的父母勤劳地耕作，他们的儿子却不懂得耕作的艰难。"所以祸乱未尝不产生于安逸。这样看来，不仅创业的君主守成时很困难，他们的后代守成更为困难，能不谨慎小心吗？

【评析】

守成难于创业，这是历史上治国经验的总结。创业之主往往比较英明能干，守成之主则往往在才能上欠缺不少，这就更决定了守成的难度。守成的时候在物质条件上要优于创业之时，但君主的能力更为重要。可知守成之主最重要的事是提高自己的能力，约束自己的欲望，再利用更好的物质条件，才能把国家治理好。

太宗轻用民力为渐不克终

【题解】

太宗要求五品以上的高级官员都要给太宗上书，为国家大事出谋划策。于是魏徵上书提出，太宗现在不如贞观初年那样勤奋治国了。他的这篇上书，就是历史上著名的《十渐不克终疏》，这里提到的仅是其中的一条而已。魏徵批评太宗轻率地过多使用民力，而且为轻用民力找到一个理由，即百姓不为国家做事就会骄逸，经常让他们为国家服劳役才容易驱使。魏徵认为这是错误的，从来没有因为百姓安逸而亡国的，并告诉太宗：这恐怕不是使国家兴旺昌盛的话。太宗对魏徵的批评也能欣然接受，并写到了屏风上，朝夕观看，作为警诫。范祖禹评论认为，国君如果不关心百姓的贫困，却以为百姓的财富已经很多，因此就不断征用百姓的人力物力，这是亡国之道。所以国君应该反省自己的内心，自己想富裕而不想贫困，想安逸而不想辛劳，百姓也是同样的心理，懂得了这一点，才能不做违反百姓意愿的事。

【正文】

（贞观）十三年五月，旱，诏五品以上[①]上封事[②]。魏徵上疏以为：陛下志业，比贞观之初渐不克终者凡十条，其间一条以为：比年以来，轻用民力，乃云“百姓无事则骄逸，劳役则易使”。自古未有因百姓逸而败，劳而安者也。此恐非兴邦之至言。帝深加奖，叹云：“已列诸屏障，朝夕瞻仰。”并录付史官，仍赐徵黄金十斤，厩马[③]二匹。

臣祖禹曰：有国者不忧百姓之贫，而疑其财之有余，取之不已；

不恤百姓之劳，而疑其力之有余，使之不已，此二者，亡之道也。人主曷不反诸已？己欲富而恶贫，则富者民之所欲也；己欲逸而恶劳，则逸者民之所欲也。与其所欲，去其所恶，而不王者，未之有也。以太宗之明，而养民不及其初，宜魏徵以为渐不克终也。

【注释】

① 五品以上：泛指高级官员。唐代九品官制中，五品以上与五品以下官员相比，拥有更多特权，如全家免除徭役等，且更易得到提升的机会，属于官员中的上层。

② 封事：密封的奏章。臣下上书奏事，用皂囊封缄以防泄漏，故称封事。

③ 厩马：皇家厩中的良马。

【译文】

贞观十三年五月，发生了旱灾，太宗下诏命五品以上的官员给皇帝上书。魏徵献上的奏章认为：陛下的志向与事业，与贞观初年相比有十个方面已经逐渐不能坚持至终了，其中的一条认为：太宗连年以来，轻率地使用民力，还说什么“百姓无事就会变得骄逸，经常让他们服劳役就会容易驱使”。自古以来没有因为百姓安逸而亡国的，没有因为百姓辛劳而使国家安定的。上面那句话，恐怕不是兴邦的良言。太宗非常赞赏魏徵的意见，感叹地说：“已把你的话书写到屏风上了，每天早晚都要观看它。”并且抄录下来交给史官保存，还赏赐魏徵黄金十斤，皇家骏马两匹。

臣范祖禹评论说：掌管国家的人不担忧百姓的贫困，却猜疑百姓的财富已经有余，于是征用起来没完；不关心百姓的辛劳，却以为他们的人力是有富余的，使用起来没完，这两种情况，都是亡国之道。国君为什么不反过来看看自己的想法呢？自己希望富裕而厌恶贫困，就会知道百姓也希望富裕；国君自己盼望安逸而厌恶辛劳，就会知道安逸也是民众的愿望了。国君送给他们所想要的东西，除去他们不想要的东西，这样还不能成为天下之王的，是从来都没有的。以太宗这样贤明的君主，在养民问题上还不如他执政初年，所以魏徵认为太宗已逐渐不能把最初的做法坚持到底的看法也就是正确的了。

【评析】

太宗既是创业之主，又是守成之主，他在治国初期能够保持清醒与警惕，因此而有贞观之治。但在有了成绩之后，未免骄傲放纵，所以魏徵写了《十渐不克终疏》来告诫太宗。所谓渐不克终，就是说不能保持开始时的清醒与警惕，而不能善始善终，所以要君主自我克制，把开始时的良好做法坚持到底。在这篇疏中提到的十点，可以作为历代君主的共同信条：一、恪守无为无欲的治国方略；二、保持简朴节约，不要劳役百姓；三、不能损己利物，封住谏臣之口；四、名义上尊重君子，实际上敬而远之，名为轻视小人，实际上亲热接近；五、不能崇尚珍奇玩物；六、不能凭自己的好恶来选用人才；七、不能搞游猎娱乐，而烦扰民间；八、要一直用敬重的态度对待臣下；九、不能自恃功业盛大而骄傲自大；十、要保持怜悯百姓的心怀。可贵的是太宗此时还能听取魏徵的劝诫。

唐代儒学的兴盛

【题解】

太宗讲求武功，也大兴儒学，这是唐代能够兴盛的原因。太宗为了大兴儒学，采取了许多措施，如召集天下的著名学者而委任为学官，自己多次亲临国子监，让这些著名学者讲论儒学；增加国子监的学生名额，达到三千多人，规模相当于现代的一所大学，这在古代是极为壮观的学术场景。他不仅鼓励文人学者学习儒学，还往军队派去博士，让他们向军队传授儒家的经学。其中有能精通经学者，也准许参加国家科举考试。在这些措施的感召下，天下的学者云集京城，朝鲜半岛的高丽等国以及西域诸国的首领们也都派他们的子弟前来唐朝首都，要求加入国子监。当时参加儒学讲论大会的人，竟达八千多人，可见其盛况。范祖禹认为太宗此举继承了中国古代的兴学办教育的优良传统，通过儒学教育来培养人才，为国家选拔人才提供深厚的基础，这是治理国家最为优先的事务，也是儒家文化的重心所在。

【正文】

贞观十四年，帝大征天下名儒为学官①，数幸国子监②，使之讲论，增学生满三千二百六十员，自屯营飞骑③，亦给博士④，使授以经。有能通经者，听得贡举⑤。于是四方学者云集京师，乃至高丽⑥、百济⑦、新罗⑧、高昌⑨、吐蕃⑩诸酋长，亦遣子弟，请入国学⑪。升讲筵者，至八千余人。

臣祖禹曰：古之教者，家有塾⑫，党有庠⑬，遂有序⑭，国有学⑮。

士修之于家而后升于乡，升于乡而后升于国，升于国而后达于天子，其教之有素，其养之有渐，故成人有德，小子有造，贤才不可胜用，由此道也。后世乡里之学废，人君能教者，不过聚天下之士而乌合于京师，学者众多，炫耀一时而已，非有教养之实也。唐之儒学，惟贞观、开元⑯为盛，其人才之所成就者，亦可睹矣。《孟子》曰："学所以明人伦也。"无学则人伦不明，故有国者以为先，如不复三代之制，臣未知其可也。

【注释】

① 学官：即教官，古时主管学务的官员或官学教师。

② 国子监：我国古代设立的教育管理机关和最高学府。隋、唐、宋、元、明、清，称国子监。

③ 屯营飞骑：唐代禁军，贞观十二年唐太宗置左右屯营于玄武门，其兵称"飞骑"。屯营，即军营。

④ 博士：古代学官名，唐代有太学博士、太常博士、太医博士、律学博士、书学博士、算学博士等，皆为教授官。

⑤ 贡举：古时地方官府向帝王荐举人才，有乡里选举、诸侯贡士之制，至汉始合贡、举为一，而浑称贡举。

⑥ 高丽：朝鲜古代历史上的王朝，故地在今朝鲜半岛北部，曾统一朝鲜半岛，仿唐制，建立集权政治制度。

⑦ 百济：古国名，故地在今朝鲜半岛境内，是在马韩故地上建立的国家，国姓扶馀。

⑧ 新罗：又称斯罗，古国名，故地在今朝鲜半岛境内，与隋唐关系密切，是中国文化传入日本的桥梁。

⑨ 高昌：西域古国名，故地在今吐鲁番盆地一带，640年，为唐朝所灭。

⑩ 吐蕃（bō）：古国名，古代藏族所建政权。其赞普松赞干布、弃隶缩赞先后与唐文成公主、金成公主联姻。

⑪ 国学：指国家设立的学校。

⑫ 塾：本为门内东西两侧的屋子，古人在此设学，故代指古代私人设立的学堂。

⑬ 党：五家为邻，五邻为里，五百家为党，是古代的一种地方基层组织。庠（xiáng）：古代的学校，特指乡学。

⑭ 遂：一万二千五百家为遂，古代地方行政区划。序：本为堂两旁东西厢房，后用作地方学校的名称。

⑮ 国有学：国家这一级别设立有大学。

⑯ 开元：唐玄宗年号，713—741年，共29年。开元年间，唐朝国力强盛，史称开元盛世。

【译文】

贞观十四年，太宗广泛征集天下的著名儒家学者担任学官，多次亲临国子监，让著名学者讲论儒学，增加国子监的学生，达到三千二百六十人。对禁军的屯营飞骑部队，也都派出博士，让他们给军人讲授儒家经典。军人中若有人能精通经学，也准许他们参加科举。于是天下四方的学者全都云集京师，以至于高丽、百济、新罗、高昌、吐蕃的各级酋长们，也都派遣子弟，请求进入国学。参加经学讲论大会的人，多达八千余人。

臣范祖禹评论说：古代的教育制度，是若干家庭组成的巷子里就有家塾，五百家就设立一所学校称为庠，一万二千五百家设立的学校称为序，国家则设立国家级的学校。读书人在家学习之后就升入乡里的学校，在乡里的学校学习好之后升入到国家的学校，在国家的学校里学习好之后就可以到天子手下做官。这样就使教育有系统，逐渐培养人才，所以培养成功的人才也都有好的品德，作为人才很有造诣，对于国家来说，贤才很多，用也用不完，就是遵循这一套方法来完成的。后代乡里的学校荒废了，国君能进行培养的人，不过是把天下的读书人聚集到京城，如乌合之众，人数不少，只不过是一时的兴盛而已，而没有实际的教育和培养。唐代的儒学，只有太宗贞观时、玄宗开元时是兴盛的，这时培养的有成就的人才，也是很可观的。《孟子》说："学是为了让人们明白人伦道德。"没有学习，人伦道德就不会清楚明白，所以掌管国家的人把学习作为优先的事，如果不恢复三代时期的学校教育制度，我不知道能不能把教育的事情搞好。

【评析】

国家的强盛来源于人才辈出，而这由国家的教育来决定。所以儒家一向重视教育问题，有一套成熟的制度。而教育的根本问题是培养能为国家而用的各种人才，且也要有一定的步骤与程序，不能急于求成，所以这是治国的君主应当“以为先”的大事。

太宗不能以义制心

【题解】

唐朝的军队灭亡高昌之后，太宗想在高昌地区设立州县制度。魏徵不同意这个做法，他认为只是高昌的国王有罪，百姓无罪，应该安抚高昌的百姓，保存高昌的国家体制，以起到怀柔远方邻国的作用。而在高昌像内地一样设立州县制，则会大量耗费唐朝的人力物力，使陇右地区变得虚弱。太宗没有听从魏徵的意见，把高昌变成了唐朝直接管辖的州县，使得唐的疆域在当时变得极为广阔。范祖禹认为魏徵所说的道理本来非常简单，太宗也不是不明白，只是太宗当时过于好大喜功，想让前代帝王都不如己，这是不能以道义约束自己的欲望，所以也就听不进魏徵的忠言。

【正文】

（贞观十四年）八月，侯君集①灭高昌，帝欲以高昌为州县。魏徵谏曰："陛下初即位，高昌王文泰②夫妇首来朝，其后稍骄倨，故王诛加之，罪止文泰可矣，宜抚其百姓，存其社稷，复立其子，则威德加于遐荒，四夷皆悦服矣。今若利其土地以为州县，州县则常须千人镇守，数年一易，往来死者十有三四，供办衣资，违离亲戚，十年之后，陇右③虚耗矣，陛下终不得高昌撮粟尺帛以佐中国，所谓散有用以事无用，臣未见其可。"帝不从。九月，以其地为西州，置安西都护府④于交河城⑤，留兵镇之。于是唐地东极于海，西至焉耆⑥，南尽林邑⑦，北抵大漠，皆为州县，东西九千五百里，南北一万九百一十八里。

臣祖禹曰：魏徵之言，其利害非不明也，以太宗之智，岂不足以知之？惟其好大而喜远，矜功而徇名，不能以义制心，故忠言有所不从，而欲前世帝王皆莫我若也。

【注释】

① 侯君集（？—643）：豳州三水（今陕西旬邑东北）人，早年入秦王李世民幕府，帮助发动玄武门政变，与长孙无忌等五人论功第一，授右卫大将军。魏徵推荐其有宰相之才，太宗深为赏识，封陈国公，曾领兵灭高昌，助李靖平定吐谷浑，出为将领，入参朝政。后因贪取金宝下狱，旋被释放，从此心怀不满。643年，约洛州都督张亮共同反叛，张亮告发，太宗以无旁证而不加追究，仍名列为凌烟阁功臣。不久因参与李承乾谋反案被捕，太宗对他说："我不忍心让你受刀笔吏讯问之辱，所以亲自审问你。"太宗向群臣求赦，舆情不许，最终抄家处斩，太宗流泪与之诀别。

② 文泰：指高昌王麴文泰。

③ 陇右：泛指陇山以西地区，古代以西为右，故名。今甘肃六盘山以西、黄河以东一带。

④ 安西都护府：唐朝设在西域的最高军政机构，640年设在西州（今新疆吐鲁番）。都护是级别最高的行政长官。648年迁至龟兹（今新疆库车），升为都督府。贞观十四年（640）平定高昌后设安西都护府，治所在西州交河（今新疆吐鲁番西交河古城址），辖高昌故地。天山以南，原为西突厥役属的各国先后归附唐朝，唐以其地设置龟兹（今新疆库车）、疏勒（今新疆喀什）、于阗（在今新疆和田）、碎叶（在今吉尔吉斯斯坦托克马克附近）四军镇，隶属安西都护府。显庆二年（657）平贺鲁，在西突厥故地设置羁縻蒙池、昆陵二都护府，各领都督府州若干。次年，安西都护府升为大都护府，治所移到龟兹，并在天山以北设庭州（今新疆吉木萨尔）。为管理天山以北的西突厥故地，唐朝在显庆年间设置金山都护府，治所设在庭州，管辖天山以北、巴

尔喀什湖以南、金山以西、两河流域以东的广大地区，隶属于安西都护府。龙朔元年（661），于阗以西、波斯以东原为西突厥役属的西域十六国也全部设置都护府，由安西都护府统领。

⑤ 交河城：维吾尔语称雅尔果勒阔拉，位于吐鲁番市以西的雅儿乃孜沟30米高的悬崖平台上，南瞰盐山、北控交河，地势险要。四面环水，故城状如柳叶，为一河心洲。交河城系车师人所建，建筑年代早于秦汉。车师又称作姑师，是生活在这里最早的原始居民。交河故城为唐代遗存，是目前世界上最大最古老也是保存最好的土建筑城市。此城先后为车师前王国都城、麴氏高昌交河郡、唐交河县，后曾属吐蕃、回鹘。元末城废。

⑥ 焉耆（qí）：又作乌耆、乌缠、阿耆尼，古西域国名，国都在员渠城（今新疆焉耆西南）。

⑦ 林邑：南方古国名，初称林邑，唐时又称占婆、占不劳，五代时改称占城，故地在今越南中部。

【译文】

贞观十四年八月，侯君集率军消灭了高昌，太宗想把高昌改成内地那样的州县制。魏徵劝谏说："陛下刚即位的时候，高昌国王文泰夫妇首先前来京城祝贺，他后来变得有些傲慢，所以陛下出兵讨伐，只惩治文泰的罪就可以了，应该安抚高昌的百姓，保存高昌的国家，再立他的儿子为国王，就会使唐朝的威望与恩德传播到遥远的地域，四方异族都会心悦诚服了。现在如果想贪图他们的土地而设为州县，那么设了州县之后，就必须经常从陇右地区派一千多人驻守各个州县，又要几年轮换一次，来往轮换的人就会死掉十分之三或十分之四，还要供应他们衣服与物资，让他们远离亲人，这样的话，十年之后就会使陇右地区变得虚弱了，陛下最终也得不到高昌的一撮粮食、一尺布帛来帮助中国，正所谓分散了有用的人力物力来做无用的事，臣看不到这是可行的。"太宗不听。九月，以高昌地区作为西州，在交河城设置了安西都护府，留下军队加以镇守。在这个时候，唐朝的疆域东方直到东海，西方直到焉耆，南方直到林邑，北方直达大沙漠，全都设为州县，从东到西有九千五百里，从南到北有一万九百一十八里。

臣范祖禹评论说：魏徵的话，所说的利害关系不是不明确，以太宗的智慧，难道不足以了解这些利害关系吗？只是因为太宗过于好大喜功，想追求极大的事功和名声，不能用道义约束自己的欲望，所以有些忠言也不能听从，而想让前代的帝王都不如我。

【评析】

君主要有能力，要牢记治国的根本原则，怎么保证总能做到呢？这就是范祖禹所说的“以义制心”，即用“义”控制自己的“心”，没有这一条，心就会放纵多欲，不知不觉地干出许多错事。因此君主要对“义”不断学习和理解，因为义就是正义的真理，所以古人总是说：“人不学，不知道。”“道”就是“义”的总汇。任何人不会天生就知“道”明“义”，所以需要一生的学习来加深对“道”与“义”的理解。

如何对待大臣与小臣

【题解】

君主之下会有众多的大小臣僚，对他们必须用正确的态度和方法，不要“轻”，也不要“疑”，保持对他们的清醒认识。

【正文】

（贞观十四年）十二月，魏徵上疏以为：“委大臣以大体，责小臣以小事，为治之道也。今委之以职，则重大臣而轻小臣，至于有事则信小臣而疑大臣，信其所轻，疑其所重，将以致治，其可得乎？”帝纳之。

臣祖禹曰：昔卫献公①舍大臣而与小臣谋，故失国出奔。且大臣之所任者大，小臣之所任者小，而以小谋大，以远谋近，此人君偏听之蔽，鲜有不败事者也。

【注释】

① 卫献公：卫定公之子，卫定公死时，卫定公夫人姜氏看到卫献公并不悲哀，认为他会使卫国灭亡。卫献公让大夫孙文子、宁惠子不吃早饭就前来晋见，但卫献公却不到场，只顾在园林里打大雁。两人找到卫献公，献公穿着猎装与他们说话，不合乎礼节。两人非常气愤，后来孙文子出兵攻打卫献公，献公逃到齐国。继位的卫殇公又命宁喜攻打孙文子，文子通过晋国和齐国将献公护送回国。

【译文】

贞观十四年十二月，魏徵上疏认为：“把大事托给大臣，用小事要求小臣，这是治国之道。现在委任官职，却看重大臣而轻视小臣，以至于有事相信小臣而怀疑大臣，这是相信所轻视的人，怀疑所重视的人，这样来治国，可以成功吗？”皇帝采纳了这个意见。

臣范祖禹评论说：从前卫献公舍弃大臣而与小臣商量事宜，所以失国出奔到外国。而且大臣所担任的事大，小臣所担任的事小，以小谋大，以远谋近，这是君主偏听的毛病，很少有不败事的。

【评析】

君主为什么会信任小臣而怀疑大臣，就是因为小臣整天围在君主身边，而大臣有事才进朝议事。于是君主对他们有了亲疏之分，忘记了大臣是办理国家大事的人，小臣是办理日常事务的人，所以君主以自己的亲疏来决定对臣僚的态度，就是荒唐而根本的错误。不少君主不懂这个道理，所以治国失败。

太宗知守天下难

【题解】

太宗有一次对大臣们说，我感到守天下真是太难了。魏徵赞扬他，陛下知道这一点，对于国家来说，就是最大的福气了。范祖禹于是引用了儒家经典的话来证明这一道理，说明只有知道守天下难，然后才能守住天下，这里面含有辩证关系。又说，正因为太宗懂得这个道理，所以他能善始善终，没有使国家发生祸乱。而其后的唐朝帝王，大多数做不到这一点，这正是范祖禹希望宋代帝王加以借鉴的。

【正文】

帝谓侍臣曰："朕虽平定天下，其守之甚难。"魏徵曰："臣闻战胜易，守胜难。陛下之言及此，宗庙社稷①之福也。"

臣祖禹曰，《书》曰："后克艰厥后，臣克艰厥臣"②，又曰："无轻民事，惟艰。③"孔子曰："为君难。④"夫知所难而后可以有为也。《传》曰："君以为易，则其难也将至矣。君以为难，则其易也将至焉。⑤"太宗知守之之难，所以能有终也。

【注释】

① 社稷：社，土神；稷，谷神。指古代王侯所祭祀的土神和谷神，土和谷是农业的基础，而农业是国家的根本，所以社稷亦用为国家的代称。

② 后克艰厥后，臣克艰厥臣：出自《尚书 · 大禹谟》。

③ 无轻民事，惟艰：出自《尚书 · 太甲》。

④ 为君难：出自《论语 · 子路》："为君难，为臣不易。如知为君之难也，不几乎一言而兴邦乎？"

⑤ 君以为易，则其难也将至矣。君以为难，则其易也将至焉：出自《国语 · 晋语四》："文公问于郭偃曰：始也，吾以治国为易，今也难。对曰：君以为易，其难也将至矣。君以为难，其易也将至焉。"

【译文】

太宗对身边的大臣说："朕虽然平定了天下，但觉得守天下太难了。"魏徵说："臣听说战胜是容易的，而守住胜利就是很难的。陛下能说出守天下难的话，就是国家的福气了。"

臣范祖禹评论说，《尚书》说："君王克服了艰难就能成为君王，大臣克服了艰难就能成为大臣"，又说："不要忽视民众的事情，那是很难的事。"孔子也说："做君王是很难的。"只有知道所做的事是很难的，而后才能有所作为。《国语》里说："君以为容易，那么其艰难就将要来临了。君以为困难，那么其容易就将要来到了。"太宗懂得守天下的艰难，这就是他能有善终的原因。

【评析】

君主知道治国难，就能保持惕惧之心，不敢放纵。古人早就说清楚了治国难与易的辩证关系，自以为易，难就必至；自以为难，易就将到。所谓的难与易，是从民众的事开始的，不要轻视民众的事，要把民众的事看得很难，这是治国成功的开始。不少人不把民众的事放在心上，这样的治国理政之人都是不合格的。

天子之职在于任贤

【题解】

帝王如何处理政务，也不是一个简单的问题。人们常说帝王日理万机，但实际上帝王不可能日理万机，也就是说，帝王不能亲自处理每件具体的事务。换言之，天下之事也不能全都拿给帝王让他处理。有人建议太宗要亲自处理各种事务，以免被人欺骗，太宗询问魏徵的意见，魏徵告诉他，这是行不通的，难道从州县到中央的所有事务都要帝王亲自处理吗？范祖禹认为，帝王的职责是任用人才，把天下众多的事务交给这些人才去办理，事情自然就会办好。如果不能任用真正的人才，对任命的官员还加以怀疑，只由自己一个人来办理天下的事，这是最愚蠢的做法。

【正文】

言事者多请帝亲览表奏，以防壅蔽。帝以问魏徵，对曰："斯人不知大体，必使陛下一一亲之，岂唯庙堂①，州县之事，亦当亲之矣。"

臣祖禹曰：人主之职在于任贤，得贤则万事治，何忧乎壅蔽而防之哉？苟知其非贤而姑用之，既用而复疑之，以一人之聪明，而欲周天下之务，则君愈劳而臣愈惰，此治功所以不成也。且君臣日与相处，而盱盱然②防其欺蔽之不暇，则是左右前后皆不可信也，然则谁与为治乎？

【注释】

① 庙堂：君主接受朝见、议论政事的殿堂，借指朝廷，以君主为首的中

央政府。

② 眄眄（miǎn）然：四目相视的样子。

【译文】

讨论国家大事的人多请帝王亲自处理各种事务，以免被人欺骗。太宗就问魏徵，魏徵回答说："这种说法不懂治国的根本原则，一定要陛下每件事都亲自过问，那就不仅是朝廷大事要过问，就连州县的事务也要陛下来亲自处理了，能这样治国吗？"

臣范祖禹曰：国君的职责在于任用贤才，得到了贤才就会把天下的众多事情办好，哪用担心被人欺骗而要提防人们呢？如果明明知道不是贤才而姑且任用他，任用之后又怀疑他，只靠国君一个人的聪明，想把天下的事都办好，国君就会更加劳累而大臣就会更加懒惰，这就是治理天下不能成功的原因。况且君与臣每天相处，却在面对面的情况下提防大臣欺骗自己，而没有时间去办理政务，那么国君周围的人就都不能信任了，这样的话，还有谁与国君一起治国呢？

【评析】

君主治国除了让自己不离道义之外，最重要的事就是任用贤才来担任各种官职。用了贤才就不要怀疑他们，要完全信任他们，让他们任职处理各种事务，就会防止君主犯各种错误。至于贤才，如前面说的，既要有才，又要有德，否则就是小人有才而更坏事。

太宗乐不忘忧，喜不忘惧

【题解】

君主保持忧惧之心，对于治国，最为重要。有了忧惧之心，就会小心翼翼，不敢胡作非为。

【正文】

帝谓侍臣曰："朕有二喜一惧。比年丰稔[1]，长安斗粟直三四钱，一喜也。北虏久服，边鄙无虞，二喜也。治安则骄侈易生，骄侈则危亡立至，此一惧也。"

臣祖禹曰：太宗乐而不忘忧，喜而不忘惧，可谓能持盈[2]守成矣。夫惟忧于未然，惧于无形，故卒无忧惧也。

【注释】

① 稔（rěn）：庄稼成熟、丰收。

② 持盈：保持成功的事业，与守成同义。

【译文】

唐太宗对身边的近臣说："我有两件高兴、一件担忧的事。连年丰收，长安的粮食一斗只卖三四个铜钱，这是一件喜事。北方民族长久顺从朝廷，边境没有可担心的事，这是第二件喜事。国家治理得安宁，就容易产生骄傲奢侈的心，骄傲奢侈就会使危亡马上到来，这是一件应该担忧的事。"

臣范祖禹评论说：唐太宗快乐的时候不忘记担忧，高兴的时候不忘记恐惧，可以说是能守住成功的事业了。只有在危险未到来之前就为之担忧、灾难未出现之前就感到恐惧的人，才能到最后也没有忧愁和恐惧。

【评析】

在困难的时候会有忧惧，在乐和喜的时候还能不能保持忧惧之心，就不一定了。所以如太宗这样，乐不忘忧，喜不忘惧，是非常难得的。治国理政者，在成功之时，千万不要得意忘形。

人主不患有过，患不能改过

【题解】

君主的过失，会影响全国的治理。有过则改，是国家的幸事，否则就是国家的灾难。作为治国理政的人，对此能掉以轻心吗？

【正文】

帝尝临朝谓侍臣曰："朕为天子，常兼将相之事。"给事中张行成[①]退而上书，以为："禹[②]不矜伐，而天下莫与之争。陛下拨乱反正，群臣诚不足望清光。然不必临朝言之，以万乘之尊，乃与群臣校功争能，臣窃为陛下不取。"帝甚善之。

臣祖禹曰：人主不患有过，患不能改过也。太宗一言之失，而其臣已救正之，惟能亲贤以自辅，听谏以自防，所以为美也。虽过，庸何伤乎？

【注释】

① 给事中：官名。秦汉为列侯、将军、谒者的加官，皇帝的侍从，备顾问，参议政事，因执事于殿中，故名给事中。晋代变成正官，隋唐为门下省的要职，掌驳正政令的违失，唐一度称"东台舍人"，最终还是恢复旧名，正五品以上。张行成（587—653）：定州义丰（今河北安国）人，隋末以察举入仕，为员外郎，后为郑国度支尚书，降唐后任谷熟尉、陈仓尉、富平主簿、殿中侍御史、给事中、刑部侍郎、尚

书左丞等，高宗时任侍中兼刑部尚书、尚书右仆射。

② 禹：史称大禹、帝禹、神禹，夏后氏首领，夏朝开国君王。其父名鲧，帝尧时封于崇，为伯爵，世称崇伯鲧或崇伯，其母为有莘氏之女脩己。禹治理洪水有功，受舜禅让继承帝位，国号夏。

【译文】

太宗曾在上朝时对侍臣说："朕为天子，常兼管将相之事。"给事中张行成退朝后上书认为："大禹不矜伐自己的功劳，而天下没人与他争功。陛下拨乱反正，大臣们实在不敢攀比。但不必在上朝时说这种事，作为万乘之尊的天子，还与大臣们比较功劳与能力，臣私下认为这是不可取的。"太宗觉得他说得非常好。

臣范祖禹评论说：君主不怕有过错，只怕不能改正过错。唐太宗一句话说得不对，他的大臣就已纠正了他，只有亲近贤人以辅助自己，听取进谏而使自己有所防备，才能成为完美的君主。虽然有过错，如能这样做，又有什么伤害呢？

【评析】

真正的好大臣，就是要像张行成这样，君主的一句话说得不当都会及时提出批评，来帮助君主发现错误，并加以改正。太宗能虚心听取意见，不认为大臣在挑刺，这也是一般君主做不到的。太宗的贞观之治，不是无缘无故就能成功的。治国理政的人，应该时常拿这种事例勉励自己。

帝王言行，天下皆记之

【题解】

太宗想看褚遂良编纂的《起居注》，褚遂良不答应，并且告诉太宗，史官编写《起居注》，要把国君的言行全都记录在内，不论是好是坏，不能有所遗漏，目的是让国君不敢干坏事。太宗本来以为史官不敢记录自己的错误言行，褚遂良说职责所在，不敢不记。刘洎告诉太宗，史官如果不忠实记录，天下的人也都会记住的。范祖禹认为，国君的言行是隐瞒不了的，天下的人都看在眼里，记在心里，不但当时的人知道，更因为史官记录在册了，后代的人对此也都一清二楚，这就是中国古代史官制度的重要作用。

【正文】

（贞观）十六年四月，帝谓谏议大夫褚遂良①曰："卿犹知起居注所书，可得观乎？"对曰："史官书人君言动，备记善恶，庶几人君不敢为非，未闻自取而观之也。"帝曰："朕有不善，卿亦记之邪？"对曰："臣职当载笔，不敢不记。"黄门侍郎②刘洎③曰："借使遂良不记，天下亦皆记之。"帝曰："诚然。"

臣祖禹曰：人君善行被于天下，炳若日月，众皆睹之，其得失何可私也？欲其可传于后世，莫若自修而已矣，何畏乎史官之记而必自观之邪？刘洎以为天下亦皆记之，斯言足以儆其君心而全其臣职矣。

【注释】

① 褚遂良（596—658）：杭州钱塘（今浙江杭州）人，与长孙无忌同受太宗的顾命辅佐唐高宗，后因竭力反对高宗废黜王皇后而立武则天，为武则天所忌恨，贬为爱州刺史，忧愤而卒。

② 黄门侍郎：给事黄门侍郎的省称，唐时为门下省侍中次官，职位颇重。

③ 刘洎（？—646）：荆州江陵（今湖北江陵）人。以敢于谏言著称，累官至侍中，太宗征高丽，兼任太子左庶子，辅佐太子监国，太宗回国后，遭褚遂良诬奏被杀。

【译文】

贞观十六年四月，太宗对谏议大夫褚遂良说："你还知道《起居注》里写了什么，能让我看看吗？"回答说："史官记录国君的言行，无论是好是坏全都记录下来，这样才能让国君不敢做坏事，没有听说过国君自己拿《起居注》来看写了什么。"太宗说："朕有不好的地方，你也记录吗？"回答说："臣的职责是秉笔记录，不敢不记。"黄门侍郎刘洎说："假使遂良不记下来，天下也都会记下来的。"太宗说："确是如此。"

臣范祖禹评论说：国君的善行遍及全天下，明亮得如同日月一样，众人都能看到，其中的得失怎能私藏起来？想让善行能够传到后世，莫如自己把事情做好，哪用担心史官记录下来还一定要自己来查看呢？刘洎以为天下也都记下来了，此言足以警诫国君的心，并且保证史官能尽其职责。

【评析】

君主做得好，天下人都看得到，也都会记在心里，所以不需要自卖自夸。在这里，古代的起居注制度也起到了重要作用，即对皇帝言行，每天都由专门的史官加以记录，最后编成《起居注》，作为国家的重要历史资料保存起来，并传到后世。褚遂良在贞观年间曾任谏议大夫兼知起居事，即负责编写《起居注》的工作，由此也可看出史官与史书在古代社会的重要作用，现代社会对此也应该加以借鉴。

广地不如广德

【题解】

褚遂良批评太宗派兵驻守高昌，认为此举只有害而无益于朝廷，正确的做法是让高昌人自己当国王，用恩惠使他们心悦诚服。其好处是高昌安定无事，唐朝廷也不会削弱国力。魏徵与褚遂良的意见相同，太宗都不听从，等到后来西突厥入侵，太宗才明白二人的意见是对的。范祖禹认为一个国家战败的祸小，得到别国土地才会有大祸，并用历史的事例证明。所以他提出国家与其侵占别国的土地，不如向各个国家展示自己的恩德，与他们搞好关系。他还批评不少帝王都不关心自己的德行不足，只知道自己的疆域不广，不关心民众的安宁，只担心兵力不强，这是十分错误的想法。许多帝王比不上太宗，仍然这样做，所以不会有好下场。

【正文】

初，高昌既平，岁发兵千余人戍其地。褚遂良上疏曰："陛下兴兵取高昌，数郡萧然，累年不复。岁调千余人屯戍，远去乡里，破产办装，又谪徙罪人，皆无赖子弟，适足骚扰边鄙，岂能有益？行陈所遣，多复逃亡，徒烦追捕，加以道涂所经，沙碛千里，冬风如割，夏风如焚，行人往来，遇之多死，设使张掖①、酒泉②有烽燧③之警，陛下岂得高昌一夫斗粟之用？终当发陇右诸州兵食以赴之耳。然则河西④者，中国之腹心，高昌者，他人之手足，奈何糜敝本根，以事无用之土乎？且陛下得突厥、吐谷浑皆不有其地，为之立君长以抚之，高昌独不得与为比乎？叛而执之，服而封之，刑莫威焉，德莫厚焉。愿更择高昌子弟可立者，使君其国，子子孙孙，负荷大恩，永为唐臣，内安外宁，不亦善乎？”帝弗听，及西突厥入寇，帝悔之曰：“魏徵、褚遂良劝我复立高昌，吾不用其言，今方自咎耳。”

臣祖禹曰：有国者丧师之祸小，而或以霸，秦穆公⑤、越王句践⑥是也。得地之祸大，而或以亡，楚灵王⑦、齐湣王⑧是也。是故广地不若广德，强兵不若强民。先王患德之不足，而不患地之不广，患民之不安，而不患兵之不强。封域之外，声教⑨所不及者，不以烦中国也。太宗不从忠谏，卒自咎悔，况不若太宗之强盛而可为乎？

【注释】

① 张掖：西汉武帝分武威郡另置张掖郡，取“张国臂掖”之义。唐初以甘州为张掖郡，辖境相当于今甘肃嘉峪关市以东弱水上游。

② 酒泉：唐初分张掖郡置肃州，治所为酒泉县，唐中期又曾改肃州为酒泉郡，治今甘肃酒泉。

③ 烽燧：白天放烟叫烽，夜间举火叫燧，是古代用于边防报警的信号。

④ 河西：唐时指今甘肃、青海两省黄河以西地区，即河西走廊与湟水流域。

⑤ 秦穆公（？—前621）：名任好，秦德公之子，公元前659—公元前621年在位。公元前628年，晋文公死，秦穆公命令孟明视率师东向袭击郑国，未果，而于殽山为晋师所败。多次对晋用兵受阻，转而向西发展，称霸西戎，周天子致贺，秦国逐渐强大。

⑥ 句践（？—前465）：即勾践，越王允常之子，公元前497—公元前465年在位。公元前494年，与吴王夫差战于夫椒（今浙江绍兴北），战败求和，与范蠡入吴为人质三年，返越后卧薪尝胆，十年生聚，十年教训，终于转弱为强，在公元前473年灭吴，继而北上与齐、晋盟会，成为霸主。

⑦ 楚灵王（？—前529）：名围，楚共王之子，原任令尹，弑郏敖自立，

公元前540—公元前529年在位。在位期间灭陈、蔡，频繁发动对外战争，内外交怨，公元前529年，楚公子比趁楚灵王率兵在外，攻入郢都，杀太子自立为楚王，楚灵王回师兵溃而自杀。

⑧ 齐湣（mǐn）王（？—前284）：即齐湣王，名遂，齐宣王之子，公元前300—公元前284年在位。与秦昭王并称东、西帝，灭宋国，屡次发动对外战争，诸侯难忍，公元前284年，燕国以乐毅为上将联合三晋、秦国伐齐，占七十余城，齐湣王出奔，为楚将淖齿所杀。

⑨ 声教：声威教化。

【译文】

当初，高昌平定以后，每年征发一千多名士兵驻守该地。褚遂良上疏说："陛下出兵攻取高昌，好几个郡为此而民力凋敝，一片萧然，连续好多年恢复不过来。每年调一千多人驻守高昌，远离家乡，为了办好装备而使民众破产，又把罪犯迁徙到此地，都是无赖子弟，只会骚扰边境，哪能有益？派去的部队，又多有逃亡，白白地增加追捕的麻烦，加上路途经过的地方都是长达千里的沙漠，冬天寒风如刀子割人一样，夏天的热风又像火烧人一样，来往的行人，遇到这种寒风热风大多死亡，假使张掖、酒泉有外来入侵的警报，陛下难道得到高昌一个人一斗粮食的帮助了吗？最终还是要征发陇右诸州的兵力和粮食前去救援张掖和酒泉。这样说来，河西走廊才是中国的心腹地区，高昌不过是别人的手脚，为什么要耗费本国的人力物力，用于那片无用的土地呢？况且陛下战胜突厥、吐谷浑之后都不占据他们的土地，而是替他们扶立君主以安抚他们，只有高昌不能与它们相比吗？如果背叛就捉住他们的首领，表示顺服了就封为当地的国王，国家的刑罚没有比这样更有威严的，而恩德也没有像这样丰厚的。希望重新选择可以册立为王者的高昌王族子弟，让他当该国的君主，使他们的子子孙孙享受朝廷的大恩，永远做唐王朝的臣子，使国内安宁，国外和平，不也是很好吗？"太宗不听，等到西突厥入侵，太宗后悔了，说："魏徵、褚遂良劝我重新任命高昌的国王，我不听他们的建议，现在才知道应当怪罪自己。"

臣范祖禹评论说：掌管国家的人战败丧师的灾祸是小的，有些人还因此成为霸主，如秦穆公、越王句践。得到别国土地的祸才是大的，有的人就因此而亡国了，如楚灵王、齐湣王。所以一个国家扩张土地不如增多恩德，加强兵力不如使民众富强。先代圣王只担心恩德的不足，而不担心土地的不广；担心民众的不安，而不担心兵力的不强。疆域之外，国家的文化和教化达不到的地方，就不用麻烦中国来管理它。太宗不听从忠诚的劝谏，最终自我悔咎，何况那些没有太宗强盛的国君，还能用兵扩张土地吗？

【评析】

范祖禹确实是儒家人士，总是用儒家的思想来评论历史。广地不如广德，这是典型的儒家观点。但在当今世界，不能只讲“德”，不关心“地”。所谓的“地”就是国家的领土主权，一定不能掉以轻心，而要作为国家的大事尽力办好。但不能做侵略者，吞并他国的领土，这本身就是“德”。

太宗识别佞臣

【题解】

太宗听到宇文士及的阿谀奉承，马上意识到这就是人们所说的佞人。范祖禹认为自古以来圣贤就提醒帝王防备佞巧之人，因为这种人在帝王周围只会引导帝王走向昏愦愚蠢，有很大的危险性。因此范祖禹此篇评论，可以说是专论佞人危害的论文。他指出佞人的危害在于不知义之所在，只知道追求自己的利益，而不把国家的利益放在心里。所以佞人的言行，最终只会引导国君走向不义和非道。佞人的另一个特点，是特别会巧言令色，让国君在不知不觉中喜欢听他的阿谀奉承，而失去了警觉。所以历史上的佞人往往会得逞，这才是他们的最大危害。

【正文】

（贞观）十七年二月，帝尝止殿下树，爱之，殿中监宇[①]文士及从而誉之不已。帝正色曰："魏徵尝劝我远佞人，我不知佞人为谁？意疑是汝，今果不谬。"士及叩头谢。

臣祖禹曰，大禹曰："何畏乎巧言令色孔壬。[②]"孔子曰："佞人殆。[③]"佞人者止于谀悦顺从而已，近之必至于殆，何也？彼佞人者，不知义之所在，而惟利之从故也。利在君父则从君父，利在权臣则附权臣，利在敌国则交敌国，利在戎狄则亲戎狄，利之所在则从之，利之所去则违之，于君父何有哉？忠臣则不然，从义而不从君，从道而不从父，使君不陷于非义，父不入于非道，故虽有所不从其命，将以处君父于安也。君有不义，不从也，而况于权臣乎？父有不义，不从也，而况于他人乎？臣之佞者，其始莫不巧言令色，未必有悖逆之心，及其患失，则无所不至，终于弑君亡国者，皆始之谀悦顺从者也。是故尧、舜畏之，以比欢兜、有苗，而孔子以为殆，人君可不远之乎？

【注释】

① 殿中监：三国魏始置，总领宫内皇帝衣、食、住、行各主管机构之官属；两晋、南朝、北魏皆设；北齐在门下省设殿中局，置殿中监四人；隋文帝为避其父北周隋国公杨忠名讳，改殿中局为殿内局；隋炀帝又将其升级为殿内省，设监一人主管；唐初又改称殿中省，殿中监为其主管官员，其下有少监、丞等官，统辖尚食、尚药、尚衣、尚舍、尚乘、尚辇六局，皆为管理皇帝生活事务的宫廷机构。因此其主管官员殿中监多侍从皇帝，为皇帝近臣。

② 何畏乎巧言令色孔壬：出自《尚书·皋陶谟》：禹曰："能哲而惠……何畏乎巧言令色孔壬？"令色：讨好别人的脸色。孔，甚，很。壬，奸佞。孔壬，指特别奸佞的小人。

③ 佞人殆：出自《论语·卫灵公》："颜渊问为邦。子曰：'行夏之时，乘殷之辂，服周之冕，乐则《韶舞》。放郑声，远佞人，郑声淫，佞人殆。'"

【译文】

贞观十七年二月，太宗曾站在宫殿下的一棵树下，表示喜欢这棵树，殿中监宇文士及顺着太宗的意思不断地称赞这棵树。太宗脸色严肃地说："魏徵曾经劝我远离佞人，我不知佞人是谁，心中怀疑是你，今天果然不错。"宇文士及叩头谢罪。

臣范祖禹评论说，大禹说过："何必用得着害怕巧言令色的大奸佞之人。"孔子说："佞人危险。"佞人只不过是对帝王进行谀悦顺承而已，太亲近这种人必定会有危险，这是为什么呢？因为佞人不知道什么是道义，只知道唯利是图。利在国君父兄那里，他就奉承国君和父兄；利在权臣那里，他就依附权臣；利在与我为敌的国家那里，他就与这个国家交往；利在异族那里，他就亲近异族之人，利在谁手里他就奉承谁，谁手里没有利了，他就离开谁，他对于国君和父兄有什么道义可言呢？忠臣就不是这样子，遵循道义而不奉承国君，顺从道义而不顺从父兄，要让国君不陷入不义，要使父兄不陷入不道，所以虽然有时不顺从君主父兄的意旨，也要让国君和父兄获得安定（而不陷入不义）。国君若有不义之举，也不会顺从，何况权臣要做不义的事呢？父兄若有不义之行，也不顺从，何况其他人要干不义的事呢？臣子里的奸佞之人，他们在开始的时候无不是花言巧语，一副顺从谄谀的样子，此时他未必就有叛逆之心，但等到涉及他的利益的时候，就会无所不至了，到最后弑杀国君使国家灭亡的人，都是从谀悦顺从国君开始的。所以尧、舜都害怕这种人，拿来与欢兜、有苗相比，孔子也认为这种人非常危险，国君能不远离他们吗？

【评析】

太宗能识别佞臣，这对于治国非常重要。佞臣最擅长讨好君主，但心术都用在这上面，就不会关心国家大事和民众的事务。所以君主能否识别大臣中谁是佞人，谁是忠贞之人，关系到国家政治的好坏。君主应该随时注意，不要被佞人蒙蔽，还要善于从历史中获取经验教训，掌握识别佞臣的方法。在治国理政中，上级领导对此应特别注意，要提拔重用德才兼备的干部。

贤者能止乱于未然

【题解】

舜要造漆器，有十多人劝谏，认为不能做这件事。太宗认为这点小事不值得大臣进谏。褚遂良告诉太宗，奢侈是致国家危亡的最大之事，不要以为造件漆器是小事，这是帝王追求奢侈的开端。有了漆器，就会又想要金器玉器，发展下去，当然危险。作为大臣，要爱护国君，所以要在事情刚刚发生时进行劝谏，要是大祸已成，再劝谏也来不及了。历史上许多帝王都以“事情已经做了”为借口，不思改正，所以奢侈就会愈演愈烈，最终导致亡国。范祖禹认为，国家需要贤人，就在于他能在事前告诫帝王，让帝王知道什么事是不可以做的，帮助帝王防患于未然，这就是贤人与众不同的重要作用。如果恶果已经明显，什么人都已知道它的危害，又何必要贤人来劝告呢？问题是有的帝王能听贤人的劝告，有的则听不进，太宗能主动要求大臣进谏，目的就是要防患于未然，这正是他比其他帝王高明的地方。

【正文】

（贞观）十七年三月，帝问褚遂良曰：“舜造漆器，谏者十余人，此何足谏？”对曰：“奢侈者，危亡之本，漆器不已，将以金玉为之。忠臣爱君，必防其渐，若祸乱已成，无所复谏矣。”帝曰：“然。朕有过，卿亦当谏其渐。朕见前世帝王拒谏者，多云‘业已为之’，或云‘业已许之’，终不为改，如此欲无危亡，得乎？”

臣祖禹曰：所贵乎贤者，为其能止乱于未然，闲邪于未形也，若其已然，则众人之所能知也，何赖于贤乎？危亡之言，惟明主能信，而暗主忽焉，是以自古无事之时，常患乎谏之难入也。今有人康强而无疾，或告之以多言之损气，多食之致死。彼爱其身者，闻之必惕焉，兢兢而不忘，则疾疢何自而生矣？彼恃其强者，闻之不惟不信，而又艴然[①]，是人也不病则已，病则忽焉而死，虽欲救之，无及矣。从谏之与拒谏者，何以异于是？故圣主能从谏于未然，贤主能改过于已然，谏而不听者，斯为下矣。忠臣之事上君也，亦谏其未然，事中君也，多谏其已然，事闇君也，救其横流，故有以谏杀身者矣。唐虞[②]之时，群圣聚于朝，无过举矣，忧其所当忧，戒其所当戒而已，故常有儆惧之言，其虑患豫也。至于后世令主，其贤臣多谏其已然，而防其未然，太宗求谏于群臣，其有意于防未然者乎？

【注释】

① 艴（bó）然：不悦貌，恼怒的样子。

② 唐虞：唐尧与虞舜的并称，都是中国古代传说中的圣王。唐尧，姓伊祁，名放勋。因封于唐，故称唐尧。传说他号陶唐氏。尧年老时，由四岳十二牧推举舜做继承人，尧对舜经过多次考察后，把帝位禅让给舜，这就是历史上的传贤不传子。舜，姚姓，有虞氏，名重华，史称虞舜。尧去世后，舜继位，后以治水有功的禹为继承人。

【译文】

贞观十七年三月，太宗问褚遂良：“舜造漆器，劝谏的人有十多个，这事哪里值得劝谏？”褚遂良回答说：“奢侈，是使国家走向危亡的大事，漆器造了还不满足，将会用金玉来造器皿。忠臣爱护国君，一定要防微杜渐，如果祸乱已经形成，就不用再来劝谏了。”太宗说：“对。朕有过失，卿也要在其开始时进行劝谏。朕看到前世帝王拒绝大臣的劝谏，大多会说‘事情已经做了’，或者说‘已经同意了’，最终也不改正，像这样子还想没有危亡，能做到吗？”

臣范祖禹评论说：贤人之所以宝贵，就在于他能制止祸乱于未然，防止邪恶于未形，如果祸乱邪恶已经形成和出现，那么任何人都能知道其危险，还依靠贤人什么呢？涉及国家危亡的警告，只有贤明的国君能够相信，而愚昧的国君就会忽略，所以自古以来在没有发生重大事件的时候，经常会担心大臣的劝谏很难被帝王听从。如有一个人身体健康而没有疾病，有人告诉他说：话说多了会损害气，饭吃多了会使人死。那种爱惜自己生命的人，听到后必定会有所警惕，非常小心地记住而不忘，这样的话，疾病又从何而生呢？而那种仗恃自己身体强壮的人，听到后不仅不相信，还会闻之变脸发怒，此人不生病也就算了，一旦生病就会很快病死。人们虽然想救他，也来不及了。听从劝谏与拒绝劝谏，与此有什么不同？所以圣明的君主能在祸事发生之前听从劝谏，贤明的君主能在错误发生之后加以改正，而那种别人劝谏了还不听从的国君，相比之下就很低下了。忠臣奉事贤明的国君，是在事情发生之前进行劝谏；奉事中等的国君，大多是在事情已经发生之后进行劝谏；奉事昏庸的君主，是在祸事已经非常严重时加以挽救，所以有人会因进谏而被杀。尧称帝的时候，成群的圣贤齐聚于朝廷，没有什么错误的举动，只是担忧应当担忧的事，防备应当防备的事，如此而已，所以经常会说出警惧的话来，这是在错事发生之前的担忧。至于后世的帝王，他的贤明之臣大多是在错事已经发生之后进行劝谏，而预防没有发生的错事，太宗向群臣求进谏，他的用意大概是在防患于未然吧？

【评析】

所谓的贤，是对国家的治理能发挥出重要作用，而不是成为反面的阻力甚至是破坏性的因素。贤才作为大臣，最大的作用应该是协助君主防止国家治理出现重大错误，防止由此出现的大乱。中国古代的历史，就是不断总结治与乱的规律：怎样才能治，怎样会发生乱？君主的任务是识别和选拔人才任用贤臣，能做好这一点，国家的治理就有希望了。

人主不可以有偏好

【题解】

做帝王并不容易，中国古代思想家对此有许多理论总结，其中最重要的一条，就是如何保持帝王在思想上的独立性，不受他人的左右。太宗对此也有认识，他懂得帝王只是一个人，其他人成千上万，都怀有不同目的，用不同手段，以求通过帝王的权威达到自己的目的，这就好像众人围攻帝王一人一样。这是一场心的攻防，帝王以寡敌众，稍有疏忽，就会带来危亡的灾祸，所以太宗感叹做个帝王也很难。范祖禹评论说，要解决这个问题，有一个办法，那就是帝王不能有特别的爱好。如果有某种爱好，人们就会以此为突破口，用各种手段攻破帝王的心防。

【正文】

帝曰："人主惟有一心，而攻之者甚众，或以勇力，或以辩口，或以谄谀，或以奸诈，或以嗜欲，辐凑①攻之，各求自售，以取宠禄。人主少懈而受其一，则危亡随之，此其所以难也。"

臣祖禹曰：人主不可以有偏好，偏好者，奸邪之所趋，而谗贼之所入也。《书》曰："惟精惟一，允执厥中。②"夫如是，则众莫得而攻之矣。

【注释】

① 辐凑：集中，聚集。取象于车轮辐条连接到中心车毂那样汇聚的形态。

② 惟精惟一，允执厥中：出自《尚书 · 大禹谟》。

【译文】

太宗说："帝王只有一个心，而攻他的人非常之多，有的用勇力，有的用巧辩，有的用谄谀，有的用奸诈，有的利用帝王的嗜欲，环绕着帝王进行围攻，各求达到自己的目的，从帝王那里取得恩宠和高官厚禄。帝王稍微松懈疏忽而被其中一种手法击破，危亡就会随之而来，这就是做帝王的困难之处。"

臣范祖禹评论说：帝王不可以有特别的爱好。特别的爱好，是奸邪集中攻击之处，是谗言诡计得逞的入口。《尚书》说："帝王之心一定要极为精微，极为专一，确实地掌握着正中之道。"如能这样，那么众人就无法攻破帝王之心了。

【评析】

偏好，就是嗜好，对某种东西过度喜爱。君主应该只专心于治理国家，而不要像普通人那样有某种嗜好。如果君主有了某种嗜好，其坏处是会让小人投其所好以谋私利，即范祖禹所说的"奸邪之所趋，谗贼之所入"，更会让君主不专心治国。所以中国古代经典有"惟精惟一，允执厥中"的说法，就是要君主专一于治国之道，心无旁骛。允执厥中，就是牢牢地抓住治国的正道。中就是正，指正道。

太宗能知而不能行

【题解】

大唐王朝的使者从高丽返回，请太宗在边境增加防守兵力以威逼高丽，太宗认为对于尚未顺服的敌国，应该用文化与德行招徕他们，不能指望增加一点兵力就能使他们顺服。范祖禹批评太宗只是嘴上说得好，而在实际上却不这样做。因为太宗最后却亲自率大军远征高丽，表明他能知之而不能行之，真是说起来容易做起来难啊！

【正文】

太常丞①邓素使高丽②还，请于怀远镇③增戍兵以逼高丽。帝曰："远人不服，则修文德以来之，未闻一二百戍兵，能威绝域者也。"

臣祖禹曰：太宗以增戍兵不若修文德，其言岂不美哉！然非能行之，直以辨折其臣下而已。其始不欲增戍，而卒亲征之，不为其小，而为其大，岂大者足以胜德乎？《书》曰："非知之艰，行之惟艰。④"太宗之谓矣。

【注释】

① 太常丞：太常寺属官，位在太常卿、太常少卿之下，负责管理太常寺日常公务。

② 高丽：朝鲜古代历史上的王朝，故地在今朝鲜半岛北部。在隋朝时，朝鲜半岛有高丽、百济、新罗三国，其中高丽最为强大。598年，高丽王

高元亲率骑兵一万，进攻隋朝东北边境，被营州总管韦冲击退。隋文帝派兵征讨未果，隋炀帝即位后，连续三次发动对高丽的战争，动员兵力都在100万人以上，劳师远征，加速了隋朝的灭亡。唐初高丽联合百济侵略新罗，新罗向唐求救，645年，唐太宗借机亲率6万军队东征高丽，可是直到唐太宗去世也未能完全征服高丽。唐高宗又继续发兵东征，直到668年，唐军最终攻陷高丽首都平壤城。隋唐两朝对高丽的战争虽最终取得胜利，但也给人民带来了沉重的负担，耗损了大量国力。

③ 怀远镇：当时唐在辽东防御高丽的重要军事据点，在今辽宁辽阳西北。

④ 非知之艰，行之惟艰：出自《尚书·说命中》。傅说告诫高宗说：“非知之艰，行之惟艰。王忱不艰，允协于先王成德。”

【译文】

太常丞邓素出使高丽回来，请求在怀远镇增加防守部队来威逼高丽。太宗说：“远方的人们不顺服，就增修文德以招徕他们，没有听说增加一二百名驻防的士兵，就能威胁遥远国度的。”

臣范祖禹评论说：太宗认为增加驻防的士兵不如增修文德，其言难道不美好吗？但他不能付诸行动，只是用来让他的臣下折服而已。他最初不想增加驻防的士兵，而最后却亲自率军征伐高丽，不在小处使用武力，而在大处使用武力，难道大规模用兵就足以胜过文德吗？《尚书》里说：“懂得道理并不难，付诸行动才难。”就是说的太宗吧。

【评析】

能知而不能行，是人的通病。但往往所说的“知”只是粗知其意，并不是深知其理，所以这样的“知”不能指导“行”。真正的“知”，是知之深，明其理，在一个问题上有深刻的理解，这样自会按照其知之理去做。如果说是“知”，而行动仍然不合理，那就不是真正的“知”。在对付高丽的问题上是这样，在处理其他事情上也是这样。古人如此争论是“知易行难”还是“知难行易”，关键就是没有把什么是真正的“知”说清楚。

君主宰相不能过问史书编撰

【题解】

中国古代史官撰写当时的史书时，有一个永远不变的原则，就是不虚美，不隐恶。尤其在记录帝王的言行时，要坚持这个原则。为了防止帝王的淫威，又规定史官写的史书不能让帝王在世时观看。因为帝王如果看到史官记录他的不好的言行而大发雷霆，威逼史官，事情就不太好办了。太宗曾想看看褚遂良记录的《起居注》，没有如愿。在房玄龄主持编写《国史》时，太宗又提出这个问题。这次他找了个借口，说是想了解从前做过的坏事，作为将来的鉴戒。房玄龄等人竟然满足了太宗的这个要求。在看到史书记录玄武门之变时，他发现史书记载有许多隐讳之辞，并没有坚持不隐恶的原则，于是他让史官据实记载。表面上看，太宗这是公正客观的态度，但范祖禹认为史书如何撰写国君和宰相都不能干预其事。在这一点上，太宗与房玄龄都违反了这个原则，所以他们在这个问题上都有不可原谅的错误。

【正文】

初，帝谓监修《国史》房玄龄曰："前世史官所记，皆不令人主见之，何也？"对曰："史官不虚美，不隐恶。若人主见之必怒，故不敢献也。"帝曰："朕之为心，异于前代帝王，欲自观《国史》，知前日之恶，为后来之戒。公可撰次以闻。"谏议大夫朱子奢[①]上疏谏，帝不从。玄龄乃与给事中许敬宗[②]等删定为高祖、今上《实录》[③]，书成上之。帝见书杀建成、元吉事多微隐，谓玄龄曰："昔周公诛管、蔡以安周，季友鸩叔牙[④]以存鲁，朕之所为，亦类是耳，史官何讳焉？”命削去浮词，直书其事。

臣祖禹曰：古者官守其职，史书善恶，君相不与焉，故齐太史兄弟三人死于崔杼[⑤]而卒不没其罪，此奸臣贼子所以惧也。后世人君得以观史，而宰相监修，欲其直笔，不亦难乎？司马迁有言曰：“文史星历，近乎卜祝之间。”[⑥]盖止于执简记事直书其实而已，非如《春秋》有褒贬赏罚之文[⑦]也。后之为史者，务褒贬而忘事实，失其职矣。人君任臣以职，而宰相不与史事，则善恶庶乎其可信也。

【注释】

① 朱子奢：初随杜伏威归唐，任国子助教。贞观年间曾奉命出使朝鲜，调停高丽、百济与新罗的矛盾。为人风流蕴藉，善于言辞，官至国子司业。

② 许敬宗（592—672）：字延族，许善心之子。原为秦王府十八学士之一，贞观中官至检校中书侍郎，高宗时为礼部尚书，帮助册立武昭仪为皇后，从此飞黄腾达，官至中书令。

③ 实录：古代编年史的一种类型，为某一皇帝统治时期的大事记录。至唐初，由史臣撰写已故皇帝一朝政事为实录，成为定制，后世沿之。

④ 季友鸩叔牙：春秋时鲁庄公兄弟四人，皆为鲁桓公之子，庄公为长，庆父、叔牙、季友次之。鲁庄公没有嫡子继承人，病重时向叔牙询问立嗣之事，叔牙推荐庆父。庄公又向季友询问此事，季友则主张立庄公的庶子子般，为此季友假借庄公之命派人毒杀他的哥哥叔牙。而庆父确是个谋篡之人，庄公死后，庆父连弑子般与后来的闵公，鲁国大乱，季友拥立僖公，逼庆父自杀，从而平定了鲁国之乱。季友定鲁有功，鲁僖公赐予封地，季友成为鲁国季孙氏的始祖。

⑤ 齐太史兄弟三人死于崔杼（zhù）：据《史记·齐太公世家》记载，公元前548年，齐庄公与权臣崔杼之妻棠姜私通，崔杼杀死齐庄公，立齐景公。齐太史秉笔直书“崔杼弑庄公”，崔杼杀之；其弟复书，崔

杼复杀之；少弟复书，崔杼无奈，只得作罢。

⑥ 文史星历，近乎卜祝之间：出自司马迁《报任安书》，亦称《报任少卿书》。

⑦《春秋》：编年体史书，起于鲁隐公元年，止于鲁哀公十四年，凡二百四十二年，相传为孔子据鲁史修订而成。褒贬赏罚之文：《春秋》叙事极简，用字寓褒贬，称为“春秋笔法”。

【译文】

当初，太宗对监修《国史》的宰相房玄龄说：“前代史官的记载，都不让国君看到，是什么原因？”房玄龄回答说：“史官记载历史时必须不虚假地美化帝王，也不隐瞒帝王的罪恶。如果这样写，国君看到了一定会大怒，所以不敢献给国君观看。”太宗说：“朕的想法与前代帝王不同，想自己观看《国史》，了解以前做得不好的地方，作为将来的鉴戒。公可以编撰好上报给我。”谏议大夫朱子奢上疏劝谏，太宗不听。房玄龄就和给事中许敬宗等人删改写定唐高祖的《实录》和当时皇帝（即太宗）的《实录》，写成后呈给太宗。太宗看到记载玄武门之变时杀死李建成、李元吉的事情多有隐讳，就对房玄龄说：“从前周公诛杀管叔、蔡叔以安定周王朝，季友毒死叔牙以保存鲁国，朕所做的事，也与此相似罢了，史官隐讳什么呢？”命令删去虚浮之词，据实直书其事。

臣范祖禹评论说：古时官员忠于职守，史官记载国君的善或者恶，国君和宰相都不能干预，所以齐国的太史兄弟三人因为记录崔杼的罪行而先后被杀，但最终还是不去隐瞒崔氏的罪行，这就是奸臣贼子所以害怕的原因。国君如果能看到当时的史书，而让宰相监修《国史》，想要史官秉笔直书而不隐讳，不也是很难的吗？司马迁有一句名言：“文学官、史官、观星的官和编制历法的官，与占卜祭祀的人员相似。”这是因为他们只能拿着竹简记录事情时做到直书其实情而已，不像《春秋》那样有对帝王及大臣进行褒贬赏罚的笔法与文章。后代做史官的人，只想进行褒贬而忘记了记录事实，这就丧失了其职守。国君用不同的职务任命臣子，而宰相不参与史官的事，那么历史所记录的善与恶就差不多是可信的了。

【评析】

史书的价值就在于真实，不因外在的因素而说假话，或予以回避。古人深知此理，所以规定大臣与帝王都不能直接观看当时的历史记载，这也保证了中国几千年历史记载的最大价值。我们今天也不能忘记中国古代的这一优良传统。古代有起居注，现代社会也有档案，但二者已有很大的差别了。

太宗亲征高丽之失误

【题解】

隋王朝征高丽不成功，有教训，唐太宗也不成功，有什么教训？这是值得认真总结的。当时的史书能记载太宗的失误，这是难能可贵的。

【正文】

（贞观）十八年正月，帝欲伐高丽，褚遂良谏，李世勣①追咎魏徵谏讨薛延陀②。帝欲自征高丽，遂良上疏以为：天下譬犹一身，两京，心腹也，州县，四支也，四夷，身外之物也。高丽罪大，诚当致讨，命猛将将四五万众，仗陛下威灵，取之如反掌耳。今太子新立，年尚幼稚，自余藩屏，陛下所知。一旦弃金汤之全，踰辽海③之险，以天下之君，轻行远举，皆愚臣之所甚忧也。帝不听。

臣祖禹曰：高丽臣属于唐，而其主为贼臣所弑，为大国者不可不讨，然高丽之大，未如突厥，其险远不过于高昌、吐谷浑④，此三国者，皆命将帅以偏师取之，遂墟其国，何独至于高丽，而欲自征之乎？太宗若从遂良之言，虽伐而不克，亦未失也。

【注释】

① 李世勣（jì，594—669）：本姓徐，字懋功，曹州离狐（今山东菏泽西北）人。早年投身反隋起义的瓦岗军，后随李密降唐，历事唐高祖、太宗与高宗三朝。因他屡建战功，唐高祖赐他姓李，高宗永徽时为避

太宗名讳，去掉世字单名勣。贞观中任并州都督，与李靖平突厥颉利可汗，在并州16年，边境安定，太宗将其比作长城，封英国公。后辅佐高宗，任宰相，但他在高宗废黜王皇后而另立武后的事情上，并不像长孙无忌、褚遂良那样强烈反对，而是冷冷地说这是皇帝的家内事，旁人不便说什么，这样就使唐高宗下定决心废黜王皇后而立武则天为后。后人记载此事，从儒家的立场，认为他不劝阻高宗这件明显不合乎儒家伦理道德的事，是别有用心，并不是真正为唐朝皇帝着想。后来他在668年率兵攻破高丽，死后陪葬于唐太宗的昭陵，保住了唐王朝重要功臣的地位与名誉。

② 薛延陀：中国北方古代民族，原为铁勒诸部之一，南齐时到准噶尔盆地建高车国，隋大业年间，反抗西突厥，推契苾部首领契苾哥楞为易勿真莫贺可汗，又推薛延陀部首领乙失钵为也咥可汗，乙失钵率部立王庭于燕末山（阿尔泰山支脉），成为铁勒中的强部。隋大业七年（611）西突厥射匮可汗立而强盛，契苾哥楞与乙失钵取消汗号。在隋唐之际，薛延陀与其他铁勒各部又臣服于突厥。据《新唐书》《旧唐书》记载，薛延陀的先民曾与“薛”姓部落杂居，后又吞并称为“延陀”的部众，因号“薛延陀”。

③ 辽海：泛指辽河流域以东至海地区。北魏时，开辽海，置戍和龙，开始控制这一地区。

④ 吐谷（yù）浑：亦称吐浑、退浑，慕容吐谷浑所建国，本为鲜卑慕容部一支，发源于内蒙古西拉木伦河（今内蒙古赤峰），西晋至唐，其国位于祁连山脉和青海的黄河上游谷地及凉州地区。

【译文】

贞观十八年正月，太宗想讨伐高丽，褚遂良进谏，李世勣追咎魏徵进谏讨伐薛延陀的问题。太宗想亲自出征高丽，褚遂良上疏以为：天下如同一身，两京是人的心与腹，州县是人的四肢，四夷是身外之物。高丽的罪大，诚当讨伐，任命猛将率四五万人，靠着陛下的威灵，取之易如反掌。现在刚刚立了太子，他还年幼，其他的诸王，陛下都是了解的。一旦抛弃了强固的安全环境，走到很远的辽海险地，作为天下的君主，轻率出行到远方，这都是我作为愚臣非常担忧的。玄宗不听。

臣范祖禹评论说：高丽臣服于唐，而它的国主被贼臣弑杀，唐作为大国不能不讨伐，但高丽的大小不如突厥，其险要和遥远不超过高昌、吐谷浑，这三国都是任命了将帅率偏师就夺取了，并让其国变成废墟，为什么独独对于高丽就想亲自征讨呢？太宗若听从褚遂良的进谏，虽然讨伐没有胜利，也不会失去什么。

【评析】

范祖禹认为唐对于高丽，应如突厥和高昌、吐谷浑一样，派将帅率兵攻打即可，不必亲征。这是有道理的，因为君主是一国的最高首领，任何时候都不需要亲自率兵打仗。从历史上看，凡是帝王亲自带兵作战，往往不会取胜，这是因为将帅们跟着君主作战，就会受到种种限制，不能充分发挥他们的能力。尤其是君主不可有亲自立下战功之心，不明白这一点，就还不是成熟的君主。

君臣有朋友之义

【题解】

君臣关系是古人经常讨论的问题，不像现代人想的那么简单。太宗要求大臣当面提出批评意见，可长孙无忌却说无过失可言，太宗于是对长孙无忌等人进行评论，指出他们的长处与短处，可知太宗对于他的臣下有很深的了解。但范祖禹却批评太宗不懂得君臣之义。他认为，君臣关系的核心是以道相处，以义相正，君臣有朋友之义，不只是上下关系，更不只是命令和服从的关系。基于这一观点，他批评长孙无忌只知道谄谀，不是真正的尽忠，乃是大罪。褚遂良能犯颜谏争，可与魏徵相比，太宗却说他是飞鸟依人。范祖禹认为这是太宗对大臣的侮辱，也不合君臣朋友之义。

【正文】

（贞观十八年）八月，帝谓司徒无忌[①]等曰："人苦不自知其过，卿可为朕明言之。"对曰："陛下武功文德，臣等顺之不暇，又何过乎可言？"帝曰："朕问公以己过，公等乃曲相谀悦，朕欲面举公等得失以相戒而改之，何如？"皆拜谢。帝曰："长孙无忌，善避嫌疑，应物敏速，决断事理，而总兵攻战非其所长。高士廉[②]，涉猎古今，心术明达，临难不改节，当官无朋党，所乏者骨鲠规谏耳。唐俭[③]，言辞辩捷，善和解人，事朕三十年，遂无言及于献替。杨师道[④]，性行纯和，自无愆失，而情实怯懦，缓急不可得力。岑文本[⑤]，性质敦厚，文章华赡，而持论常据经远，自当不负于物。刘洎，性最坚贞，有利益，然其意尚然诺，私于朋友。马周，见事敏速，其性贞正，论量人物，直道而言，朕比任使，多能称意。褚遂良，学问稍长，性亦坚正，每写忠诚，亲附于朕，譬如飞鸟依人，人自怜之。”

臣祖禹曰：君臣以道相与，以义相正者也。故先王以群臣为友，有朋友之义，非徒以上下之分相使而已。太宗欲闻过于无忌，而无忌纳谄以悦之，君好直而臣不忠，其罪大矣。而太宗论群臣之得失，其言岂皆中于理哉？褚遂良直道事君，犯颜谏争，尽忠无隐，王、魏之比也。而譬之飞鸟依人，轻侮其臣，不恭孰甚焉？

【注释】

① 司徒：相传商代已有设置，为商王五官之一；西周时为三公之一，金文写作“司土”，《周礼》六卿之一，为地官，掌管国家的土地和人民的教化。汉哀帝将丞相改为大司徒，与大司马、大司空并列三公，东汉时改称司徒。长孙无忌在唐太宗之时，官至尚书右仆射同中书门下三品，为宰相之职，文中称“司徒无忌”，即其官职代称。

② 高士廉（577—647）：原为北齐宗室，太宗长孙皇后为其甥女，因参与玄武门政变，升任侍中，官至尚书右仆射，摄太子太傅，封许国公。

③ 唐俭（579—656）：隋朝时其父与李渊同领禁军，使得唐俭与李世民相知，随李氏父子晋阳起兵，贞观年间曾出使突厥，游说颉利可汗，松其戒备，从而使李靖得以袭擒颉利可汗。居官不甚事事，喜纵酒为乐，死后陪葬昭陵。

④ 杨师道（？—647）：杨恭仁之弟，娶桂阳公主，636年代魏徵为侍中，三年后转中书令，后因太子谋反案罢为吏部尚书，任用多非其才，且为避嫌疑，专抑权贵及其亲党，为时人所讥，死后陪葬昭陵。

⑤ 岑文本（595—645）：随萧铣降唐，贞观初任中书舍人，文辞优美，诏诰多所草定，官至中书令，性情忠谨，口不言家事，不营家产，从太宗攻高丽，途中病死。

【译文】

贞观十八年八月，太宗对司徒长孙无忌等人说："人苦于不知道自己的过失，卿可明言朕的过失。"无忌回答说："陛下武功文德如此伟大，臣等顺从听命还来不及，哪里又有过失可言呢？"太宗说："朕问你我有什么过失，你们却一味阿谀讨好，朕想当面举出你们的长短，作为警诫，希望加以改进，怎么样？"诸人听了都下拜谢罪。太宗说："长孙无忌，善于回避嫌疑，对事物的反应非常敏捷，能决断事理，但率军攻战不是他的长处。高士廉，非常博学，涉猎古今，心智聪明通达，临难不改节操，当官不结交朋党，所缺乏的只是鲠直规谏而已。唐俭，长于言辞而善辩，善于和解人，奉事朕三十年，可是从来没有献策建议和劝善规过。杨师道，性格和行为纯正和洽，自己没有过失，但性情实际上很怯懦，若有紧急之事，不能指望他出力。岑文本，本性敦实厚道，文章华丽富赡，而所持议论常能引经据典，自以为不输于其他人。刘洎，性格最为坚定贞正，对国家有利，但他的内心中崇尚承诺，重视朋友间的私人感情。马周，对事物的观察非常机敏快速，他的性格贞正，评论衡量人物，直率地根据道义而提出自己的看法，朕近来用他做事，多能称心。褚遂良，学问比别人稍强，性格也很坚定正直，经常表示出忠诚，对朕亲近顺从，好像飞鸟依人，人自会怜悯他。"

臣范祖禹评论说：君臣是以道相处，以义相正的关系。所以先代圣王以群臣为友，君臣之间有朋友之义，不只是以上下关系加以任用而已。太宗想让长孙无忌指出自己的过失，可是无忌却用谄谀来讨好太宗，国君喜好正直而臣子不忠，其罪是很大的。可是太宗评论群臣的长短，他的话难道都合乎道理吗？褚遂良以正直之道奉事国君，敢于犯颜直谏，尽其忠诚而没有隐讳，可与王珪和魏徵相比，而太宗却比喻为飞鸟依人，轻慢侮辱他的臣下，还有比这更不恭敬的吗？

【评析】

这是论说君臣的相互关系问题，也不能离开道与义。合乎义者为道，反之为不道。君臣相处都要以道与义为准则，不合乎道与义的都是不可取

的。太宗评价大臣，不能全都根据道与义来衡量，所以范祖禹说他的评价不是皆中于理。理也就是道与义。范祖禹坚持的是儒家的理想，唐太宗不是圣人，所以不能让所有的言行达到儒家理想的高度。

小国亦有智者

【题解】

攻打任何一个国家，都不能看它的大与小，否则就会产生轻视之心，这将决定胜败。

【正文】

（贞观）十九年，帝亲伐高丽。六月，车驾至安市城[①]，进兵攻之，高丽北部耨萨延寿、惠真帅高丽、靺鞨兵[②]十五万救安市。帝谓侍臣曰：“今为延寿策有三：引兵直前，连安市城为垒，据高山之险，食城中之粟，纵靺鞨掠吾牛马，攻之不可猝下，欲归则泥潦为阻，坐困吾军，上策也。拔城中之众，与之宵遁，中策也。不度智能，来与吾战，下策也。卿曹观之，彼必出下策，成擒在吾目中矣。”高丽有对卢[③]，年老习事，谓延寿曰：“秦王内芟[④]群雄，外服戎狄，独立为帝，此命世之材[⑤]。今举海内之众而来，不可敌也。为吾计者，莫若顿兵不战，旷日持久，分遣奇兵，断其运道，粮食既尽，求战不得，欲归无路，乃可胜也。”延寿不从，引军进战，大败，遂来降。

臣祖禹曰，传曰：“国无小，不可易也。”盖虽小国，必有智者为之谋，勇者致其死，则虽以天下之大，百万之众，未可恃以为必胜也。高丽对卢之谋，正合于太宗所谓上策，使延寿而能听用，唐师岂不殆哉？

【注释】

① 安市城：在今辽宁大石桥市汤池镇北汤池村一带。

② 耨萨延寿、惠真：耨萨相当于都督。延寿、惠真，高延寿、高惠真。靺鞨：又称靺羯，古代民族名，先世为商周时的肃慎和战国时的挹娄。北魏时称勿吉，隋唐时写作靺羯。辽宋时称肃慎，汉语译为女真或女直，清代改名为满洲。

③ 对卢：官号，为高句骊官第二级，位在相加之下，沛者之上。《新唐书》记载高丽有“大对卢”之官，为第一级。

④ 芟（shān）：用殳除草，引申为铲除、消灭。

⑤ 命世之材：《孟子》里说：“五百年必有王者兴，其间必有名世者。”后成为成语，作“命世之材”，指五百年间出现的杰出人才，比不上五百年出一个的帝王之人，但比一般人才优秀。

【译文】

贞观十九年，太宗亲自出征高丽。六月，他的车马到达安市城，于是进兵攻打此城，高丽北部耨萨延寿、惠真率领高丽、靺鞨兵十五万人来救安市城。太宗对侍臣们说：“现在延寿有三种对策：率兵直接向前，与安市城一并构成堡垒，凭借高山之险，吃城中的粮食，放纵靺鞨兵来抢我们的牛马，这时攻击的话不能马上攻下，想返回则路途泥泞而受阻，坐而使我军受困，这是他们的上策。率城中的部队，和他们一起连夜逃跑，这是他们的中策。不考虑自己的能力，来与我军作战，这是他们的下策。你们看着，他必会用下策，我会亲眼看到他们被活捉。”高丽有对卢官，年老而熟习事务，对高延寿说：“秦王在国内消灭了群雄，对外使戎狄臣服，自己成为皇帝，这是罕见的优秀人才。现在他率全国兵力前来，与之开战是敌不过的。为我们自己考虑，不如收兵不出战，旷日持久，再分派奇兵，截断他们的运粮之道，他们的粮食吃完了，想与我们作战，我们也不应战，想返回也无路可走，这样才能战胜他们。”高延寿不听，率军出战，大败，于是前来投降。

臣范祖禹评论说，史传中说：“国不分大小，不可轻视他们。”这是因为虽然是小国，必有智者为之谋划，勇者为之拼死作战，那么虽然我们是天下的大国，有百万军队，也不能靠此以为必能取胜。高丽对卢的计谋，正与太宗所说的上策一样，假如高延寿听从了他，唐军岂不是危险了吗?

【评析】

小国也有智谋之人，不可轻视。太宗这次取胜，是侥幸对方主帅没有听从智者的计谋，属于万幸。但作战不能靠这种侥幸，因此这是足以为后人引以为戒的。

太宗喜于用兵战胜，其器不大

【题解】

太宗打败了高丽，非常得意，写信给太子和大臣，以将军自居，显得非常自满。范祖禹对此毫不客气予以批评，他认为太宗攻打高丽，不仅仗恃天下富足、兵力强大，根本原因还在于他年少时就从普通百姓中奋起反隋，很有志气，为人英武果敢，以后百战百胜而夺取了天下，可是天下太平的时间太长久了，他不能安心深居于皇宫之中，无所事事，毫无作为，还想如当年经常攻战夺取天下一样去战场作战，因此要找机会用兵。范祖禹认为作为帝王，这是不能以理义自制，只是单纯的勇敢而已。尤其是他还以作战胜利自鸣得意，更是器量太小，与帝王的身份不符。

【正文】

高丽既败，举国大骇，后黄城、银城①皆自拔遁去，数百里无复人烟。帝驿书报太子与高士廉等书曰："朕为将如此，何如？"

臣祖禹曰：太宗之伐高丽，非独恃其四海之富，兵力之强，本其少时奋于布衣，志气英果，百战百胜以取天下，治安既久，不能深居高拱②，犹思所以逞志，扼腕踊跃，喜于用兵，如冯妇搏虎③，不能自止，非有理义以养其志，中和以养其气，始于勇敢，终于勇敢而已矣。《记》曰："所贵于勇敢强有力者，贵其敢行礼义也。天下无事则用之于礼义，天下有事则用之于战胜，用之于战胜则无敌，用之于礼义则顺治。"太宗于天下无事，不知用之于礼义，而惟以战胜为美也，是故以天子之尊而较胜于远夷，一战而克，自以为功，矜其智能，夸示臣下，其器不亦小哉！

【注释】

① 后黄城、银城：均为当时高丽人防备唐军的要塞。后黄城在今辽宁沈阳南，银城在今辽宁铁岭南。贞观十九年（645），唐太宗率大军在驻跸山（即安市城的六山，战胜后改名驻跸山）大战后，高丽放弃此二城逃走。

② 高拱：两手相抱，高抬于胸前，形容安坐时的姿态。

③ 冯妇搏虎：传说中有一个叫冯妇的男子，有勇无谋，敢于和老虎搏斗，却受到人们的嘲笑，典故出自《孟子·尽心下》。

【译文】

高丽战败之后，全国大为惊骇，后黄城、银城都自己撤军逃跑，数百里内不再有人烟。太宗写信让驿马送给太子和高士廉等人，信中说："朕作为将军能有这样的战功，怎么样啊？"

臣范祖禹评论说：太宗攻伐高丽，不单单是仗恃着天下的富足和兵力强大，根本原因是他年少时从百姓中奋起反隋，很有志气，为人英武而果敢，以后百战百胜夺取了天下，太平的时间很长，太宗不能深居宫中，居高位而拱手无所事事，还想实现自己率军打仗的志向，扼着手腕上下跳跃，喜欢用兵，就像晋国的冯妇要与老虎搏斗一样，不能控制自己从前的兴趣，不能用理义蓄养自己的志向，用中和之气培养自己的心气，以勇敢开始，以勇敢告终而已。《礼记·聘义》里说："勇敢强有力之所以可贵，是因为敢于行礼义而可贵。天下无事时就把勇敢用于礼义，天下有事时就把勇敢用于作战取胜，把勇敢用于作战取胜就会无敌，把勇敢用于礼义就会符合理义而把事情做好。"太宗在天下无事时，不知道把勇敢用于礼义，只知道以作战取胜为美，所以他以天子之尊而与远方的异族角力争胜，一战取胜之后，就自以为有功，对自己的智能非常自满，向臣下夸耀，他的器量不也是太小了吗?

【评析】

范祖禹评价太宗征伐高丽的内心用意是非常有道理的。太宗一生的成功在于早年征讨四方且都能取胜，这使他形成了喜欢征讨以取胜的心理。所以在天下平定之后，还要找机会出征作战，高丽就成了最好的目标。隋代征高丽没有成功，太宗则要在这一点上表示自己能超过隋代的皇帝。但这样做并没有得到范祖禹的赞同，他认为作为君主更重要的是用理义来指导自己的思想与行动，并由此熏陶自己的心气脾性，而不是只知使用武力来表示自己的强大。未成为君主时可以用征战来表示自己的能力，当了君主就有了更重大的任务——治理天下，比率军作战更为重要，这是范祖禹为太宗提出的更高目标。

太宗征高丽无异于隋炀帝

【题解】

隋唐皇帝都多次远征高丽，隋炀帝更因征高丽而使国家走向灭亡。唐太宗第一次征高丽也取得一定战果，但付出的代价很大，而且也没有彻底解决问题，使之成为一个棘手的难题。所以他对此次远征有些后悔，说如果魏徵还在世，就不会让他发动这次远征，因此隆重祭祀魏徵，表示怀念。范祖禹认为太宗在此之前的征讨，都取得了胜利，但不能适可而止，还要继续玩弄武力，因此必然会遭到失败，就这一点而言，太宗与隋炀帝也没有什么不同。可贵的是，太宗能及时反思自己的行为，看到危害之后能怀念忠直之臣，认识到自己的错误而有所悔改，所以他又比隋炀帝贤明。

【正文】

凡征高丽，拔玄菟①等十城，徙辽、盖、岩三州②户口入中国者七万人，新城③、建安④、驻跸⑤三大战，斩首四万余级，战士死者几三千人，战马死者什七八。帝以不能成功，深悔之，叹曰："魏徵若在，不使我有是行也。"命驰驿祀徵以少牢⑥，复立所制碑，召其妻子诣行在⑦劳赐之。

臣祖禹曰：太宗北擒颉利，西灭高昌，兵威无所不加，四夷震慑，而玩武不已。亲击高丽，以天下之众困于小夷，无功而还，意折气沮，亲见炀帝以勤远亡国，而袭其所为。臣以为太宗之征高丽，无异于炀帝，但不至于乱亡耳。惟不能慎终如始，日新其德，而欲功过五帝，地广三王，是以失之。然见危而思直臣，知过而能自悔，此所以为贤也。

【注释】

① 玄菟（tù）：本为西汉武帝所置郡，辖境相当今辽宁东部及朝鲜咸镜道一带，北魏以后为高句丽夺取。

② 辽、盖、岩三州：辽州，地名，唐贞观十九年（645）在辽东城（今辽宁辽阳）置，后废。盖州，地名，唐时称盖牟城，贞观十九年，唐军战胜高丽后唐太宗将盖牟城改为盖州，在今辽宁营口盖州市。岩州，地名，即白岩城，在今辽宁辽阳东，贞观十九年唐太宗征高丽，攻克此城后改为岩州。

③ 新城之战：即辽东城大战。辽东城在今辽宁辽阳，新城在今辽宁沈阳东、抚顺北。贞观十九年，唐军征讨高丽，首先渡过辽水，一支军队抵达新城，又派兵向建安城（今辽宁盖州西南）进发，之后唐军主力进克盖牟城。又向辽东城进发，在城下与高丽军大战，击败高丽军。随后唐太宗率大军赶到辽东城下，展开攻城战，连续二十多天，拼死血战，终于攻克辽东城，唐太宗遂以辽东城设为辽州，准备下一步继续进军。在此之前，隋炀帝三次征伐高丽，都止于辽东城，唐军攻下此城，意义重大。之后唐军又攻克白岩城，置为岩州；攻克盖牟城，置为盖州。

④ 建安之战：建安，在今辽宁盖州西南青石岭，高丽防备唐军的据点之一。贞观十九年，唐太宗进行驻跸山之役时，唐平壤道行军大总管张亮率水军从莱州（今山东莱州）渡海，前去袭击高丽卑沙城（今辽宁普兰店西南）。此城依山而建，四面险峻，只有西门可以攀登。唐军前锋程名振引兵深夜抵达城下，副总管王文度率兵冒死登城。攻克之后唐军推进到建安城下。时唐军壁垒尚未加固，兵士出外樵采放牧，建安城内的高丽守军突然杀出。张亮平素胆怯懦弱，见敌军杀出，他踞坐胡床，直视不言，吓得呆若木鸡。可是将士见他神色不变，还以为他沉稳勇健，军心稍定，总管张金树等鸣鼓整军，击退高丽军。

⑤ 驻跸之战：驻跸山，原名六山，在安市城北，战胜后唐太宗将山改名驻跸山。唐军在攻克辽东城、白岩城等后，向安市城进发，首先抵达城北。高丽驻守安市城的守将高延寿轻视唐军，决定主动出击，率部分兵力进发到离安市城南四十里处。唐太宗命人佯败，引诱高延寿来到了安市城东八里的六山（在今辽宁海城东南），三面合围，大败高丽军，高延寿战败投降。此战一败，高丽举国震惊，后黄城（今辽宁沈阳南）、银城（今辽宁铁岭南）的守军全都逃走，数百里内无复人烟。这是唐太宗征高丽取得的最大一次胜利，故在战后把六山改名为驻跸山，此役称为驻跸山之役，命中书侍郎许敬宗为文勒石以记战功，命人造《破阵图》作为纪念。但安市城的高丽守军在杨万春的率领下仍然闭城自守，唐太宗率军攻城不胜，因气候变冷，草枯水冻，加上粮草将尽，只好撤军，而太宗征高丽之役至此结束。

⑥ 少牢：古代祭祀所用的牺牲，牛、羊、豕三牲具备谓之太牢，只用羊、豕二牲叫少牢。

⑦ 行在：行在所的省称，皇帝所在的地方，后专指皇帝行幸所至之地。

【译文】

此次出征高丽，共攻克玄菟等十座城池，迁徙辽州、盖州、岩州的户口进入中原共有七万人，在新城、建安、驻跸三大战役中，斩杀敌人首级四万余颗，而唐朝军队的士兵战死也近三千人，战马死了十分之七八。太宗因为不能成功打败高丽，而深为后悔，感叹说：“魏徵如果还在，不会让我有这次行动。”命人骑快马通过各驿站传令用少牢礼节祭祀魏徵，又恢复原来竖立的纪念碑，召见魏徵的妻子儿女来到太宗的驻地加以慰劳和赏赐。

臣范祖禹评论说：太宗在北方活捉突厥的颉利可汗，在西域消灭了高昌，军威无所不加，四方异族无不震恐，可他还要玩弄武力而不止。亲自率军攻击高丽，虽有天下的大军，仍受困于一个小国，无功而还，意折气沮，他曾亲眼看到隋炀帝因为频繁出兵攻击远方小国而亡国，可是还沿袭炀帝的行为。臣认为太宗远征高丽，与隋炀帝没有不同，只是还不至于亡国而已。

因为太宗不能慎终如始，每天增进自己的道德，却想功劳超过五帝，疆域比三王还广，所以有此失误。但他能够见到危险而怀念忠直之臣，知道了过错而能自悔，这是他成为贤君的原因所在。

【评析】

太宗征高丽最后还是失败，这是不能真正吸取隋炀帝的教训，但太宗能适可而止，这一点比炀帝强，表明他能知过而改，是贤明的表现。也说明君主不怕犯错，重要的是能知错就改，这样才是治国的正道。

太宗好大喜功，不可羡慕

【题解】

唐代与周围民族的关系非常复杂，所以朝廷用兵也非常频繁，太宗时期虽说是天下太平，也只是就国内而言，没有了改朝换代时期的内战而已，但对外用兵一直不断。除了高丽，对其他民族的用兵，大都取得了胜利，这是太宗的功绩。如击败薛延陀，收服敕勒和回纥，在广大的北方和西方建立了稳定局面，这些民族也都心悦诚服，愿意听从唐王朝的管辖。范祖禹认为，自古以来，中央朝廷就有与四周民族如何处理关系的问题，都希望和平相处，没有战争。同时，中国华夏与四周民族又是互不可缺的，如同阴阳相辅相成又相生相克一样，关键是华夏中国要自身强大和政治良好，使人没有可乘之机。他还评论了历代帝王对付周围民族的方法与态度，基本原则是不以利诱，不以威胁，不劳民，不费财。不管哪个民族，本质上都趋利避害，希望生存，不愿意死亡。而中华帝王应该有养育万物的博大胸怀，用爱心对待各民族，而不是用武力残害他人。所以他称赞太宗收服突厥、敕勒、回纥的态度，批评远征高丽的行为。

【正文】

（贞观）二十年六月，诏江夏王道宗①等击薛延陀，又遣李世勣图其诸部，帝手诏自诣灵州②，招抚敕勒③。八月，道宗击延陀，破之，敕勒诸部皆请入朝。车驾至浮阳④，回纥⑤各遣使入贡，帝大喜，诏以："戎狄与天地俱生，上皇并列，流殃构祸，乃自运初。朕聊命偏师，遂擒颉利，始弘庙略，已灭延陀铁勒。百万余户散处北漠，远遣使人，委身内属，请同编列，并为州郡。混元以降，殊未前闻。宜备礼告庙，仍颁示溥天。”九月，帝至灵州，敕勒诸部俟斤[⑥]遣使相继诣灵州者数千人，帝为诗序其事曰：“雪耻酬百王，除凶报千古。”明年正月，诏以回纥等诸部为府及州，各以其酋长为都督及刺史。诸酋长请于回纥以南、突厥以北开一道，谓之“参天可汗道”，置六十八驿，各有马及酒肉以供过使，岁贡貂皮以充租赋，帝许之。于是北荒悉平，然吐迷度[⑦]已私自称“可汗”[⑧]，官号皆如突厥故事。

臣祖禹曰：昔武王克商，通道于九夷八蛮[⑨]，西旅献獒[⑩]，太保作训曰：“不矜细行，终累大德。为山九仞，功亏一篑。”因事而戒，恐其骄也。太宗不得志于东夷，欲收功于北荒，因延陀破亡，以兵临之，如疾风振槁，左衽之民，解辫内附，自以为开辟以来，未之有也。昔之有天下者，莫不以冠带四夷为盛德大业，何哉？故尝试论之曰：中国之有夷狄，如昼之有夜，阳之有阴，君子之有小人也。中国失政，则四夷交侵，先王所以御之者，亦可得而略闻矣。舜曰：“而难任人，蛮夷率服”[⑪]，又曰：“无怠无荒，四夷来王。[⑫]”然则欲其率服，莫若难任人，欲其来王，莫若无怠荒，柔远能迩，治内安外，而殊俗之民向风慕义，不以利诱，不以威胁，而自至矣。欲附者则抚之，不欲者不强致也，故不劳民，不费财。至于后世之君，或仇疾而欲殄灭之，或爱悦而欲招来之，是二者皆非也，何则？彼虽夷狄，亦犹中国之民也，趋利避害，欲生恶死，岂有异于人乎？王者于天地之间无不养也，鸟兽草木，犹当爱之，况人类而欲残之乎？残之固不可，况不能胜而自残其民乎？仁人之所不为也，为之者，秦始皇是也。山川之所限，风气之所移，言语不通，嗜欲不同，得其地不可居，得其民不可使也，列为州县，是崇虚名而受实弊也。且得之既以为功，则失之必以为耻，其失不在于己，则在于子孙，故有征讨之劳，馈饷之烦，民不堪命，而继之以亡，隋炀帝是也。且中国地非不广也，民非不众也，曷若无得无失，修其礼乐政刑以惠养吾民，使农有余粟，女有余布，兵革不试，以致太平，不亦帝王之盛美乎？故有求于外，如彼其难也，无求于外，如此其易也。然而人君常舍所易而行所难，何哉？忽近而喜远，厌故而谋新，不入于秦，则入于隋，虽不至于亡，而常与之同事，其累德岂细哉！太宗矜其功能，好大无穷，华夷中外，欲其为一，非所以遗后嗣、安中国之道，此当以为戒而不可慕也。

【注释】

① 江夏王道宗：即李道宗（600—653），唐高祖族侄，贞观中，从李靖破东突厥，俘颉利可汗，平吐谷浑，封江夏王。641年，送文成公主赴吐蕃，后随太宗攻高丽，得到太宗赞誉。晚年与长孙无忌有隙，被诬告发配。

② 灵州：唐朝时属于关内道，辖境相当于今贺兰山东麓，宁夏中卫以北、盐池以西地区，为朔方节度使治所。

③ 敕勒：又称铁勒、高车，古族群名。分布很广，隋时铁勒各部分布于东至独洛河（今图勒河）以北、西至西海（今里海）的广大地区，分属东、西突厥。各部分散，没有统一君长，其漠北十五部以薛延陀与回纥最为著名。

④ 浮阳：县名，治所在今河北沧县东南东关镇，地处浮水以北，故称。

⑤ 回纥（hé）：古部族名，铁勒诸部之一，初受突厥统辖，唐天宝三载灭突厥后建立可汗政权，贞元四年改称回鹘。

⑥ 俟（sì）斤：突厥语的音译词，突厥部落首领之称。

⑦ 吐迷度（？—648）：唐初回纥首领，646—648年在位。助唐灭薛延陀，唐以其地设置瀚海都督府，被任为都督，加怀化大将军，隶属于燕然都护府，但吐迷度仍私号可汗，648年为其侄乌纥所杀。

⑧ 可（kè）汗（hán）：亦作可罕，古代鲜卑、柔然、突厥、回纥、蒙古等族对其最高统治者的称号。

⑨ 九夷八蛮：泛指各地的少数民族。九夷，古代称东方的九种民族。九是虚指，是说不止一种，并非正好是九种。八蛮，古谓南方的八蛮

国，八也是虚数，并非正好八种。后以九夷八蛮泛指外族。

⑩ 西旅献獒（áo）：典故出自《尚书·旅獒》："惟克商，遂通道于九夷八蛮。西旅厎贡厥獒，太保乃作《旅獒》，用训于王。"旅，古代西戎国名。太保，为辅弼国君之官，古三公之一。训，劝谏之言。指周武王克商以后，向四方众多的民族国家开通了道路，西方的旅国来进献当地特有的大犬，时任太保的召公认为不可接受，劝谏武王要慎德重贤，不可玩物丧志。犬马不是土生土长的不养，珍禽奇兽不收养于国。敬重德行而不贪爱远方的物品，远人才会真心臣服；重用贤才，近人才会安定。

⑪ 而难任人，蛮夷率服：出自《尚书·舜典》。

⑫ 无怠无荒，四夷来王：出自《尚书·大禹谟》。

【译文】

贞观二十年六月，诏令江夏王李道宗等人攻击薛延陀，又派遣李世勣攻打其他各部，太宗又亲手书写诏书，亲自前往灵州，招抚敕勒。八月，李道宗攻击薛延陀，击破薛延陀的部队，敕勒各部都请求入朝顺服。太宗的车驾到达浮阳，回纥各部都派遣使节前来上贡，太宗大喜，下诏宣告："戎狄与天地同时产生，上古皇帝时就已并存于世，不断制造祸殃，是从有史以来就有的了。朕暂时下命出动非主力部队，于是擒获了突厥的颉利可汗，开始扩大朝廷的战略，又已消灭了薛延陀铁勒。一百万多户散处在北方的沙漠地区，从遥远地方派来使者，要托身于我朝，归顺于国内，请求与编户齐民同等对待，都作为朝廷的州郡。有史以来，从未听说过这种情况。应当备齐礼仪向祖庙报告，并且向全天下颁示此份诏命。"九月，太宗到达灵州，敕勒各部落的俟斤都派遣使者相继来到灵州，共有数千人之多，太宗为此作诗记载此事，诗句说："雪耻酬百王，除凶报千古。"第二年正月，诏命把回纥等族的各个部落都改为府或州，分别让他们的酋长担任都督和刺史。各位酋长请求在回纥以南、突厥以北开通一条大路，称为"参天可汗道"，设置六十八个驿站，各站都有马匹和酒肉以供应来往的使者，每年上贡貂皮充作租赋，太宗同意这个请求。于是北方荒野地区全都平定，但是吐迷度仍私自号称“可汗”，各种职官的名称都如突厥原来的制度一样。

臣范祖禹评论说：从前周武王战胜商朝，修建大道开通了与众多民族交往的通道，西方遥远的民族献上体格雄壮的獒犬，太保召公作了《旅獒》以训诫周王，文章说：“不注意细小的行为，最终会拖累大的德行。堆土成山有九仞之高，但差最后一步，仍然没有成功。”根据具体的事情而告诫周王，是怕他骄慢。太宗没有征服东方的高丽，想在北方边远地区获得成功，利用薛延陀部的势力衰弱，派军兵临其地，就像疾风吹枯树，衣襟朝左的民族，解开辫子，向内地归顺，太宗自以为这是开天辟地以来从来没有过的盛大成功。从前据有天下的人，都以教化四方民族为盛德大业，为什么呢？因此我曾对此试加论述说：中国而有四方民族，好比白昼而有夜晚，阳而有阴，君子而有小人。中国政治不好，四方的民族就会相继入侵，先王用来抵御四方民族入侵的方法，也能够大略知道了。舜说：“帝王慎重地选任人才，四方民族就会相率顺服”，又说：“不要懈怠，不要荒废，四方民族就来归顺。”这样看来，如果想让四方民族顺服，没有比慎重选任人才更为重要的；如果想让四方民族前来归顺，没有比不懈怠不荒废更为重要的。怀柔远方民族，让他们前来归顺，治好国内，安顿国外民族，使不同风俗的民众顺从中国的风俗，羡慕中国的道义，不用利益引诱他们，不用军威胁迫他们，他们就会自动前来归顺了。愿意归附的，就加以安抚；不愿意归顺的，也不强迫他们前来，所以不用劳民，也不耗费钱财。到了后代的君主，有人仇恨四方民族而想消灭他们，有的喜爱四方民族而想招徕他们，这两种情况都是不对的。为什么呢？他们虽然是与中国不同的民族，也和中国的民众一样，是趋往利益而躲避危害的，是想生存而厌恶死亡的，难道是与人不同的吗？帝王对于天地之间的万物没有不加以养育的，鸟兽草木，还应当加以爱护，何况是人类？还想残害他们吗？残害他们固然不行，何况不能战胜他们而去残害他们的民众呢？这是仁人不去做的事，做这种事的人，就是秦始皇。受到山川地理的限制，人情民风会有变化，各族之间语言不通，嗜好也不相同，占据了他们的土地也居住不下去，得到了他们的民众也不能驱使他们，把他们改成中国内地那样的州县，这是追求虚名而接受实际的弊害。如果得到他们的土地就以为有功，失去他们的土地就以为耻辱，其损失不在于自己这一代，就会在于后代的子孙，所以会有征伐的辛劳，转送物资的麻烦，老百姓受不了这些负担，而亡国就会接着来到，这就是隋炀帝的做法。况且中国的土地不是不广，民众不是不多，还不如既不占得也不失去外族的土地，整顿好自己的礼乐政刑制度以使我国民众得到恩惠和养育，使农民有多余的粮食，妇女有多余的布帛，军队武装不加动用，以此使太平到来，不也是帝王的盛美之业吗？所以有求于国外，是那样困难；而无求于国外，是这样容易。可是国君经常舍弃容易的而做困难的，为什么呢？忽视近处的事而喜欢远处的事，厌恶旧的而图谋新的，这样的话，不成为秦始皇，就成为隋炀帝，虽然不至于亡国，可也经常会做与秦始皇、隋炀帝一样的事，这对危害国君的德行难道还小吗？太宗自傲于战功和能力，好大喜功而没有尽头，想中华和外族全都统一起来，这不是留给后代、安定中国的正道，对此应当作为警诫而不能羡慕他。

【评析】

儒家思想不主张君主好大喜功，而应时时以天下稳定为重。君主好大喜功，就会使天下兴师动众，劳民伤财，最终导致天下陷于混乱状态。所以儒家反对君主好大喜功，这一点与道家的治国思想有相通之处。道家的《老子》主张无为而治，与民休息，汉文帝时治天下就是这样做的，所以史称文景之治。范祖禹说的“惠养吾民，使农有余粟，女有余布，兵革不试，以致太平，不亦帝王之盛美乎”，就是这种治国之道的最好说明。在当今社会这已是最低要求，还要在此基础上谋发展，这又是古代思想家所想象不到的了。

太宗屡征高丽之失误

【题解】

太宗第一次远征高丽虽然有很大战果，但没有取得根本性胜利，所以他想再次出征高丽，不过他听从了大家的意见，不是自己亲征，而是派两员大将出征，以免过分耗费国力，扰动百姓。范祖禹认为太宗此次出兵的理由还是很正当的，但最终的目的却不正当。如果是为了贪图高丽的土地，俘获其民众，使高丽的老百姓饱受战争之苦，就使这次出兵成为不正义之举了。事情的性质就从抵御敌寇而变为自己去当贼寇了。

【正文】

（贞观）二十一年二月，帝将复伐高丽，朝议以为高丽依山为城，攻之不可猝拔，前大驾亲征，国人不得耕种，所克之城，悉收其谷，继以旱灾，民太半乏食，今若数遣偏师，更迭扰其疆埸[①]，使彼疲于奔命，释耒入堡，数年之间，千里萧条，则人心自离。鸭绿之北，可不战而取矣。帝从之。三月，以牛进达[②]、李世勣为大总管[③]，伐高丽。

臣祖禹曰：太宗以盖苏文[④]弑其君，故举问罪之师，当诛其贼臣，吊其国人，置君而后去之，则德刑举矣。而唐师入境，贪其土地，虏其民人，使其父兄子弟流为饿殍，且弑君者盖苏文也，彼高丽之民何罪？岂王者之师乎？伐而不克，益发忿兵，乃更欲挠其疆埸，害其耕稼，则是利于为寇，非御寇也。

【注释】

① 疆埸（yì）：埸，本指田边，田界。疆埸，即疆土、领土。

② 牛进达：任左卫大将军，封琅邪郡公，曾于贞观十二年任阔水道行军总管，战胜吐蕃军队，画像后来被列于凌烟阁。

③ 大总管：行军大总管的省称，为军事长官，唐初有行军总管、行军大总管，是出征时的军队主帅。

④ 盖苏文：全名泉盖苏文，又名渊盖苏文，因避唐高祖李渊讳而改姓为“泉”。泉氏家族出于早期高句丽五部中的顺奴部。渊盖苏文的父亲为高丽东部大人、大对卢（相当于宰相）。盖苏文继承父职为大对卢，掌高句丽军政大权。642年，盖苏文发动政变，手弑其王高建武，立其幼弟高藏为王，自为“莫离支”。643年，唐册封高藏为上柱国、辽东郡王、高句丽王。是年，高句丽攻伐新罗国，唐遣专使携诏书前往高句丽调解制止，遭盖苏文拒绝。唐太宗遂以此为理由，于644年出兵征伐高丽，因遇辽水大涨，不得渡。645年，太宗率军亲征，因未攻下安市而撤军。661年，唐高宗再派数十万大军进攻高丽，又因渊盖苏文的顽强抵抗无功而返。渊盖苏文遂为挽救高丽的名将。

【译文】

贞观二十一年二月，太宗将要再次攻打高丽，朝廷大臣商议认为高丽背靠着山势修建城池，攻城不能很快攻克，前次皇上大驾亲征，使高丽国的百姓不能正常耕种，对攻下的城，收取其全部的谷物，加上又发生旱灾，因此高丽的民众大半都缺乏粮食。现在如果多次派遣非主力部队，反复侵扰高丽的边疆，让他们疲于奔命，放下农具而进入城堡，数年之间，上千里的地区变得非常萧条，高丽的民心就会自动散乱。鸭绿江之北，可以不战而获取。太宗听从了这个建议。三月，派牛进达、李世勣为大总管，攻伐高丽。

臣范祖禹评论说：太宗因为高丽的盖苏文弑杀了他的国君，所以出动问罪之师，应当诛杀高丽的乱臣贼子，吊唁高丽的国人，扶立高丽的国君而后撤军，这样做的话就是恩德与惩罚并举了。可是唐朝军队进入高丽国境，贪图他们的土地，虏获他们的百姓，让他们的父兄子弟流浪成为饿死的人，而且弑杀高丽国君的人是盖苏文，那些高丽的百姓又有何罪？这样做难道是仁义的王者之师吗？攻伐高丽而不能取胜，因愤怒而再次发兵，而且还要侵扰高丽的边疆，祸害他们的农业耕作，这样做就是有利于做盗寇，而不是抵御盗寇了。

【评析】

太宗再次出兵征高丽是以讨伐盖苏文的罪行为名义的，但侵入高丽国境之后则贪其领土，虏其民众，就失去了出兵的正义性。儒家思想是反对这种做法的，这在今天也是一样。所谓正义，就是要让民众的生活安定而幸福，而不是使他们陷于战乱而遭受苦难，无论在国内还是国外，都是如此。

太宗娶弟妇为妻，渎乱人伦

【题解】

皇子李明的母亲杨氏本来是李元吉的妃子，李元吉死后就成了太宗的妃子，而且很受宠爱。太宗的皇后死了以后，太宗曾想把杨氏立为皇后，魏徵劝阻了他。太宗把皇子李明立为曹王，又把李明过继为李元吉的儿子。范祖禹对此予以严厉批评，认为太宗当年杀死弟弟李元吉而没有愧疚感，事后又把弟媳据为己有，更是莫大的罪恶。若不是魏徵劝阻了他，他还会把弟媳立为皇后，有什么面目来见天下之人？现在又把自己的儿子过继到弟弟门下，这就等于向天下宣布他的母亲本来是自己的弟媳，而现在却成了自己的老婆。这些行为都是严重违犯人伦关系的，所以范祖禹多次批评唐代王室的家族之内完全没有伦理，尽干些不文明的事情。

【正文】

（贞观二十一年）八月，立皇子明为曹王，明母杨氏巢，剌王[①]之妃也，有宠于帝，文德皇后之崩也，欲立以为后。魏徵谏曰："陛下方比德唐虞，奈何以辰嬴[②]自累？"乃止，寻以明继元吉后。

臣祖禹曰：太宗手杀兄弟，曾不愧耻，而复纳元吉之妃，恶莫大焉。苟非用魏徵之言，过而遂立以为后，何以视天下之人乎？以明继元吉后，是章其母之为弟妇也，其渎人伦亦甚哉！

【注释】

① 剌（là）王：即齐王李元吉，“剌”为恶谥，是古代谥法称号之一，剌不是刺，二字不同，剌通“厉”，指不合理。

② 辰嬴：秦穆公之宗女，嬴姓，先为晋怀公之妻，也称怀嬴。公元前643年，太子圉在秦国做人质，秦穆公把她嫁给太子圉。公元前648年，太子圉逃回晋国，被立为晋国国君，即晋怀公，这时怀嬴还留在秦国。秦穆公对太子圉逃跑的事情很恼怒，于是迎接晋国流亡在外的公子重耳到秦国，又把太子圉之妻怀嬴嫁给重耳，重耳就是后来的晋文公，由秦军护送返晋，杀晋怀公圉。因辰嬴历事二夫，而重耳是太子圉之父晋惠公的兄弟，在儒家看来是渎乱人伦的，所以文中将杨巢比作辰嬴。

【译文】

贞观二十一年八月，太宗把皇子李明立为曹王，李明的母亲杨氏巢，是玄武门之变中被杀的剌王李元吉的妃子，受到太宗的宠爱，文德皇后死后，太宗想把杨氏立为皇后。魏徵劝谏说：“陛下要像唐虞一样崇尚道德，为什么要让一个嫁过叔侄两人的女人（即辰嬴）拖累自己的声名？”太宗这才停止，很快就让李明过继为李元吉的后人。

臣范祖禹评论说：太宗亲手杀了兄弟，不曾感到羞愧耻辱，却又娶了李元吉的妃子，没有比这更大的罪恶了。如果不是听从了魏徵的意见，坚持错误而把杨氏立为皇后，拿什么来面对天下之人呢？让李明当李元吉的家族继承人，这就表明李明的母亲就是自己的弟媳，这种做法亵渎人伦，也太过分了吧！

【评析】

唐代皇室最大的毛病是不合乎儒家的伦理，经常乱伦，父子之间争女人不讲辈分，所以前人常用“脏唐”的说法来形容唐代皇室的这种乱伦现象。相比之下，太宗只是把兄弟齐王元吉的妃子杨氏收为己有，魏徵把她比作春秋时的辰嬴，实际情况并不一样。但魏徵提醒太宗注意自己的名誉，所以不让太宗把杨妃立为后。后来的武则天，最初是太宗的宫女，后来又被太宗之子李治即唐高宗收进宫内，并终害死王皇后而被立为皇后，可知武则天才是嫁了父子两辈的女人。

太宗又征高丽，是迷而不复

【题解】

太宗又想利用高丽内部不和而出兵征伐，为了运送军粮，需要造船，于是让一直没有遭受战乱之苦的剑南地区承担造船的任务，结果不仅使剑南地区的民众无法承受，还使雅州、邛州、眉州的獠人发生反叛。范祖禹评论说，古代圣王出兵征讨有苗，都还无功而返，《老子》也说用兵是不祥之事，这样看来太宗远征高丽实在是不必要的。正确的做法是反省自问，提高自身的德行，使远方的民族自愿归服，而不是使用武力进行征讨。为了出动大军进行远征，又会使得国内民众承受极大的痛苦，天下如同一个人，一处有痛，全身都会受到影响。太宗要征高丽，却要让远离高丽的蜀人服劳役，蜀人承担不了。为了镇压蜀人的反叛，又要征发陇右的兵力，又要让潭州人来造船，为了运送木料，又使中下游的扬州、莱州也不得安宁。仅仅是在战争的准备阶段，就使国内这些地区不得安宁，所以范祖禹说太宗不懂得爱身之道，也就是不懂得爱护国内民众之道。

【正文】

（贞观）二十二年六月，帝以高丽困弊，议发三十万众，一举灭之。或以为大军东征，须备经岁之粮，非畜乘之所能载，宜具舟舰为水运。隋末，剑南[①]独无寇盗，属者辽东之役[②]，剑南复不预，及其百姓富庶，宜使之造舟舰，帝从之。七月，遣右领左右府长史[③]强伟于剑南伐木造舟舰，大者或长百尺，其广半之。别遣使行水道，自巫峡抵江扬[4]，趋莱州[5]。伟等发民造船，役及山獠[6]，雅、邛、眉三州[7]獠反。九月，遣张士贵[8]、梁建方[9]发陇右、峡中兵二万余人以击之。蜀人苦造船之役，或乞输直，雇潭人造船，帝许之。州县督迫严急，民至卖田宅，鬻子女，不能供，谷价踊贵，剑外骚然。帝闻之，遣长孙知人[10]驰驿往视之，知人奏称：蜀人脆弱，不耐劳剧，大船一艘，庸绢二千二百三十六匹，山谷已伐之木，挽曳未毕，复征庸绢，二事并集，民不能堪，宜加存养。帝乃敕潭州船庸皆从官给。

臣祖禹曰：昔舜命禹征有苗，三旬苗民逆命，乃班师振旅。夫以舜、禹，征伐犹无功，故用兵非美事也。《老子》曰："佳兵者，不祥之器，不得已而用之。"[11]太宗之伐高丽，其得已而不已者乎？圣人有不能服，则反求诸已，故舜舞干羽[12]而格有苗，未闻以苗民逆命为忿也。太宗不能反已，而耻其无功，欲倾天下之力，逞志于远夷，何其迷而不复也！夫天下如人之一身，四方犹四支也，师役，四支之病也。以高丽之役，不及于蜀，而必欲疲之，是一支病而使别支皆被其痛也，此岂爱身之道乎？

【注释】

① 剑南：地区名，在今四川一带。

② 辽东之役：指攻打高丽的战争。

③ 右领左右府长史：为右领左右府官署属官。右领左右府，是与左领左右府相对而言的，为禁卫军指挥机构，其中"左右"是指在皇帝身边的侍卫禁军。始置于隋朝，其长官为右领左右府大将军一人、右领左右府将军两人，与左领左右府共同掌管侍卫皇帝左右的亲信禁军与仪仗，因为事关皇帝自身安全，其官员多由皇帝亲近信任之人担当，职任甚重。右领左右府长史，是右领左右府官署属官，负责管理府中庶务。

④ 江扬：江州与扬州的合称。

⑤ 莱州：地名，今山东莱州。

⑥ 山獠：中国古族名，其民依山林而居，故俗称“山獠”。曾分布在今广东、广西、湖南、四川、云南、贵州等地区，近代壮侗语族各族及仡佬族与其有渊源关系，亦用以泛指南方各少数民族。

⑦ 雅、卭、眉三州：雅州，即今四川雅安。卭（邛）州，即今四川邛崃。眉州，即今四川眉山。

⑧ 张士贵：本名忽峍，擅长左右开弓，弯弓百五十斤，原为盗贼出身，归唐后授右光禄大夫，随太宗征战，因军功累迁左领军大将军，封虢国公，死后陪葬昭陵。

⑨ 梁建方：太宗时官至右武候将军，率兵攻打南方少数民族，升任左武候大将军，高宗时率兵北上击破西突厥贺鲁，收复北庭。

⑩ 长孙知人：太宗时任司农少卿。

⑪ 佳兵者，不祥之器，不得已而用之：出自《老子》三十一章，帛书《老子》甲、乙本“兵”前皆无“佳”字。

⑫ 干羽：古代舞者所执的舞具。文舞执羽（羽翳，文舞所执的雉羽），武舞执干（盾）。指文德教化。舜不出兵征讨苗民，反省自修德行，三年后举行一次以干（盾）戚（斧）为道具的舞蹈，有苗氏便服威怀德而归顺。

【译文】

贞观二十二年六月，太宗因为高丽国内出现困难和危机，商议次年发动三十万大军，一举消灭高丽。有人以为大军东征，需准备一年的粮食，这些粮食不是牲畜所能运载的，应该准备大船进行水运。隋朝末年，整个天下只有剑南地区没有造反的军队及战争，最近的辽东之役，剑南也没有参与，因此使这一地区的百姓非常富庶，应该让他们建造舰船，太宗听从了这个建议。七月，派遣右领左右府长史强伟到剑南砍伐树木建造舰船，大的木料有的长达百尺，小的也有一半左右。另外派遣使节走水路运送木料，经过巫峡抵达江州、扬州，前往莱州。强伟等人征发民众造船，连山区的獠民也都征发来服劳役，雅州、卭州、眉州的獠民于是反叛。九月，派遣张士贵、梁建方征发陇右、峡中的兵力二万余人前来攻打反叛的獠民。蜀人苦于造船的劳役，有人请求交钱，雇潭州人来造船，太宗同意了。各州县的官员对服役的民众督迫得又严又急，民众以至于卖掉田地和住宅，卖了子女，仍不能交够雇人造船的费用，粮价涨得很高，剑南之外的地区一片骚乱。太宗听说了这个情况，派遣长孙知人乘快马经过驿站前往视察，长孙知人上报说：蜀人体格脆弱，受不了剧烈劳动，大船一艘，造价相当于二千二百三十六匹绢，山谷中已经伐好的木料，还没有拖曳完毕，又征收用于造船的绢，两件事合在一起，民众承受不了，应该加以安慰和休养。太宗就使潭州造船的费用都由官府支出。

臣范祖禹评论说：从前舜命禹征讨有苗，过了三旬，苗民抗拒征讨之命，于是就撤军回朝。以舜、禹那样贤明的君王，进行征伐还会无功而返，可知用兵不是好事。《老子》说："军队是不吉祥的东西，不得已才使用它。"太宗征伐高丽，他是得已的还是不得已的呢？圣人遇到有人不顺服，就反过来要求自己进一步增修德行，所以舜让人拿着盾和羽翳进行舞蹈，就使有苗自动前来归顺，没有听说过因为苗民抗拒征讨而发怒的。太宗不能反省自己的不足，却以没有成功为耻辱，想倾尽天下的力量，到远方的高丽实现自己的志向，是多么迷惑而不正常啊！整个天下就像人的全身，四方好比人身的四肢，军队出去作战，就是四肢的病痛。因为征讨高丽，没有涉及蜀，就一定要让蜀也出力而疲劳，这就是一肢病了却要让另外三肢也承受其痛苦，这哪里是爱护身体的正道呢？

【评析】

范祖禹反对君主对远方民族不断用兵，这也是儒家思想。因为这种用兵往往不能成功，反而会使国家与民众受到拖累。不过舜与禹能及时停止，而太宗则做不到这一点，以无战功为耻，所以一再用兵于高丽，被范祖禹批评为"迷而不复"，这是值得后代君主吸取的教训。

太宗选择托孤大臣的方法不当

【题解】

太宗想把太子托付给一个信得过且有能力的大臣，他选中了李世勣，并且告诉太子，此人才智有余，却不知道他的忠诚度如何，所以要让太子测试一下。测试的结果，让太宗满意。可是，范祖禹却批评太宗使用这种方法判断人才，是极不合理的。因为如果你认为李世勣是一个愚人，就不能把太子托付给他；如果你认为他是一个贤才，就应当加以重用而不能怀疑他。而且太宗对待李世勣的态度也不合理，因为先贬他再重用他，这是把他当作犬马来使用的，这种态度是对人才的侮辱。若用一些小权术来控制大臣，也不是圣主亲贤之道。他还指出，如果用这种心态对待大臣，就只能得到利禄之士而任用，却不会得到真正的贤才。

【正文】

（贞观）二十三年四月，帝谓太子曰："李世勣才智有余，然汝与之无恩，恐不能怀服。我今黜之，若徘徊顾望，当杀之耳。"五月，以同中书门下三品①李世勣为叠州②都督，世勣受诏，不至家而去。

臣祖禹曰：太宗以李世勣为何如人哉？以为愚也，则不可以托孤幼而寄天下矣，以为贤也，当任而勿疑，何乃忧后嗣之不能怀服，先黜之而后用之邪？是以犬马畜之也。夫欲夺其心而折之以威，欲得其力而怀之以恩，此汉祖所以驭黥、彭之徒③，狙诈之术也，五伯之所不为也，岂尧、舜亲贤之道乎？苟以是心而待其臣，则利禄之士可得而使也，贤者不可得而致也。若夫禄之以天下而不顾，系马千驷而不视[④]者，太宗岂得而用之哉？

【注释】

① 同中书门下三品：唐代以中书、门下两省长官共秉军国政要，协助皇帝决定大政方针，皆为宰相之职。中书省的长官是中书令，门下省的长官是侍中，“同中书门下三品”是同于中书令、侍中，得出入于政事堂议政，为宰相职衔。贞观十七年（643），以太子太保萧瑀、太子詹事李世勣同知政事，号同中书门下三品，从此以后，非中书、门下两省长官而受诏参与政要者皆需加此号，方为实际上的宰相，连尚书左右仆射亦不例外。

② 叠州：577年，北周以吐谷浑地置叠州，因其地群山重叠而得名，唐初叠州辖境相当于今白龙江上游地区。

③ 黥、彭：指汉初的英布、彭越。英布（？—前195）：六县（今安徽六安东北）人，因受秦律被黥，又称黥布。初属项羽，封九江王，后叛楚归汉，封淮南王。淮阴侯韩信和彭越被杀后，英布亦被人告发谋反，于是起兵反叛，战败后逃到长江以南，被长沙成王所杀。彭越（?—前196）：昌邑（今山东巨野南）人，西汉开国功臣，拜魏相国，又封梁王。与韩信、英布并称汉初三大名将。因与刘邦合兵战败项羽，被刘邦立为梁王，都定陶。汉王朝建立后，陈豨在代地谋反，刘邦征调彭越的部队，彭越称病，其手下的太仆向刘邦告发彭越想谋反，被捕后，刘邦赦免了他，降为庶民，流放到蜀郡青衣。其后，吕后让彭越家臣再次告发彭越想要谋反，于是杀彭越全族，彭越被处以醢刑（即被剁成肉酱）。

④ 禄之以天下而不顾，系马千驷而不视：出自《孟子·万章上》：“非其义也，非其道也，禄之以天下弗顾也，系马千驷弗视也。”意思是真正的贤才，是以道义为重的，并不看重物质财富。

【译文】

贞观二十三年四月，太宗对太子说："李世勣的才智有余，但你对他没有恩惠，恐怕不能让他诚心服从。我现在贬他的官，如果他徘徊观望，就应当杀了他。"五月，把官职为同中书门下三品的李世勣改任为叠州都督，李世勣接到诏命，不回家就去上任。

臣范祖禹评论说：太宗把李世勣看作什么人了啊？如果认为他愚蠢，就不能把孤幼的太子托付给他进而把全天下都寄托在他身上；如果认为他是贤才，就应当加以重用而不要怀疑他，为什么担心自己的后人不能让他诚心服从，先贬他的官而后再重用他呢？这是拿他像犬马一样来加以饲养。想夺取他的心志而用刑威来使他折服，想得到他的力量而用恩惠来怀柔他，这是汉高祖驾驭黥布、彭越那种人的方法，是诡计欺诈的方法，五霸都不会做这种事，难道会是尧、舜亲近贤才的正道吗？如果用这种态度对待他的大臣，那么贪图利禄的人是可以得到而使用的，而贤才则是不能让他们前来效忠的。至于那种如果不合乎他的道义，就算把天下给他作俸禄，他也不屑一顾，把皇家最好的马匹送他一千匹，他也不看一眼的杰出人才，太宗哪能得到而使用他们呢？

【评析】

李世勣是唐朝早期的一位神秘人物，他对唐王朝的皇帝采取一种若即若离的疏远态度，但也会认真地完成君主交付的任务。这让太宗对他无法真正信任，但又找不到借口除掉他。所以太宗只能用一些谲诈手段来对付他，但都被李世勣完美化解。太宗这种手段，受到范祖禹的批评。认为对这种人不能半信半疑，要么真诚信任，要么完全不信任，想用物质利益来引诱他，或用诡计来谋害他，正说明太宗没有肯定李世勣的才能与人品。

太宗一生的整体评价

【题解】

太宗在位二十四年，有过贞观之治，一生政绩不少，错误也不少，在中国历史上可以算是一个杰出的帝王。范祖禹认为太宗能用武力拨乱反正，用仁义战胜残暴，其才能略高于汉高祖，但在开创国家制度的规模和气度上却不如汉高祖。恭俭不如汉文帝，但功业却超过汉文帝。虽然也有不足之处，但他好贤从谏，用力行善，因此能有贞观之治。从历史上看，贤明的帝王并非每一代都会出现，汉高祖、汉文帝之后过了八百年才有唐太宗这样一位贤明帝王，有如此的成就，也是非常难得的。作为后世的帝王，对于唐太宗的善与不善，都可以作为借鉴的对象，太宗的善，可以学习，太宗的不善，可以作为警诫。这才是范祖禹评论唐代君主的目的所在，希望宋代帝王能从唐代帝王的事迹中吸取经验和教训。

【正文】

右太宗，在位二十四年崩，年五十三。

臣祖禹曰：太宗以武拨乱，以仁胜残，其材略优于汉高①，而规模不及也。恭俭不若孝文②，而功烈过之矣。迹其性本强悍，勇不顾亲，而能畏义而好贤，屈己以从谏，刻厉矫揉，力于为善，此所以致贞观之治也。夫贤君不世出，自周武、成③、康④历八百余年而后有汉，汉历八百余年而后有太宗，其所成就如此，岂不难得哉！人主之所行，其善恶是非在后世，当其时不可得而辨也，故凡太宗之行事，其善与不善，臣皆举其大略矣。《老子》曰："善人者不善人之师，不善人者善人之资。"人君择其善者而从之，足以得师，其不善者而戒之，足以为资矣。

【注释】

① 汉高：西汉高祖刘邦（前256或前247—前195），沛县丰邑中阳里（今属江苏丰县）人，字季，秦时曾做泗水亭长。秦末天下大乱，他与萧何等人聚众起兵，后被项羽立为汉王。通过楚汉战争，战胜项羽，建立新王朝，国号为"汉"，定都洛阳，后迁都长安。后来刘秀建都洛阳，亦称"汉"，为了区别，刘邦的汉称为西汉或前汉，刘秀的汉称为东汉或后汉。

② 孝文：指西汉孝文帝，即汉文帝刘恒（前202—前157），高祖刘邦第三子，汉惠帝刘盈之弟。初为代王，惠帝死后，刘恒在周勃、陈平支持下诛灭诸吕势力，登基称帝。汉文帝与后来的汉景帝时期，国家得到大治，史称"文景之治"。汉文帝在位期间推行休养生息、轻徭薄赋政策，田租从十五税一减为三十税一，甚至有十多年不收田租，力役从每年一个月改为三年一次。文帝曾想要造一座露台，因为要花费黄金一百斤，相当于当时十户中等人家的全部家产，文帝认为花费太多，于是取消计划。所以史称汉文帝恭俭。

③ 成：周成王，姓姬，名诵，周武王之子。周武王建立周朝，两年后病死，姬诵继位，史称周成王。成王即位时仅十二岁，由周公旦摄政。周公辅政七年，巩固了周王朝的统治，制定了周朝的典章制度，周成王满二十岁时，周公还政成王。周成王及其儿子周康王两代，约五十年，是周朝强盛和统一的时期，史称"成康之治"。

④ 康：周康王。姓姬，名钊，周成王之子。康王即位之初，在召公、毕公辅佐下，继续推行成王的政策，先后平定东夷大反，北征略地，西伐鬼方。成康之际，天下安宁，史家称当时"刑错四十余年不用"，故称"成康之治"。康王死后，儿子姬瑕即位，即周昭王，周王室开始衰微。

【译文】

以上是太宗的事迹，他在位二十四年之后驾崩，时年五十三岁。

臣范祖禹评论说：太宗用武力拨正了隋朝的混乱，用仁义战胜了残暴，他的才能略优于汉高祖刘邦，而建国的规模与气度却不如汉高祖。在恭俭上他不如汉文帝，但功业则超过了汉文帝。考察他的性格，本来非常强悍，为人勇敢而不顾亲情，但能畏惧道义而喜好贤人，能克制自己以听从劝谏，能严格克制自己，努力为善，这就是取得贞观之治的原因所在。贤明的国君不是每个时代都出现的，自从周武王、成王、康王之后过了八百余年才出现汉朝，汉朝之后经历了八百余年才出现唐太宗，他所取得的成就如此之大，岂不是很难得的吗？人主做的事，其善恶是非都留在后世，在当时是不能分辨清楚的，所以凡是太宗做的事，其中有善的也有不善的，臣在上面各条评论中列举了大致的情况。《老子》说："善人，是不善人的老师。不善的人，善人把他当作参考。"国君选择其中的善处而学习它，从中足以得到良师；其中的不善之处则引为鉴戒，据此也足以作为参考了。

【评析】

这是对太宗的综合评论，范祖禹全面评价了太宗的文治武功，有功有过，能全面评价，目的是让后世君主以太宗为例，从中吸取经验教训。他引用《老子》的说法："善人者不善人之师，不善人者善人之资。"实际上是想让后来的君主看清太宗的善与不善，作为历史的鉴戒，这才是范祖禹撰写《唐鉴》的真正目的。

高宗

唐高宗初亲贤后用佞

【题解】

范祖禹认为唐高宗在继位之初还能保持清醒头脑，因此能看出一些大臣的阿谀之意，不为所欺，也能分清胡人的讨好之意，不为所动，这都值得称赞，也指出这是高宗能够取得“永徽之政”的原因所在。但范祖禹又批评高宗后来的执政水平很低，与当初的贤明完全不能相比。其最大的昏庸之举，就是不听忠臣的劝谏，非把武则天扶为皇后不可，因而导致唐中期最大的政治动乱，使唐王室子弟大受摧残。为什么会有这样大的差别？范祖禹认为是高宗不能记住周公当年告诫周成王的话，一定要对身边亲近的人谨慎观察与选择，不要让奸佞小人成为自己喜爱的人，坚持这个原则，才能使在位期间的执政水平永保正确而无谬误。

【正文】

（永徽）三年正月，梁建方大破处月朱邪孤注①，御史②劾奏建方逗留不进，高德逸③敕令市马自取骏者。帝④以建方等有功，释不问。大理卿⑤李道裕⑥奏言：德逸所助之马，筋力异常，请实中厩。帝谓侍臣曰：“道裕法官，进马非其本职，妄希我意，岂朕行事不为臣下所信邪？朕方自咎，故不欲黜道裕耳。”二月甲寅，帝御安福门楼观百戏。乙卯，谓侍臣曰：“昨登楼，欲以观人情及风俗奢俭，非为声乐。朕闻胡人善为击鞠⑦之戏，尝一观之。昨初升楼，即有群胡击鞠，意谓朕笃好之也。帝王所为，岂宜容易？朕已焚此鞠，冀杜胡人窥望之情，亦因以自诫。”

臣祖禹曰：高宗即位之初日，引刺史问民疾苦，尊礼辅相，恭己以听，故永徽[8]之政，有贞观之风。察道裕希旨而自责行己之不足取信，睹胡人进戏而知所好之不可不慎，率是道也，岂不足为贤君哉？不数年而悖谬昏惑，忠臣不可谏，骨肉不相保，虽享国之日久，卒成武氏[9]之篡，何哉？初亲贤后用佞也。《书》曰：“孺子其朋，孺子其朋，其往。”周公所以戒成王也，况高宗乎？

【注释】

① 处月：古部落名，是西突厥强部之一，本居金娑岭之南，临大碛。在唐军打击下，处月分为两支，西支迁徙到碎叶水以西，而东支仍留在故地，称沙陀，臣服于唐朝。朱邪孤注：人名，姓朱邪，为处月部落首领。

② 御史：职掌监察纠弹大臣。战国时御史为国君的侍从史官。成为监察之官始于秦代。汉代御史因职务不同而有侍御史、治书侍御史，曹魏增殿中侍御史，晋有督运御史、符节御史、检校御史。北朝魏、齐设检校御史，隋改为监察御史，又改殿中侍御史为殿内侍御史。唐有侍御史、殿中侍御史、监察御史。

③ 高德逸：任右骁卫将军，曾随左武候大将军梁建方北上击破西突厥贺鲁，收复北庭。梁建方、契苾何力等在牢山大破处月朱邪孤注后，孤注夜里逃跑，高德逸以轻骑追赶，行五百余里，生擒孤注，斩首九千级。

④ 帝：即唐高宗李治（628—683），在位三十四年（649—683）。唐太宗第九子，贞观五年（631）封晋王，十七年立为太子。二十三年即位。即位之初，与李世勣、长孙无忌、褚遂良等奉行太宗遗训，有贞观之遗风，永徽年间出现一段盛世，史称永徽之治。唐高宗时应新罗之请，出击高句丽和百济，大败援助百济的倭国军。又西击沙钵罗可汗，最终消灭西突厥，徙安西都护府于龟兹（今新疆库车）。高宗为了让武则天当皇后，不听长孙无忌及褚遂良等元老重臣的劝阻，贬斥了长孙

无忌等人。显庆末年，高宗患风眩头重，武则天逐渐掌握朝政。

⑤ 大理卿：即大理寺卿。大理寺，官署名。古代的最高法庭。秦、汉以廷尉主刑狱，审核各地疑狱重案。两汉间多次改称大理。北齐改廷尉为大理，大理寺即大理的官署，大理寺卿为大理寺的最高长官。隋唐沿用。古谓掌刑者为士，又称为理，汉景帝时加“大”字，指最高的刑狱之官及其官署，寺，即官舍、衙署之意。

⑥ 李道裕：任殿中少监时，刑部尚书张亮因谋反罪下狱，太宗诏令百官议定其罪，多数大臣揣摩皇帝心意，认为张亮当诛，唯李道裕上奏张亮反形未具，证据不足，应当无罪。事后太宗认为李道裕进言公平，任命为刑部侍郎，累官至大理寺卿。

⑦ 击鞠：即我国古代的马球运动，唐宋盛行。

⑧ 永徽：唐高宗的第一个年号，650年正月至655年十二月。

⑨ 武氏：指唐高宗皇后武则天（624—705），并州文水（今山西文水东）人，生于利州（今四川广元）。唐朝开国功勋武士彟的次女，生母杨氏是武士彟的续妻，隋朝宰相、遂宁公杨达之女。武氏性巧慧，多权术，初为唐太宗宫内的才人，太宗称为“媚娘”，可知也是很喜爱她的，等太宗的儿子唐高宗继位后，她通过阴谋手段让高宗废掉王皇后，并用残酷手段害死王皇后，使高宗立自己为皇后。此后她协助高宗处理军国大事，佐持朝政三十年。高宗死后，武氏代唐称帝，创造了“曌”（音照，意为日月当空）字，作为自己的名字，改国号为“周”，史称“武周”，是中国古代唯一正式称帝的女皇帝，690—705年在位。世人据其尊号“则天大圣皇帝”称之为“武则天”。则意为效法，“则天”是说效法天道来治理天下。从她参与朝政，自称皇帝，前后执政近半个世纪，上承“贞观之治”，下启“开元盛世”，史称有“贞观遗风”，历史功绩昭昭于世。宋庆龄曾说她是“封建时代杰出的女政治家”。

【译文】

永徽三年正月，梁建方大破处月部落朱邪孤注的叛军，可是御史官却弹劾梁建方用兵期间逗留不进，又弹劾高德逸奉命购买马匹时把其中的骏马留为己用。高宗认为梁建方等人立有战功，放过不予过问。大理卿李道裕又上奏说：高德逸购买进献的，身体与力量都比一般的马强壮，请收下充实宫中的御马房。高宗对侍从大臣说："李道裕身为执法之官，献上马匹的事不是他的本职工作，现在上疏是妄图向我阿谀讨好，难道朕处理问题得不到臣下的信任吗？朕正在检讨自己的不足，所以不想惩罚李道裕罢了。"二月二十七日，高宗亲临安福门门楼观看百戏演出。二十八日，高宗对侍从大臣说："昨天登楼，想通过看演出来观察人情及风俗是奢侈还是节俭，不是为了欣赏音乐和表演。朕听说胡人善于演出骑马打球的节目，曾看过一次。昨天刚登上门楼，就有一群胡人骑马打球，他们以为朕深爱这种把戏。帝王的行为，难道应该很随便吗？朕已焚毁这个马球，希望杜绝胡人窥探观察朕的心意的用心，也由此而自为警诫。"

臣范祖禹评论说：唐高宗刚刚即位的时候，召见地方州郡的刺史询问民间的疾苦，尊重和礼遇宰相大臣，自己很恭敬地听取宰相大臣的意见，所以永徽年间的政治，有贞观之政的风气。他意识到李道裕顺着自己的意思而上疏，于是自责自己的行为不能取得大臣的信任，他看了胡人上演百戏就知道自己的爱好不能不谨慎，顺着这种治国之道，怎能不足以成为贤明君主呢？但是，没有几年他就变得荒谬昏庸，忠臣劝谏不了他，自己的亲生骨肉也保不住，虽然在位的时间很长，但是终于造成了武则天的篡国行为，这是什么原因呢？原因就是他开始能亲近贤臣而后来重用佞人。《尚书》说："孺子啊要注意你的朋友，孺子啊要注意你的朋友，长此以往才不会出问题。"这是周公用来告诫周成王的话，何况是唐高宗呢？

【评析】

唐高宗受太宗的影响，加上初唐时的一批大臣的协助，能取得"永徽之政"的美好名声，但坚持不了几年，就变得荒唐昏乱，尤其是在立武氏为皇后这件事上，让人们批评不已，所以范祖禹说他是初亲贤后用佞。看来一个君主能否自始至终使自己的思想言行合乎道义，是治国理政的关键问题。

高宗效仿太宗纳谏

【题解】

这篇说唐高宗想学习太宗那样听取大臣的劝谏，这正是深受太宗影响的一个表现。君主能向前辈帝王学习，以求治好国家，这是值得肯定的，但能否坚持到底，就很难说了。

【正文】

（永徽）五年九月，帝谓五品以上曰：“顷在先帝左右，见五品以上论事，或仗下面陈，或退上封事，终日不绝，岂今日独无事邪？何公等皆不言也？”

臣祖禹曰：太宗嘉纳直言，导群臣以谏争，是以论阙失者日相继也。后嗣承其余烈，以高宗之暗，而求言于臣下如此，由其祖宗为之法也。《诗》曰：“诒厥孙谋，以燕翼子。[①]”太宗之谓矣！

【注释】

① 诒厥孙谋，以燕翼子：出自《诗经 · 大雅 · 文王有声》。诒（yí）：传给。孙：子孙后代。谋：治国的方法。燕翼：帮助，辅助。子：你，指他的子孙。

【译文】

永徽五年九月，高宗对五品以上的官员说：“以前在先帝（指太宗）身边，看到五品以上的官员讨论国事，有的官员在场当面陈述自己的看法，有的官员回去后再写出奏章，整天不停，难道现在就没什么事了吗？你们为何都不进言呢？”

臣范祖禹评论说：太宗喜欢听取大臣的直言，引导群臣进行谏争，所以天天都有人指出治国的缺失。后代继承这种功业，以高宗那种愚暗，还能这样向大臣求取劝谏之言，这是因为他的祖宗给他留下先例了。《诗经》里说：“留下好方法给后代，用来帮助他们治好国家。”这就是在说唐太宗啊！

【评析】

由此可知，太宗与大臣讨论治国事务时，一直让儿子也现场参与，就是对儿子的言传身教，希望能把虚心听谏的方法传下去。而他儿子登基后，还记得这些场景，无形中帮助了高宗。高宗初期还能沿用太宗的方法来治国，而取得“永徽之政”的效果，但他当皇帝时间久了，就慢慢忘记了太宗的方法，这种好的影响就逐渐丧失。范祖禹说高宗“暗”看来是事实，暗指人不聪明，这就决定了太宗的言传身教没有转化为高宗本身的智慧与能力，仅靠模仿，是不能持久的。

长孙无忌不学而终受祸

【题解】

唐高宗废王皇后而立武则天，受到许多大臣的反对，长孙无忌是前朝元老、顾命大臣，政治影响力举足轻重，所以高宗和武则天一心想在他的身上打开缺口。长孙无忌在立武则天为后的问题上，能坚持原则，不管高宗和武则天如何讨好自己，也不答应。本来这是应该加以赞扬的举动，但是范祖禹却给予严厉批评，认为长孙无忌虽然坚决不同意高宗立武则天为后，但他贪图小利，所以最终在这个问题上无法义正词严地抵制高宗的不正之举，也使自己后来被武则天和奸臣找到借口加以清除。在范祖禹看来，根本原因是长孙无忌没有学养，不能从道义上保持自己的正确和无懈可击，不能有效地制止高宗的错误想法，最终也使自己在政治上打了败仗。

【正文】

帝欲废王皇后①，立武昭仪②，畏大臣不从，乃与昭仪幸太尉③长孙无忌第，酣饮极欢，席上拜无忌宠姬子三人皆为朝散大夫④，仍载金宝缯锦十车以赐无忌。帝因从容言皇后无子，以讽无忌。无忌对以它语，竟不顺旨。帝及昭仪皆不悦而罢。昭仪又令母杨氏诣无忌第，屡有祈请，无忌终不许。卫尉卿⑤许敬宗亦数劝无忌，无忌厉色折之。

臣祖禹曰：高宗欲废后而立妾，故官无忌妾子，又重赂以悦之，诱之以利，非德赏也。而无忌受其官与赐，岂未之思乎？夫大臣欲以义正君，而先没于利，不足以为重矣。无忌苟辞其官、反其赐而不受，使其君知大臣之不可诱以利，亦足以格其非心而益见惮矣。无忌不知出此，卒使武后怨其受赐而不助己，奸臣得以入其谋，高宗无足讥焉，惜乎无忌之不学也！

【注释】

① 王皇后（？—655）：唐高宗原配皇后，出身名门望族，祖母是唐高祖的妹妹。李治封晋王时，纳王氏为王妃。643年，李治立为太子，封王氏为太子妃。太宗死，李治继位为高宗，立王氏为皇后。王皇后没有生育，宫中只有宫女刘氏生了皇子李忠和萧淑妃生了皇子李素节，刘氏位微而无宠，萧氏位较高而得宠。王皇后经过衡量，拟收李忠为养子，并立为太子。萧淑妃则想立李素节为太子，王氏知道高宗贪恋已出家的武媚娘，暗中令武氏蓄发，召之入宫，献给高宗。这位武媚娘就是后来的武则天，她又把王皇后害死，使自己成为高宗的皇后。

② 武昭仪：即武则天，昭仪是皇帝后宫中的女官名。

③ 太尉：官名，原与丞相、御史大夫并称三公，是全国军政首脑，到唐代时早已变为加官虚衔，以示荣宠。

④ 朝散大夫：简称朝散，散官名，据唐代文阶官制度规定，从五品下称朝散大夫。

⑤ 卫尉卿：官名，卫尉寺长官，原掌宫门宿卫屯兵，巡行宫外，纠察不法，唐时只掌管仪仗帷幕供应、武器库藏等事务，政令则仰承兵部。

【译文】

高宗想废掉王皇后，册立武昭仪为皇后，害怕大臣们不同意，就和武昭仪亲自到太尉长孙无忌的府第，与他畅饮，大家都极为欢快，高宗在酒席上把长孙无忌最宠爱的姬子的三个儿子都封为朝散大夫，又赏赐无忌十车金宝缯锦。高宗于是从容地说到王皇后没有生下儿子，拿这件事暗示长孙无忌。长孙无忌用其他的事来支吾，最终没有顺从高宗（要立武氏为后）的意思。高宗和武昭仪都很不高兴，然后罢席而归。武昭仪又让她母亲杨氏前往长孙无忌的府第，多次向无忌请求，无忌最终也不同意。卫尉卿许敬宗也多次奉劝无忌，无忌脸色严厉地斥责他。

臣范祖禹评论说：高宗想废掉王皇后而立妾（武则天）为后，所以对无忌的妾的儿子封以高官，又用很重的贿赂来讨好无忌，这是诱之以利，而不是奖赏无忌有德。可是无忌却接受了高宗给予的官位和赏赐，他难道没有好好思考一下吗？作为大臣想用道义纠正君主的错误，可是却先被君主的利诱击中，这在政治上就谈不上有力量了。长孙无忌如果推辞高宗封的官职、退回高宗的赏赐而不接受，让他的君主知道大臣不能用利引诱，也足够制止高宗的愿望而更加让高宗惧怕他了。无忌不知道这样做，终使武后怨恨他接受了赏赐却不帮助自己，也让奸臣利用这个漏洞实施其阴谋，高宗的行为已经不值得讥讽了，只是可惜长孙无忌没有学养！

【评析】

长孙无忌虽知高宗立武氏为后是不对的，也能坚持这个态度，但禁不住高宗给他的好处，所以受到范祖禹的严厉批评。这说明在政治上既然要坚持原则，就要不怕威逼，也不受利诱。长孙无忌在这里暴露了人性的弱点，虽然秉持儒家的原则，最后也无能为力了。这说明大臣不努力学习，在知识上有缺陷，想做正确的事，也不知道如何才能做得好。

李勣祸害唐室极重

【题解】

在唐高宗废黜王皇后而立武则天为后的问题上，大臣们有完全不同的两种态度，长孙无忌、褚遂良、韩瑗、来济都是拼死相争，可是唐太宗选择的顾命大臣李勣却是另一种态度，让范祖禹大为愤恨。当各位大臣极力阻止高宗的时候，高宗也感到非常为难，不敢贸然行事。可是当他问李勣时，李勣却说这是高宗家里的私事，不用问这些大臣是否同意。有了这一说法，就让高宗最终下了决心，不再把老臣的劝阻当一回事了。范祖禹认为，如果李勣也能像其他大臣一样，说这种事做不得，唐高宗就很难把这件事办成，武则天也不会成为皇后，其后的许多恶事也就干不成了。可是李勣却给高宗找了这样一个借口，让他终于有了下决心的理由。从历史的结果看，李勣这一句话的影响不可谓不大，而他却是唐太宗去世前亲自选择的托孤大臣，因此从后人的立场看，太宗选择此人可谓一大错误，而这是事前无法知道的，所以范祖禹慨叹，就是最贤明的帝王也难以做到准确无误地识别人才。

【正文】

（永徽）六年九月，帝召大臣，欲废皇后，立武昭仪，李勣称疾不入，褚遂良以死争，帝大怒。长孙无忌曰："遂良受先朝顾命，有罪不可加刑。"韩瑗[①]涕泣极谏，又上疏谏，来济[②]上表谏，帝皆不纳。他日，李勣独入见，帝问之曰："朕欲立武昭仪为后，遂良固执以为不可，遂良既顾命大臣，事当且已乎？"对曰："此陛下家事，何必更问外人？”帝意遂决。

臣祖禹曰：高宗欲废立而犹难于顾命大臣[3]，取决于李勣之一言，勣若以为不可，则武氏必不立矣，勣非惟不谏，又劝成之，孽后之立，无忌、遂良之死，唐室中绝，皆勣之由，其祸岂不博哉？太宗以勣为忠，托以幼孤，而大节如此，《书》曰：“知人则哲，惟帝其难之。”信矣。

【注释】

① 韩瑗（yuàn，606—659）：太宗时为兵部侍郎，承袭父爵为颍川县公，高宗时升黄门侍郎同中书门下三品，成为宰相，极力反对高宗废王立武，上书力救褚遂良，后被许敬宗、李义府诬告与褚遂良潜谋不轨，被外贬为振州刺史。

② 来济（610—662）：进士出身，太宗时与令狐德棻等同撰《晋书》，高宗时升中书侍郎同中书门下三品，成为宰相，反对高宗立武后，许敬宗、李义府诬告其与褚遂良谋反，被贬外任，最后在与突厥的战争中死于阵地。

③ 顾命大臣：顾命是临终之命，古代帝王临终时将太子托付给最为信任的几个大臣，让他们辅助太子治国，称为顾命大臣。

【译文】

永徽六年九月，高宗召见大臣，想废黜王皇后，册立武昭仪为皇后，李勣称病而不进宫，褚遂良以死相争，高宗大怒。长孙无忌说：“遂良是接受了先朝皇帝顾命重任的大臣，有罪也不能用刑。”韩瑗哭泣着极力劝谏，又上疏劝谏，来济也上表劝谏，高宗都不采纳。另一天，李勣一个人进宫来见高宗，高宗问他：“朕想立武昭仪为皇后，褚遂良拼死坚持认为不能这样做，遂良既是顾命大臣，事情是否应当停止呢？”李勣回答说：“这是陛下家里的事，何必还问外人？”高宗于是下了决心。

臣范祖禹评论说：高宗想废王皇后而立武昭仪，但是因为顾命大臣的反对而为难，他能否下定决心取决于李勣的一句话，李勣如果说不可以这样做，武昭仪肯定不会被立为皇后，李勣不但不劝谏，反而劝高宗做成这件事，罪孽皇后的册立，长孙无忌、褚遂良的死亡，唐王室的中途断绝，都是因为李勣的这句话，其祸害难道还不大吗？太宗认为李勣是忠臣，把幼小的孤儿托付给他，而他的大节却是这样，《尚书》说："能识别人才才是哲人，就是尧帝也难以做到。"确实是这样啊！

【评析】

范祖禹对李勣看来是非常反感的，就因为李勣对高宗想立武氏为皇后的想法采取了默许的态度，作为国家的大臣，而不能遵守儒家的伦理道德观念。因此他视李勣为祸害唐王朝的罪人，而根本原因还是太宗临终前没有看穿这个人，才酿下这个长远的祸害，所以说再英明的君主也会犯识人不准的错误，并由此带来更多的灾祸。

李勣可为将不可为相

【题解】

唐高宗反思隋炀帝亡国的原因，认为关键原因是拒绝大臣的进谏，他能以此为戒而虚心求谏，继承了太宗的作风，可是他却听不到大臣的进谏，令人奇怪。为此询问李勣，李勣的回答让范祖禹大为反感。范祖禹认为李勣终于暴露出佞臣的本质，他竟然说高宗所做的事都是好的，因此让大臣没有什么事可以进谏。高宗若有自知之明，应当马上认识到这是露骨的阿谀谄媚。因为无论从哪个方面说，高宗也比不上太宗。太宗在世时还有那么多的大臣不断进谏，难道自己继位后真的没有不足之处了吗？可知李勣所说完全是不顾事实的假话。所以范祖禹才批评李勣的奸佞令人吃惊，在国君想得到大臣进谏的时候，不尽忠进谏，就是完全没有尽到为臣的职责，是最大的罪行。仅此一点，就可以断定李勣完全不够为相的水准。

【正文】

麟德二年二月，帝语及隋炀帝，谓侍臣曰："炀帝拒谏而亡，朕常以为戒，虚心求谏，而竟无谏者，何也？"李勣对曰："陛下所为尽善，群臣无得而谏。"

臣祖禹曰：甚矣李勣之佞也，陷君于恶，又谄以悦之，君有求谏之心，而臣无纳忠之志，其罪大矣。勣本群盗，不学无识，可为将而不可为相，以辅少主，居伊、周[①]之地，非其任矣。

【注释】

① 伊、周：指伊尹与周公，两人分别是辅佐商王太甲与西周成王的重臣。

【译文】

麟德二年（665）二月，高宗谈话中提到隋炀帝，对侍从大臣说："炀帝拒绝大臣的进谏而亡国，朕常以此为戒，虚心求谏，可是竟然没有进谏的人，是什么原因？"李勣回答说："陛下所做的事全都很好，群臣没有什么事可以进谏。"

臣范祖禹评论说：太过分了，李勣的奸佞，让君主陷入罪恶之中，又进行谄谀来让君主高兴，君有求谏之心，而臣无进忠之志，其罪太大了。李勣本来是一伙盗匪中的人，没有学术的素养，没有高明的见识，可以做带兵的将领而不能担任宰相，让他辅助年少的君主，位居伊尹、周公的地位，不是他能胜任的。

【评析】

范祖禹进一步批评李勣的奸佞，因为他不仅让高宗做了立武氏为后的恶事，还不为高宗进上治国的忠言，这就是更大的罪过。范祖禹认为其根本原因是李勣这个人出身盗匪，本身没有什么学识，所以让这种人辅助年轻的皇帝，是重大的失误，这又要怪到太宗身上。

失道之君未必亲为不善

【题解】

彗星的出现，在古代被认为是除旧布新的象征，有改朝换代的预兆之意。所以高宗采取一系列措施来向天下人表示自己有过错，以求上天的原谅。这是符合古代政治观念的正确举动。可是许敬宗这个奸臣却想讨好高宗，让高宗停止这些自谴的措施，恢复正常状态的生活享受，并为此找出借口，说彗星出现是高丽将要亡国的征兆。高宗还能保持清醒头脑，不上许敬宗的当，但也没有治他的罪，这使佞臣今后还会继续阿谀谄媚。范祖禹评论说，许敬宗谄谀人主，完全是矫诬上天，但高宗还能用自己的至诚来感动上天，这表明许多君主虽然自己不干坏事，但若不能清除奸佞，就会使奸佞一而再，再而三地误导自己，最终仍会误国误民，所以为国之君，不仅要知道自己不能干坏事，更重要的是不要上奸佞的当，后世君主当以此为戒。

【正文】

总章[①]元年四月，彗星[②]见于五车[③]，帝避正殿，减常膳，撤乐。许敬宗等奏请复常，曰："彗星见东北，高丽将灭之兆也。"帝曰："朕之不德，谪见于天，岂可归咎小夷？且高丽百姓，犹朕之百姓也。"不许，戊辰，彗星灭。

臣祖禹曰：天垂象，圣人则之，三辰之眚[④]，天所以警戒人君也。昔齐景公欲禳彗星[⑤]，晏子[⑥]曰："彗所以除秽，君无秽德，又何禳焉？若德之秽，禳之何损？"而许敬宗谄谀人主，归咎高丽，岂不矫诬上天乎？高宗庸昏，而犹能出人君之言，其至诚足以动天矣。然则自古失道之君，未必其身亲为不善也，奸佞之臣纳之于恶者盖多矣，亦可以为戒哉！

【注释】

① 总章：唐高宗李治的年号，668—670年。

② 彗星：彗星属于太阳系小天体，大部分时间离太阳很远，人们看不到它，每当彗星接近太阳时，亮度迅速增强，人们才能看到。在中国民间，因其有首有尾，故称之为“扫帚星”。又称之为“孛”。彗星的出现，在古人看来表示人间要扫除污秽，有除旧布新之意，因此将其当作改朝换代的前兆，所以在彗星出现时，帝王都要举行祭祀进行禳灾。

③ 五车：亦称五潢，古代星名，属于二十八宿中的毕宿，共有五颗星。

④ 三辰：指日、月、星。眚（shěng）：过失，过错。

⑤ 齐景公（？—前490）：春秋时齐国国君，公元前547—公元前490年在位，齐灵公之子，崔杼杀齐庄公后被立为国君。在位期间，好治宫室，聚犬马，滥用刑罚，收取高额赋税，致使人民逃离公室而归于田氏。禳（ráng）：祈祷以消灾避祸。

⑥ 晏子（？—前500）：即晏婴，字平仲，春秋时齐国大夫，历事齐灵公、齐庄公、齐景公三朝，节俭力行，能诤谏君主。与晋国叔向议论齐政，认为齐国民心已尽归田氏，多次出使楚、晋、鲁等国，名显于诸侯。

【译文】

总章元年四月，彗星出现在五车星座，高宗避开正殿，减少日常的膳食，撤掉音乐。许敬宗等人又奏请高宗恢复正常，说：“彗星出现在东北方，这是高丽将要灭亡的征兆。”高宗说：“朕有不合乎德义的行为，谴责出现于天上，怎能把过错归到小小的外夷身上？况且高丽的百姓，像是朕的百姓一样。”他不同意恢复，十四日，彗星消失不见了。

臣范祖禹评论说：上天垂示星象，圣人效法这些天象，日月星出现了灾害，是上天对国君的警告。从前齐景公想用祭祀消除天上出现彗星的灾害，晏子说："彗星出现是来扫除污秽的，君主没有污秽的行为，又何必用祭祀来禳灾呢？如果品德有了污秽，祭祀消灾又能减掉什么灾害呢？"可是许敬宗却对国君阿谀谄媚，把天灾归咎于高丽，岂不是诈称上天的意旨吗？高宗虽然昏庸，还能说出符合国君身份的话，他的至诚足以打动上天了。这样看来，自古以来失道的国君，未必是他本人亲自干坏事，而是因为有很多的奸佞之臣引着国君去干坏事，这一点也可以作为后世国君的鉴戒啊！

【评析】

范祖禹在这里的评论非常正确，君主治国关键要看他的做法是合乎道还是不合乎道，前者称为得道，后者就是失道，君主失道，不必他亲自干坏事，他的手下就会干出无数坏事。这是因为失道的君主所做的决策都是错的，所用的人都是坏的，所以这些因素合在一起，就必然会使手下的臣僚尽干坏事，不干好事。而君主要想不失道，就要懂得什么是道义，什么是非道义，否则就会像一辆失控的车辆，不仅会撞死人，还会使自己翻车。

高宗谨于细行而溺于大恶

【题解】

范祖禹认为高宗曾目睹太宗对大臣们诚心地求教，虚心地听取大臣们的进谏，因此也在无形之中具备了要做一个贤明君主的愿望。但他的素质不如太宗，所以虽然具有良好的愿望，但在实际生活中却会溺于所爱而不顾礼义，对顾命大臣也不惜放逐和打击，这与太宗是完全无法相比的。他想到凉州去巡游，遭到大臣的反对，可是他不但听不进去，反而为自己的巡游找理由，说什么自古帝王莫不巡守，还怪罪大臣不当面劝谏而背后议论。这样的态度怎么会让大臣畅所欲言呢？范祖禹分析说，高宗后来不去凉州巡游了，也不是因为听从了大臣的劝阻，很有可能还是听从了武则天的意见。就算高宗最终没有去凉州巡游，也不过是在一件小事上能够听谏，并不能掩盖他在大事上的昏庸。

【正文】

（总章）二年八月，诏以十月幸凉州①。时陇右虚耗，议者多以为未宜游幸。帝闻之，御延福殿，召五品以上，谓曰：“自古帝王莫不巡守，故朕欲巡视远俗。若果以为不可，何不面陈？而退有后言，何也？”自宰相以下莫敢对，详刑大夫来公敏②独进曰：“巡守虽帝王常事，然今高丽新平，余寇尚多。西边经略，亦未息兵。陇右户口凋弊，銮舆所至，供亿百端，诚为未易。外间实有窃议，但明制已行，故群臣不敢陈论耳。”帝善其言，为之罢西巡。未几，擢公敏为黄门侍郎。

臣祖禹曰：自褚遂良、韩瑗、来济之逐，长孙无忌之死，天下以言为讳久矣，而高宗责群臣之不言，若贤主之所为，何哉？盖亲见太宗孜孜求谏，听受直言，于心不忘，而欲慕其名，是以时亦为之。及其溺于所爱，不顾礼义，则虽以元舅之亲[③]，顾命之臣，以先帝遗言争之，确乎其不可入也。凉州之不行，得非武后之意乎？何其从谏之易也？且不从其大，而从其细，虽曰能听谏，而谨其细行，亦不免溺于大恶也。

【注释】

① 凉州：唐时辖境相当于今甘肃永昌以东、天祝以西一带。

② 详刑大夫：详刑寺是唐代官署名，即原来的大理寺，唐高宗时改称详刑寺，最高长官为详刑寺正卿，副职少卿即详刑大夫，后又恢复原名。来公敏：事迹不详。

③ 元舅：长舅。长孙无忌为唐高宗长舅。

【译文】

总章二年八月，发布诏书宣布十月将前往凉州巡游。当时陇右地区的人力物力都耗空已尽，议事的大臣都认为不宜前去巡游。高宗听说后，到延福殿上朝，召见五品以上的官员，对他们说："自古帝王莫不巡守四方，所以朕想巡视边远地区的民俗。如果你们认为不可前往，为什么不当面提出意见，却退下去在背后议论，这是什么原因？"自宰相以下的官员无人敢于当面详细解释，只有详刑大夫来公敏上前说："巡守虽是帝王通常要做的事，但现在高丽刚刚平定，其余的盗寇还有很多。西方边境还要经营，也没有停止用兵。陇右地区的户口因用兵已经变得很少，皇帝车驾所到，需要供应的事项极为繁多，实在不是易事。外面确实有人在窃窃私议，但正式的诏命已经颁布，所以大臣们不敢再提出意见了。"高宗认为他说得很好，为此而停止了西巡的计划。不久，又提拔来公敏为黄门侍郎。

臣范祖禹评论说：自从褚遂良、韩瑗、来济被放逐出京城，长孙无忌也死了，天下人把向皇帝进谏视为忌讳已经很久了，可是高宗还责怪群臣不进谏，好像是贤明君主的做法，是什么原因呢？这是因为高宗亲眼看见太宗诚心而不懈地求大臣进谏，能够听取直率的批评，并铭记于心，因而羡慕太宗能听谏的美名，所以有时也要求大臣进谏。但等他沉溺于所爱的女人，就不顾礼义，就算是自己的舅舅这样的亲人，和先帝托付的顾命大臣，用先帝的遗言来谏争，高宗也顽固地完全听不进去。放弃了巡游凉州的计划，大概还是武后的意思吧？对武后的意见他又听得多么快啊！况且高宗不听从别人在大事上的意见，而听从小事上的意见，虽然说是能听从进谏，但只是在小事上谨慎小心，在大事上还是不免犯下错误。

【评析】

高宗谨其细行而溺于大恶，这也是君主不知道义的表现。君主治国，各种事务繁多，君主要据道义分清其中的大小轻重，只注意小事细行，在大事上则很糊涂，这不是合格的君主，范祖禹说高宗“暗”，可见看得很准。

李勣积不善而有余殃

【题解】

李勣临终时交代后事，要他弟弟对不肖子孙挞杀勿论。他担心自己的子孙会做出于家族不利的事来，所以这样安排。范祖禹对李勣的评价一向不好，此时更是给予严厉批评，认为李勣的子孙不肖，是因为李勣自己没有积善，而是积了不善，所以其家族才有余殃。从李勣的实际言行而言，确实有不少不善之行，如不制止高宗立武后，就是大罪之一。李勣死后，果然他的孙子起兵反对武则天，遭到镇压，并连累了父祖，被开棺暴尸，这就不仅仅是余殃了，简直就是大灾。另外，范祖禹还批评李勣对自己的子孙挞杀勿论的做法太过残忍，也表明李勣本人并非善类。

【正文】

（总章二年）十一月，李勣寝疾，谓弟弼曰："我见房、杜平生勤苦，仅能立门户，遭不肖子，荡覆无余。吾有子孙，今悉付汝。我死，谨察视之。其有志气不伦，交游非类者，皆先挞杀，然后以闻。"自是不复更言。

臣祖禹曰，《易》曰："积善之家，必有余庆，积不善之家，必有余殃。"君子如欲泽及其子孙，世守其门户，则莫若积善以遗之而已矣。房、杜事君以忠，其子孙不肖，覆宗绝祀，出于不幸，非其积不善也。李勣一言而废母后立孽女，杀忠臣，罪不容诛，得死牖下，幸矣。至于其孙[①]率群不逞以起兵，以兴复为辞，而希觊非望之福，戮及父祖，剖棺暴尸，岂非余殃哉？而勣之将死，乃以房、杜为戒，可谓不能省己者矣。古者父子之间不责善②，骨肉之亲无绝也，而有志气不伦，交游非类者，遽使杀之，残忍无亲，何异于夷貊⑤乎？非所以为训也。

【注释】

① 其孙：指徐敬业（？—684），李勣之子李震的儿子，又称李敬业。武则天废黜中宗，立豫王李旦为帝，专擅大权，敬业在扬州起兵，以扶助中宗复位为号召。初唐四杰之一的骆宾王为这次起兵撰写了著名的檄文《为徐敬业讨武曌檄》。敬业起兵后，武则天剥夺了他的赐姓，派军镇压，敬业战败，想渡海投高丽，为部下所杀。武则天又削其父祖的官爵，毁挖他们的坟墓，削除官籍。

② 父子之间不责善：出自《孟子 · 离娄上》。

③ 夷貊（mò）：古代对东方和北方民族之称，亦泛指各周边民族。

【译文】

总章二年十一月，李勣病重，对弟弟李弼说："我看到房玄龄、杜如晦平生勤苦，仅能使家族建立门户，遇到不肖之子，家族全部覆灭没有剩余。我有子孙，现在全部交付给你。我死后，你小心地观察和照看他们。其中如果有人志气卑下，交游的朋友不是好人，全都先行打死，然后再告诉家人。"说完之后就不再说话。

臣范祖禹评论说，《周易 · 坤卦 · 文言传》里说："积蓄了善行的家族，必有延及后代的福气；积蓄了不善之行的家族，必有延及后代子孙的灾殃。"君子如果想让富贵荣禄传到子孙，世世代代守住家族的门户，就没有比自己积善而传给子孙更好的办法了。房玄龄、杜如晦用忠诚奉事国君，但他们的子孙不像其父祖那样忠诚贤明，使家族灭绝，这是出于不幸运，而不是因为房、杜本人干了许多不善之事。李勣一句话就让高宗废了王皇后而立孽女武氏为后，使忠臣被杀，这是应该诛杀的大罪，可他还能寿终正寝，已是很幸运的了。到了他孙子徐敬业率领一伙心怀不满的人起兵反对武则天，以复兴李唐为名，内心却觊觎着非分的富贵，使自己的父祖也遭到惩罚，被挖坟开棺，暴露尸体，难道不是《周易》所说的余殃吗？而李勣将死的时候，还以房玄龄、杜如晦作为鉴诫，可以说是不能反省自己的人了。古时候父与子之间不用善德来相互要求，但相互之间的骨肉亲情却不会断绝，可是李勣却因为子弟没有高尚的志气和交游不善之人而让人马上杀了他们，残忍而没有亲情，与野蛮民族有什么不同？后人不可以拿这种做法作为榜样。

【评析】

《周易》里说："积善之家，必有余庆；积不善之家，必有余殃。"范祖禹用李勣的事例说明这是真理。范祖禹认为李勣在世时对唐太宗和高宗并非真心忠诚，其罪不小，所以他孙子徐敬业之败并招致李勣之墓被挖暴尸，可谓不是不报，时候未到，时候一到，一定全报。

高宗不知已恶

【题解】

高宗能看到别人的不对，却看不到自己的不对，所以被范祖禹痛批。

【正文】

弘道元年二月，右庶子同中书门下三品李义琰①改葬父母，使其舅氏迁旧墓。帝闻之，怒曰："义琰倚势，乃陵②其舅家，不可复知政事③。"义琰闻之不自安，以足疾乞骸骨④。庚子，以义琰为银青光禄大夫致仕⑤。

臣祖禹曰：高宗责义琰为宰相而陵其母家，不可以率天下，斯言当矣。然已以谗杀元舅，而不自知其恶，何以责臣下之薄于母党乎？由此观之，自古人主能知其过者鲜矣。

右高宗在位三十三年崩，年五十六。

【注释】

① 右庶子：太子右庶子，北齐始置，唐代置右庶子二人，掌侍从、献纳、启奏，副职为中舍人。李义琰（yǎn，？—688）：魏州昌乐（今河南濮阳南乐县）人，武德五年（622）进士，后任太原尉、白水令、司刑员外郎、中书侍郎、同中书门下三品，兼太子右庶子，反对武则天干政。

② 陵：欺陵，欺侮。

③ 知政事：唐朝相当于宰相职衔的官名。

④ 乞骸骨：自请退职，意为请求使骸骨归葬故乡，回老家安度晚年。

⑤ 银青光禄大夫：汉武帝时将中大夫改称光禄大夫，比太中大夫、谏大夫位高。魏晋时，加金章紫绶者称金紫光禄大夫，加银章青绶者称银青光禄大夫，晋代设金紫光禄大夫、银青光禄大夫、左光禄大夫、右光禄大夫，唐代以银青光禄大夫为从三品文散官。致仕：交还官职，即退休。

【译文】

弘道元年二月，右庶子同中书门下三品李义琰改葬父母，让他舅家迁移旧墓。高宗听说后生气地说："义琰倚仗权势，乃欺凌他舅舅家，不能再让他当知政事了。"义琰听说后感到不安，以脚有病为理由乞骸骨回家。庚子，高宗命义琰为银青光禄大夫官职退休。

臣范祖禹评论说：高宗斥责义琰作为宰相而欺凌他母亲家，不能作为天下的表率，这话说得对。但高宗自己因听信了谗言而杀自己的舅舅，还不知道自己的恶，又靠什么来斥责臣下欺凌母亲家呢？由此看来，自古人主能知自己有过失的人太少了。

【评析】

这说明人贵有自知之明，对于君主来说，更为重要。范祖禹由高宗此事，看出自古人主能知其过者太少了，这就是国家治理不好的一个根本原因。

中宗

放纵女子小人，恶必滔天

【题解】

唐中宗时，最大的问题是韦后的淫乱与干政，而中宗根本控制不了韦后，使韦后为所欲为。每当有人揭发韦后的丑事与罪行，中宗都帮着韦后处死这种人。燕钦融是一个不怕死的人，敢于当面向中宗进言，揭发韦后及其帮凶的罪行，中宗并不想杀他。可是韦后的同党宗楚客却假冒中宗的诏命让人在宫殿内残酷地打死燕钦融，还大呼快活，可见这伙人多么残忍。中宗看到这些场面，心中也颇为不悦。范祖禹认为，在政治上，阴与阳的关系不能搞乱。按照《周易》所说的，在阴柔刚开始发展的时候，阳刚应当控制住它，事情才会吉，若控制不住它，让它随意乱行，就会凶。这种情况就好比母猪躁动而不受控制，就会干出许多坏事。所以对于国家政治来说，是不能让女人参与并且恣意胡为的。可是中宗没有力量控制韦后，只是表现了不愉快，就使自身不保，因此唐中宗治理朝政处于很窝囊的状态之中。

【正文】

景龙四年四月，定州①人郎岌上言韦后②宗楚客③将为逆乱，韦后白帝，杖杀之。五月，许州④司兵参军⑤燕钦融复上言皇后淫乱，干预国政，宗族强盛，安乐公主⑥、武廷秀⑦、宗楚客图危宗社，帝召钦融面诘之，钦融顿首抗言，神色不挠，帝默然。宗楚客矫制令飞骑⑧扑杀之，投于殿庭石上，折颈而死。楚客大呼称快。帝虽不穷问，意颇怏怏不悦，由是韦后及其党始忧惧。

臣祖禹曰，《易·姤》之初六曰：“系于金柅[9]，贞吉，有攸往，见凶，羸豕孚蹢躅[10]。”《姤》之初六，阴柔之始也，以刚德制之，则得贞吉，纵之以往，则无所不凶，若羸豕之孚，无时而自止也。夫女子小人，放而不制，其恶必至于滔天，弑父与君而后已，是以圣人戒之。中宗一怏怏不悦，而其身已不保，虽欲制之，其可得乎？

【注释】

① 定州：唐时辖境相当于今河北定州、顺平、唐县、望都、曲阳、安国、新乐、深泽、无极、晋州等地。

② 韦后（？—710）：唐中宗李显的皇后，京兆万年人。中宗曾被武则天废黜，复位后，韦后垂帘听政，与宰相武三思等人勾结，形成武韦集团。中宗太子李重俊非韦氏所生，遭到韦后厌恶，又受武三思之子武崇训的侮辱，李重俊在神龙三年七月率羽林军杀死武三思与武崇训，计划诛杀韦后，因羽林军倒戈而失败，李重俊被杀。韦后又与女儿安乐公主合谋毒死中宗，欲效法武则天称帝。临淄王李隆基与武则天的女儿太平公主联合杀死韦后，立相王李旦（李隆基之父）为帝，即唐睿宗。

③ 宗楚客：蒲州河东（今山西永济）人，字叔敖，武则天从姊之子，进士出身。曾任兵部尚书同平章事，以谄媚依附韦后，升中书令，临淄王李隆基举兵诛灭韦武集团时被杀。

④ 许州：唐时辖境相当于今河南许昌、长葛、鄢陵、扶沟、临颍、舞阳、襄城等地。

⑤ 司兵参军：司兵参军事的省称，原名兵曹参军事，诸州各置一员，职掌该州武官选举、兵器、门禁、军防、传驿等事务。

⑥ 安乐公主（684—710）：唐中宗与韦后生的女儿。先嫁给武三思之子武崇训，后嫁武承嗣之子武延秀。景云元年（710），与韦后向中宗献上有毒的蒸饼，毒死中宗，准备立韦后为女皇，自己为皇太女。结果被李隆基杀死。

⑦ 武延秀：武则天侄孙，武承嗣次子，娶韦后女安乐公主。中宗死后，曾与宗楚客等劝说韦后效法武则天，李隆基举兵诛灭韦武集团时与韦后、安乐公主一同被杀。

⑧ 飞骑：唐代禁军，贞观十二年唐太宗置左、右屯营于玄武门，其兵称“飞骑”。

⑨ 金柅（nǐ）：用来刹车的铜质器物。《姤卦》以初六表示女子，九二表示其丈夫，九四表示另外的男人，认为初六之女如果系于其丈夫而不乱开动，就像车子系于金柅一样，就是贞正而吉的。如果不系着于金柅，而去找九四，则往而凶。把金柅解释成金属车刹，所以有坚刚之义，故说九二能以刚德制之。

⑩ 蹢（zhí）躅（zhú）：徘徊不进的样子。“羸豕孚蹢躅”句，是说像母猪躁动徘徊，春情发动。羸豕，牝豕。豕之雄强而牝弱，故谓之羸豕。孚，躁动不安。古人以为羸豕是阴性而特别躁恣的动物，《周易》用来代表不贞正的阴，就像羸豕蹢躅躁动一样。

【译文】

景龙四年四月，定州人郎岌上书揭发韦后和宗楚客将要叛乱，韦后要中宗用棍棒把郎岌打死。五月，许州司兵参军燕钦融又上书说韦皇后淫乱，干预国政，宗族权势过于强盛，安乐公主、武延秀、宗楚客等人图谋危害国家，中帝召见燕钦融当面诘问他，燕钦融叩头坚持自己的观点，神色不为所变，中宗沉默无语。宗楚客假称皇帝的命令让飞骑兵士打死燕钦融，把他摔在宫殿庭院中的石头上，折断了脖颈而死。宗楚客大呼称快。中宗虽然不加追问，但心意非常不快，因此韦后及其党羽开始担忧害怕。

臣范祖禹评论说，《周易·姤卦》的初六说：“把车子系在金属制的刹车器上，就会贞吉；如果不加限制而有所往，就会遇到凶险。就像母猪踯躅不停，烦躁不安。”《姤卦》的初六，是阴柔的开始阶段，如果阳刚之德能制止阴柔的发展，就会得到贞吉，如果放纵她，让她随意前往，就会无所不凶，这就像只知道乱走的母猪，永远不会自己停止。那些女人和小人，如果放纵而不加以控制，她们的恶行就会到达罪恶滔天的地步，直到杀害了父亲和君主才会停止，所以圣人告诫人们这一点。中宗只是怏怏不乐，就已经自身不保，虽然也想控制韦后，他能做到吗？

【评析】

作为君主，不能放纵身边的女人与小人，这也是中国古代历史上的一条重要教训。之所以如此，就是因为古代君主多有受身边女人与小人迷惑而干尽坏事的事例，所以范祖禹说圣人在《周易》中专门说明这一问题，就是对后世君主的告诫。

唐室之祸，基于玄宗用宦官

【题解】

唐玄宗非常信任高力士，让他当右监门将军，参与内侍省的政事。这是玄宗过分信任宦官而让他们掌握国家权力的开始。唐太宗的时候，就已定下规矩，内侍省不设三品以上的官员，就是不让这个部门有较大的权力，只让他们负责皇帝的吃饭穿衣的事，再加上看门和传达而已。武则天也不让宦官掌握权力。到中宗的时候，宦官的权力开始增大，七品以上者竟有上千人，但还没有让宦官有更高级的官职。玄宗因为在登基之前受到高力士的倾心侍候，所以称帝后就赏他很高级的官职，宦官之中官级达到三品以上者也渐渐增多，唐代宦官权力强盛就由此开始了。范祖禹认为玄宗这一做法本质上就是子孙随意改变祖宗的制度，而其恶果是使国家遭受败亡。他特别强调开国之君对问题考虑得特别长远和周密，所定的制度都有其特定的用心，而后来的国君不明白其中的深意，往往随意改变国家的制度，结果使国家逐步走向衰败，这是值得重视的历史经验。

【正文】

开元元年七月，以高力士①为右监门将军②，知内侍省事③。初，太宗定制，内侍省不置三品官，黄衣廪食，守门传命而已。天后虽女主，宦官亦不用事。中宗时，嬖幸猥多，宦官七品以上至千余人，然衣绯者④尚寡。帝在藩邸，力士倾心奉之，及为太子，奏为内给事⑤，至是以诛萧岑功赏之。是后宦官稍增至三千余人，除三品将军者寖多，衣绯紫[⑥]者千余人，宦官之盛自此始。

臣祖禹曰：自古国家之败，未有不由子孙更变祖宗之旧也。创业之君，其得之也难，故其防患也深，其虑之也远，故其立法也密。后世虽有聪明才智之君，高出群臣之表，然未若祖宗更事之多也。夫中人不可假以威权，盖近而易以为奸也。明皇不戒履霜之渐[⑦]，而轻变太宗之制，崇宠宦官，增多其员，自是以后，浸干国政，其原一启，末流不可复塞，唐室之祸基于开元。《书》曰："监于先王成宪，其永无愆。"为人后嗣，可不念之哉？

【注释】

① 高力士（684—762）：本名冯元一，高州良德（今广东高州东北）人，十岁时其家因株连罪被抄。武则天在位时，岭南招讨使李千里送上两个幼小的阉儿，其中之一即高力士，后被临淄王李隆基引为知己。李隆基杀韦后时，力士参与谋划，升朝散大夫、内给事，后又协助玄宗发动一次宫廷政变平乱，迁银青光禄大夫，行内侍正员、右监门卫将军、知内侍省事，权倾朝野，内外大臣纷纷讨好力士，显赫一时的李林甫、杨国忠、安禄山也巴结力士。天宝元年（742），封冠军大将军、右监门卫大将军，后加封骠骑大将军。安史之乱时，力士随玄宗入蜀。肃宗称帝后，力士随玄宗还京。上元元年（760），力士被流放巫州。唐代宗即位，力士遇赦还京，行至朗州，闻玄宗驾崩，力士哀恸呕血而卒。

② 右监门将军：为右监门府长官，亦称右监门府将军或右监门卫将军，掌宫殿门禁及守卫之事。

③ 内侍省：官署名。管理宫廷内部事务的机构。北齐始置内侍中省，隋改名为内侍省，设内侍、内常侍等，均用宦官，领内尚食、掖庭、宫闱、奚官、内仆、内府等局。隋炀帝改为长秋监，用士人任令、少令、丞，内承奉（原内常侍）等仍用宦官。唐复改内侍省。高宗时一度改称内侍监，武则天又曾改为司宫台。人员一律用宦官。

④ 衣绯（fēi）：绯衣，是古代朝官的红色品服。唐朝官制规定，文武官员三品以上服紫，四品服深绯，五品服浅绯，六品以下，兼用绯绿。

⑤ 内给事：宦官官名。汉少府有给事黄门。常侍皇帝左右，联系内外及中宫（皇后宫）以下众事。北魏有中给事中，后改称中给事。隋炀帝改内承直。属长秋监。唐又改为内给事，属内侍省。凡元旦、冬至，百官贺皇后，则出入传令；宫人衣服费用，则开具品秩及数字，春秋宣送于中书。

⑥ 衣绯紫：唐代官员公服，三品以上紫色，五品以上绯色。

⑦ 履霜之渐：出自《周易·坤卦》初六："履霜坚冰至。"履霜，指刚开始下霜，人行走时踩到地上的霜。坚冰至，指冬季天气极寒冷。比喻事情刚刚开始时就要考虑到将来的严重后果，因此而保持小心谨慎的态度。

【译文】

开元元年七月，玄宗任命高力士为右监门将军，参与过问内侍省的事务。当初，唐太宗确立制度，内侍省不设三品官，只让他们穿黄色衣服负责宫内的饮食之事，以及守门传达命令而已。武则天虽是女皇帝，也不让宦官掌握权力。中宗时，宠幸的宦官逐渐增多，宦官中具有七品官级者有一千余人，但五品以上穿大红色官服的还很少。玄宗当藩王的时候，高力士用尽心力侍候他，等到玄宗当了太子，请求皇帝封高力士为内给事，到此时因诛萧岑有功而奖赏高力士。此后宦官逐渐增多到三千余人，赐给三品将军官职者渐渐增多，具有三品以上官级的宦官已有一千余人，宦官的势力兴盛由此开始。

臣范祖禹评论说：自古以来国家的衰败，都是从子孙改变祖宗的老制度开始的。创业的国君，他得到天下非常艰难，所以他防备灾祸的措施非常深，对问题考虑得非常远，因此他建立制度非常周密。后世虽然也有聪明而有才智的君主，但不像他们的祖宗经历的事情那样多。对于宦官不能让他们掌握威权，这是因为他们离皇帝很近而容易干奸恶之事。唐明皇不知道戒备事物的逐渐演变，而轻易地改变太宗的制度，尊宠宦官，增多宦官的人数，从此以后，他们逐渐干预国家政务，源头一旦开启，其后的泛滥就不能再堵塞上了，所以唐代皇室的灾祸肇基于玄宗的开元年间。《尚书·说命》里说："遵循先王已定的制度，就永远不会有过失。"作为人们的后嗣，能不记着这句话吗？

【评析】

君主放纵小人的例子，就是重用宦官。中国古代历史中君主过于信任和重用宦官的事例也很多，而且都因此而使国家灭亡。在唐朝，开了这个坏头的就是唐玄宗重用高力士。

玄宗知为君之要

【题解】

范祖禹对玄宗的评价，不仅看到他的错误之处，也能指出他的正确之处。如姚崇向玄宗奏请进用郎吏的事，玄宗就不理他，原因是玄宗认为作为宰相不应把琐碎的事情都拿来让国君处理，这说明玄宗知道作为国君只需抓大事就行了，不必事无巨细都要躬亲。所以当时的人们都认为玄宗懂得当国君的基本准则。范祖禹进一步说明，国君的任务是发现贤才并任用贤才，然后让贤才各当其位去处理各种事务。玄宗懂得这个道理，因此能开创出开元之治的政治局面。范祖禹如此评价玄宗，是想让后世君主都懂得这个道理，才能把国家治理好。

【正文】

（开元元年）十月，姚崇①为相，尝奏请序进郎吏②。帝仰视殿屋，崇再三言之，终不应。崇惧趋出，高力士谏曰："陛下新总万机，宰相奏事，当面加可否，奈何一不省察？"帝曰："朕任崇以庶政大事，当奏闻共议之，郎吏卑秩，乃一一烦朕邪？"会力士宣事至省中，为崇道帝语，崇乃喜，闻者皆服帝识人君之体。

臣祖禹曰：人君劳于求贤，逸于任人。古者畴咨③佥谐，然后用之。苟得其人，则任而无疑，乃可以责成功。明皇既相姚崇，而委任之如此，其能致开元之治，不亦宜哉？

【注释】

① 姚崇（650—721）：原名元崇，陕州硖石（今河南三门峡市陕州区东南）人。开元元年（713），因避年号讳，改名崇。历事武则天、唐中宗、睿宗、玄宗诸朝，任宰相，多次出任地方长官，为唐朝前期名臣。

② 郎吏：即郎官，谓侍郎、郎中等职，隋分郎官为侍郎与郎，唐有六部郎官，在郎中之外，更置员外郎。

③ 畴咨：见《尚书·尧典》："畴咨若时登庸。"畴，谁。庸，用。意谓谁能做好这件事情我就起用他。后来"畴咨"引申而有访问、访求贤才之意。

【译文】

开元元年十月，姚崇担任宰相，他曾向玄宗奏请按顺序进用郎一级的官员。玄宗抬头向上看着宫殿房顶，姚崇再三地说这件事，玄宗最终也不予回应。姚崇害怕而小步疾行走出皇宫，高力士劝谏玄宗说："陛下最近继位总理万机，宰相奏事，当面应该给予回答，告诉宰相是可行还是不可行，为什么完全不回应宰相提到的事情？"玄宗说："朕是让姚崇来处理国家大事的，他应当把大事奏报给我以便一同商议该如何办理。郎官是级别很低的小官，却一一地向我汇报，是要我费心处理这些事情吗？"高力士利用到尚书省宣布有关事项的机会，把玄宗的话转告给姚崇，姚崇于是高兴了，听说这件事的人都佩服玄宗懂得作为国君的基本准则。

臣范祖禹评论说：国君要用心去寻求贤才，而不要自己操心如何任免官吏。古时的人们说过，君主要访求人才，大家都说此人可用，然后任用他，如果找到了人才，就不再怀疑而任用他，这样才可以要求他把事情办好。唐明皇既已任命姚崇为宰相，又要求宰相把国家大事办好，他能开创开元之治，不也是理所当然的吗？

【评析】

这里范祖禹又称赞玄宗能寻求贤才而用之，从而开创了开元之治的局面。这说明玄宗虽然信任宦官高力士，但还没有像后来的君主那样，让宦官掌握重大的权力。不过，开始了信任宦官的局面，则是玄宗推脱不了的罪责。

为臣不可微谏而止

【题解】

大臣对于君主的过失，不能稍微劝谏一下就停止，那样是求表面上尽了进谏的责任，而实际上却怕因谏而得罪，这是丧失大臣的职责，必须加以批评。

【正文】

（开元）二年正月，并州长史薛讷[①]奏请击契丹，帝亦以冷陉之役[②]，欲讨之，群臣姚崇等多谏。甲申，以讷同紫微黄门三品[③]，将兵击契丹，群臣乃不敢言。

臣祖禹曰：姚崇等以其君讨契丹为是邪？当成之，为非邪？当争之，不可微谏而止也。明皇既不听谏，又益甚之，遂相薛讷而使之将兵，崇等乃不敢言，则是人君可以威胁群臣，而遂其非也。然则君有大过，将何以止之？夫人臣谏而不听，则当去位，苟不能强谏，而视其君之过举，至于天下咸怨其臣，则曰："非我不谏，君不能用我也。"始则择利以处其身，终则引谤以归其君，此不忠之大者也。使君骄其臣而轻于用武，天下不胜其弊，崇之罪也。

【注释】

① 并州：唐玄宗时设太原府，为并州的治所。长史：秦代在丞相和将军幕府中设有长史，相当于秘书长或幕僚长，边境的郡也设长史，是太守的辅佐官。唐代在州刺史下设长史，为刺史的辅佐。薛讷（649—

720）：绛州万泉（今山西万荣）人。薛仁贵的长子。早年为城门郎、蓝田令等职，刚正秉直，受武则天重用，任并州长史、检校左卫大将军，后为抵御契丹、吐蕃而长期率军作战，任左羽林大将军，掌管京师安全。

② 冷陉之役：唐与奚和契丹军的战役。唐睿宗延和元年（712），幽州都督孙佺率军进攻奚与契丹，在冷陉（今内蒙古巴林右旗西北坝后）战败。

③ 同紫微黄门三品：宰相职衔，即同中书门下三品，玄宗开元元年（713）改用此名，后又恢复同中书门下三品。

【译文】

开元二年正月，并州长史薛讷奏请攻击契丹，玄宗也因冷陉之役的失败而想讨伐契丹，群臣及姚崇等人大多劝谏。甲申，任命薛讷为同紫微黄门三品，率兵攻击契丹，群臣于是不敢进言。

臣范祖禹评论说：姚崇等人认为他们的君主讨伐契丹是对的，就应当助成其事；认为是错的，就要力争不能出兵，不能稍微劝谏一下就停止。唐明皇既不听劝谏，又增加行动的力度，于是让薛讷为宰相而让他率兵，姚崇等人就不敢进言了，这就是人君可以威胁群臣而做成错事。那么君主如果有大的过失，又将怎样制止他呢？作为大臣如果劝谏而君主不听，大臣就应当离开职位，如果不能强力劝谏，而看着君主的行为进行下去，到天下都埋怨大臣的时候，大臣就说："不是我不谏，是君主不能采纳我的劝谏。"一开始就选择有利的方法来保护自己的安全，最终则引来批评而归咎于君主，这是最大的不忠。让君主对大臣骄横而轻率用兵，天下将会有无穷的弊害，这就是姚崇的罪过。

【评析】

范祖禹批评姚崇等人不能根据道义力阻君主的过错，象征性地进谏，是为了既有进谏之名，又不会危害自身，所以说这是最大的不忠，是作为大臣的罪过，其恶果就是天下不胜其弊。

姚崇不知宰相职责

【题解】

朝廷派来的按察使烦扰了地方上的公私事务，因此人们要求精选州郡县的长官，以处理好地方事务。但姚崇认为只选择十个按察使，还不能全都找到合适人选，而天下共有三百多个州县，又怎能全都找到称职的人选呢？范祖禹认为姚崇这个说法貌似有理，实际上不对。因为天下之大，所需贤才甚多，但不必全由天子亲自选拔任用，天子只需选择一个贤才来做宰相，宰相再逐级选择贤才，就可以从上到下都由贤才居官任职了。这要逐级认真选择人才，加以任用，各负其责。天子可以观察所选的宰相以及宰相所选的按察使，而知宰相是否真才，若不是真才，就另选贤才任相。范祖禹认为姚崇作为宰相不明此理，却说刺史县令人数众多而无法一一选任，这表明他不懂做宰相的基本原则。

【正文】

（开元）三年十二月，或上言按察使[①]徒烦扰公私，请精选刺史县令，停按察使，帝命召尚书省[②]官议之。姚崇以为今止择十使，犹患未尽得人，况天下三百余州县，多数倍，安得刺史县令皆称其职乎？乃止。

臣祖禹曰：姚崇之辩，虽能折议者之言，然亦未为得也。夫天子者择一相而任之，一相者择十使而使之，十使者择刺史县令而置之，贤者举之，不肖者去之，则君不劳而天下治矣，故有一相则有十使，有十使则有刺史县令矣，何患乎不得其人哉？任相者天子之事也，选使者相之职也，察吏者使之责也，郡县之广，守令之众，焉得人人而择之？苟相得其人，则委之择大吏而已矣，吏非其人，则是相之不才也，退之而已矣。崇不论此，乃以为刺史县令不可遍择，岂宰相之体乎？

【注释】

① 按察使：官名，唐朝始置，为监察官员，原为临时派遣，后来各道置按察使一人，分察天下，成为常设官员。

② 尚书省：朝廷政务执行机构。东汉有尚书台，魏晋以后称省，然亦常台、省互称。其总办公机构为都省，又称都台、都司、都堂。其下统领六部，分别为吏部、民部（唐永徽初，为避太宗李世民名讳，改称户部）、礼部、兵部、刑部、工部。尚书省长官原为尚书令，正二品，副职为左右仆射，从二品，因为太宗即位前曾任尚书令，所以从贞观起，不再授人，以尚书左右仆射为长官，统摄省务。

【译文】

开元三年十二月，有人上书说朝廷派到各地的按察使只是烦扰了地方的官府与私人，请求精选州县的长官刺史县令，停止派出按察使的方法，玄宗下令召来尚书省的官员商议此事。姚崇认为现在只是选择十个按察使，还担心未能全都找到合适人选，何况天下有三百多个州县，比十个按察使的人数多了好几倍，怎能使各州县的刺史县令全都称职呢？于是不再讨论这个意见。

臣范祖禹评论说：姚崇的辩解，虽能反驳商议此事者的观点，但也不是正确的说法。天子选择一个宰相而任用他，一个宰相再选择十个按察使而派出他们，十个按察使再分别选择刺史县令而布置在各个州县，是贤明的人才就推举出来加以任用，不是贤明的人就罢掉他的官职，这样的话，国君就可以不用辛劳而使天下得到治理了。所以如果有一个称职的宰相就会有十个称职的按察使，有十个称职的按察使就会有称职的刺史县令，哪里还用担心找不到合适的贤才呢？任用宰相，这是天子的事；挑选按察使，这是宰相的职责；而了解州县官吏，则是按察使的职责，天下的郡县这样广，州县的守和令这样多，怎能由几个人来挑选他们？如果宰相得到合适人选，委托他选择按察使这样的高级官员就够了，如果州县的官吏没有选到合适的人，这就是宰相没有才能的表现，罢掉宰相就是了。姚崇不论述这些事情，反以为宰相不能一一选用刺史县令，这哪里是宰相的正确做法呢？

【评析】

这是对姚崇的批评，认为他的分辩是错误的。从君主到宰相，最大的事情就是选择贤良的人才担任下属官职，一层层如此选拔委任，就会使天下的治国理政都处于贤才的控制之下，就不会出现错误的决策与行政。姚崇为自己找借口而不对下层官员的错误负责，这样的宰相就是不合格的。

宋璟无欲则刚

【题解】

姚崇推荐宋璟代替自己来做宰相，玄宗派杨思勖去接他来京，宋璟一路上都不与杨思勖说话，这让一向受到玄宗宠幸的杨思勖很不痛快，他把此事告诉了玄宗，玄宗也很感叹，认为宋璟是个人才，因此而更加看重他。范祖禹认为，宋璟所以能刚强，就是因为他没有私欲，此正是无欲则刚的典型例子。而明皇能够看重宋璟，也表明他能了解贤才。

【正文】

（开元）四年，姚崇荐广州都督宋璟①自代，十二月，帝将幸东都，以璟为刑部尚书②、西京留守③，遣内侍将军④杨思勖迎之。璟在涂，竟不与思勖交言，思勖素贵幸，归诉于帝，帝嗟叹良久，益重璟。

臣祖禹曰：昔申枨⑤以欲不得为刚，宋璟所以能刚，其唯无欲乎？明皇以此重之，可谓能知贤矣。

【注释】

① 宋璟（663—737）：武则天时官至左台御史中丞，以刚正不阿著称于世。716年，姚崇推荐宋璟代替自己做宰相，官至侍中、尚书右丞相。姚崇办事灵活，善于随机应变；宋璟严守法律，不怕触犯皇帝，敢于说真话，史称“姚、宋”，为开元名相，助成开元之治。

② 刑部尚书：刑部为古代中央行政机关的六部之一，掌管全国的刑狱事

务。六部一般为吏、户、礼、兵、刑、工，部下分为若干个曹，相当于后世部以下的司。部的长官为尚书，曹（司）的长官为尚书郎。隋朝时设吏部、礼部、兵部、都官、度支、工部六尚书。后来都官改称刑部，度支改称民部。唐代民部改为户部，以后就一直沿用而不改了。六部属尚书省，均归宰相管辖。

③ 西京留守：官名，唐玄宗久居东都洛阳，742年，以京师长安为西京，改西都留守为西京留守，职掌京师军政要务。

④ 内侍将军：内侍省属官，掌出入宫禁侍卫。

⑤ 申枨（chéng）：孔子的学生。《论语 · 公冶长》篇记载，孔子说申枨有欲，不能称为刚强之人。

【译文】

开元四年，姚崇推荐广州都督宋璟代替自己为相，十二月，玄宗将要前往东都，任命宋璟为刑部尚书、西京留守，为此而派遣内侍将军杨思勖去迎接宋璟。宋璟在赴京的途中，最终也没有与杨思勖说话，杨思勖一向地位显贵而受皇帝的宠幸，回到京城后向玄宗诉怨，玄宗为此嗟叹了很长时间，更为看重宋璟。

臣范祖禹评论说：从前申枨因为有私欲而不能称为刚强，宋璟所以能够刚强，不正是因为他没有私欲吗？唐明皇因此而看重他，可以说是能了解贤才了。

【评析】

大臣要坚持原则，不避自身的危险，这就是刚。要做到这一点，就是让自己没有私欲，所以古人说无欲则刚。这个典故是孔子与他的弟子对话时提出来的。《论语》中记载，孔子感叹说："我没有见过真正刚强不屈的人！"弟子们认为子路、申枨是刚强的人，如申枨，每次和别人辩论，总是不肯轻易让步，即使对师长也不隐藏自己的观点。所以学生们说："要论刚强，申枨应该当之无愧！"孔子说："申枨的欲望很多，怎能称为刚强？”学生问：“申枨并不贪爱钱财，怎么说他欲望多？”孔子说：“欲望，并不是指贪爱钱财，想胜过别人的私心也是‘欲’。申枨逞强争胜，感情用事，这就是‘欲’。所以他不能称为‘刚’。”可知能够克制自己的欲望，才是真正的“刚”。如姚崇想自保而不敢力谏，就是有欲而不刚，宋璟的无欲则刚，就超过了姚崇。

宋璟见始知终，可谓贤相

【题解】

宋璟担任宰相的时候，为患多年的突厥可汗默啜被人杀死，出使突厥的郝灵荃得到了默啜的首级，带回京城，自以为是莫大的功劳，希望得到朝廷的厚赏。可是宋璟考虑到玄宗爱好出兵作战，又怕一些人想借此类行为贪求赏赐，因此不奖赏郝灵荃，过了一年才封他一个小官，郝灵荃为此非常伤心，恸哭而死。范祖禹认为通过这件事可知宋璟是一个贤明宰相，因为他能在事情开始的时候就预见到结果，不想助长国君爱好用兵作战的恶习，这是替天下的安危而考虑。后来唐玄宗终于因为黩武而使天下大乱，更显示了宋璟的先见之明，所以范祖禹对宋璟给予了高度评价，认为他是唐代少见的贤明宰相。

【正文】

宋璟为相，突厥默啜①自则天世为中国患，朝廷旰食②，倾天下之力不能克。郝灵荃③得其首，自谓不世之功。璟以天子好武功，恐好事者竞生心徼倖，痛抑其赏，逾年始授郎将，灵荃恸哭而死。

臣祖禹曰：宋璟可谓贤相矣！见其始而知其终，沮其胜而忧其败，惩人主之好武，为天下患之深也。其后明皇卒以黩武至于大乱，何其智之明欤！其可谓贤相矣！

【注释】

① 默啜（？—716）：唐时后突厥第二代可汗，691—716年在位，在位期间，连岁攻唐。

② 旰（gàn）食：即晚食，事务繁忙不能按时吃饭，泛指勤于政事。

③ 郝灵荃：开元四年（716）六月，后突厥默啜北征九姓铁勒拔曳固（拔野古）部，在独乐水（今蒙古国图勒河）大破该部。默啜恃胜轻归，途中被拔曳固溃散战士颉质略伏击杀死。当时唐朝大武军子将郝灵荃出使在突厥，颉质略和他一起将默啜的首级送至唐的都城。九姓铁勒中的拔曳固、回纥、同罗、霫、仆固五部也一起归附唐朝，安置在大武军（治所在今山西朔州）北。

【译文】

宋璟担任宰相时，突厥可汗默啜自武则天在位时就成为骚扰中国北方边境的祸首，玄宗为了处理默啜的侵犯而常常不能按时吃饭，用尽天下的力量也不能战胜他。郝灵荃出使突厥时获得了默啜的首级，自以为是极大的功劳。宋璟认为天子爱好用兵作战的武功，又担心好事之人为此而竞相产生侥幸之心，于是极力压低对郝灵荃的赏赐，到了第二年才授予郝灵荃一个郎官的职位，灵荃为此伤心地恸哭而死。

臣范祖禹评论说：宋璟可以称为贤明的宰相了！他能看到事情的开端就知道事情的结果，不让人们取胜而担忧人们的失败，惩戒国君爱好用兵的举动，认为爱好用兵会使天下深受其害。后来唐明皇终于以过分用兵而使天下大乱，宋璟的用心是多么明智啊！他真可以称为贤明的宰相了！

【评析】

宋璟作为贤相，主要在于他能根据现在而判断将来的后果，然后引导玄宗做正确的事，并让玄宗理解其中的道义，一切都以天下的安危为重点。这样的人称为贤相，也是名副其实了。

人君不敬重大臣，则贤者退而小人进

【题解】

唐玄宗对待宰相大臣的态度因人而异，姚崇和宋璟当宰相时，玄宗对他们非常敬重，给予很高的礼遇。可是等李林甫当宰相时，玄宗对他的礼遇就大大降低。对玄宗的这种做法，范祖禹认为天子对宰相和三公应该给予极高的礼遇，因为宰相与三公是坐而论道之人，是与天子共处天位、共同处理最高政治的人。早在尧舜时代就已如此，古代典籍中有不少记载。秦汉以后，开始抬高天子的地位而降低大臣的礼遇，但天子对于宰相仍然非常敬重，讲究礼节。唐玄宗刚即位时，也还能敬重大臣，可是后来逐渐贪图享受，不再敬重贤才，国家政治也都交给小人处理。此类小人为了自己的私利，不顾国家的利益，一心讨好国君，而国君也喜欢小人们的阿谀奉承，不再敬重贤臣，终于造成贤人受排挤，而小人得势的局面，国家的命运也就可想而知了。

【正文】

姚、宋相继为相，二人每进见，帝辄为之起，去则临轩送之。及李林甫[①]为相，虽宠任过于姚、宋，然礼遇殊卑薄矣。

臣祖禹曰：三公坐而论道，天子所与共天位、治天职[②]者也，故其礼不可不尊，其任不可不重。自尧舜至于三代，尊礼辅相，《诗》《书》著矣。汉承秦敝，崇君卑臣，然犹宰相进见，天子御坐为起，在舆为下[③]，所以体貌大臣而风厉其节也。开元之初，明皇励精政治，优礼故老，姚、宋是师，天宝[④]以后，宴安骄侈，倦求贤俊，委政群下。彼小人者，惟利是就，不顾国体，巧言令色，以求亲昵。人主甘之，薄于礼而厚于情，是以林甫得容其奸。故人君不体貌大臣，则贤者日退，而小人日进矣。

【注释】

① 李林甫（？—752）：巴结玄宗宠妃武惠妃与宦官，窥伺皇帝心意，所以奏对时都能使玄宗称心如意。居相位十九年，谄媚奉迎，嫉贤妒能，加速了玄宗晚年的腐败。

② 天位：指天子之位，即帝位。天职：上天授与的职分，指治理政事。

③ 御坐为起，在舆为下：出自《汉书·翟方进传》。

④ 天宝：唐玄宗所用年号，742—756年。

【译文】

姚崇、宋璟相继担任宰相，二人每次进宫朝见，玄宗总是起身迎接，等宰相离开时，玄宗也要送到门口。等到李林甫做宰相时，虽然玄宗对李林甫的恩宠和信任超过了姚崇和宋璟，但在礼节上就低微和淡薄了许多。

臣范祖禹评论说：三公坐而论道，是天子与之共同处于最高地位、共同治理最高政务的人，所以对他们的礼节不能不极为尊重，他们的责任也不能不极为重要。从尧舜到夏、商、周三代，天子都对辅政的宰相给予尊贵的礼遇，这在《诗经》《尚书》中都有明确记载。汉代继承了秦代的弊端，尊崇国君而降低大臣的地位，但在宰相进见时，天子还要从座位上起身迎接，从车子里下来相见，这是为了尊重大臣，鼓励大臣讲求气节。在开元初年，唐明皇励精图治，对年老的大臣给予优厚的礼遇，以姚崇、宋璟为师。可是到了天宝年间，明皇就贪图享乐而骄慢奢侈，厌倦寻求杰出人才，把国政交给他的臣子。那些小人们，唯利是图，不顾国家的利益，花言巧语，谄谀奉迎，以求明皇亲昵自己。明皇也喜欢小人们的阿谀奉承，对待大臣的礼节越来越薄，而对小人的感情却越来越厚，所以李林甫能让自己的奸佞得到明皇的容忍。因此，如果国君不在礼节上敬重大臣，就会使贤才日益受到贬退，而小人却日益得到进用。

【评析】

三公坐而论道，不是空谈，而是思考治国之道，把道义搞清楚了，就能制定正确的治国方针。君主不懂这一点，可以说就不能真正掌握治国之道。三公指古代中央三种最高官衔。周代指太师、太傅、太保，西汉以丞相（大司徒）、太尉（大司马）、御史大夫（大司空）为三公，东汉以太尉、司徒、司空为三公，唐沿用东汉之制。《周礼·考工记序》说国家设立官职："或坐而论道，或作而行之……坐而论道，谓之王公。作而行之，谓之士大夫。"这是两个层次的官职，相辅相成。

举其偏以补其弊的害处

【题解】

唐代原来实行府兵制，士兵成年后就要从军，直到六十岁才免除他家的赋税，但杂项徭役还不免除，此外还要自备军资、衣装、轻武器及马匹等，这让他们越来越贫穷。士兵平时还要务农，农闲则要练武，有战事则要出征，他们不堪负担，大量逃亡，于是军队战斗力不断下降。玄宗采纳张说的建议把府兵制改为募兵制，对应募的士兵给予优厚待遇，让士兵专业化，不再务农，于是精兵大增。范祖禹认为府兵制本是好的制度，可使兵藏于民，于国有利。后来出现问题，不是这种兵制不好，而是执行制度的人出了问题。张说轻率改制，使兵与农分开，不再合乎古制。古代的制度是圣人制定的，到了后来出现弊端，正确的做法是消除各种弊端，而不是废除整个制度。可是后世的大臣们不明白这个道理，大多喜欢改变原有的制度，这并不能消除弊端，反而引起更多的问题，使天下大乱。

【正文】

初，诸卫府兵[①]自成丁从军，六十而免其家，又不免杂徭，浸以贫弱，逃亡略尽，百姓苦之。张说[②]建议请募壮士充宿卫，不问等色，优为之制，逋逃者必争出应募，帝从之。旬日得精兵十三万，分隶诸卫，更番上下。兵农之分，自此始矣。

臣祖禹曰：唐制，诸卫府有为兵之利，而无养兵之害，田不井而兵犹藏于民，后世最为近古而便于国者也。开元之时，其法寖隳，非其法不善，盖人失之也。张说不究其所以而轻变之，兵农既分，其后卒不能复古，则说之为也。夫三代之法出于圣人，及其末流，亦未尝无弊，救之者举其偏以补其弊而已，若并其法废之，而以私意为一切苟简之制，则先王之法其存者几何？天下之务，常患于议臣之好改旧章，此所以多乱也。

【注释】

① 府兵：西魏权臣宇文泰创建，至唐初而完备，唐玄宗天宝年间废。一人充当府兵，全家即编入军籍，不属州县。隋代军府有内府、外府之分，唐贞观十年（636）外府更号折冲府，内府更号中郎将府。征发原则是先富后贫，先强后弱，先多丁后少丁。府兵制规定三年一检点以补充缺额，服役期限为21—59岁。服役期间，只有府兵本人免除课役，但军资、衣装、轻武器（弓箭、横刀）和上番赴役途中的粮食，均须家中自备。每一火（一火10人）还得共备供运输的马6匹，即“六驮马”。

② 张说（667—731）：武则天时对策贤良方正，署乙等，官至凤阁舍人。玄宗时以先请讨太平公主的功劳，官至尚书左丞相，当时重要文诰多出其手，与苏颋并称“燕许大手笔”。

【译文】

当初，各个卫府的士兵从成年之后就要从军，到六十岁才免除其家的赋税，又不免各项杂类徭役，所以逐渐贫困，几乎全都从军队中逃亡了，百姓深受这种兵制的痛苦。张说建议：请求招募壮士充当皇家的宿卫，也不区分等级，都给予优厚的待遇，这就一定会使以前逃亡的士兵争着出来应募，玄宗同意了张说的建议。十几天的时间就募得十三万名精兵，分别隶属于各个卫府，轮番值勤。兵农分开，就是由此时开始的。

臣范祖禹评论说：唐代的兵制，是建立各个卫府，这样的兵制有用兵之利，而没有养兵之害，田地不用分为井田，而仍然能使兵藏于民，这是后世最为接近古代而对国家方便的制度。唐玄宗开元年间，这一制度逐渐遭到破坏，不是这个制度不好，而是执行这个制度的人有所失误而已。张说不追究其原因而轻率地改变这个制度，兵与农既已分开，其后最终不能恢复古代的制度，这就是张说干的事。那夏、商、周三代的制度出自于圣人之手，但到后世的演变，也未尝没有弊端，挽救弊端的人应该指出它的偏差来补救它的弊端，如果连这个制度也都废掉，而根据自己的想法全都改为苟且而简单的制度，那么先王的制度保存下来的还有多少呢？天下的事情，其常见的害处是议事的大臣喜欢改变旧的制度，这就是天下多有动乱的原因所在。

【评析】

范祖禹说的“天下之务，常患于议臣之好改旧章，此所以多乱也”，是一条非常重要的历史经验。某种制度，后人觉得有了缺陷，想要改变，但却没有弄清楚当初设立这种制度的种种情况，于是轻率地加以改变，这种改变又往往会带来新的弊端，这是改革者意想不到的，所以为了弥补弊端而不断加以改变，就成了恶性循环。因此要改变前人的制度，一定要慎重，要把各种情况都了解清楚了，再周密地思考怎样改革是最佳方案，要尽量消灭弊端于未然。

得其人而有善法，事必兴盛

【题解】

唐代经常要与北方民族作战，所以养育大量战马是一件重要的大事。但在隋末战乱时期，隋朝豢养的马匹都被起义的军队和北方民族抢走了，所以唐王朝的战马不足，于是派出专职官员负责养育马匹。如张万岁、王毛仲都是非常胜任的官员，使唐的良马大量增加。范祖禹认为，唐代马匹迅速大量增多，关键原因是任用了能臣，并且设立了专门的官职。而马要养得健壮，还要讲究养马的地域特点，即马必须在北方寒冷的边隅地区放养。总而言之，马养得好仅是一个例子，范祖禹从中总结出一个道理：事情要想搞得好，一定要选择合适的负责人以及适合的方法，做到了这两点，事情一定会发展得非常兴盛。

【正文】

开元十三年，初，隋国马皆为盗贼及戎狄所掠，唐初才得牝牡三千匹于赤岸泽①，徙之陇右，命太仆②张万岁③掌之。万岁善于其职，自贞观至麟德④，马蕃息及七十万匹，分为八坊四十八监⑤，各置使以领之。是时天下以一缣⑥易一马，垂拱⑦以后，马潜耗太半。帝初即位，牧马有二十四万匹，以太仆卿⑧王毛仲⑨为内外闲厩使⑩，少卿⑪张景顺⑫副之。至是有马四十三万匹，牛羊称是。帝之东封，以牧马数万匹从，色别为群，望之如云锦。帝嘉毛仲之功，加开府仪同三司⑬。

臣祖禹曰，《诗》美卫文公⑭曰："秉心塞渊，騋牝三千"⑮。夫塞故能诚，渊故能通，诚于己而通于人，所以致物之多也。唐之国马惟得一能臣而掌之，不数十年而其多过于二百倍，由其任职之专也。《传》曰："冀之北土，马之所生。"夫马必生于边隅，而养于苦寒之地，稍迁之中国，则莫能壮也。三代诸侯之国虽皆有马，以春秋之时考之，未若晋之强也。郑之小驷[16]出于河南，故不可乘。唐养马于陇右，非独就其水草之美，盖置之西戎之地，以求其健也。凡欲制事，得其人而善其法，岂有不盛者乎？

【注释】

① 赤岸泽：在唐长安以东数十里，即长安、同州（今陕西大荔）之间，是当时有名的牧场，原为大湖，后被黄河泥沙填平，形成沙苑一带的沙漠沙丘地带，为隋唐时期的牧场。

② 太仆：官名。周穆王置，掌车马，秦汉有此官，所辖除京师及附近诸厩外，包括边郡牧场，官署为太仆寺。唐太仆寺，由卿和少卿任正副长官，掌管全国马匹生产繁衍。

③ 张万岁：生卒年不详，河间（今河北河间）人，隋末与刘武周起兵，后兵败降唐，任太仆，唐太宗贞观十五年（641），掌管全国马匹养育事务，四十年间，使马匹发展到七十万六千匹，由此使唐国力增强。

④ 麟德：唐高宗李治的年号，664—665年。

⑤ 八坊四十八监：唐代养马的单位。张万岁任职期间，从长安到陇右，在岐州（今陕西宝鸡市凤翔区）、豳州（今陕西彬县）、泾州（今甘肃泾川）、宁州（今甘肃宁县）千里范围内，共设有保乐、甘露、南普闰、北普闰、岐阳、太平、宜禄、安定八个马坊，招募民众耕种，为马匹生产刍料，四十年间马匹增加到七十多万匹，八马坊不能容纳，又扩展到陇右（今青海海东市乐都区）、金城（今甘肃兰州）、平凉（今甘肃华亭）、天水（今甘肃天水）四郡，设置四十八监。这里依然容纳不下，又分出八监，扩展到河曲（河套）地区。

⑥ 缣（jiān）：双丝织的浅黄色细绢，一缣指一匹缣绢。

⑦ 垂拱：唐睿宗李旦年号，685—688年，当时武则天操纵朝政，睿宗毫无实权，所以也算武则天的年号。

⑧ 太仆卿：即太仆寺长官，秦、汉至南朝宋、齐，均称太仆。梁天监七年（508），改称太仆卿。

⑨ 王毛仲（？—731）：高丽人，唐玄宗宠臣。年幼时，因父违法没入官府为奴，王毛仲成为临淄王李隆基的奴仆，因“性识明悟”“骁勇善骑射”，担任护卫侍从，受到李隆基的器重。李隆基诛杀韦后、安乐公主以及太平公主，王毛仲均起了重要作用，授予左武卫大将军，进封霍国公。玄宗时因为马匹数量减少，从张万岁时期的七十多万匹减少到只有二十四万匹，于是令王毛仲任内外闲厩使，负责马匹的养育。到玄宗泰山封禅时，国马又增多到四十三万匹。王毛仲率数万匹马随从，按毛色列队，如同云锦一般。唐玄宗在泰山脚下对王毛仲加授开府仪同三司，并让宰相张说撰写碑文记功。后王毛仲逐渐张狂，玄宗将他贬到永州，又派人将其缢死。

⑩ 闲厩使：唐代官名，专掌宫廷牛马事务。皇家御苑也饲养马匹，设闲厩为管理机构。唐玄宗任命太仆卿王毛仲为检校内（御苑闲厩）外（外地牧场）闲厩兼知监牧使，使马匹得到很大发展。

⑪ 少卿：即太仆少卿，为太仆卿的副职。

⑫ 张景顺：张万岁的孙子，玄宗让王毛仲掌管闲厩使时，又命张万岁的两个孙子太仆少卿张景顺为秦州（天水郡）都督及监牧副使、左骁卫中郎将张景遵为盐州刺史及盐州监牧使，共同负责马匹养育之事。

⑬ 开府仪同三司：开府，指高级官员（如三公、大将军、将军等）成立府署，有权自行选置僚属。三司是指三公，汉称太尉、司徒、司空为三司。“仪同三司”之名，起源于东汉殇帝延平元年拜邓骘为车骑将军仪同三司，“仪同三司”是指并非三公之职而仪制同于三公，亦省称“仪同”。魏晋以后，将军之开府置官属者称“开府仪同三司”，北周则径改“开府仪同三司”为“开府仪同大将军”。隋文帝时“仪同三司”成为散官，唐、宋、元历代沿袭，至明朝而废。

⑭ 卫文公：名姬毁，是卫昭伯姬顽之子，卫戴公之弟，在位二十五年。他即位时减赋税、少刑法，与民共苦，因此有诗赞美他。

⑮ 秉心塞渊，騋（lái）牝（pìn）三千：出自《诗经 · 鄘风 · 定之方中》。秉，操持。马长七尺称为騋。牝即牝马。塞，充实。渊，深。三千，形容马匹之多。

⑯ 郑之小驷：出自《左传 · 僖公十五年》。这一年晋与秦发生战争，晋惠公骑着郑国产的小驷马率军作战，其大臣庆郑说："自古以来作战时应该乘本国的马匹，因为它出生于本国，了解本国人的心意，习惯于本国人的训练，并且熟悉本国的道路，所以主人能按照自己的意旨随意地指挥它。现在国君乘骑外国出产的马匹率军作战，战斗中马匹会因为害怕而发生变故，将要违背主人的意旨。在那里它会气血乖乱，惊惶失措，极度恐惧，外强中干，既不能进，也不能退，无法让它听从指挥。君主你要是不听，到那里后悔就来不及了。"惠公不听，而且不让庆郑担当车右，结果在战斗中晋国的战马遇到泥泞而停止不前，惠公呼喊庆郑来救自己，庆郑说："你不听劝谏，还不按占卜的结果让我担任车右，这是自己要找失败，这时候还想往哪里逃呢？"竟不救国君而走开。

【译文】

开元十三年，当初，隋朝的国马都被起义的军队以及戎狄民族抢掠走了，唐代初年才有公马母马三千匹，放养于赤岸泽，又迁徙到陇右，命太仆张万岁掌管养马之事。张万岁把他的专职工作做得很出色，从太宗贞观年间到高宗麟德年间，马匹繁殖养育达到七十万匹，分为八坊四十八监，分别设了专门的官员管理其事。这时天下用一匹丝缣就能换一匹马，在唐睿宗垂拱年间以后，马匹消耗了一大半。玄宗刚即位时，放牧的马匹有二十四万匹，让太仆卿王毛仲担任内外闲厩使，少卿张景顺做他的副手。到这时有四十三万匹马，牛羊与之相当。玄宗到东方封禅时，有数万匹马随从，按不同的颜色分成群，看上去就像云锦一样。玄宗嘉奖王毛仲的功劳，给他增加了开府仪同三司的官衔。

臣范祖禹评论说，《诗经》里赞美卫文公说："他持心充实而深邃，因此使身长七尺的騋马和母马达到三千之多。"人的内心充实，因此就能诚实，内心深邃，因此就能通达，这是由自己的诚实而能与人相通，也就是使物品能够越来越多的原因所在。唐朝的国马只是得到一个能臣来掌管，不到几十年就多得超过了二百倍，这是由于这个人的任职非常专一。《左传》说："北方冀州的土地，是生养马匹的地方。"马一定要生长在边境地区，而在苦寒地区养育，稍微迁移到中原地区，就不能生长得强壮。夏、商、周三代的诸侯国虽然都有马，但据春秋时期的记载考察，没有像晋国那样强壮的。郑国的小马出自于黄河以南，所以这种马不能乘坐。唐代在陇右养马，不但是让马去吃很好的水草，更重要是在西戎地区放养，以求马匹养得强健。凡是想做好一件事，如果选对了人选而且有很好的办法，哪里还能不兴盛呢？

【评析】

要想办好一件事，首先要选择最适当的人，其次是采用最好的方法，而最适当的人往往能采用最好的方法，二者是相辅相成的。唐王朝在养马这件事上，可以说是"得其人而善其法"，所以办得比较成功。

玄宗重用宦官

【题解】

王毛仲曾是养马的功臣，受到玄宗的信任，但他对玄宗亲近的宦官高力士等人却不放在眼里，高力士怀恨在心，在玄宗面前说王毛仲的坏话，玄宗于是命王毛仲自杀。对于宦官的得势，范祖禹非常愤慨。最得势的宦官是玄宗最亲近的高力士，玄宗居然说有高力士值班，我就睡得安稳。高力士代替玄宗阅读天下的奏章，小事就直接处理了，大事才向玄宗报告。国家政治到了这个地步，也就没有什么希望了。范祖禹认为问题的关键是玄宗过分信任宦官，才让他们如此得势而猖狂。不仅如此，宠信宦官还有更大的危害，那就是更多的小人通过巴结宦官而逐渐获得重权，双方勾结，终使唐朝走向衰亡。

【正文】

（开元）十九年正月，王毛仲赐死，自是宦官势益盛，高力士尤为帝所宠信，尝曰："力士上直，吾寝则安。"故力士多留禁中，稀至外第。四方表奏，皆先呈力士，然后奏御，事小，力士即决之，势倾内外。

臣祖禹曰：明皇不监石显[①]之事，而宠任力士，至使省决章奏以万机之重委之阍寺，失君道甚矣！其后李林甫、杨国忠[②]皆因力士以进，迹其祸乱所从来者渐矣。《传》曰："存亡在所任。"人君可不慎其细哉？

【注释】

① 石显（？—前32）：西汉济南（今山东章丘西）人，早年因犯法而受腐刑，进宫任中黄门，汉宣帝时任中书仆射，汉元帝认为石显久掌枢机，于是放心地委以朝政，结果石显结党营私，危害朝政。

② 杨国忠（？—756）：本名钊，唐蒲州永乐（今山西芮城西南）人。杨贵妃同曾祖兄。早年在蜀地从军，潦倒不堪，后受富翁鲜于仲通的资助，结识剑南节度使章仇兼琼，得有机会进京向杨玉环姐妹送礼，于是见到玄宗，任为金吾兵曹参军。因擅长樗蒲及计帐，玄宗任命他为监察御史、度支员外郎兼侍御史，从此受到玄宗的宠幸。天宝九载（750），杨钊因图谶有“金刀”二字，请求改名，玄宗赐名“国忠”。李林甫死后，杨国忠任右相兼文部尚书。杨国忠曾两次发动征讨南诏的战争，均遭大败，他都瞒着玄宗，谎称大胜。天宝十四载（755）爆发安史之乱。安禄山发动叛乱的借口就是讨伐杨国忠。天宝十五载（756）六月，叛军攻陷潼关，长安危在旦夕，玄宗根据杨国忠的建议，决定逃往四川。当走到马嵬驿（今陕西兴平），将士声称：“杨国忠谋反！”将他乱刀砍死。杨贵妃也被缢死，杨国忠的妻子、儿子及贵妃的姐妹韩国夫人、秦国夫人、虢国夫人等都被杀死。

【译文】

开元十九年正月，玄宗下诏让王毛仲自杀，从此以后宦官的势力更加强盛，特别是高力士最受玄宗的宠信，玄宗曾经说：“高力士值班，我睡觉才安稳。”所以高力士经常留在宫中，很少到宫外自己的府第。天下四方的奏章，都先呈报给高力士，然后再报给玄宗，小事就由高力士当即处理了，他的势力超过了宫内及朝廷的所有官员。

臣范祖禹评论说：明皇不把汉元帝宠信石显的事引为鉴戒，而宠任高力士，以至于让他阅览奏章，处理政务，把国家重大事务都交给宦官，玄宗丧失为君之道是太甚了！其后李林甫、杨国忠一类奸臣都通过高力士的关系得到进用，考察他们造成祸乱的缘由，也是由此逐渐发展而来的。《史记》里说："国家的存亡在于所任用的人。"人君能不谨慎地对待那些小事吗？

【评析】

玄宗重用宦官的恶果逐渐显示出来了，在高力士诬害王毛仲这件事上得到了证明。对于唐王朝来说，王毛仲不比一个宦官更值得珍视吗？从重用高力士开始，以后逐渐重用更多的奸臣，这是整个唐王朝走向衰败的转折点。

宰相或贤或佞，置相不可不慎

【题解】

君主治国主要靠宰相，所以让什么人当宰相，是治国的关键。玄宗相信女人，而不相信忠诚的宰相张九龄。等到李林甫当宰相时，他就不是忠诚之臣，而是奸佞之臣，如他说废太子是皇家的家事，这是对国家命运毫不负责的典型表现。玄宗用这种人治国，国势就要走向衰落了。

【正文】

（开元）二十四年，武惠妃①谮太子瑛、鄂王瑶、光王琚②，帝大怒，以语宰相，欲皆废之。张九龄③谏曰："陛下践阼垂三十年，太子诸王不离深宫，日受圣训，天下之人皆庆陛下享国久长，子孙蕃昌。今三子皆已成人，不闻大过，陛下奈何一旦以无根之语，喜怒之际，尽废之乎？且太子天下本，不可轻摇。昔晋献公听骊姬之谗，杀申生，三世大乱。汉武帝信江充之诬，罪戾太子④，京城流血。晋惠帝用贾后之谮，废愍怀太子⑤，中原涂炭。隋文帝纳独孤后，黜太子勇，立炀帝⑥，遂失天下。由此观之，不可不慎。陛下必欲为此，臣不敢奉诏。"帝不悦，李林甫初无所言，退而私谓宦官之贵幸者曰："此主上家事，何必问外人？"帝犹豫未决，惠妃密使官奴牛贵儿谓九龄曰："有废必有兴，公为之援，宰相可长处。"九龄叱之，以其语白帝，帝为之动色，故终九龄罢相，太子得无动。明年，将废太子，帝召宰相谋之，林甫对曰："此陛下家事，非臣等宜预。"帝意乃决。

臣祖禹曰：明皇三子之废，系于李林甫之一言，其得未废，系于张九龄之未罢，相贤则父子得以相保，相佞则天性灭为仇雠[7]，置相可不慎哉！

【注释】

① 武惠妃（699—737）：并州文水（今山西文水）人。唐玄宗的宠妃，武则天的侄孙女，父亲早逝，养于宫中，得到武则天的庇荫。唐玄宗即位后封婕妤，后勾结李林甫，诬陷皇后王菱和太子李瑛兄弟三人，晋封惠妃。

② 太子瑛、鄂王瑶、光王琚：玄宗太子李瑛与两位已经封王的皇子李瑶与李琚。李瑛（706—737），玄宗的次子，母为赵丽妃。唐睿宗时封真定郡王，唐玄宗时封为郢王，后立为太子。开元二十五年（737），赐名李瑛。后受武惠妃和驸马杨洄的诬告陷害，与鄂王李瑶、光王李琚同时废为庶人，又由玄宗下命赐死。

③ 张九龄（673—740）：韶州曲江（今广东韶关西南）人。景龙初年进士，唐玄宗即位，任右补阙、中书舍人、中书侍郎、同平章事、中书令，富有胆识和远见，秉公守则，直言敢谏，选贤任能，不徇枉法，不附权贵，为开元之治做出了重要贡献。张九龄去世后，唐玄宗对宰相推荐之士，总问“风度得如九龄否”，可见他的影响之大。

④ 汉武帝信江充之诬，罪戾太子：刘据（前128—前91），汉武帝的嫡长子，汉武帝巡游天下时，都将国事交付太子刘据。征和二年（前91），丞相公孙贺之子公孙敬声被人告发用巫蛊术咒武帝，与阳石公主通奸，公孙贺父子下狱死。武帝的宠臣江充奉命查巫蛊案，江充素与太子刘据有隙，趁机让人诬陷太子，太子恐惧而起兵诛杀江充，遭武帝镇压，太子刘据及其母皇后卫子夫自杀，此事史称“巫蛊之祸”。汉宣帝继位后，为其祖父刘据追加谥号曰“戾”，故称戾太子。

⑤ 晋惠帝用贾后之谮，废愍怀太子：愍怀太子指司马遹（278—300），晋惠帝的长子，奢侈残暴，好算卦巫术，忌讳颇多。皇后贾南风因为

他不是自己亲生儿子，怕他即位后自己地位难保，与贾谧等设计谋害，诬陷司马遹谋反，囚其于金墉城，后徙许昌宫，并派人将其杀害，后追谥为愍怀太子。

⑥ 隋文帝纳独孤后，黜太子勇，立炀帝：隋文帝杨坚长子杨勇（？—604），杨坚执政后册立为随国世子，开皇元年（581）立为皇太子，参决军国政事。但品德不修，骄奢淫逸，失宠于文献皇后，又受晋王杨广和司徒杨素的陷害，废为庶人。隋文帝去世后，被太子杨广赐死，杨广遂登基称帝。

⑦ 相佞则天性灭为仇雠：出自《孝经》："父子之道，天性也。"指父子关系是一种天性，相互恩爱。

【译文】

开元二十四年，武惠妃诬告太子瑛、鄂王瑶、光王琚，玄宗大怒，与宰相商量，打算把他们都废为庶人。张九龄劝谏说："陛下登基近三十年，太子诸王不离皇宫，天天受到皇帝的训导，天下之人皆庆贺陛下享国久长，子孙蕃昌。今三子皆已成人，没听说有大的过失，陛下为什么一天之内就凭没有根据的话，在喜怒之际，就把他们全都废黜呢？且太子为天下之本，不可轻率摇动。从前晋献公听骊姬的谗言，杀死太子申生，使晋国出现了三代人的大乱。汉武帝听信江充的诬告，治戾太子的罪，京城为此而血流成河。晋惠帝相信贾后的谮言，废掉了愍怀太子，使得中原人民生灵涂炭。隋文帝听信独孤后的话，废黜了太子杨勇，立炀帝为太子，最终失去天下。由此看来，废黜太子的事不可不慎。陛下一定要这样做，臣不敢听从陛下的诏令。"玄宗不高兴，李林甫起初没说什么，退朝后私下对宦官中的贵幸者说："这是主上的家事，何必问外人？"玄宗犹豫未决，武惠妃暗中派官奴牛贵儿对张九龄说："有废必有兴，公支持我，宰相可长久当下去。"张九龄斥责他，并把此事告诉玄宗，玄宗为此变了脸色，所以直到张九龄罢相，太子得以不被废黜。第二年，将要废黜太子，玄宗召宰相商量此事，李林甫回答说："这是陛下的家事，不是臣等适宜干预的。"玄宗于是定了主意。

臣范祖禹评论说：明皇三子的废黜，全由李林甫的一句话，而太子三人没被废黜，则全因张九龄未罢相，宰相贤，就能使父子相互保全，宰相佞，则使玄宗与太子的父子天性消亡而成为仇人，用什么人当宰相能不谨慎吗？

【评析】

这一事例再次证明宰相的贤与奸，是决定国家命运的关键，君主相信并重用什么人当宰相，其后果完全不同，后人怎能不引为惨痛的教训？

玄宗杀谏臣为大乱预兆

【题解】

君主能不能接受大臣的进谏，是衡量他是不是明君的试金石。玄宗从信任宦官开始，逐步走到对进谏的大臣贬斥杖击流放乃至迫害致死的地步，这也就预示了唐由盛转衰的开始。

【正文】

二十五年四月，监察御史周子谅①弹牛仙客②非才，引谶书③为证，帝怒甚，命左右擽④于殿庭，绝而复苏，仍杖之朝堂⑤，流瀼州⑥，至蓝田⑦而死。李林甫言：子谅，张九龄所荐也，贬九龄荆州长史⑧。

臣祖禹曰：古之杀谏臣者必亡其国，明皇亲为之，其大乱之兆乎？开元之初，谏者受赏，及其末也而杀之，非独于此而异也。始诛韦氏⑨，抑外戚，焚珠玉锦绣，诋神仙，禁言祥瑞⑩，岂不正哉！其终也惑女宠，极奢侈，求长生，悦禨祥，以一人之身而前后相反如此，由有所陷溺其心故也，可不戒哉！

【注释】

① 监察御史：掌管监察百官、巡视郡县、纠正刑狱、肃整朝仪等事务。周子谅：张九龄为相时，引为监察御史，张九龄罢知政事，周子谅以仙客滥登相位，让御史大夫李适之进行调查，李适之向玄宗报告，玄宗大怒，亲加诘问，杖于朝堂，流放到瀼州，走至蓝田就死了。

② 牛仙客（675—742）：泾州鹑觚（今甘肃灵台）人，玄宗时以工部尚书、同中书门下三品而知门下事。

③ 谶（chèn）书：谶是秦汉间巫师、方士编造的预示吉凶的隐语，后指预言、预兆性的隐语或文书。

④ 擈（bó）：击打。

⑤ 朝堂：汉代指正朝议政之处，后泛指朝廷中的议政之堂。

⑥ 瀼（ráng）州：治所临江（今广西上思西南），后改临潭郡，又复称瀼州。

⑦ 蓝田：地名，今属陕西西安。秦时始置蓝田县，唐初属雍州，后属关内道京兆郡，以出产蓝田玉闻名。

⑧ 荆州：今湖北荆州地区，楚曾定都于郢，即今荆州纪南城一带。秦以后属南郡，晋代治所在江陵，隋置江陵总管，改称荆州总管，又改称南郡。唐贞观时属山南道，开元时山南道分东、西道，属山南东道江陵府，设荆州大都督府，后又设荆南节度使，以江陵为南都，荆州为江陵府。

⑨ 诛韦氏：韦氏指唐中宗的韦皇后，中宗曾被废为庐陵王，韦后与之同患难，神龙元年（705）唐中宗复位，韦后与宰相武三思勾结，专擅朝政，最后毒死唐中宗，立温王李重茂为帝，韦氏临朝称制。临淄郡王李隆基联合太平公主发兵诛杀韦氏，拥相王李旦复位。

⑩ 祥瑞：指吉祥的征兆，古人认为是表达天意的自然现象。如禾生双穗、地出甘泉、出现奇禽异兽等。后面的禨（jī）祥，指变异之事，也看作预示吉凶的先兆。

【译文】

二十五年四月，监察御史周子谅弹劾牛仙客不是任宰相的人才，并引用谶书为证，玄宗非常生气，命左右的人在殿庭痛打周子谅，昏了又醒过来，又在朝堂杖击他，最后流放到瀼州，走到蓝田就死了。李林甫说：周子谅是张九龄推荐的，于是又把张九龄贬为荆州长史。

臣范祖禹评论说：古代杀谏臣的君主必定要亡国，玄宗亲自做这种事，这是国将大乱的征兆吗？开元初年，进谏的人受到赏赐，到开元末年就杀进谏的大臣，不仅在这一点上前后不同。玄宗开始时起兵诛杀韦氏，抑制外戚，焚毁珠玉锦绣，斥责神仙邪说，禁止人们说祥瑞，难道不是正道吗？到最终时则受女宠的迷惑，追求长生不老，喜欢禨祥，同一个人前后如此不同，是因为他的心陷溺在这些荒唐的东西当中了，后世的君主能不引以为戒吗？

【评析】

玄宗登基之初还能保持清醒，不受物欲与迷信的迷惑，但身边多是小人，就免不了受他们的诱惑，最终变得荒唐残暴。在范祖禹看来，这是他的内心不够强大，所以不能抵御外在的种种引诱与迷惑，其最大的恶果是让整个国家变得战乱不止，人民受难。

天下之祸常基于太平之时

【题解】

唐玄宗天宝年间，已是唐的鼎盛时期，也是由盛转衰的转折期。由于国力强盛，用于边境的军备也远远超出正常时期。因此史家称此时公私承担的劳役与费用过重，百姓承受不起而开始困苦。在鼎盛时期如果出现这种情况，就表明要由盛转衰了。范祖禹认为之所以出现这种情况，根本原因在于国君不能清心寡欲，恭俭无为，只看到国力强盛的一面，而没有看到过度挥霍的危害，因此好大喜功，欲望过多，再加上用人不当，终使太平时期酿成重大祸乱，国家一蹶不振，逐渐走向衰亡。

【正文】

天宝元年，时天下声教所被之州三百三十一，羁縻之州①八百，置十节度、经略使②以备边。凡镇兵③四十九万人，马八万余匹。开元之前，每岁供边兵衣粮费不过二百万，天宝之后，边将奏益兵寝多，每岁用衣千二十万匹，粮百九十万斛④，公私劳费，民始困苦矣。

臣祖禹曰：海内之地非不广也，生民之财非不多也，人君苟能清心以治之，恭俭以守之，岂有不足之患哉？守成之君，不能无为以持太平，于其安也而劳之，于其富也而刻之，是以天下之祸常基于太平之时。至于乱已成，而人主犹不悟也，岂非好大多欲，任失其人之咎欤？

【注释】

① 羁（jī）縻（mí）之州：在边远少数民族地区所置之州，根据当地特殊情况，因其俗以为治，有别于一般州县。羁縻：用笼络、怀柔手段加以控制，本意为系联，马络头曰羁，牛靷曰縻。

② 经略使：官名，置于边州，掌管军务，后多由节度使兼任，故称其为“节度经略使”。

③ 镇兵：节镇之兵。

④ 斛（hú）：本为量器，亦用作量词，多用于计量粮食，古代一斛为十斗。

【译文】

天宝元年，当时天下有国家直接管理教化的州三百三十一个，由当地民族首领自治的州八百个，设置了十个节度使和经略使在边境地区防备外来入侵。各镇的兵力共有四十九万人，战马八万多匹。开元以前，每年供应边境部队服装与粮食的费用不过二百万；天宝以后，驻守边镇的将领报告说由于补充的兵力逐渐增多，因此每年需用的服装达到一千零二十万匹，粮食一百九十万斛，使得公家与私人所需费用大大增加，百姓开始感到困苦了。

臣范祖禹评论说：海内的土地不是不广阔，百姓的财富不是不多，国君如果能清心寡欲来治国，用恭敬节俭的态度来守住天下，哪里会有财用不足的问题呢？守成的君主，如果不能实行无为之治来守住太平盛世，在百姓安定的时候使他们辛劳，在百姓富裕的时候而来搜刮他们，所以天下的灾祸经常是在太平的时候种下祸根。等到祸乱已经形成，国君还不觉醒，难道不是因为他好大喜功而且多有欲望，以及用人不当的过错吗？

【评析】

玄宗治国初期还是很有成绩的，出现了开元之治的太平局面，于是开始放纵自己心中的恶魔，逐渐破坏了好不容易得来的大好局面，而后来的大乱，所有的起因都出现在太平之时。没有太平之时的种种放纵与恶行，也就不会有后来的天下大乱。起先只是细微之事，后来变得滔滔不可阻止，这正是《老子》告诫人们的："合抱之木，生于毫末；九层之台，起于累土；千里之行，始于足下……慎终如始，则无败事。"又说："祸兮，福之所倚；福兮，祸之所伏。"玄宗是对老子最为推崇的皇帝，他还亲自为《老子》作过注释，难道他都忘了《老子》教给他的信条了吗?

明皇崇老喜仙而被臣子欺骗

【题解】

上有所好，下必甚焉，这是一种普遍现象，因为很多在下的人总想顺着在上的人的心思，讨其欢心，以谋私利。这种讨好是不顾道义的，在上的人如果不明白，就会上当受骗，历史一再证明这一点。唐明皇热衷于求神仙，迷信老子，在下的人都看在眼里，于是一些人想尽办法来讨好明皇。田同秀说，谁都知道是一片胡言，可明皇就是相信而不疑，其他的大臣也都不来揭穿这个骗局，反而添油加醋，可以说大家都来糊弄唐明皇了，于是年号也改为“天宝”了，而敢于骗人的田同秀则被封官加爵。范祖禹看到这种情况，非常气愤，批评明皇不但糊涂，听信这些谎言，而且对这种小人加以奖赏，造成的后果就是小人都敢来干坏事了。相比之下，汉文帝通过一次受骗就能改正错误，终生不再讲神仙之事，显示出可贵的品质。

【正文】

陈王府法曹参军①田同秀上言：“见玄元皇帝于丹凤门外之空中，告以我藏灵符在尹喜②故宅。”帝遣使于故函谷关③求得之，群臣上表以函谷宝符潜应年号，请于尊号加“天宝”字，从之。二月，享玄元皇帝于新庙，甲午，享太庙④，丙申，合祀天地于南郊，改桃林县曰灵宝，田同秀除朝散大夫。

臣祖禹曰，《孟子》曰：“上之所好，下必有甚者矣。”明皇崇老喜仙，故其大臣谀，小臣欺，盖度其可为而为之也。不惟信而惑之，又赏以劝之，则小人孰不欲为奸罔哉？昔汉文一为新垣平[⑤]所诈，而终身不复言神仙之事，可谓能补过矣。

【注释】

① 王府法曹参军：王府行政机构官员，主管司法事务。

② 尹喜：相传为老子弟子。传说他在周代任函谷关令，遇老子出关，请老子著书五千言，即后世所传的《老子》，又名《道德经》。

③ 函谷关：关隘名，在今河南灵宝，因其路在谷中，深险如函，故称。

④ 太庙：皇帝祭祀祖先的宗庙。宗庙制度是祖先崇拜的产物，人们在阳间为亡灵建立的寄居所即宗庙。宗庙的等级有严格规定，天子七庙，诸侯五庙，大夫三庙，士一庙。庶人不准设庙。宗庙的位置，天子、诸侯设于门中左侧，大夫则庙左而右寝。庙中的神主是木制的长方体，祭祀时摆放。祭祀时行九拜礼："稽首""顿首""空首""振首""吉拜""凶拜""奇拜""褒拜""肃拜"。宗庙祭祀还有对先代帝王的祭祀，凡于民有功的先帝如帝喾、尧、舜、禹、黄帝、文王、武王等都要祭祀。自汉代起始修陵园立祠祭祀先代帝王。

⑤ 新垣平（？—前163）：西汉赵人，以望气见文帝，说长安东北有五彩神气，应该立祠上帝，以合符应，文帝于是建造渭阳五帝庙，第二年祭祀。后有人上书告发新垣平所言皆诈，下狱被诛。

【译文】

陈王府的法曹参军田同秀上书声称："我看到玄元皇帝老子在丹凤门外的空中，他告诉我，他藏了灵符在尹喜的故宅里。"明皇派遣使者在原函谷关找到了这个灵符，群臣上书请求：因为函谷关的灵符暗示了新的年号，请求在尊号里加上"天宝"二字，明皇听从了这些请求。天宝元年二月，在新庙祭祀玄元皇帝老子；十八日，在太庙举行祭祀；二十日，在南郊合祭天地，又把桃林县改名为灵宝，把田同秀封为朝散大夫。

臣范祖禹评论说，《孟子》说："在上的君主有喜好的事情，在下的人们必定会在这种事情上想尽办法让他更加喜欢。”唐明皇崇拜老子，喜欢神仙，所以他的大臣阿谀，小臣欺骗，这是因为他们估计这些事可以做于是就来做了。唐明皇不但相信这些谎言而受其迷惑，还给予奖赏而加以鼓励，那么小人们谁不想做这种奸邪欺骗之事呢？从前汉文帝被新垣平骗了一次，而终身不再说神仙的事，可以说是能改正错误了。

【评析】

玄宗放纵内心的欲望，陷溺其中，于是就会有相应的行为，如相信神仙长生的胡说八道，还不自悟。他对老子的崇拜，也是为了求长生，早就忘记了《老子》里的谆谆告诫。这样，身边的小人就会投其所好，引诱他一步步走入昏庸无能的深渊。

唐以上古人物为祖先，为后世嗤笑

【题解】

唐代皇帝把老子说成自己的祖先，本来是为了欺骗百姓，而他们自己并不把这类鬼话当回事的。谁知后来的唐明皇也被这种鬼话迷惑了，深信不疑，还搞出许多荒唐的举动来。如把老子的父亲封为先天太皇，把最早以李为姓的皋繇封为德明皇帝。范祖禹认为，老子的父亲是什么人，在什么时代，在历史上根本没有记载。皋繇见于《尚书》，是尧时的大臣，但他是否姓李，在可信的经史之书中也没有记载。此类事情都是当时人为了讨好唐明皇而编造出来的神话，可明皇都信而不疑。实际上李唐的先世是陇西的少数民族，根本不像商、周两代帝王那样有较古老的来历，所以一定要找一个神话人物来美化为自己的祖先，以此向民众炫耀。其实关于商、周两代祖先的说法也是一种传说，并非事实，而李唐这种附会就更荒诞无稽了。

【正文】

二年三月，追尊玄元皇帝父周上御大夫①为先天太皇，又尊皋繇为德明皇帝。

臣祖禹曰，孔子曰："非其鬼而祭之，谄也。"《传》曰："神不歆非类，民不祀非族。"唐祖老子，茫昧荒忽矣。老子之父，书传无见焉，取方士附会之说而追尊加谥，不亦诬乎！《书》曰："皋陶作士。"而作史者以为大理②，既不经矣，又以为李氏所出而尊之，尤非其族类也。唐之先祖出于陇西狄道③，非如商、周有世次皆可考也，而必托之上古以耀于民，非礼之礼，适所以为后世笑也。

【注释】

① 周上御大夫：相传老子的父亲曾在周朝任上御大夫。

② 大理：职掌刑法的官。理，法也，以法律处正其罪，也就是审判的意思。

③ 陇西狄道：陇西，秦献公元年（前384）攻灭狄族，设置狄道。秦昭王二十七年（前280）设置陇西郡，修筑长城，以防御西部的少数民族。位于战国秦长城起点不远处的狄道，是陇西郡郡治，在今甘肃临洮南。

【译文】

二年三月，追尊玄元皇帝老子的父亲周代的上御大夫为先天太皇，又追尊尧时的大理官皋繇为德明皇帝。

臣范祖禹评论说，孔子说："不是自家的祖先之灵而祭祀它，就是谄媚。"《左传》也说："对于神，不能祭祀与自己不是同类的，百姓也不祭祀与自己不是同族的鬼神。"唐代以老子为自己的祖先，其说法是虚无的，不可考证的。老子的父亲，古代的书籍中从来没有记载，却采纳了方士的牵强附会的说法而追加尊号，不是完全骗人的吗?《尚书》里说："皋陶作士。"而后来撰写史书的人认为就是担任负责刑狱的官员，这已经是不可信的说法了，唐代人又说李姓最早出自皋繇，而把他尊为祖先，就更不是同一氏族了。唐王室的先祖出自陇西的狄人，不像商、周两代的祖先有世系可以考察，可是唐王室一定要把自己的祖先托附到上古的人物身上，以向民众炫耀，这是不合乎礼义的礼，正是为后世人所笑话的。

【评析】

把老子等古代人物奉为祖先，本身就是昏愚的表现。玄宗在这条路上越走越远，就使自己变得越来越愚蠢，只能在历史上留下笑柄。这是后世君主最应引以为戒的案例。

玄宗纳子妇之无礼

【题解】

唐明皇与杨贵妃的恩爱关系，在历史上曾经传为美谈，但在历史学家的眼中，这本来就是一场乱伦。杨氏本来是明皇的儿子寿王的妃子，明皇原来宠爱的武惠妃死后，后宫数千宫女，他一个都不满意。于是有人告诉他，寿王的妃子杨氏美得绝世无双，明皇采取各种手段把杨氏偷偷地收进皇宫，成为自己的妃子。范祖禹评论说，这好比春秋时期卫宣公为儿子娶老婆，结果自己看中了，强行把儿媳妇改为自己的老婆，是历史上的丑闻之一。唐明皇做这种事也不觉得羞耻，似乎只是个人的私事。而在范祖禹看来，这表明唐代王室本来就没有家族伦理，从儒家道德层面来说，则是对三纲的极大破坏，对当皇帝的人来说，这是绝对不能允许的。

【正文】

初，武惠妃薨，帝悼念不已，后宫数千无当意者。或言寿王妃杨氏①之美，绝世无双，帝见而悦之，乃令妃自以其意乞为女官②，号“太真”。更为寿王娶左卫郎将③韦昭训女，潜内太真宫中，不期岁，宠遇如惠妃。七月，册昭训女为寿王妃。八月，册太真为贵妃。

臣祖禹曰：卫宣公纳伋之妻④，国人恶之，明皇杀三子，又纳子妇于宫中，用李林甫为相，使族灭无罪。父子、夫妇、君臣，人之所以立也，三纲绝矣，其何以为天下乎？

【注释】

① 寿王：唐玄宗第十八子李瑁。本名李清，武惠妃生。开元十三年封寿王，领益州大都督、剑南节度使，加开府仪同三司，改名瑁。大历十年（775）死。其妃为杨玉环，后被玄宗所夺。杨氏：杨玉环（719—756），蒲州永乐人。曾祖父杨汪是隋朝的上柱国、吏部尚书，唐初被李世民所杀；父杨玄琰，是蜀州司户；叔父杨玄珪曾任河南府土曹。杨玉环的童年在四川度过，十岁左右，父亲去世，寄养在洛阳三叔杨玄珪家。初嫁玄宗子寿王李瑁，天宝四载（745）被玄宗接入宫内，时玄宗六十一岁，玉环二十六岁。受玄宗宠幸，封为贵妃，故称杨贵妃。其父兄姐妹均因此得势。安史之乱时，唐玄宗携其逃离长安，行至马嵬坡，其被缢死。

② 女官：泛指在帝王宫中执事的女性官员，历代品位名目各异，唐代又称内官，分为从贵妃到采女共十九等（玄宗时又加置丽妃、华妃）。以上所谓女官实即妃嫔，是皇帝的妾室，另有宫官，才是宫中真正的执事人员。

③ 左卫郎将：左卫府武官名，掌宫禁宿卫。左卫，为唐代十六卫之一，系左卫府之省称，左卫府是禁卫军指挥机构，设置左卫大将军一人、左卫将军二人为其统领。

④ 卫宣纳伋之妻：卫宣公（？—前700），春秋时卫国国君，公元前718—公元前700年在位。公元前719年，卫桓公被庶弟州吁所杀，州吁自立为国君，后来州吁被陈国（卫桓公之母即陈女戴妫）拘杀。州吁被杀后，卫人迎卫桓公之弟晋即位，就是卫宣公。而伋是卫宣公的儿子，乃夫人夷姜所生，被卫宣公立为太子。太子伋迎娶齐国之女为妻，而卫宣公看到未来的儿媳，垂涎于她的美貌，竟然自己娶了齐女，并与齐女生寿、朔二子。夷姜死后，又听信齐女与公子朔的谗言，废掉了太子伋而改立朔为卫国太子。

【译文】

当初，明皇宠爱的武惠妃死了，明皇对她悼念不已，后宫数千宫女，没有一个人让明皇满意。有人说寿王的妃子杨氏很美，绝世无双，明皇见到她果然非常喜欢，就让杨氏自己提出请求去做道观的女官，称号为“太真”。明皇则另为寿王娶了左卫郎将韦昭训的女儿，暗中让太真进入宫中，不到一年，太真受到的宠遇就如武惠妃一样了。天宝三载（744）七月，册封韦昭训的女儿为寿王妃。八月，册封太真为贵妃。

臣范祖禹评论说：春秋时的卫宣公把儿子公子伋的妻子宣姜据为己有，卫国人都厌恶宣公。唐明皇杀死三个儿子，又把儿子的媳妇收入宫中，用李林甫为宰相，让他对无罪之人杀光全族。父子、夫妇、君臣三种关系，是人之成为人的根本原则，这三纲都断绝了，又拿什么来治天下呢?

【评析】

玄宗干的荒唐之事越来越多，把儿子的媳妇纳为自己的老婆，这种事难道还要多大的学问才能知道不该做吗？这里可以补充一个历史上的事例，让人明白君主迷恋于女人会有怎样的恶果。据《左传》记载，郑穆公的女儿嫁给陈国的夏御叔为妻，史称夏姬。御叔早死，留下夏姬与一子夏徵舒。徵舒承袭其父之职，为陈国大夫。夏姬是一位美女，陈灵公及其大臣孔宁、仪行父都和她私通，君臣三人甚至都有夏姬的内衣，上朝时拿来相互嬉戏。三人常到夏姬家中饮酒作乐，拿夏徵舒开玩笑。夏徵舒忍无可忍，将陈灵公射杀，自立为陈国国君。但夏徵舒很快就被楚庄王出兵诛杀，夏姬成为俘虏到了楚国。楚庄王见夏姬美貌，想纳她为妃，大臣申公巫臣劝他不要这样做，以免留下淫荡的罪名。将军子反也想娶夏姬为妻，巫臣说：夏姬害死丈夫和情人，甚至连她的儿子也不能免祸，还让陈国一度灭亡，是最大的祸水，子反不敢娶她。最后楚庄王让夏姬与鳏居的大将军连尹襄老结婚。连尹襄老娶了夏姬以后，又战死在邲，尸体被敌军带走。襄老的儿子黑要又跟继母夏姬私通。申公巫臣于是叫夏姬先回娘家，夏姬回到郑国。楚庄王逝世，楚恭王即位，让巫臣出使齐国，这时巫臣却迎娶了夏姬，巫臣又在晋国谋到一个职位，二人共同前往晋国。子反闻知此事，大为愤怒，他找到与巫臣有隙的子重、追求夏姬未果的黑要，杀死巫臣留在楚国的家人。巫臣为了报仇，派人到吴国教他们学会车战，让吴国攻打楚，并使楚因此而亡国。夏姬与巫臣结婚，生了一个女儿。此女后与晋国的叔向结婚，生子叫杨食我。叔向与夏姬之女的婚事，被其母叔姬反对，因为夏姬曾经“杀三夫一君一子，亡一国两卿”。而巫臣又曾说夏姬以前还有“夭子蛮，杀御叔”的故事，即夏姬与夏御叔结婚前，还与子蛮结过婚，后来又害死了御叔。西汉刘向《列女传》说夏姬“三为王后，七为夫人，公侯争之，莫不迷惑失意”，实际上她并未做过王后，也没结过七次婚，但据《左传》记载，她确实是当时让各国君主与贵族心乱情迷的女人，她本人也许没有什么政治野心，但确实使多个国家为她而发生战争。这个故事记载在儒家的经典著作《左传》中，为后人留下沉痛的教训，就是美女会引出政治舞台上的男人心中的恶魔，使他们心智迷惑而干出不少荒唐的事来。玄宗要把儿子的媳妇纳为自己的老婆，这与春秋时期的不少国君与贵族为女人而干荒唐事是差不多的。

王忠嗣可谓贤将

【题解】

王忠嗣当时是河西、陇右节度使，兼知朔方、河东节度使事务，史称他身任四节度使，控制从北到西的万里边境，天下劲兵重镇，皆在他的掌握之中，他与吐蕃、吐谷浑多次作战，全都大胜。在此情况下，玄宗要他攻打吐蕃的石堡城，他认为不宜强攻，应该等待时机，以减少己方的损失。而董延光却想争功，玄宗让忠嗣出兵协助，忠嗣没有满足董延光的愿望，受到董的埋怨。当时李光弼是王忠嗣手下的大将，认为应当出重赏，攻下石堡城，以绝后患。可是王忠嗣不愿意用众多士兵的生命换取自己的官位，李光弼了解了他的心意后，也不勉强。不久李林甫诬告王忠嗣，玄宗将这位卓有战功的将领贬为汉阳太守，又让王忠嗣的部将哥舒翰率兵攻城，不惜战死数万人，正如王忠嗣所料。范祖禹认为王忠嗣才是真正的贤将，爱惜士兵的生命重于自己的官位。但他也有过失，应当根本不分兵协助董延光，既然分兵助攻，就应尽力作战，不让奸臣有借口陷害自己，这也许是王忠嗣考虑不周之处。

【正文】

六载十月，帝欲使王忠嗣[①]攻吐蕃石堡城[②]，忠嗣上言："石堡险固，吐蕃举国守之，今顿兵其下，非杀数万人不能克，臣恐所得不如所亡，不如且厉兵秣马，俟其有衅，然后取之。"帝意不快，将军董延光自请将兵取石堡城，帝命忠嗣分兵助之，忠嗣不得已奉诏，而不尽副延光所欲。延光怨之，李光弼[③]言于忠嗣曰："大夫以爱士卒之故，不欲成延光之功，虽迫于制书，实夺其谋也。何以知之？今以数万众授之而不立重赏，士卒安肯为之尽力乎？然此天子意也，彼无功，必归罪于大夫，大夫军府充牣，何爱数万段帛，不以杜其谗口乎？”忠嗣曰：“今以数万之众争一城，得之未足制敌，不得亦无害于国，故忠嗣不欲为之。今受责天子，不过以金吾羽林④一将军归宿卫，其次不过黔中上佐⑤，忠嗣岂以数万人命易一官乎？”延光过期不克，言忠嗣沮挠军计，帝怒，李林甫因使人诬告忠嗣，敕征入朝，贬汉阳太守⑥。八载，帝使哥舒翰⑦攻石堡城，拔之，唐士卒死者数万，果如忠嗣之言。

臣祖禹曰：王忠嗣可谓贤将矣！不为无益害有益，不以所得易所亡，不顾一身之危，而惜士卒之命，其可谓贤将矣！然忠嗣知石堡之不可取，莫若固守前议，而勿分兵以助延光，均之得罪，不亦宜乎！既黾勉奉诏予之兵，而复挠其谋，使谗人得以借口，岂忠嗣思之未至邪？

【注释】

① 王忠嗣（706—749）：父海宾于唐开元二年（714）在反击吐蕃的战斗中阵亡，忠嗣九岁时由唐玄宗养于宫中，赐名忠嗣。长大后，玄宗与之论兵，应对纵横。玄宗十分器重，对人说：“此子尔后必为良将。”开元二十一年（733）起，忠嗣历任军政要职。后因反对攻打石堡城被贬汉阳太守。

② 石堡城：在今青海西宁西南，其城四面悬崖数千仞，石路盘屈，为唐时边备要害，开元十七年列名振武军，二十九年没于吐蕃，天宝八载克之，又更名天威军。

③ 李光弼（708—764）：营州柳城（今辽宁朝阳）人。父楷洛，本契丹酋长，武则天时附唐。光弼历任朔方、河西将校。天宝十四载，安禄山反，郭子仪荐为河东节度使，又加河北采访使。后代子仪为朔方节度使、兵马副元帅。封临淮郡王。广德二年（764）卒于徐州。

④ 金吾：左右金吾卫，唐十六卫之二卫。掌宫中、京城巡警，烽候、道路、水草之宜。设大将军、将军及长史、诸曹参军，以后又增设上将军。羽林：左右羽林军。唐龙朔二年（662）置，掌北衙禁兵，督摄左右厢飞骑仪仗。设大将军、将军及长史、诸曹参军等官。

⑤ 上佐：部下属官的通称。唐州府佐吏与隋制同，有别驾、长史、司马一人，凡别驾、长史、司马通谓之上佐。

⑥ 汉阳：隋置沔阳郡，唐析置沔州，治所在今湖北武汉市汉阳区。太守：汉代郡长官名。隋大业中及唐天宝年间，改州为郡，官名亦称太守。

⑦ 哥舒翰（?—757）：原突厥族突骑施哥舒部落人，能读《左传》《汉书》，为河西节度使王忠嗣器重。因抵御吐蕃有功，代王忠嗣为陇右节度使，又加河西节度使。安禄山反，哥舒翰任兵马副元帅，率兵二十万守潼关（今陕西潼县东北）。为宰相杨国忠所忌，进谗，玄宗促令出战。哥舒翰被迫出关，与叛将崔乾祐战于灵宝（今属河南），中伏兵败被俘，被安禄山囚于洛阳。至德二载（757），安庆绪兵败撤退时杀了哥舒翰。

【译文】

六载十月，玄宗想让王忠嗣攻打吐蕃的石堡城，王忠嗣上疏认为："石堡城险要而坚固，吐蕃用全国的兵力防守此城，现在我们屯兵城下，非死数万名士兵不能攻克，臣恐怕这样攻下来得到的战果不如失掉的士兵，不如暂且厉兵秣马，等吐蕃国内出现矛盾，然后我们再乘机夺取此城。"玄宗对此感到不愉快。将军董延光自己请求率领部队攻取石堡城，玄宗命王忠嗣分出一部分兵力帮助董延光，王忠嗣迫不得已奉诏出兵，但不能完全符合董延光的愿望。董延光埋怨王忠嗣，李光弼对王忠嗣说："大夫您因为爱惜士卒，不想成全董延光的战功，虽然迫于皇上的命令而出兵，但实际上是破坏了董延光的计划。怎么知道的呢？现在派出数万名士兵交给董延光用来作战，但不为作战的部队立下重赏，士卒怎肯为他尽力作战呢？但这是天子的意思，他作战无功，一定会归罪于大夫您。大夫您的军队仓库内物资充足，为什么吝惜数万段绸帛，不用来杜绝董延光的谗言呢？”王忠嗣说：“现在用数万名士兵来争夺一座城堡，得到这座城堡也不足以制服敌人，得不到这座城堡，对国家也没有害处，所以忠嗣我不想用重兵攻城。现在如果受到天子的责怪，不过降职为金吾羽林军的一位将军回到京城担任宿卫，再次一点也不过是到黔中当一个将军的副手。忠嗣我怎能拿数万人的生命换取一个官职呢？”董延光超过期限不能攻克石堡城，声言王忠嗣阻挠了用兵计划，玄宗发怒，李林甫于是派人诬告王忠嗣，玄宗下命征忠嗣入朝，贬为汉阳太守。天宝八载（749），玄宗让哥舒翰攻打石堡城，拔下此城，唐朝士卒战死的有数万人，果然和王忠嗣当初所说的一样。

臣范祖禹评论说：王忠嗣可以说是贤将了！不做无益的事以害有益的事，不用所得到的（战功）来交换所失去的（士兵性命），不顾自己一身的危险，而怜惜士卒的生命，他可以称为贤将了！但是王忠嗣知道石堡城不能强攻下来，就不如坚持自己前面的意见，而不要分兵去协助董延光，现在（因分兵作战）同样都有了罪过，不也是应得的吗？既然勉力奉诏命而出兵作战，却又破坏了董延光的计划，让进谗言的人找到了借口，难道不是王忠嗣思考有不周之处吗？

【评析】

王忠嗣的贤，不在于他多能打仗，而在于他爱惜士卒的生命，不拿士卒的生命做自己升官的资本。但他为此也有考虑不周之处，这是范祖禹为他可惜的。要了解王忠嗣的为人，必须知道石堡城之战的详情。石堡城，又称铁刃城，在今青海省湟源县药水峡东的哈拉库图附近，是当时吐蕃人建造的军事城堡，在此城不远处就是赤岭（日月山），这是当时唐与吐蕃的分界处。石堡城背靠华石山，面临药水河，坐落在悬崖峭壁上。其正面的崖壁十分陡峭，城堡原是一个不大的三角形方台，正面长约百余米，两侧宽约九十米，堡内可容纳上千人驻守。城堡沿三面断崖，筑成堡垒，城墙用长条巨石堆砌起来，非常坚固，只有一条窄径可以上下。为争夺石堡城，唐与吐蕃在八十年间进行过四次大战，死伤十万余人。四次大战，双方两败两胜。唐除李祎千里奔袭取胜外，第二次就是哥舒翰之战。当时陇右节度使哥舒翰统领各部兵马及突厥阿布思部共六万余人，吐蕃凭借天险以四百戍兵迎战。最终哥舒翰以死伤数万人的代价，占领了石堡城，俘虏吐蕃铁刃悉诺罗等四百人。此战后，唐改城名为神武军，驻兵戍守。

玄宗不能以义制欲

【题解】

唐代的边境大将握有强大兵力，经常与周围民族作战，屡有战功，所以最终又往往进入朝廷担任宰相。担任边境大将的人选，又不只有汉人，还有不少少数民族人物，如阿史那社尔等，此次赋予重任的高仙芝也是高丽人，因作战勇敢而逐渐成为大将。这种将领势力大者，如盖嘉运、王忠嗣、安禄山等，往往是一将控制数镇。对这种人，朝廷中的大臣也很忌讳，怕他们来抢自己的权力，如李林甫就想杜绝边境将领进入朝廷的通路，极力主张重用少数民族将领，玄宗听从这个意见，开始重用安禄山。到任命高仙芝为四镇节度使的时候，边境各道的节度使就全是少数民族了，全国的精兵全都集中在北方边境，这使天下的兵力分布出现偏重状态，最终使安禄山能够用兵反叛，而其他地方没有可以使用的精兵，究其根本原因，都是因为李林甫为了保住自己的权位而提出的错误方案。

【正文】

十二月，以高仙芝[①]为安西四镇[②]节度使。自唐兴以来，边帅皆用忠厚名臣，不久任，不遥领，不兼统，功名著者往往入为宰相，其四夷之将，虽才略如阿史那社尔[③]、契苾何力[④]，犹不专大将之任，皆以大臣为使以制之。及开元中，天子有吞四夷之志，为边将者十余年不易，始久任矣。皇子则庆、忠诸王[⑤]，宰相则萧嵩[⑥]、牛仙客，始遥领矣。盖嘉运[⑦]、王忠嗣专制数道，始兼统矣。李林甫欲杜边帅入相之路，以胡人不知书，乃奏言:“文臣为将，怯当矢石，不若用寒族胡人，胡人勇决习战，寒族则孤立无党，陛下诚以恩洽其心，彼必能为朝廷尽死。”帝悦其言，始用安禄山。至是诸道节度使尽用胡人，精兵咸戍北边。天下之势偏重，卒使禄山倾覆天下，皆出于林甫专宠固位之谋也。

臣祖禹曰：李林甫巧言似忠，明皇故信而不疑。然以胡人为制将，则不必聪明圣智之主而后能知其非也。明皇蔽于吞灭四夷，欲求一切之功，是以李林甫得行其计以中其欲。人君苟不能以义制欲，迷而不复，何所不至哉!

【注释】

① 高仙芝（？—756）：高丽人。父为四镇校将，仙芝从至安西，以父功补游击将军。得四镇节度使夫蒙灵察赏识，任安西副都护、四镇都知兵马使。天宝六载（747），仙芝率万人远征，讨平小勃律国。擢鸿胪卿、假御史中丞，代灵察为四镇节度使，加左金吾卫大将军，久镇安西，屡有战功。后被宦官边令诚谗诛。

② 安西四镇：唐朝前期在西北地区设置的由安西都护府统辖的四个军镇。贞观十四年（640）唐灭高昌国后，置安西都护府于西州交河城（今新疆吐鲁番西交河古城址）。二十二年，唐在龟兹、焉耆（今新疆焉耆西南）、于阗（今新疆和田西南）、疏勒（今新疆喀什）四城修筑城堡，建置军镇，由安西都护兼统，简称“安西四镇”。

③ 阿史那社尔（604—655）：突厥处罗可汗次子。与契苾何力、执失思力齐名，是唐初最著名的少数民族军事将领之一。贞观初，社尔拥众十余万，自号都布可汗。后为延陀所败，由是率余众内属。贞观十年入朝，授左骁卫大将军，处其部于灵州。诏尚衡阳长公主，为驸马都尉，典卫屯兵。社尔为将廉明，忠于唐朝，深得太宗赏识。累功至右卫大将军，封毕国公。太宗崩，社尔请以身殉，卫陵寝，高宗不许。永徽六年卒，赠辅国大将军、并州都督，陪葬昭陵，谥曰元。

④ 契苾何力（?—677）：铁勒哥论易勿施莫贺可汗之孙。何力九岁而孤，号大俟利发。贞观六年，与母率众千余诣沙州内属，太宗处其部于甘、凉二州，擢何力左领军将军。后尚临洮县主。累功至左骁卫大将军，封郕国公。卒赠辅国大将军、并州大都督，陪葬昭陵，谥曰毅。

⑤ 庆、忠诸王：玄宗子庆王琮、忠王亨等十一人同日封王，并皆遥领各镇节度使。

⑥ 萧嵩（668—749）：贞观初左仆射、宋国公萧瑀之曾侄孙。嵩曾为河西节度使，遣将大败吐蕃于祁连城下。后入京为中书令，遥领河西节度使。萧嵩为玄宗时重臣，封徐国公。

⑦ 盖嘉运：唐玄宗开元间为北庭都护，屡破吐蕃，后兼河西、陇右两镇节度使。盖嘉运自恃边功，沉溺酒色，不思防务，使石堡城失守。

【译文】

十二月，任命高仙芝为安西四镇节度使。自唐朝建立以来，边境将帅都用性格忠厚的著名大臣，不长久任职，不在他地遥任其职，也不在异地兼任，功名显著的人往往进入朝廷成为宰相。其中也有用四方少数民族人物担任的将领，就算很有才能与谋略的人物，如阿史那社尔、契苾何力，也不专任大将的官职，都派出大臣作为使节来控制他们。到了开元时期，天子有了吞并四方各国的欲望，担任边境大将的人往往十几年也不换人，这就开始出现长久任职的情况了。其他还让皇子如庆王、忠王等人，宰相如萧嵩、牛仙客等人任节度使，这就开始出现人在朝中而遥领其职的情况了。又有盖嘉运、王忠嗣担任几个镇的节度使，这就开始出现一人兼统数个节度使的情况了。李林甫想杜绝边境将帅入朝为相的路子，以为胡人不懂文书，于是上奏说："文臣担任边境将领，作战时面对箭石就会胆怯，不如用寒族胡人，胡人勇敢而且熟习作战，寒族则孤立而没有朋党，陛下如果真诚地用恩惠让他们心情愉快，他们一定能为朝廷尽死力。"玄宗喜欢他的这个建议，开始重用安禄山。到这时，诸镇的节度使全都使用胡人，精兵全都在戍守北方边境。天下的形势偏重于北方，终于使安禄山颠覆了天下，这都是因为李林甫为了巩固自己的恩宠和权势而想出的诡计。

臣范祖禹评论说：李林甫花言巧语好像是忠诚，所以明皇信而不疑。可是让胡人担任边境大将，则不一定非是聪明圣智之主才能知道李林甫此言的错误。明皇被吞灭四方国家的野心蒙蔽了心智，想求得所有的作战胜利，所以李林甫能让他的计谋得逞而与明皇的欲望相合。国君如果不能用道义控制自己的欲望，迷而不返，又有什么事情做不出来呢？

【评析】

治国要遵守道义，这是根本的原则，任何君主都不能违犯。但落实到具体的事情上，君主们往往就忘了道义。玄宗想吞灭四方的民族政权，这是一种欲望，致使他忘了道义，而使自己的心陷入迷乱状态。李林甫作为宰相只想着投君主之所好，不顾君主的心智是否正常，这就是最大的奸臣。君与臣都这样不按道义行事，自然不会有好的结果。心是无形的，但事则会反映出心里的欲望是怎样的，这是隐瞒不了的。后世君主对此应加以注意。

玄宗宠信安禄山之荒唐

【题解】

历史记载，安禄山貌似憨厚，实很狡黠，又很会阿谀奉承，故甚得玄宗的欢心。但玄宗也很昏愚，竟对安禄山十分信任与照顾。他让有关部门给安禄山修建府第，竟然下令一定要极尽壮丽，而不讲费用多少。里面的摆设，甚至皇宫都比不上。安禄山又很会讨好杨贵妃，声称自己是贵妃的儿子。最后竟然可以随意出入皇宫，没有限制，致使安禄山与杨贵妃还出现了丑闻，对此玄宗也毫不怀疑。对安禄山的宠信如此荒唐，范祖禹疑惑不解，唐玄宗难道是被老天爷夺去了聪明吗？为什么这么昏庸呢？究竟是什么原因，也是历史上的一个谜，但所造成的恶果就是大唐王朝被安禄山的叛乱搅得一塌糊涂，玄宗逃跑，贵妃死于非命，当初他们之间的那种关系，又跑到什么地方去了呢？真是让旁观者费解。

【正文】

十载，帝命有司为安禄山起第于亲仁坊，敕令但穷壮丽，不限财力。既成，具幄帟①器皿，充牣其中，虽禁中服御之物，殆不及也。禄山生日，帝及贵妃赐衣服宝器酒馔甚厚。后三日，召禄山入禁中，贵妃以锦绣为大襁褓，裹禄山，使宫人以彩舆舁②之。帝观之喜，赐贵妃洗儿金钱，复厚赐禄山，尽欢而罢。自是禄山出入宫掖不禁，或与贵妃对食，或通宵不出，颇有丑声闻于外，帝亦不之疑也。

臣祖禹曰：昔辛有适伊川③，见被发而祭者，知其将为戎。明皇不信其子而宠胡人以为戏，至使出入宫禁而不疑，亵慢神器亦极矣，岂天夺其明，将启戎狄以乱华欤？何其惑之甚也！

【注释】

① 幄帟（yì）：篷帐，帐幕。

② 舁（yú）：抬。

③ 辛有适伊川：辛有，周太史；伊川，周地。《左传·僖公二十二年》，平王东迁，辛有适伊川，见被发而祭于野者，曰不及百年，此其戎乎，其礼先亡矣。被发而祭，有象夷狄。

【译文】

天宝十载，玄宗下令有关部门为安禄山在亲仁坊修建府宅，命令只管穷尽壮丽，不问耗费多少财力。府第建成之后，又在里面布置各类装饰与器皿，充满了整个府宅，就是皇宫中使用的物品，也都无法相比。在安禄山生日那天，玄宗和杨贵妃赏赐衣服宝物以及酒菜非常优厚。过了三天，召安禄山进入宫中，杨贵妃用锦绣丝绸做了一个大襁褓，裹着安禄山，让宫女用彩车把他抬着。玄宗看到了之后很高兴，赏赐杨贵妃洗儿钱，又多多赏赐安禄山，尽欢之后才罢去。从此安禄山进出皇宫不加禁止，有时与杨贵妃面对面一起吃饭，有时甚至通宵不出宫，有不少丑闻传到宫外，玄宗也不怀疑他。

臣范祖禹评论说：从前周的太史辛有来到伊川，看到一个人披头散发在野外进行祭祀，知道这里即将成为野蛮人居住的地方。唐明皇不信任他的儿子却宠信胡人，以此当作好玩的游戏，以至于让他进出宫禁而毫不怀疑，亵渎怠慢国家政权的尊严也达到极点了，难道是上天夺走了他的聪明，将要开启戎狄来扰乱华夏吗？他的昏惑是何其严重啊！

【评析】

安禄山并没有什么大智大勇，只是利用了玄宗的昏愚，而玄宗之所以相信安禄山，又与过分迷恋杨玉环有关，再加上杨国忠为相，于是二杨与安三人勾结起来，使玄宗变得更为昏庸愚蠢。这不是“天夺其明”，而是玄宗自己的心陷溺于不正当的欲望之中，再被小人们包围和利用，这就是唐王朝由盛而衰的根本原因。

贪官聚敛刻剥自有恶报

【题解】

《礼记·大学》说："与其有聚敛之臣，宁有盗臣。"这是因为国家重义而不重财，盗窃之臣只会造成钱财的损失，聚敛之臣则是严重损害道义。王𫓧就是想尽各种办法搜刮百姓财货的大臣，对他的搜刮玄宗却认为是能富国，这是非常严重的误读。古代思想家和贤明的政治家对聚敛百姓钱财的行为，都有清醒认识，如召穆公认为国君应该引导人民获利而使国家上下均能获利，而不应财富过分聚集到国家或君王手中。范祖禹认为，利的根本目的是养民，不能只由国家聚集起来，否则利就会带来各种各样的害。唐代这种以聚敛为能事的大臣不少，一时似乎对国家和君主有利，但最终是给国家和君主带来极大的危害，自己也没有好下场。后世君主对此必须引为鉴戒。

【正文】

十一载，户部侍郎[①]王𫓧[②]聚敛刻剥，岁贡额外钱帛百亿万，贮于内库，以供宫中宴赐，曰："此皆不出于租庸调。"中外嗟怨。帝以𫓧为能富国，益厚遇之，权宠日盛，领二十余使，宅旁为使院，文案盈积，吏求署一字，累日不得前，中使赐赉不绝于门，虽李林甫亦畏避之。𫓧弟户部郎中銲，凶险不法，召术士任海川，问："我有王者之相否？"海川惧，亡匿，𫓧恐事泄，捕得杀之。王府司马[③]韦会，定安公主之子也，话之私庭，𫓧又杀之。銲所善邢縡与右龙武万骑，谋杀龙武将军[④]，以其兵作乱，杀李林甫、陈希烈、杨国忠。有告之者，帝使𫓧捕之，铁意銲在縡所，先遣人召之，乃捕縡，縡格斗且走，禁军击斩之。国忠言铁必预谋，敕陈希烈与国忠鞫之。于是任海川、韦会等事皆发，铁赐自尽，銲杖死于朝堂，铁子准、偁流岭南，寻杀之，籍其第舍，数日不能遍。

臣祖禹曰：昔荣夷公⑤好专利，厉王⑥悦之，召穆公⑦知王室之将卑，以为王人者将导利而布之上下者也，而或专之，其害多矣。夫利，百物之所生，而天下之所以养人也，专之必壅，壅则所害者多。故凡有利必有害，利于己，必害于人，君子不尽利以遗民，所以均天地之施也，圣王宁损己以益人，不损人而益己。《记》曰："与其有聚敛之臣，宁有盗臣。"是以兴利之臣鲜不祸败，自桑弘羊以来，未有令终者也。唐世言利，始于宇文融⑧，融既流死，而韦坚、杨慎矜⑨、王铁继起，又益甚之，极于杨国忠，皆身首异处，宗族涂地，其故何哉？壅利而所害者众也，天下之怨归之，故其恶必复，其祸必酷，而唐室几亡。其后以刘晏⑩之能，犹不免，况其非道者乎？必若公刘⑪之厚民，管仲之富国，李悝之平粜⑫，耿寿昌之常平⑬，不为掊克，上下皆济，则身享其荣，后嗣蒙其庆矣。吉凶祸福之效如此，可不戒哉？

【注释】

① 户部侍郎：户部掌财赋户籍等事。长为尚书，副为侍郎。下有户部郎中、员外郎。

② 王铁（hóng）：并州祁（今山西祁县）人。官户部员外郎，兼侍御史。天宝间，任和市和籴使、户口色役使、御史中丞、京畿关内道黜陟使等，每年搜刮大量财物入内库，极受信任。迁户部侍郎，兼二十余使，后因事牵连赐自尽。

③ 王府司马：诸王僚属。唐制王府设司马一人，掌统府僚、纪纲职务。

④ 龙武将军：唐肃宗置左右神武军，掌北衙禁兵。设大将军各一人，统军各一人，将军三人。

⑤ 荣夷公：周厉王卿士。厉王好利。他迎合厉王，建议实行专利政策，

垄断山林川泽收益，深得厉王宠信。大夫芮良夫谏止，厉王不听，人民不满，终于爆发国人暴动。

⑥ 厉王：周厉王（？—前828），公元前877—公元前841年在位，周夷王的儿子，在位36年。厉王重用奸佞荣夷公，不听贤臣周公、召公等人劝阻，实行专利政策，百姓道路以目，民不聊生。百姓冲进王宫，要杀厉王，史称“国人暴动”。厉王逃到周边境彘（今山西霍州），共和十四年（前828）死。

⑦ 召穆公：名虎，姬姓，周之同姓支属。其先召公奭与周公旦同辅周成王。厉王无道，召穆公屡谏不听。厉王出奔后，召穆公与周公共同行政，号为“共和”。

⑧ 宇文融（？—约730）：京兆万年人。开元初任监察御史。时税收减少，他建议检括逃亡户口和籍外占田。开元十七年（729），拜黄门侍郎、同中书门下平章事，贬汝州刺史，又流严州。

⑨ 韦坚（？—746）：唐京兆万年人，玄宗朝任水陆转运使，权倾宰相。杨慎矜：隋炀帝玄孙。玄宗朝任京畿采访使、知太府出纳使、诸道铸钱使等职。韦坚、杨慎矜、王鉷三人在开元年间搜刮财物，极为贵幸，后来又都得罪致死。

⑩ 刘晏（718—780）：曹州南华（今山东菏泽西北）人。历任吏部尚书同平章事、领度支、铸钱、盐铁等使，为官清廉，唐代著名理财家。唐德宗即位后，奸相杨炎谗杀刘晏。

⑪ 公刘：古代周部落首领，周文王的祖先。公刘在位期间，“修后稷之业，务耕种”，造福后代，惠及子孙。

⑫ 李悝（前455—前395）：战国初受业于子夏弟子曾申门下，是法家的代表，也作李克。在魏国任中山相、上地守。平籴（dí）：官府在丰年按平价购粮储存，以备荒年出售。

⑬ 耿寿昌：汉宣帝时任大司农中丞，建议边郡筑仓，以谷贱时增其价而籴，贵时减其价而粜，名常平仓。后封关内侯。精通数学，修订《九章算术》，又造浑天仪观天象，著《月行帛图》。

【译文】

天宝十一载，户部侍郎王𫓹从百姓手中聚敛钱财，严厉地搜刮百姓，每年在正常赋税之外还搜刮钱帛达百亿万之多，全都贮藏于宫内的仓库中，以供皇宫中举行宴会和赏赐时使用，他说："这都不是出自租庸调的。"朝中内外全都嗟叹怨恨。玄宗认为王𫓹能使国家富裕，给他更加优厚的待遇，王𫓹的权势和恩宠越来越大，兼任二十多种使官，他的住宅旁就是使官的府院，文件案牍积累得很多，官吏求他签署一个字，连续几天都到不了跟前，宫中的特使带着玄宗的赏赐不断地来到门前，就是李林甫也畏惧和躲避他。王𫓹的弟弟户部郎中王銲，为人凶险而不守法制，召见术士任海川，问他："我有帝王之相吗？"任海川听了害怕，逃跑藏了起来，王𫓹担心事情泄漏，抓捕到任海川把他杀了。王府司马韦会，是定安公主的儿子，在私人院庭中说到这件事，王𫓹又杀了他。王銲的好朋友邢縡和右龙武万骑，谋划杀死龙武将军，利用他的部队作乱，要杀死李林甫、陈希烈、杨国忠等人。有人告发，玄宗让王𫓹逮捕他们，王𫓹估计王銲正在邢縡那里，先派人把王銲叫走，然后才逮捕邢縡，邢縡一边格斗一边逃走，禁军把他击杀。杨国忠说王𫓹一定参与了谋划，玄宗命陈希烈和杨国忠审问王𫓹。于是杀死任海川、韦会等人的事全都暴露，王𫓹被赐自尽，王銲被杖死在朝堂，王𫓹的儿子王准、王偁被流放到岭南，不久也都被杀，查收他们的住宅及财宝，花了数天也未能全部查完。

臣范祖禹评论说：从前荣夷公喜好把财利聚集到天子手中，周厉王喜欢这种做法，召穆公知道周王室将要衰微，认为统治人民的人应当引导人民获利，把利分布到国家和百姓手中，可是厉王和荣夷公却要把财利聚敛到自己手中，其危害就很多了。利，百物由此而生，是天下用来养人的，专控在国王手中就必定会使财利壅滞不通，壅滞不通就会有很多危害。所以凡是有利的就必定有害，对己有利，就必定会危害他人，君子不把利全收到自己手中，要把利留给民众，这是为了平均天地对人的施舍，圣王宁愿损害自己来让他人获利，不损害他人来让自己获益。《礼记》里说："与其有聚敛之臣，宁愿有盗窃之臣。"所以为国王增加财利的大臣很少不以祸败告终的，自汉代的桑弘羊以来，这种人没有一个是善终的。唐代倡言为国家增利，始于宇文融，宇文融流放而死之后，又有韦坚、杨慎矜、王铁继之而出，又把聚利搞得更甚，到杨国忠就达到极点了，这些人的下场全都是身首异处，全宗族被处死，其原因是什么呢？这是因为他们聚利而使财利壅滞，所造成的危害太多了，天下人的怨恨都归结到他们身上，所以做了坏事必定会有报复，受到的灾祸必定非常沉重，而使唐王朝几乎灭亡。其后就算刘晏这样有才能的人，还不免遭受灾祸，何况那些以不道义的方法聚财利的人呢？一定要像公刘那样让民众获利丰厚，像管仲那样使国家富足，像李悝那样平定粮价，像耿寿昌那样建立常平仓，不做搜刮百姓的事，使国家与民众都得到利益，才能使自己享受尊荣，使自己的后人平安有福。吉凶祸福的效应就像这样灵验，能不引以为戒吗？

【评析】

历来君主都最痛恨贪官，想尽一切办法打击惩罚他们，但官吏们总是利令智昏，不知收敛，所以怎么打击惩处也不能根绝官吏的贪婪。官吏的贪婪不仅是为自己谋取财利，还有所谓的兴利之臣，对国家的危害更大。所谓的兴利，在古代只有一个办法，就是想尽一切办法从老百姓手里榨取财富，拿来供君主与国家使用。他们为了兴利，又爱用改革的名义，但这种人的所作所为，最终只能使他们自己不得善终。这是历史一再证明了的。君主治国，一定不要放纵自己的欲望，不然就会促使这种兴利之臣出现，最终仍会使国家与人民受害。

玄宗不能育才养贤

【题解】

唐玄宗对胡人军将非常信任，委以重职，但对文人，只让他们担任文书撰稿之事，设置了翰林院，召集了不少具有特殊才艺的文人，让他们随时听从自己的召唤，称之为待诏。范祖禹认为，本来已有中书省和门下省负责传递帝王的命令，并为帝王撰写诏书布告，可是玄宗又专设翰林院，既用文章之士，又用僧道书画琴棋数术之工，这是真正的士人羞于为伍的人，玄宗让这种人与文学之臣混在一起，就降低了文士的身份，以这种态度对待文士，就起不到育才养贤的作用。其危害在于，帝王破坏了原有的制度，而在下的人们也都抱着谋取私利的动机来向帝王谄媚，真正的士人应以与之同列为羞耻。

【正文】

十三载正月，帝欲加安禄山同平章事，已令张垍[①]草制，杨国忠谏而止。时垍为太常卿翰林院供奉[②]，唐初诏敕皆中书、门下官有文者为之，乾封以后，始召文士。元、万顷，范履冰等草诸文词，常于北门候进止，谓之“北门学士”。中宗之世，上官昭容专其事。帝即位，始置翰林院，密迩禁庭，延文章之士，下至僧道书画琴棋数术之工皆处之，谓之“待诏”[③]。

臣祖禹曰：中书、门下，出纳王命之司也，故诏敕行焉。明皇始置翰林，而其职始分，既发号令，预谋议，则自宰相以下，进退轻重系之矣，岂特取其词艺而已哉？释老之徒，方外之士，书画琴棋数术，执伎以事上，不与士齿者也，而使与文学之臣杂处，非所以育材养贤也。上失其制，下怀其利，为之者不亦可羞哉？

【注释】

① 张垍（jī）：玄宗时大臣。尚宁亲公主，拜驸马都尉。垍有文才，玄宗许其于禁中置内宅，为文章侍奉左右。后坐事，出为卢溪司马，又入为太常卿。安禄山乱，命他为宰相，死于乱军之中。

② 翰林院：唐初置，备皇帝召见。玄宗初，置翰林待诏，掌表疏批答，应和文章，又选文学之士为翰林供奉，与集贤学士分掌制诏书敕。开元时改翰林供奉为学士，另置学士院，专掌起草诏令。供奉：即翰林供奉。

③ 待诏：即翰林待诏。

【译文】

天宝十三载正月，玄宗想给安禄山加上同平章事的职务，已令张垍起草诏书，杨国忠进谏后才停止了这一任命。当时张垍是太常卿翰林院供奉，唐代初年皇帝的诏敕都由中书省、门下省的官员中善于写文章的人来撰写，唐高宗乾封年间以后，才开始专门召用文士来撰写。元万顷、范履冰等人起草各种文辞，经常在皇宫北门等候听命，称为“北门学士”。唐中宗的时候，上官昭容专掌这项事务。玄宗即位后，才开始设置翰林院，与皇宫非常接近，延请擅长写文章的士人，甚至僧人道人和擅长书法绘画、擅长弹琴下棋以及懂得数术的人员也都招进翰林院，统称之为“待诏”。

臣范祖禹评论说：中书省、门下省，是出纳帝王之命的部门，所以帝王的诏命敕令由此宣告到天下。明皇开始设置翰林院，于是传达帝王诏命的事务就从中书省、门下省分了出来，翰林院既管发号施令，又参与政事的谋议，这样一来，自宰相以下的官员，他们的进退轻重就都系于翰林院的官员手中了，这哪里是仅仅用他们的词艺而已呢？佛教和道教中的人士，是社会之外的人，书画琴棋数术，都不过是一种技艺，拿来为帝王服务的，都是不能与士人视为同列的，可是现在却让他们与文学之士混杂相处，这不是帝王养育人才和贤人的方法。在上的帝王已经丧失了原有的制度，在下的各类人士也都怀有谋利之心，做这种事的人不也是可羞的吗？

【评析】

君主治国最重要的，一是控制自己的内心，二是尽力培养人才，这就是所谓的育才养贤。这里的育与养实际上是一回事，就是今天所说的培养。才与贤就是能力与品德，可知对人才的培养是才与德两方面必须同步进行，而不可忽视一方。不少人以小聪明为才，这是错误的。所谓的才，是治国的才能，使国家顺利发展而不产生祸害的才能。所谓的德，是有助于完成上述治国任务的品德，即一切以合乎道义为准则。君主培养这样的人才，国家不会治理不好。如果国家还有很多问题，就说明君主在育才养贤上做得不好。

玄宗任非其人终致大祸

【题解】

玄宗任用杨国忠为宰相，还以为天下无事，再也没有担心的事了。连高力士都知道许多事情，玄宗还蒙在鼓里。杨国忠不断排除异己，高力士也对玄宗说出问题的严重性，玄宗竟然没有采取任何措施。范祖禹认为明皇用杨国忠完全失当，如果他能用姚崇、宋璟为宰相，用王忠嗣为边境将领，那才会无忧。可是他以奸邪之人为贤能之人，把全部大权交给这种人，让他们为所欲为，而没有一个人敢站出来说明事实，整个朝廷都是小人，事情到了这一步，已经完全不可救药了。到了最后，只有宦官还能提醒一下玄宗，但宦官又非人才，也不能替玄宗解决问题，只能等着祸乱到来。

【正文】

十五载二月，帝尝谓高力士曰："朕今老矣，朝事付之宰相，边事付之诸将，夫复何忧？"力士对曰："臣闻云南数丧师，又边将拥兵太盛，陛下何以制之？臣恐一旦祸发，不可复救，何谓无忧？"帝曰："卿勿言，朕徐思之。"自去秋水旱相继，关中大饥，杨国忠恶京兆尹①李岘②不附己，以灾沴归咎于岘。九月，贬岘长沙太守。帝忧雨伤稼，国忠取禾之善者献之，曰："雨虽多，不害稼也。"帝以为然。扶风太守③房琯④言所部水灾，国忠使御史推之。是岁，天下无敢言灾者。高力士侍侧，帝曰："淫雨不已，卿可尽言。"对曰："自陛下以权假宰相，赏罚无章，阴阳失度，臣何敢言？"帝默然。

臣祖禹曰：明皇之言未为失也，其失者任非其人也，诚使朝事付之相如姚、宋，边事付之将如王忠嗣，夫复何忧哉？而以奸宄为贤能，巨猾为忠良，是以祸乱成而不自知也。自李林甫之时，言路塞绝，以妄言为实，以实言为妖。杨国忠知其君之可欺也而欺之，公卿大夫百执事之人，宴安宠禄，谀佞成风，大乱将作，凡民且能知之，而无一人敢言者，盖其君子皆去，其立于朝者皆小人也。高力士，帷幄之臣，非有深谋远虑，心知其事，而不忍噤默，此非其忠义过人，盖朝廷无贤，百官失职，而至于宦者言天下之事，明皇亦可以悟矣，而曾不之省，以及于乱，不亦宜哉？

【注释】

① 京兆尹：汉武帝太初元年（前104）改右内史为京兆尹，分原右内史东半部为其辖区，职掌相当于郡太守，但参与朝议。治所在长安。三国魏辖区改称京兆郡，官名改称太守。西魏、北周、隋仍称郡，改太守为尹。唐开元初改雍州为京兆府，而改雍州长史为京兆尹，并增设少尹，以理府事。后世不置，但习惯上称呼京师所在地行政长官为京兆尹。

② 李岘（xiàn，709—766）：玄宗天宝时，官至京兆尹，被杨国忠排挤，出为长沙太守。当时京师米贵，百姓谣谚："欲粟贱，追李岘。"肃宗召为扶风太守兼御史大夫。当时刚平定叛乱，收复两京，他任三司使，主张分别首从、轻重，防止大量杀人。乾元二年（759）任宰相，不久贬为蜀州刺史。代宗时复任宰相，仍为宦官排挤，终为衢州刺史。

③ 扶风太守：汉武帝太初元年置右扶风，取扶助风化之意，为右扶风长官，与郡守相当。曹魏改为扶风郡，官名为扶风太守。

④ 房琯（697—763）：河南（治今河南洛阳）人，以荫补弘文生，隐于陆浑伊阳山中十余年。开元中，被荐授校书郎，历任卢氏等县令。天宝中，历宜昌、琅邪、邺、扶风等郡太守，擢给事中。安禄山叛乱

时，随从玄宗逃至成都，为宰相。又与韦见素等到灵武，扶助肃宗，后以过罢太子少师，终刑部尚书。

【译文】

天宝十五载二月，玄宗曾对高力士说："朕现在已经老了，朝廷的事交付给宰相，边境的事交付给各位将领，还有什么担忧？"高力士回答说："臣听说在云南几次战败丧师，而且边境将领拥兵太盛，陛下用什么来控制他们？臣怕一旦祸乱爆发，再不能挽救，怎么说无忧呢？"玄宗说："爱卿不要说了，朕慢慢考虑一下。"自去年秋天水灾旱灾相继出现，关中大饥，杨国忠厌恶京兆尹李岘不依附自己，把天灾归咎于李岘。天宝十三载（754）九月，把李岘贬为长沙太守。玄宗担忧久雨伤害庄稼，杨国忠拿来长得好的庄稼献给玄宗，说："雨虽然下得多，但没有伤害庄稼。"玄宗以为确是如此。扶风太守房琯报告所管辖的地区发生了水灾，杨国忠让御史写奏章揭发他的过失。这一年，天下没有人敢说有灾害。高力士在旁边侍候，玄宗说："淫雨久不停止，卿有什么话都可以全部说出来。"高力士回答说："自陛下把大权交给宰相，赏罚没有章法，阴阳已经失去常度，臣哪里敢说话？"玄宗沉默不语。

臣范祖禹评论说：明皇的话没有说错，他的失误是任用的人不对，如果真把朝廷的事交给像姚崇、宋璟那样的宰相，边境的事交给像王忠嗣那样的将领，那还有什么担忧呢？可是他却把奸邪之人当作贤能之人，把巨猾当作忠良，所以祸乱已经形成而自己还不知道。自李林甫当宰相的时候，进言之路就已被堵塞了，把欺妄的话当作实话，把实话当作妖言。杨国忠知道这个君主可以欺骗于是就欺骗他，朝廷里的公卿大夫以及众多的官员，只知享受平安和贪图恩宠及俸禄，阿谀奸佞成风，大祸乱将要爆发，凡是百姓都能知道这一点，却没有一个人敢说出来，这是因为君子之人都离开了朝廷，立于朝廷的人都是小人了。高力士是在身边侍候玄宗生活的人，并没有深谋远虑，心中知道这些情况，而不忍沉默不言，他不是忠义过人的人，只是因为朝廷中已经没有贤才，所有的官员都失职了，以至于宦官来讲天下的事，明皇也应该有所醒悟了，可是他还是没有醒悟，最后终于出现了大乱，不也是应该的吗？

【评析】

君主用什么样的人来任宰相，协助自己治国，这是国家的大事。君主不能只凭自己的印象与好恶来选拔和任命人才，否则就会把奸人小人当作人才来重用，这对国家是最危险的。因此君主只能根据道义来识别、选拔和任用人才，这样才能避免在用人上的失误。

兴复唐室终靠忠贤之臣

【题解】

安禄山终于反叛了，唐朝的精兵全都集中在北方与西方的边境地区，由胡人任统帅，而整个国内根本没有精锐部队可以迎敌作战了。但唐朝竟然没有灭亡，靠的是许多本来不受重用的忠良贤臣。如这里提到的贾贲、张巡、颜杲卿、颜真卿、张介然、崔无诐、李憕、卢奕、郭子仪、李光弼等人，范祖禹感慨地说，朝廷已经没有忠贤，左右已经没有正直之人，可是各地却有不少忠贤之臣纷纷挺身而出，挽救了唐王朝。谁能说天下无人呢？只是玄宗原来不用这些人才而已。所以从历史的经验来说，国家的兴亡，不在于是否富裕，而在于是否培养人才，任用人才，乱时要用人，平时更要用人，任何时候都不能让小人得逞，让君子受排挤，这就是人才对于国家的重大意义。

【正文】

以吴王祗为灵昌太守①、河南都知兵马使②，贾贲前至雍丘③，有众二千。先是，谯郡④太守杨万石以郡降安禄山，逼真源⑤令张巡⑥使为长吏，西迎贼。巡至真源，率吏民哭于玄元皇帝庙，起兵讨贼，吏民乐从者数千人，西至雍丘，与贾贲合。

臣祖禹曰：明皇之末，朝廷无忠贤，左右无正人，一旦兵起幽蓟⑦，中原瓦解，而颜杲卿首谋于常山⑧，真卿唱义于平原⑨，张介然、崔无诐死其城郭⑩，李憕、卢奕、蒋清死其官守⑪，贾贲⑫以一尉讨贼，张巡以县令起兵，郭子仪鹰扬于朔方⑬，李光弼电击于河北⑭，孰谓天下无人乎？盖有之而不用也。其后兴复唐室，卒赖之于忠贤。夫国有人则存，无人则亡，古者万乘之国，有一臣则不可得而亡，况忠贤如此其多乎？唐之不亡，断可知矣。《诗》云："无竞惟人，四方其训之。"⑮苟得其人，则何危乱之有？

【注释】

① 吴王祗：唐太宗子吴王恪之孙。初为东平太守。安禄山反，河南、陈留、荥阳、灵昌相继陷落，祗募兵拒贼，玄宗壮之。累迁陈留太守，持节河南道节度采访使。历任太仆、宗正卿。灵昌：唐郡名，故治在今河南滑县西南。

② 河南：河南道。唐贞观初置，在黄河之南，故名，东尽海，西距函谷，南滨淮，北临河，今河南、山东黄河故道以南，江苏、安徽淮河以北之地，治洛州洛阳县（今河南洛阳东北）。开元中分置都畿道，河南道改治汴州（今河南开封）。都知兵马使：唐朝藩镇所置的武职官名。唐朝各藩镇以节度使为本道的最高军事长官。节度使之下，藩镇军分为两大系统，藩镇牙外军归马步都知兵马使（简称都知兵马使）率领，藩镇牙内军由牙内兵马使掌管。直接隶属于都知兵马使的军事组织为厢。厢的主将也称都知兵马使，简称都使、兵马使。

③ 雍丘：县名。在今河南杞县。

④ 谯郡：郡名。故治在今安徽亳州。

⑤ 真源：晋谷阳县，唐改真源又改仙源，玄宗时为真源，故城在今河南鹿邑县东十里，相传老子生是邑，故以为名。

⑥ 张巡（709—757）：蒲州河东人，开元末中进士，初为太子通事舍人，调授清河县令、真源县令。安禄山反，张巡坚守孤城雍丘，后退至睢阳与太守许远合兵据守。张巡率众与占绝对优势的叛军进行四百余战。睢阳血战是安史之乱最惨烈的战役，终因孤立无援，城破被俘遇害，许远也被杀。

⑦ 幽：幽州。唐属河北道。蓟：蓟州。唐属河北道。唐开元十八年以渔

阳县为蓟州。故治在今天津市蓟州区。

⑧ 颜杲卿（692—756）：唐京兆万年人，和颜真卿同为颜师古五代孙。安史之乱时，杲卿和儿子季明守常山，任太守，颜真卿守平原，河北有十七郡响应。天宝十五载（756），安禄山军围常山，抓到颜季明，逼迫颜杲卿投降，颜杲卿不肯屈服，季明被杀。不久城破，颜杲卿被押到洛阳见安禄山，颜杲卿瞋目怒骂，被处死。常山：郡名，治在今河北正定西南。

⑨ 颜真卿（709—784）：唐京兆万年人。开元间中进士，任监察御史、殿中侍御史。受杨国忠排斥，贬平原太守。安禄山反，他联络从兄颜杲卿起兵抵抗，附近十七郡响应，使安禄山不敢急攻潼关。肃宗时至凤翔授宪部尚书、御史大夫。代宗时任吏部尚书、太子太师，封鲁郡公，人称“颜鲁公”。德宗兴元元年，淮西节度使李希烈反，奸相卢杞派其前往劝谕，实借李希烈之手害之。颜真卿被李希烈缢死。颜真卿为中唐书法大家，与柳公权并称颜筋柳骨。平原：郡名，治在今山东德州市陵城区。

⑩ 张介然：蒲州猗氏人。安禄山反，介然为河南防御使，守陈留。城陷，被安禄山斩首。崔无诐：京兆长安人。开元中为益州司马。杨国忠引用之，累转陕郡太守、少府监、荥阳郡太守。安禄山陷荥阳，无诐被杀。

⑪ 李憕（chéng，？—755）：并州文水（今山西文水）人。安禄山反，李憕任东京洛阳留守。洛阳城陷落，安禄山将李憕、御史中丞卢奕和采访判官蒋清杀害，又派人带三人首级到河北威吓各郡、县守。平原太守颜真卿用计夺三人首级，装棺入殓，设灵祭拜。玄宗追赠李憕为司徒、卢奕为武部尚书、蒋清为文部郎中。

⑫ 贾贲：安禄山反时为单父尉，雍丘令令狐潮举县降安禄山，贾贲、张巡入城杀令狐潮妻子，据城自守。不久贾贲战死。

⑬ 鹰扬：《诗经·大雅·大明》：“维师尚父，时维鹰扬。”鹰扬是说如鹰之飞扬。有逞威、大展雄才之意。朔方：朔方军。唐开元中置，治

灵州，在今宁夏灵武西南。安禄山反，诏郭子仪充朔方节度使。

⑭ 电击：言如雷电之击。喻速度之快和声威之大。河北：李光弼代子仪为朔方节度使，朔方位于河北。

⑮ 无竞维人，四方其训之：出自《诗经·大雅·抑》。言欲立强于天下者，无如得人。竞，强也。训，道也。无强乎惟人，贤人也，得贤人则国家强矣，故天下诸侯顺其所为也。

【译文】

任命吴王李祇为灵昌太守、河南都知兵马使。贾贲前进到达雍丘，有两千名士兵。在此之前，谯郡太守杨万石率全郡投降安禄山，逼真源令张巡，让他担任长史，向西迎接贼军。张巡到达真源，率领官吏和民众在玄元皇帝庙（玄元皇帝指老子李耳，唐王朝把老子奉为始祖，上封号“太上玄元皇帝”，唐明皇又加“大圣祖”之号，再加尊号“圣祖大道玄元皇帝”）哭祭，然后起兵讨伐叛贼，乐于跟从的官吏和民众有数千人，西进到达雍丘，与贾贲会合。

臣范祖禹评论说：明皇的末年，朝廷里没有忠贤之臣，身边没有正直之人，一旦叛军从幽蓟出发，中原地区全都瓦解。此时有颜杲卿在常山首先计划抵抗叛军，又有颜真卿在平原提倡起义兵反抗叛贼，还有张介然、崔无诐死在其驻守的城中，李憕、卢奕、蒋清死在自己的官职岗位上，贾贲以一个县尉的身份起兵讨伐叛贼，张巡以一个县令的身份起兵，郭子仪在朔方率军如雄鹰一样英勇作战，李光弼在河北发动雷霆般的攻击，谁说天下没有人才呢？只是因为有人才而明皇不能任用他们。后来兴复了唐王室，最终依赖于这些忠贤之臣。一个国家有人才就会生存，没有人才就会灭亡，古时候的万乘之国，有一个忠臣就不可能灭亡，何况忠贤之人如此之多呢？唐王朝不会灭亡，由此就可以断然判定了。《诗经》说：“只有人才是无法相比的，天下四方的诸侯都会遵循这个道理来用人才。”如果得到了真正的人才，那么国家还会有什么危乱呢？

【评析】

玄宗末年似乎没有人可用了，范祖禹认为其实不然，他举出颜杲卿、颜真卿、张介然、崔无诐、李憕、卢奕、蒋清、贾贲、张巡、郭子仪、李光弼等人为例，说明不是天下无人，而是君主不能用这些人才。可知任何时候都有人才，关键是君主承不承认这些人才，重不重用他们。前面说到君主要育才养贤，这在平时就要做好，到有灾祸时，自然就会有人可用。

杨国忠为私利而害国

【题解】

在国家极其危险的关头，杨国忠还想着不能让别人威胁到自己的权势，借口保卫京师，调集部队，防备对自己有威胁的将领。范祖禹认为安禄山的反叛就是由杨国忠激起的，杨国忠想以此向玄宗证明自己说的话是对的，他又瞎指挥军队，使之战败而不顾，杨国忠都是为自身的利益考虑，而根本不为国家的安危考虑。这种小人掌握国家大权，只会让国家遭受祸乱。从最后的结果看，杨国忠这种小人为自己打算，表面上看处处得计，实际上是为自己挖掘坟墓。小人只知道就利避害，但没有想到害人害国终会害己，所以自古以来小人都没有好下场，最终是使家与国俱亡。而唐明皇却把天下的安危全都交给这样的小人，其结果可想而知。

【正文】

哥舒翰军于潼关[①]，或说杨国忠曰："今朝廷重兵尽在翰手，翰若援旗西指于公，岂不危哉？"国忠大惧，乃奏潼关大军虽盛，而无后继，万一失利，京师可忧，请选监牧小儿三千，于苑中训练，使李福德领之。又募万人屯灞上[②]，令杜乾运将之，名为御贼，实备翰也。翰亦恐为国忠所图，乃表灞上军隶潼关。六月，召乾运诣关，因事斩之，国忠益惧。帝遣使趣翰进兵，复陕、洛，翰奏以为未可，国忠疑翰谋己，言翰逗留，将失机会。帝续遣中使趣之，项背相望，翰不得已，抚膺恸哭，引兵出关，与贼将崔乾祐战于灵宝西原，翰大败，乾祐进克潼关，蕃将火拔归仁等执翰以降贼。

臣祖禹曰：杨国忠既激安禄山使之速反，以信其言[③]，又促哥舒翰出兵潼关，恐其为己不利，动为身计，不顾社稷之患，然所以求全者，适足以自族也。夫就利避害，小人之常也，利发于己而不利于人则为之，害于国而不害于家则为之，自以为得计矣，而不知害于国则亦害于家，不利于人则亦不利于己，是以自古小人之败，必至于家国俱亡，此先王所以戒小人之不可用也。明皇以天下安危，寄之一相，而其人如此，安得不倾覆乎？

【注释】

① 潼关：关名。古称桃林塞。东汉时设。故址在今陕西潼关县，处陕西、山西、河南三省要冲，素称险要。

② 灞上：也作霸上。在陕西西安东，处灞水西高原上。灞上一般指灞河附近。唐代，长安人士送别亲友，要送到灞桥才分手，并折下桥头柳枝相赠。年年柳色，霸陵伤别，灞桥折柳赠别，成为特有习俗。

③ 以信其言：杨国忠曾对玄宗说安禄山必反，安禄山计划在玄宗死后才反，杨国忠为了证明自己的话说得准，所以多次激安禄山速反。

【译文】

哥舒翰驻军防守潼关，有人对杨国忠说：“现在朝廷的重兵全都在哥舒翰手上，他如果挥动军旗向西指向大人，岂不是很危险吗？”杨国忠大为恐惧，于是上奏说驻守潼关的大军虽然强盛，但没有后援部队，万一作战失利，京师就很危险了。请选拔京师之内的监牧等处的士卒三千人，在皇家园苑中训练，让李福德率领。又招募一万人屯扎在灞上，让杜乾运率领，名义上是说为了抵抗叛军，实际上是为了防备哥舒翰。哥舒翰也怕被杨国忠倾轧，于是上书请求把驻扎灞上的部队隶属于潼关方面。天宝十五载（756）六月，召杜乾运来到潼关，找一个借口杀了他，杨国忠更加害怕。玄宗派使者催促哥舒翰进兵，收复陕、洛地区，哥舒翰上奏说不可以出兵，杨国忠怀疑哥舒翰准备攻击自己，就向玄宗上言说哥舒翰逗留不进，将会失去战机。玄宗继续派宫中的使者催促哥舒翰，前来传达命令的使者在路上前后相接，哥舒翰迫不得已，抚胸痛哭，率兵出关，与叛军的将领崔乾祐在灵宝之西作战，哥舒翰的部队大败，崔乾祐进军攻克潼关，蕃将火拔归仁等人捉了哥舒翰投降了叛军。

臣范祖禹评论说：杨国忠既已刺激安禄山使他很快反叛，以此证实自己所说安禄山必反的话，又催促哥舒翰从潼关出兵，恐怕哥舒翰对己不利，动辄为自身考虑，不顾国家的灾祸，但他用来求得安全的行为，正好足够使他的家族被治罪处死。趋利避害，是小人的常态，利归于自己而不利于他人的事就去做，害了国家而不害自己家的事也就去干，自以为得计了，却不知道害了国家就也会害了自家，不利于他人也就会不利于自己，所以自古以来小人的失败，一定会到家与国全都灭亡的地步，这就是先代圣王告诫人们不可任用小人的原因。唐明皇把天下的安危，全都寄托在一个宰相身上，而做宰相的这个人又是这样的小人，又怎能不使国家覆灭呢?

【评析】

玄宗晚年身边不是没人才，他不用正直的贤人，却重用杨国忠这样的奸臣，让奸臣在朝廷当道，再多的贤人也会被排挤压制，国家的命运必然走向衰亡。玄宗的教训不可谓不深刻。

天子失国与匹夫何异

【题解】

唐玄宗仓皇出逃，场景非常凄惨，派出前导官让他沿路安排皇帝的食宿，结果此人和沿途的县令都撇下唐玄宗不管，自己逃之夭夭。再派使者征召其他的官吏与民众，也没有一个人响应。大家已经抛弃了这个皇帝。到了中午还没有饭吃，杨国忠只好自己去买饼子给玄宗吃。老百姓看到皇帝如此悲惨，也来献食，都是平时宫中没有吃过的粗粮，而皇孙们一抢而空。大家此时不禁伤心痛哭，但也后悔莫及。范祖禹认为，天子一个人在天下所有民众之上，君与民以及臣与民都是相互扶助的关系，平时不关心百姓，乱时百姓也不关心天子和大臣。没有人拥护了，天子就与匹夫没有什么差别了。所以，为了避免落到这种境地，天子与大臣平时就要万分谨慎，要像胆战心惊地用腐朽的绳子驾驭六驾马车一样对待百姓与国家政务，才不会落到这种悲惨的境地。

【正文】

帝遣宦者王洛卿前行，告谕郡县置顿。食时，至咸阳[①]望贤宫，洛卿与县令俱逃，中使征召吏民，莫有应者。日向中，帝犹未食，杨国忠自市胡饼以献。于是民争献粝饭，杂以麦豆，皇孙辈争以手掬食之，须臾而尽，犹未能饱。帝皆酬其直慰劳之，众皆哭，帝亦掩泣。

臣祖禹曰：臣民之位，上下之等，以势相扶而已矣。天子者，以一身而寄天下之上，所恃者众心之所戴也。合而从之，则为人君，离而去之，则为匹夫。天下常治，则能保人君之尊，乱则众散，众散则与匹夫何异哉？《书》曰："予临兆民，懔乎若朽索之驭六马。"先王不敢自恃如此，故其国家可保也。明皇享国几五十年，一旦失国，出奔自长安，至咸阳不四十里，而已无食，天子之贵，四海之富，其可恃乎？

【注释】

① 咸阳：今陕西咸阳。在九嵕之南，渭水之北，山水皆阳，故曰咸阳。

【译文】

玄宗派遣宦官王洛卿在前面行进，告谕沿途的郡县布置安顿皇帝一行。到吃饭的时候，走到咸阳望贤宫，王洛卿与县令都逃走了，又派宫中使者征召官吏和民众，没有人响应。太阳到正午的时候，玄宗还没有吃饭，杨国忠自己买来胡饼献给玄宗。于是民众争着献上粗粮饭，交杂着麦、豆，皇孙辈争着用手抓着吃了，转眼间就全吃完了，还没有吃饱。玄宗全都付了麦饭的钱来慰劳民众，众人都哭了，玄宗也掩面哭泣。

臣范祖禹评论说：臣与民的地位，上与下的等级，应该是以势相互扶助的关系而已。天子，他一个人寄托在整个天下之上，所仗恃的是众心的拥戴。民众聚合起来并听从天子的话，就算是天下人的国君，民众离开而背弃你，你就是一个匹夫。天下长期能得到治理，天子就能保住国君的尊严，天下大乱，民众就四处逃散，民众逃散了，天子与匹夫又有什么不同呢？《尚书·五子之歌》篇说："我君临天下，心惊胆战地就像用腐朽的绳索驾驭六匹马拉的车。"先王不敢仗恃自己是天子就是这样的心态，所以他的国家可以保住。唐明皇享国近五十年，一旦失去国君的尊严，从长安出奔，直到咸阳不过四十里，就已经没有饭吃了，天子的尊贵，四海的富裕，这是可以仗恃的吗？

【评析】

君主在位时不可一世，往往目中无人，不知尊贤用人，却被奸臣小人包围，而使国家走向衰亡。到了这一步，君主又有什么威严可言呢？玄宗因自己的错误而走到这一步，他不能怨别人。后来的君主不接受这个教训，就会有北宋的徽、钦二宗的遭遇。这个时候，君主还不如匹夫能保平安呢！

奸臣壅蔽，玄宗悔无所及

【题解】

玄宗最后的结局，只能怨自己被心中的欲望迷惑，重用小人奸臣，不用贤相，自己受苦还是小事，国家大乱，万民受苦，才是最可悲的。

【正文】

有老父郭从谨进言曰："禄山包藏祸心，固非一日，亦有诣阙告其谋者，陛下往往诛之，使得逞其奸逆，致陛下播越，是以先王务延忠良，以广聪明，盖为此也。臣犹记宋璟为相，数进直言，天下赖以安平。自顷以来，在廷之臣，以言为讳，惟阿谀取容，是以阙门之外，陛下皆不得知，草野之臣必知有今日久矣，但九重①严邃，区区之心，无路上达，事不至此，臣何由得睹陛下之面而诉之乎？"帝曰："此朕之不明，悔无所及。"慰谕而遣之。

臣祖禹曰：天宝之乱②，田夫野人皆能知之，而其君不得闻，岂不哀哉？夫壅蔽之祸，至白刃流矢交于前，六亲不能相保而始觉也，不亦晚乎？

右玄宗在位四十六年，传位于肃宗，宝应元年崩，年七十八。

【注释】

① 九重：古代皇宫的城墙与宫殿层层叠叠，九表示多，重表示层，故以九重指皇宫。

② 天宝之乱：玄宗天宝年间发生的安史之乱。李林甫任宰相，杜绝边将入相，让玄宗用胡人为镇守边界的节度使，放任他们拥兵自重。安禄山势力最强，兼三大镇节度使，掌十八万兵力。玄宗将他召入长安，李泌后来说："当初玄宗不让安禄山为平卢、范阳、河东三镇节度使，给他百里之国，就不会谋反了。"但玄宗没有远见，没有这样做。当时朝廷掌握的兵力不足八万，外重内轻，让安禄山滋生野心。加上玄宗耽于享乐，宠幸杨贵妃，安禄山拜杨贵妃为母。朝廷大政完全交给李林甫、杨国忠。李林甫专权十九年，杜绝言路，排斥忠良。杨国忠只知搜刮民财，又与安禄山产生矛盾，使安禄山感到不安，于是在天宝十四载十一月（755年12月），安禄山率领所部兵马，并联合契丹、室韦等兵力共十五万人，以讨伐杨国忠为借口起兵。玄宗命封常清防守洛阳，第六子荣王李琬、高仙芝东征。安禄山十二月攻入洛阳。退守潼关的封常清、高仙芝采取守势，玄宗听信监军宦官诬告，斩封常清、高仙芝，用病废在家的哥舒翰为帅镇守潼关，安禄山之子安庆绪进攻被哥舒翰击退。玄宗却命哥舒翰出兵陕、洛，哥舒翰认为不宜出兵。郭子仪、李光弼在河北取胜，也认为潼关只宜坚守，不可轻出。杨国忠怀疑哥舒翰意在谋己，引诱玄宗逼迫哥舒翰出战，结果在灵宝西原被崔乾祐设伏击败，唐军二十万人只有八千人逃回潼关。崔乾祐攻占潼关，哥舒翰被人欺骗，降安禄山。玄宗带杨贵妃等人出逃，随行将士发动兵变，杀死杨国忠等，高力士缢杀杨贵妃，太子李亨在灵武即位，即唐肃宗。天宝十五载六月安禄山占领长安。唐肃宗命郭子仪、李光弼讨伐叛军，击败安禄山部下史思明，收复河北。安禄山原有眼疾，起兵以来双目失明，他在洛阳称帝，性格暴烈，唐肃宗至德二载正月五日，安庆绪等人杀死安禄山，自己称帝，后自洛阳败逃退至邺城（河北邯郸临漳西南）。史思明降唐，半年后复叛。史思明诱杀安庆绪等，留其子史朝义守邺城。乾元元年（758）九月至次年三月，郭子仪、李光弼等围攻邺城，战败。史思明自称"大燕皇帝"。上元二年（761）三月，史思明被其子史朝义杀死。宝应元年（762）十月，唐代宗继位，用仆固怀恩与回纥军配合，

攻下洛阳，史朝义逃跑。宝应二年（763）春，田承嗣把史朝义母亲及妻子捆交唐军，史朝义逃往范阳，其部将李怀仙向唐军献上范阳，史朝义自缢死，安史之乱结束。之后唐朝廷任命田承嗣为魏博（今河北南部、河南北部）节度使、李怀仙为卢龙（今河北北部）节度使、李宝臣为成德（今河北中部）节度使、薛嵩为相卫节度使，形成藩镇割据的局面。

【译文】

有老人郭从谨进言说："安禄山怀有野心，早就不是一天了，也有人到皇帝门前告发他的阴谋，陛下却把这些人杀了，这就使安禄山的奸谋得逞，致使陛下逃亡，所以先王致力于寻求忠良之人，以增加自己的聪与明，就是为了不被奸人蒙蔽。臣还记得宋璟为相时，多次用直言进谏，天下因此而得以平安。以后的朝廷之臣，都以进言为不可做的事，只想着对陛下阿谀讨好，所以皇宫门外的事，陛下都不知道，作为草野之民，很久就知道必会有今天这种结果，只是皇宫城禁多重，小民的一点忠心无法传到陛下耳里，但若不是陛下逃亡，小民又怎能看到陛下而当面倾诉呢？"玄宗说："这是朕的不明智，后悔也来不及了。"安慰了老人就把他送走了。

臣范祖禹评论说：天宝之乱，田夫野人都能知道是必然要出现的，而没有人告诉他们的君主，岂不哀哉？可见君主被小人蒙蔽的灾祸，甚至使君主对面前的白刃流箭都看不到，等到自己的亲人不能相保，才醒悟过来，不也是太晚了吗？

以上唐玄宗，在位四十六年，传位给唐肃宗，玄宗死于宝应元年，享年七十八岁。

【评析】

君主的荒唐及失败，连老百姓都能很早就看出来，只有君主被小人蒙蔽着而不知，这就是君主放纵自己心中的欲望、重用小人的必然结果。

君不知臣，臣不量臣

【题解】

房琯是一位清高之士，对他所认为庸俗的人士不屑一顾，由此得罪了不少人。但他也不能真正识别人才，所用李揖、刘秩二人都是夸夸其谈的书生，房琯却让他们带兵打仗，结果可想而知。肃宗与房琯也是互不了解，只看表面，而不能真正相知。所以肃宗让房琯率军作战就会失败，房琯受到疏远之后，还想用战功证明自己，结果也不能如愿。虽然结果如此，可是肃宗也不责怪房琯，房琯还能优游自得，不问政事。由此可知贺兰进明对房琯的评价还是准确的。范祖禹认为君臣之间如此不相了解，还想处理好天下之事，结果就只有失败，这一点也是值得后世君臣引为鉴戒的。

【正文】

文部[①]侍郎同平章事[②]房琯，喜宾客，好谈论，多引拔知名之士，而轻鄙庸俗，人多怨之。贺兰进明与琯有隙，言琯专为迂阔大言以立虚名，所引用皆浮华之党，真王衍[③]之比也，帝由是疏之。琯上疏请将兵复两京，帝许之，加持节[④]招讨[⑤]西京兼防御蒲潼两关[⑥]兵马节度使[⑦]，琯请自选参佐，悉以戎务委李揖[⑧]、刘秩[⑨]。二人皆书生，不闲军旅，琯谓人曰："贼曳落河[⑩]虽多，安能敌我刘秩？"琯分为三军，以南军北军为前锋。十月，二军遇贼将安守忠于咸阳之陈涛叙，琯效古法用车战，以牛车二千乘，马步夹之，贼顺风鼓噪，牛皆震骇，贼纵火焚之，人畜大乱，官军死伤者四万余人，存者数千而已。琯自以南军战，又败。帝闻琯败，大怒，李泌[11]为之营救，帝乃宥之，待琯如初。琯性高简，时国家多难，而琯多称病，不朝谒，不以职事为意，日与刘秩、李揖高谈释老，或听门客董庭兰鼓琴，庭兰以是大招权利。明年，罢琯为太子太师。

臣祖禹曰：房琯有高志虚名而无实才，肃宗既疏之，而犹以为将帅，倚其能成克复之功，是不知其臣也。琯以谗见疏，而犹以讨贼为己任，是不量其君也。君不知其臣，臣不量其君，而欲成天下之务，未之闻也。且肃宗任琯，而琯任刘秩，君臣不知人如此，夫安得不败乎？

【注释】

① 文部：官署名。唐玄宗天宝十一载（752）改吏部为文部。肃宗至德二载恢复原称。

② 同平章事：唐初制度，以中书令、侍中与尚书左、右仆射为宰相。贞观中，右仆射李靖因病辞职，太宗命于病愈后三两日至中书门下平章政事，遂有“平章事”之名，时非官衔。高宗命黄门侍郎郭待举等同中书门下平章事，始以“平章事”入官衔。后任宰相必加此衔，简称为同平章事。其命名之意，为与中书、门下共同商议处理政事。

③ 王衍（256—311）：琅邪临沂（今山东临沂）人。竹林七贤之一王戎的从弟。王衍尚清谈，少时拜访山涛，山涛目送他远去说：“误天下苍生者，未必非此人也。”王衍妙善玄言，唯谈老、庄为事，所论义理，随时更改，世号“口中雌黄”。王衍出身士族，官至太尉、尚书令，封武陵侯。后因迁都，王衍以太尉为太傅军司，共推为元帅，为石勒所破，被杀，至死方悟“祖尚浮虚”之祸国殃民。

④ 持节：汉末与魏晋南北朝时，掌地方军政的官往往加使持节、持节、假节、假节钺的称号。使持节得杀二千石以下；持节得杀无官位者，若军事，得与使持节同；假节唯军事得杀犯军令者。至隋唐时，持节、假节已有名无实。

⑤ 招讨：置于唐贞元年间。后遇战时临时设置，常以大臣、将帅或节度使等地方军政长官兼任。

⑥ 蒲潼两关：蒲关和潼关。蒲关在今陕西大荔东，黄河西岸，亦名临晋关、河关。

⑦ 兵马节度使：即节度使。节度使本指节制调度，唐代节度使源于魏晋持节都督。持节都督出征时是一军统帅，屯驻时是军区首脑，对所统将领及州郡长吏有节制以至生杀之权。南北朝时，刺史加持节都督，北周及隋称总管，唐初称都督，统率州、县、镇的军队。遇战事发生，朝廷另行调兵，派遣大将统率，称行军总管。唐高宗、武后时，有固定驻地和较大兵力的军、镇，各自置使。行军大总管演变成统率诸军镇的军事长官，长驻专任的节度使出现。高宗以后，由中央派出的行军总管或经略大使，常受敕节度诸军，渐获诸军节度大使的名称，但不是固定职衔。节度使成为固定职衔，从睿宗景云二年（711）以贺拔延嗣为凉州都督充河西节度使开始。至玄宗开元、天宝间，北方形成平卢、范阳、河东、朔方、陇右、河西、安西四镇、北庭伊西八个节度使区，加上剑南、岭南共为十镇，成为固定军区，各有固定的节度使。后来常以一人兼统两至三四镇，到天宝末酿成安史之乱。唐廷为了平叛，内地相继设置节镇，不置节度使的地方置防御使，多以采访使兼领。其后采访使改名观察使，兼都团练使或都防御使，兼理军民，成为地位略低于节度使的地方军政长官。

⑧ 李揖：时任谏议大夫。

⑨ 刘秩：时任太子左庶子。

⑩ 曳落河：胡人称壮士为曳落河，安禄山训练最精锐的亲兵，史称八千曳落河，都经安禄山亲自选拔并且养为假子。

⑪ 李泌（bì，722—789）：字长源，京兆（治今陕西西安）人，曾在衡山修道，多次出仕和退隐，玄宗天宝年间，隐居嵩山的李泌上书玄宗，受到玄宗重视，令待诏翰林。受杨国忠嫉恨，李泌乃潜遁名山。安史之乱时，肃宗即位，李泌协助肃宗制定平叛策略。当时人评价他

说："两京复，泌谋居多，其功乃大于鲁连、范蠡。"当时他虽没有担任要职，却权逾宰相，招致权臣崔圆、李辅国的猜忌。收复京师后李泌又回衡山修道。代宗即位后，把李泌从衡山召进京师，命为翰林学士，当时的权相元载把他排挤到江西，大历十二年（777），元载被诛，李泌又被召回，受到常衮排斥，让李泌到澧朗峡当团练使，又调任杭州刺史。建中四年（783），泾原兵变，德宗逃往奉天，又把李泌召到身边，贞元三年（787），李泌任同中书门下平章事，封邺侯。

【译文】

文部侍郎同平章事房琯，喜好招徕宾客，爱好与宾客谈论各种事情，引拔了很多知名之士，而对庸俗之人则非常蔑视而看不起，所以有不少人都怨恨他。贺兰进明与房琯有仇，就在肃宗面前说房琯只会说迂阔的大话以此树立虚名，所引用的人都是浮华之辈，真可与晋代热衷清谈的大臣王衍相比，肃宗因此而疏远了房琯。房琯上疏请求率兵收复长安与洛阳，肃宗同意了他的请求，加官持节招讨西京兼防御蒲潼两关兵马节度使，房琯请求自己选择辅佐的官员，把整个军务都交给李揖、刘秩。这两个人都是书生，不熟习军事，房琯对人说："贼军中的壮士虽然很多，怎能敌得过我的刘秩？"房琯把部队分成三军，以南军、北军为前锋。肃宗至德元载（756）十月，南北二军在咸阳以东的陈涛斜遇到叛军将领安守忠，房琯仿效古代战法用车作战，用牛车二千辆，骑兵和步兵在两旁跟随，叛军顺着风势大声鼓噪，牛都被吓坏了，叛军纵火焚烧牛车，人员与牲畜大乱，官军死伤了四万余人，活下来的只有数千人而已。房琯自己率南军作战，也战败了。肃宗听说房琯战败，大怒，李泌替他说情进行营救，肃宗这才宽恕了他，对待房琯还和以前一样。房琯为人清高而不重礼节，当时国家多有灾难，而房琯经常称病，不上朝谒见皇帝，不把官职上的事务放在心里，每天和刘秩、李揖高谈释家和老庄，有时听门客董庭兰弹琴，董庭兰借此大抓权势和财利。第二年，肃宗把房琯罢为太子太师。

臣范祖禹评论说：房琯有高洁志向和虚夸的名声而没有实际的才能，肃宗已经疏远了他，可是还任用他担当将帅，认为靠他能完成恢复唐王朝的功业，这是不了解他的大臣。房琯因为受到别人的谗言而被疏远，可是还把讨伐叛军作为自己的责任，这是不了解他的君主。君主不了解他的大臣，大臣不了解他的君主，却想完成天下的事务，这是从没有听说过的。况且肃宗任用房琯，而房琯任用刘秩，君臣之间如此不相了解，又怎能不失败呢？

【评析】

肃宗时君臣也不是正常的关系，君不相信其臣，臣不了解其君，这样的君臣在一起，怎能治理好国家？而且房琯也不能真正识别人才，所用的李揖、刘秩根本不适宜率军，可知房琯本身就不是合格的宰相。

官爵不可轻易赐人

【题解】

肃宗继位后面临很大困难，国家仓库没有积蓄，将领率领军队出征都需要大量物资进行奖赏，没有物品用来奖赏，竟然拿虚的官职爵位进行奖赏，于是出现一场官爵的大拍卖。范祖禹认为国家的官爵表面看起来都是空洞的名号，实际上代表国家制度的等级与贵贱，是不能随便拿来做交易的。既然国君都不把官爵当回事了，人们得到官爵也不以为尊贵，最终还是等于没有奖赏。但其后果则非常严重，使得国家政治乱到极点，整个唐王朝也就丧失了最后一点控制天下和人心的力量。

【正文】

二载四月，帝在凤翔，是时府库无蓄积，专以官爵赏功，诸将出征，皆给空名告身①，自开府②、特进、列卿③、大将军④下至中郎、郎将，听临事注名，其后又听以信牒⑤授人官爵，有至异姓王者。诸有官者，但以职任相统摄，不复计官爵高下。大将军告身一通，才易一醉。凡应募入军者，一切衣金紫⑥，至有朝士僮仆衣金紫而身执贱役者。名器⑦之滥，至是而极焉。

臣祖禹曰，《传》曰："不轨不物，谓之乱政。"官爵者，人君所以驭天下，不可以虚名而轻用也。君以为贵则人贵之，君以为贱则人贱之，难得而加于君子则贵矣，易得而施之小人则贱矣。肃宗欲以苟简成功而滥假名器，轻于粪土，此乱政之极也。唐室之不竞，不亦宜哉！

【注释】

① 告身：古代授官的文凭。

② 开府：建立府署并自选僚属之意。汉朝三公、大将军可以开府，因而有“开府仪同三司”的名号。隋、唐以后均以开府仪同三司为文散官的官阶。

③ 列卿：古有九卿，南朝梁武帝又加太府、大匠、大舟三卿，合为十二卿。北齐改少府为太府，廷尉为大理，官署称寺，如太常寺、大理寺；长官称卿，如太常寺卿、大理寺卿。隋、唐沿袭。

④ 大将军：唐十六卫及北衙诸军各置大将军一员，为禁军最高级将领，纯系军职。另从隋、唐至元，武散官中亦有大将军。

⑤ 信牒：唐代授官皆给告身，未有告身之前，先给文书以为凭证，称信牒。

⑥ 衣金紫：金鱼袋及紫衣，唐宋的佩饰和官服。唐制，三品以上官员佩金鱼袋。官服从唐代开始分颜色：三品以上紫袍，佩金鱼袋；五品以上绯袍，佩银鱼袋；六品以下绿袍，无鱼袋。州的长官刺史，亦不拘品级，都穿绯袍。品色衣即以服装色彩区别冠品尊卑，皇帝的服色为赭黄是龙纹，官僚自一品至九品的服色以紫、绯、绿、青为差别。

⑦ 名器：《左传·成公二年》：“惟器与名不可以假人。”代表尊卑贵贱的名号与车服仪制。

【译文】

至德二载四月，肃宗在凤翔，当时皇家府库里没有积蓄，只能出售官爵用来奖赏有功的人，各位将领出征，都发给空白的委任书，从开府、特进、列卿、大将军以下到中郎、郎将，允许临时根据情况在空白委任书里写上某人的名字，其后又允许用信牒授给人们官爵，甚至有封为异姓王的。那些有官爵的人，只是根据实际的官职相互统率和指挥，不再区分官爵的高低。大将军的空白委任书，只能换到喝醉一次的酒钱。凡是应募参加军队的人，全都佩带金鱼袋并穿三品官以上的紫色官服，以至于朝廷士大夫的僮仆也有人穿戴着金鱼袋和紫色官服却干着低贱的劳役。国家官职名称与等级的滥用，到这时达到了极点。

臣范祖禹评论说，《左传》里说："事情不讲究一定的度量，事物不讲究一定的色彩，就称为混乱的政治。"国家的官与爵，是国君用来驾驭天下的东西，不能认为它们都是虚名而轻率使用。国君认为官与爵是很尊贵的，人们就会认为它是尊贵的；国君认为官与爵是低贱的，人们就会认为它是低贱的。很难得到而授给君子，它就是尊贵的；很容易得到而授给小人，它就变得低贱了。肃宗想通过苟且简易的途径获得成功，于是就滥发官爵，使官爵比粪土还轻贱，这是乱政的极点。唐王室从此变得很衰弱，不也是应该的吗？

【评析】

官职爵位，是君主用来选拔任用人才而治国的，不是一般的财物，所以不能随意送给人们。肃宗急于平定天下，就拿官职爵位随意给人，这是把官职爵位看得如粪土一样没价值，表明肃宗根本不懂得治国之道。范祖禹认为这也是唐后期的乱政之极点，唐王朝再也不可能强盛，与此也有莫大的关系。

肃宗以宦官为军队主帅

【题解】

肃宗的昏庸，表现在让宦官担任军队的主帅，这是何等无能的表现。再没有知识，也应知道宦官怎能率领军队去作战呢，但肃宗就能干出这种事，可见此人根本不具备担任君主的素质。

【正文】

九月，命郭子仪等九节度讨安庆绪①。帝以子仪、光弼皆元勋，难相统属，故不置元帅，但以宦官鱼朝恩②为观军容宣慰处置使③。观军容之名，自此始。明年三月，九节度之师六十万溃于相州④。

臣祖禹曰：夙沙卫殿齐师，殖绰郭最曰："子殿国师，齐之辱也。"⑤夫以诸侯之师，使阉人殿之，犹以为辱，况天子之师，而使宦者为之主帅乎？是辱天下之众也。且庆绪穷虏，郭、李不世出⑥之将也，使朝恩节制之，犹不免于败，则庸人可知矣。肃宗初复两京，举六十万之众而弃之，其不亡亦幸哉！

【注释】

① 安庆绪（？—759）：营州柳城（今辽宁朝阳）人，安禄山次子，授鸿胪卿、广阳太守、平卢军都知兵马使。安史之乱中，攻下唐东都洛阳。安禄山称帝后，封晋王。至德二载杀安禄山，自立为帝，后退出洛阳逃到邺城，乾元二年，被史思明杀死。

② 鱼朝恩（722—770）：泸州泸川（今四川泸州）人，天宝末年入宫为宦官，安史之乱时，护送唐玄宗出逃，后又侍奉唐肃宗，任三宫检责使、左监门卫将军，统率神策军，后封为郑国公，掌握朝权。唐代宗时，坐罪赐死。鱼朝恩使唐王朝的宦官权势更为扩大，开始了宦官专权的局面。

③ 观军容宣慰处置使：肃宗乾元元年让郭子仪、李光弼等率九节度之师围攻安庆绪，不设统帅，而让宦官鱼朝恩用此官号监督诸军。后来又有左右神策军观军容使，如唐僖宗中和三年（883），让宦官田令孜为神策十军兼十二卫观军容使，统领全部禁军。

④ 相州：北魏时以魏郡、阳平、广平、汲郡、顿丘、清河设为相州，在今河南安阳与河北临漳一带，后曾改称司州，隋以前州治在邺城（今河北临漳县西南），隋以后州治在安阳（今河南安阳）。

⑤ 子殿国师，齐之辱也：见《左传·襄公十八年》，晋与齐开战，晋国的叔向告诉晋君说："城上有乌，齐军将要撤退逃跑。"晋军于是追逐齐军，夙沙卫把大车连起来塞住隧道，作为殿军，殖绰、郭最说："你来当国家军队的殿军，这是齐国的耻辱。"因为夙沙卫是宦官，所以这样说。

⑥ 不世出：《孟子》中说："五百年必有王者兴，其间必有名世者。"是说五百年才会出现一个真正的帝王之人，在这中间会有著称于一世的人物。后人以"不世出"指不是每个时代都会出现的杰出人物。

【译文】

九月，肃宗命郭子仪等九个节度讨伐安庆绪。肃宗因为郭子仪、李光弼皆为元勋，难以相互统属，故不设元帅，只命宦官鱼朝恩任观军容宣慰处置使。观军容的名称由此开始。第二年三月，九节度的部队六十万人在相州溃败。

臣范祖禹评论说：春秋时齐国的宦官夙沙卫做齐军的殿军，殖绰、郭最说："你为国家军队做殿军，这是齐国的耻辱。"诸侯国的军队让宦官为殿军还认为是耻辱，何况是天子的军队而让宦官做主帅呢？这是对天下军人的羞辱。况且安庆绪当时已处于困穷状态，郭、李都是不世出的将领，让鱼朝恩来指挥他们，还不免战败，则不如郭、李的庸人就更可想而知了。肃宗刚刚收复长安、洛阳两京，此战一败使六十万大军全都被抛弃，他不灭亡也属于幸运了！

【评析】

郭、李都是有名有功的战将，不让他们二人当全军的统帅，却让一个宦官来当统帅，这是什么逻辑？肃宗的昏庸，由此可见。而更坏的是由此开了一个极坏的头，即让宦官来当军队的指挥官，于是宦官的权力从朝廷延伸到军队，唐王朝还能靠谁来救自己呢？

代宗[1]

唐失河北[2]之根由

【题解】

安史之乱后，唐朝皇帝都不愿作战，苟且求安，尽量满足地方统军将领的要求，使他们的势力日益增强，于是广阔的河北地区失去控制，最后形成最强的割据军阀朱全忠，使唐王朝走向灭亡。

【正文】

广德元年闰正月，以史朝义降将薛嵩[3]为相、卫、邢、洺、贝、磁六州节度使[4]，田承嗣[5]为魏、博、德、沧、瀛五州都防御使[6]，李怀仙[7]仍故地，为幽州卢龙节度使[8]。时河北诸州皆已降，嵩等迎仆固怀恩[9]，拜于马首，乞行间自效。怀恩亦恐贼平宠衰，故奏留嵩等。及李宝臣[10]分帅河北，自为党援，朝廷亦厌苦兵革，苟冀无事，因而授之。

臣祖禹曰：仆固怀恩既平河北，而除恶不绝其本，复留贼党以邀后功，亦由任蕃夷为制将故也，唐失河北，实自此始。使郭、李为将，其肯遗国患乎？

【注释】

① 代宗：李豫（727—779），初名李俶（chù），唐肃宗的长子，初以皇孙，封为广平王。安史之乱中，随唐肃宗前往灵武。唐肃宗即位后，任天下兵马大元帅，收复长安、洛阳，封为成王。乾元元年，立为皇

太子。宝应元年，平定安史之乱。在位时期，以养民为先，颇知治国之道。

② 河北：贞观元年置河北道，辖黄河之北，故名河北。从东海到黄河，西边到太行、常山，北边到渝关、蓟门（渝关即今山海关，蓟门即今居庸关），下有怀、魏、博、相、卫、贝、邢、洺、恒、冀、深、赵、沧、德、定、易、幽、瀛、鄚、平、妫、檀、蓟、营等二十四州和安东都护府。

③ 史朝义（？—763）：营州（今辽宁朝阳）人，史思明的长子，随安禄山起兵，后杀其父史思明而自称帝，宝应元年，唐军攻破洛阳，他逃往鄚州（今河北任丘），自杀而死。薛嵩（712—772）：本名薛尹，绛州万泉（今山西万荣）人，薛仁贵之孙，范阳节度使薛楚玉之子，参与安史之乱，授邺郡太守，史朝义败后，率相、卫、洺、邢四州归顺朝廷，任昭义军节度使，封平阳郡王，唐代宗大历七年（772），病死。

④ 相州：前已有注。卫州：治所在今河南卫辉。邢州：治所在今河北邢台。洺州：治所在今河北邯郸市永年区。贝州：治所在今河北清河。磁州：治所在今河北邯郸市内。

⑤ 田承嗣（705—779）：平州卢龙（今河北卢龙）人，安东副都护田守义之子，为安禄山部将，任左武卫将军。安史之乱后，降朝廷，封魏博节度使，但不听朝令。唐代宗行“姑息之政”，下嫁永乐公主，授检校左仆射、同平章事、雁门郡王。大历十年，占据相、卫四州，被朝廷兵马击败，后又援助汴州节度使李灵曜叛乱，再次兵败。当时他统领七州，为河朔三镇之首。死后传位侄子田悦，开藩镇世袭的先例。

⑥ 魏州：治所在今河北大名。博州：治所在今山东聊城。德州：治所在今山东德州。沧州：治所在今河北沧州。瀛州：治所在今河北河间。都防御使：唐代防御使全称防御守捉使，有都防御使、州防御使两种。天宝时在军事冲要地区设防御使，随后在河南、河北、河东、关

内、山南、剑南等地设置。都防御使管辖数州，低于节度使，成为唐朝后期一州或一镇的军政长官。

⑦ 李怀仙（？—768）：营州柳城（今辽宁朝阳）人，参加安史之乱，任幽州节度使。广德元年（763）杀史朝义，归顺朝廷，授检校侍中、幽州卢龙节度使，封武威郡王。大历三年（768），被卢龙兵马使朱希彩、经略副使朱泚兄弟所害。

⑧ 卢龙节度使：即幽州节度使，又称范阳节度使，天宝十节度使之一，初辖幽州、蓟州、妫州、檀州、易州、定州、恒州、鄚州、沧州等九州，后改称范阳节度使。安史之乱由范阳开始，后一直为河北的主要割据势力，为河北三镇之一。天宝三载，安禄山任范阳节度使，河北采访使、平卢军使等。天宝十载（751），安禄山进宫朝拜唐玄宗，又任河东节度使。天宝十四载，安禄山以范阳、河东、平卢之兵发动叛乱。

⑨ 仆固怀恩（？—765）：唐铁勒族仆固部人，安史之乱中，跟随郭子仪入关作战，任朔方左武锋使，屡立战功，封丰国公。平乱之后，驻守邠宁，拜检校左仆射、中书令、河北副元帅、朔方节度使，封大宁郡王。广德二年被宦官骆奉先陷害，举兵反抗，郭子仪将他击败，病死于鸣沙城。

⑩ 李宝臣（718—781）：原名张忠志，唐范阳（治今河北涿州）奚人，安禄山的养子，参与安史之乱，后降朝廷，拜恒州刺史，赐名李宝臣，迁成德节度使，统辖恒、定、易、赵、深、冀六州，勾结幽州朱滔、魏博田承嗣等割据河北，为河朔三镇之一。唐朝廷用姑息之策，授司空、太傅、同中书门下平章事、陇西郡王等。

【译文】

广德元年闰正月，任命史朝义的降将薛嵩为相、卫、邢、洺、贝、磁六州节度使，田承嗣为魏、博、德、沧、瀛五州都防御使，李怀仙仍统管原先的辖地为幽州节度使。当时河北诸州都已投降，薛嵩等人迎接仆固怀恩，在马前下拜，乞求为朝廷效力。仆固怀恩也怕平定叛乱后自己不受重用，所以上奏保留薛嵩等人的官职。等到李宝臣在河北任职，他们相互为援，朝廷也厌烦战事，希望平安无事，于是就授他们为各地节度使等职。

臣范祖禹评论说：仆固怀恩平定河北之后，不能从根本上消除这些割据之人，还留下这些叛军将领以求将来还能立下战功，也是因为唐朝一向都有用胡人为守边将领的制度。唐朝廷失去对河北地区的控制权，实际上就是由此开始的。假使当时是由郭子仪、李光弼为平叛的将领，他们会给国家留下这些后患吗？

【评析】

仆固怀恩的私心为唐王朝留下无穷后患，先使唐朝廷失去对河北的控制，最终使唐王朝灭于这种割据军阀之手。人若有私心，不管战功再大，也是国家的祸害，君主必须彻底了解这种人，不要被他们蒙蔽。

唐取士之弊

【题解】

唐代实行科举制，其中有一种科目称为“明经”，即主要考关于儒家经书义理的内容，但在实行中有许多弊端，据杨绾所说，弊端主要是只重书本和写文章，并没有真正让人们学到儒家经书的微言大义，因此培养出来的人不是国家真正需要的人才。为此杨绾建议改革这种明经考试的方法，重视考生的实际行为，是不是合乎儒家学说。从乡里察举孝廉就是最基础的方法，然后逐级考试，最终由朝廷中的儒学之士考核经义和对策，使所学与实际政治结合起来。不过杨绾的建议并没有得到实行。范祖禹认为自三代以后取士的方法就已经有了问题，到了唐代弊端达到了顶点，而杨绾的建议接近古代的做法，可惜没有实行。因此他感叹，仅仅是选拔人才的事情就难于做到，何况先王用来治理天下的全部思想与方法，要想在现实中加以实行，岂不是更加困难吗?

【正文】

六月，礼部侍郎杨绾[①]上疏论进士明经[②]之弊，请令县令察孝廉[③]，取行著乡闾，学知经术者，荐之于州，刺史考试，升之于省，任各占一经，朝廷择儒学之士问经义二十条，对策[④]三道，上第即注官，中第得出身，下第罢归。左丞[⑤]贾至议以为，自东晋以来，人多侨寓，士居乡土百无一二，请兼广学校保桑梓者，乡里举焉，在流寓者，庠序[⑥]推焉，敕礼部具条目以闻。七月，绾上贡举条目，秀才[⑦]问经义二十条，对策五道，国子监举人令博士荐于祭酒[8]，试通者升之于省，如乡贡法，明法[9]委刑部考试。或以为明经进士行之已久，不可遽改，事虽不行，识者是之。

臣祖禹曰：自三代以后，取士之法，不本于乡里学校，至唐而其弊极矣，惟杨绾贡举之议最为近古可行，而卒为庸人沮止，况先王所以致治之具，欲举而措之天下，不亦难乎？

【注释】

① 杨绾（wǎn，?—777）：华州华阴（今陕西华阴）人，天宝进士，补太子正字，擢右拾遗。肃宗即位，擢起居舍人、知制诰，拜中书侍郎、同中书门下平章事。

② 进士明经：隋炀帝置明经、进士二科取士，以经义取者为明经，以诗赋取者为进士。进士科在唐代特受重视。

③ 察孝廉：孝，孝悌者；廉，清廉之士。察孝廉是汉代选拔官吏的方式，在东汉尤为求仕者必由之途，被推选的士人称为“孝廉”。

④ 对策：亦作“对册”。就政事、经义等设问，由应试者对答，称为对策。自汉起作为取士考试的一种形式。

⑤ 左丞：汉成帝建始四年（前29）置尚书，员五人，丞四人，光武帝减二人，分左右丞。尚书左丞佐尚书令，右丞佐仆射。历代为尚书令及仆射的属官，隋、唐时至正四品。

⑥ 庠（xiáng）序：古代的地方学校。殷代叫庠，周代叫序。后亦泛称学校。

⑦ 秀才：汉时开始与孝廉并为举士的科名，东汉时避光武帝讳改称茂才。唐初曾与明经、进士并设为举士科目，旋停废。后唐宋间凡应举者皆称秀才，明清则称入府州县学生员为秀才。

⑧ 祭酒：即国子监祭酒，国子监的主管官。

⑨ 明法：汉、唐、宋各代察举人才及科举取士的科目名称。汉建元初令郡察人才，设四科，其三曰明习法令，为明法的开始。唐宋科举都有

明法科。主要考试关于法令的知识。

【译文】

六月，礼部侍郎杨绾上疏论说科举考试中进士明经科目的弊端，请求命令县令考察士人是否孝廉，选取在乡间之中有显著孝廉行为、学术上通晓经学的人，推荐到州里，由刺史对他们进行考试，然后上升到朝廷的尚书省，任由他们各自选定一部经书，朝廷选择儒学之士对他们考问二十条关于经书义理的题目，再试三道关于政事的对策，成绩上等的当即注册授官，中等成绩的获得进士出身，下等成绩的人则让他们返回家乡。左丞贾至在商议此事时认为，自东晋以来，人们大多侨居他乡，士人居住在本乡的，一百人之中也没有一两个，因此请求兼顾广设学校，居住在本乡者，由乡里推举出来，住在侨州郡的，由学校推荐上来，命礼部详列条目公布于众。七月，杨绾奏上贡举的条目，秀才要考问二十条关于经书义理的题目，五道关于时政的对策，国子监的举人命令博士推荐给国子监的主管官员祭酒，考试能通过的人上报到尚书省，和乡里贡举的方法一样，而考试明法科目的，则委托刑部进行考试。有人以为考明经取进士的方法已经实行很久了，不能仓促改变，这件事虽然最终没有实行，但是有识之士都肯定杨绾的提议。

臣范祖禹评论说：自三代以后，选取士人的方法，不以士人在乡里和学校的情况为基础，这种情况到了唐代弊端就达到极点了，只有杨绾提出的贡举办法最为接近古代而可以实行，但最终被庸人阻止了，何况先王用来实现天下大治的工具，想提出来实施到天下，不也是很困难吗？

【评析】

范祖禹反对隋唐时的科举制，他认为最好的方法是根据人们在基层的学习情况来判断是否为人才，只靠最后的考试不是好办法，这种制度到唐朝就达到了最坏的地步。如果不能有良好的培养与选拔人才的制度，治国之道也无法在天下实施与推行。为此，还需要了解唐代的科举制。唐代科举分常选和特科两类，常选的对象以生徒为主，即正规学校的学生，这类学校即国子监管辖的学校，包括国子学、大学、四门学、律学、书学及算学，此外还有州县的学校，这些学校参加科举考试者就称为生徒。常选的对象还有乡贡，即非学校出身的人士，也可报考，但须经州县考试合格，才能到京师参加科举考试。特科，是由天子下诏，按需招考有德行才能之士，由皇帝亲试，是对特殊人才的选拔。常选，唐初主要有秀才、明经、进士等科目，明经、进士是考试人数最多的科目。明经考经义和时策，进士考诗赋，兼考经义和时策。玄宗时提倡诗赋辞章，从此诗文与经、策并重。特科，则以贤良方正和博学通艺为主。科举应试方法主要有帖经、墨义、口试、策问、诗赋五种。帖经是将书本上的某行贴上几字，要求应试者将贴住的字填写出来。墨义是对经义进行简单的回答，还要口试，称为口义。帖经、墨义一般有三五十条，多者达一百条。策问是高层次的考试，主考设题，由考生作文回答。诗赋是为了避免只背经义，没有真学实才。在经义策问基础上加试一诗一赋，称为帖诗。一般十一月考试，次年三月放榜，合格者还要经吏部进行释褐试，通过者才可为官。特科是皇帝亲自考核，表现良好者直接授官。

德宗①

官吏只按朝廷旨意办事而不遵守法律

【题解】

德宗时期采纳杨炎的建议，实行两税法，根据百姓的人口和财产定出等级，只按这两项收税，这是税收政策的简化，而且要求严厉执行，若在两税之外再乱收一文钱，都以枉法论处。从表面上看，这都是不错的政策与法令，但范祖禹却给予了严厉批评。他认为制定新法令的人，开始都廉洁，最后却变得贪婪；开始都要严厉执行，最后却都荒废。其原因在于帝王的欲望太多，很快就会超出法令的限制，自己首先不再遵守法令，下面的官吏看到这种情况，也就只求合乎帝王的意旨，而不管是不是违反了法令。而且最初的法令还算对百姓有利，但帝王总想从百姓手中多多搜刮，所以后来就不断出台新的法令，加重了对百姓的盘剥。这也造成了原来法令的失效与废坏。范祖禹对两税法的分析批判，有普遍意义，值得后人重视。

【正文】

建中②元年正月，始用杨炎③议，约百姓丁产定等级，作两税法④，比来新旧征科色目一切罢之，二税外，辄率一钱者，以枉法论。

臣祖禹曰：立法者其始未尝不廉而终于贪，出令者其始未尝不戒而终于废。法令者，人君为之，而与天下共守之者也。苟朝廷自不守其法，则天下其谁守之？德宗之政名廉而实贪，故其令始戒而终废。其初禁暴非不严也，而刻剥之令纷然继出，天下不胜其弊。盖法虽备具，而意常诛求，人君用意出于法外，天下之吏奉朝廷之意而不奉其法，逆意有罪，奉法无功，是以法虽存而常为无用之文也。

【注释】

① 德宗：唐德宗李适（kuò，742—805），唐代宗长子。代宗病死后继位，779—805年在位，后因太子得风疾悲伤过度而死。

② 建中：唐德宗的年号，780—783年。

③ 杨炎（727—781）：凤翔天兴（今陕西凤翔）人，唐代宗大历时，官礼部郎中、知制诰，迁中书舍人，与常衮同掌诏敕撰写。大历九年（774）为吏部侍郎。受元载的赏识，元载得罪被杀，他遭牵连，贬为道州司马。德宗时拜门下侍郎、同中书门下平章事。唐中央财赋，本储太府寺左藏库，安史之乱后，移贮宫廷大盈内库，由宦官掌管。杨炎入相，建议把大盈内库财赋拨归有关部门管理。德宗采纳。建中元年（780），建议废除租庸调制，创立推行两税法，是中国封建社会赋役制度一大改革。主政时对仇人睚眦必报，因刘晏曾弹劾自己而贬其职，并诬而杀之。罢相后又被卢杞构陷而被赐死。

④ 两税法：唐德宗建中年间开始实行的新赋税法。因税分夏秋两季缴纳，故称。两税法是唐代后期直至明中叶田赋制度的基础。两税法以与西周以后量出为入原则相对立的量入为出的财政概念为基础，主张“人无丁（丁男）、中（中男），以贫富为差”，作为两税法的课税基础，抛弃了原来以人丁为征课标准的租庸调制，以土地、业产等财富的多寡，按每户的贫富差别进行课征。采用以钱定税的原则，除谷米外，均按田亩计算货币缴纳，简化了税制，便利了租税的征收，免去了税吏许多催索的苛扰。

【译文】

建中元年正月，开始采纳杨炎的建议，计算百姓的人口与财产，定出等级，实行两税法，以前无论新旧的各种收税名目全都废止，两税之外，若乱收一钱，就按枉法论处。

臣范祖禹评论说：立法的人开始时未尝不廉洁而最终变得贪婪，提出法令的人开始时未尝不严厉执行而最终都废坏不加执行。法令这个东西，国君制定它，就要与天下的人一起执行和守护它。如果朝廷自己都不遵守法令，那么天下还有谁会遵守它呢？德宗实行的政治名义上廉洁而实际上贪婪，所以他的法令开始时能严厉执行而最后就废坏了。他的法令在初期禁止暴行并非不严厉，但是搜刮百姓财产的法令纷纷不断地制定出来，天下的百姓受不了这种法令的弊害。这是因为法令虽然完备，但国君却常常有更多的要求，国君的用心超出了法令的限制，天下的官吏奉行朝廷的意旨而不遵守法令，违背了君主意旨就会有罪，而遵守法令却没有功劳，所以法令虽然存在却常常成为无用的书面文章。

【评析】

已定了法律，就要由君主和朝廷带头执行，不能违背，否则下面的官吏就会唯上是从，而使法律变成空文。现实中往往是君主与高官忘了法律的规定，而另行一套，所以光有纸面上的法律，而没有现实中的严格执行，法律只会成为无用之文，国家又怎能治理得好?

君子小人均引其类聚于朝

【题解】

人以群分，物以类聚，《周易》中早已点出了这一条自然与社会的规律。在治国的问题上，朝廷中的官员也会由于这一条规律而形成要么是君子占多数，要么是小人占多数。君主只要重用一个小人，更多的小人就会成群到来。反之，则是君子占多数。两种情况就会使国家命运出现两种完全不同的结局。

【正文】

二年二月，以御史大夫卢杞为门下侍郎[①]同平章事。杞阴狡，欲起势立威，小不附己者，必欲置之死地。引太常博士裴延龄为集贤直学士[②]，亲任之。

臣祖禹曰：君子与小人，莫不引其类而聚于朝，人君得一贤者而相之，为相者举其类而进之，后之进者亦举其类，继之者莫非贤也。其国未尝无人焉，则是得一贤而百姓被其德泽者数十年而未已也。其任小人也，岂特一时之患哉？亦举其类而进之，后之进者亦举其类，继之者莫非小人也，是以任一不肖而天下被其灾害者亦数十年而未已焉。德宗既相卢杞而杞复引延龄以为助，则其国政可知矣。卢杞相于建中之初，而延龄用于正元之后，是始终之以小人也，故德宗之时，贤人君子常阨穷而道不得行，由小人汇进而不已也，人君置相可不慎哉？

【注释】

① 卢杞（qǐ，？—785）：滑州灵昌（今河南滑县西南）人，德宗建中初任御史中丞，不久为门下侍郎、同中书门下平章事，居宰相位，嫉贤妒能，陷害杨炎、颜真卿，排挤张镒等。李希烈、李惟岳、田悦等人叛乱，他以筹集军资为名，大肆搜刮财货。继又征收间架税、除陌钱，百姓怨声载道。建中四年泾原兵变，长安失守，德宗逃奔奉天，朔方节度使李怀光上疏指斥其罪恶。德宗把他贬为新州司马。门下侍郎：秦、汉有黄门侍郎，为帝王近侍。南北朝时参与朝廷大政。唐天宝元年改称门下侍郎，正四品上，后为正三品，为门下省长官侍中之副。

② 太常博士：汉代太常寺的属官之一，掌教弟子，分经任职。三国魏文帝初置太常博士，掌引导乘舆，撰定五礼仪注，监视仪物，议定王公大臣谥法等事。晋以后沿置，品级不高，唐代为从七品上。裴延龄（728—796）：河中河东（今山西永济）人。唐肃宗时中进士，任汜水县尉、太常博士。唐德宗时卢杞提拔他为膳部员外郎、集贤院直学士、祠部郎中。因得罪宰相张延赏而出为昭应县令，后又为户部侍郎、判度支。唐德宗想让他替代陆贽为宰相，左拾遗王仲舒、元稹、谏议大夫阳城极力阻止。集贤：即集贤院，唐代收藏典籍之所，有学士、直学士、侍讲学士等十八人，兼修撰、侍读功能。直学士：集贤院的官员。

【译文】

建中二年（781）二月，任命御史大夫卢杞为门下侍郎同平章事。卢杞为人阴险狡诈，想树立个人的威势，别人稍不顺从自己，一定要把此人置之死地。卢杞拉拢太常博士裴延龄当集贤直学士，他亲自任命裴延龄。

臣范祖禹评论说：君子与小人，都会引来同类的人物聚集在朝廷中，君主用一个贤人当宰相，这个宰相就会推举同样的贤人来朝廷任职，后来进入朝廷的人也会再推举同类来朝廷，这样继任的都会是贤人。一个国家不会没有人才，因此得到一个贤人就会使百姓受到恩泽持续几十年而不止。君主要是任用小人为宰相，哪里只是一时的灾患呢？这个小人也会推举与他同样的小人进入朝廷，后来进入朝廷的小人又推举同样的小人，于是继任的就都是小人。所以一任用小人就会使天下蒙受灾害长达几十年而不止。唐德宗既让卢杞当宰相，卢杞就又拉来裴延龄为助手，国家的治理就可想而知是什么状况了。卢杞在建中初年当宰相，裴延龄在正元之后被任用，这就是自始至终都是用小人，所以德宗在位时，贤人君子常常困阨而不能实行他们所奉行的正道，这都是因为小人成群地进入朝廷而不止，君主任命宰相能不小心谨慎吗？

【评析】

小人喜欢小人，君子喜欢君子，这就是气味相投，同类相聚。在治国的问题上，这种情况也不会改变，君主对此必须有足够的认识与关注，不要因为用了一个小人而坏了整个国家的治理。唐太宗曾与魏徵讨论以官选人的问题，提到用一个君子就会使成群的君子得到进用，用一个小人就会使成群的小人跟进，可与此篇所说相对照。

民之本性不欲为乱

【题解】

唐中期以后，河朔三镇不服朝廷管辖，成割据之势，历代皇帝都想解决这个问题但都没有成功，唐朝最后也是亡于藩镇割据势力之手。范祖禹认为，藩镇割据的形成，根本原因还在于君主不能实行仁政，不能让藩镇地区的民众尊敬和爱护君主与朝廷，从而让野心家利用欺诈手段引导当地民众跟随他们与朝廷对抗。从朱滔胁迫其士卒反叛的过程看，士卒都不想反叛，只想过上安稳日子，这是人之本性，但最终还是被朱滔等人胁迫反叛，就是因为朝廷与皇帝从来没有反省自己的过失，没有有效的改革，所以最终他们已经没有号召力和凝聚力，不能满足民众本性的基本要求，也就不能让民众发自内心拥护自己了。

【正文】

三年四月，帝遣中使发河朔三镇[①]兵讨田悦[②]，王武俊[③]不受诏，执使者送朱滔[④]。滔言于众曰："将士有功者，吾奏求官勋，皆不遂。今欲与诸君共趋魏州，击破马燧[⑤]以取温饱，何如？"皆不应，三问，乃曰："幽州之人，自安史之反，从而南者，无一人得还，今其遗人痛入骨髓。况太尉、司徒皆受国宠荣，将士亦各蒙官勋，诚且愿保目前，不敢更有侥觊。"滔默然而罢，乃诛大将数十人，厚抚循其士卒。帝闻之，以力未能制滔，赐滔爵通义郡王[⑥]，冀以安之。滔反谋益甚，分兵营于赵州[⑦]。刘怦[⑧]以书谏止之，滔不从，遣人诱张孝忠[9]，孝忠拒之。滔将兵发深州至束鹿[10]，将行，士卒忽大乱，喧噪曰："天子令司徒归幽州，奈何违敕南救田悦？"滔大惧，走匿。蔡雄[11]等矫传滔令谕士卒曰："今兹南行，乃为汝曹，非自为也。"众乃共杀敕使，又呼曰："虽知司徒此行为士卒，终不如且奉诏归镇。"雄复谕之，众然后定。滔即引军还深州，密令访察唱乱者，得二百余人，悉斩之。乃复引兵而南，众莫敢前却。

臣祖禹曰：民皆有常性，饥食渴饮，以养其父母妻子而终天年，此人情之所欲也，岂乐为叛而沈其族哉？然自古治少而乱多，由上失其道而民不知所从，故奸雄得以诡其众而用之也。天宝以后，幽、蓟为反逆之区，中国视之无异戎狄，朱滔劫其民如此，不得已而后从之，亦足见其本非好乱也。君人者，可以省己而修政矣。《诗序》曰："小雅尽废，则四夷交侵。"[12]先王不以罪四夷而以咎中国，反求诸己，自修而已矣。人君苟行仁政，使民亲其长，爱其上，驱之为乱，莫肯从也，奸雄岂得而诈之哉？

【注释】

① 河朔三镇：又称河北三镇，是指唐朝末年藩镇割据时位于河朔地区的三个藩镇势力，即卢龙（或称幽州，今北京及长城附近一带）、成德（卢龙以南和山西接壤的地区）、魏博（后改称天雄，渤海湾至黄河以北）。藩镇的"藩"是"在外围保卫"之意，镇指军镇；唐朝廷设置军镇，本是为保卫中原及朝廷的安全，唐玄宗时为防止边境外各部落的进犯，大量扩充防戍军镇，设立节度使，共设九个节度使和一个经略使（时称天宝十节度使），安禄山就身兼范阳、平卢、河东三镇的节度使，掌握重兵。安史之乱后唐朝国势中衰，在今陕西、四川以及江淮以南的藩镇大多服从朝廷，向中央缴纳赋税。而河北、山东、河南、湖北、山西的藩镇，表面上尊奉朝廷，但法令、官爵都自搞一套，亦不上缴赋税，这种局面就称为"藩镇割据"。唐朝后期的藩镇，势力最大、为患最烈的是成德、魏博和卢龙三镇。成德镇的割据

始于762年李宝臣称雄，魏博镇自763年田承嗣开始割据，卢龙镇自763年李怀仙开始割据。三镇各自拥兵自重，节度使职位也往往父死子继，或由部下拥立，唐朝廷只能承认，不能更改。河朔三镇外，重要的藩镇还有淄青镇（今山东青州）、淮西镇（今河南汝南）、沧景镇（今河北沧州）等。它们也多割据称雄。安史之乱后，唐代宗把降将李怀仙等人封为幽州等三镇节度使，朝廷难以控制。唐宪宗时三镇曾短暂向朝廷表示归顺，但宪宗死后又反叛。而三镇内部也反复哗变。

② 田悦（751—784）：唐朝魏博节度使，平州卢龙（今河北卢龙）人，为田承嗣之侄。大历十三年（778）田承嗣死，他任魏博（治所在现今大名东，后又扩至魏、博、卫、贝、澶、相等六州）节度使。建中二年，镇州李宝臣卒，其子李惟岳求承袭其官，之后淄青李正己卒，其子纳亦求承袭官职，朝廷未允，田悦代为请求亦未答应，于是合谋同叛。唐德宗派兵镇压，战祸连年不息。兴元元年（784）降唐，后为从弟田绪所杀。

③ 王武俊（735—801）：契丹人，隶李宝臣帐下为裨将。曾建议李宝臣以恒、定等五州归朝廷，以功兼御史中丞，封维川郡王。后杀李惟岳，唐德宗授王武俊为恒、冀观察使。王武俊抱怨不被命为节度使，与朱滔同叛，自称王，国号赵。后李抱真派人说服他，去伪国号，拜为恒、冀、深、赵节度使，据有镇州、冀州。后任官检校太尉。

④ 朱滔（746—785）：幽州昌平（今北京市昌平区）人。卢龙节度使朱泚之弟。朱泚入朝留在京师，他得以继任。建中二年奉朝命攻成德李惟岳，在束鹿（今河北辛集）大胜。次年，欲得深州，朝廷不允，遂与王武俊联合助魏博田悦同拒朝廷，自称冀王。后王、田均受朝命，他联合回纥兵攻田氏的贝州，被李抱真与王武俊击败，退回幽州，降唐。

⑤ 马燧（726—795）：汝州郏城（今河南郏县）人。代宗初年为郑、怀、陇、商等州刺史，后任河阳三城使，并与淮西节度使李忠臣合兵平定汴州，迁河东节度使，加检校兵部尚书。屡次大破田悦军，加尚书右

仆射、魏博招讨使、同平章事、检校司徒，封北平郡王。后因平定河中，任光禄大夫兼侍中，又任绥银麟胜招讨使，率军击吐蕃。因轻信吐蕃求和，招致平凉之败，被剥夺兵权。

⑥ 通义：在今四川眉山。郡王：爵名，位次于王。唐初皇太子、诸王与亲王之子多封为郡王，后来功勋卓著的大臣与各藩镇亦封郡王。

⑦ 赵州：唐属河北道，今河北赵县。

⑧ 刘怦：幽州昌平人，任涿州刺史。朱滔称大冀王，命怦为范阳留守。朱滔死后，军中推怦总掌军事，朝廷授官幽州大都督府长史兼御史大夫、幽州卢龙节度副大使知节度事及彭城郡公。

⑨ 张孝忠：原为部落酋帅，开元时归附唐朝廷，以勇闻名于燕、赵，安禄山奏请封为偏将，史朝义败后，投李宝臣，朝廷授左领军卫郎将、左金吾卫将军同正等职，赐名孝忠，又任飞狐、高阳二军使、易州刺史兼御史中丞，封范阳郡王。宝臣死后，任成德军节度使。以平藩镇有功，又任义武军节度使、易定沧等州观察使。后升为同平章事、加检校司空。张孝忠为人性直勤俭，是一时贤将。

⑩ 深州：唐属河北道，治所在陆泽，在今深州西南。束鹿：县名，安禄山叛，玄宗改县名为东鹿，故城在今河北辛集。

⑪ 蔡雄：朱滔的骑将。

⑫ 小雅尽废，则四夷交侵：出自《诗经·小雅·六月·序》："小雅尽废，则四夷交侵，中国微矣。"意思是说制度完全废坏，导致四方外族入侵，表明华夏之国已经衰弱。

【译文】

建中三年（782）四月，德宗派遣官中使者征发河朔卢龙、成德、魏博三镇的士兵讨伐在魏州反叛的田悦，成德镇的王武俊不接受诏命，逮捕了德宗派去的使者送给卢龙镇的朱滔。朱滔对将士们说："将士有功的人，我向皇帝上奏请求封给官职和勋爵，都不成功。现在想和大家一起配合魏州，击破魏博镇的马燧以取温饱，怎么样？"众人都不回答，问了三次，众人才说：

“幽州的人，自从安禄山、史思明反叛，跟着他们南下的人，没有一个人能回来，现在他们遗留下来的家人痛入骨髓。何况太尉、司徒都享受国家的恩宠荣贵，将士也都接受了官职和勋爵，实在是想暂且保住目前的情况，不敢再有非分的觊觎。”朱滔沉默无语作罢，于是诛杀大将数十人，优厚抚恤安慰他的士卒。德宗听说此事，认为朝廷的力量不能制服朱滔，就赏赐朱滔爵位为通义郡王，希望以此让他安心服从。朱滔反叛的谋划进一步加紧，分兵在赵州设营。涿州刺史刘怦写信进谏劝阻他，朱滔不听，派人劝诱驻守易定镇的张孝忠，张孝忠拒绝了他。朱滔率军从深州出发前往束鹿，将要出动，士卒忽然大乱，喧哗鼓噪说：“天子命令司徒回幽州，为什么违背命令南下去救田悦？”朱滔大为害怕，逃走藏匿起来。蔡雄等人假传朱滔的命令告谕士卒说：“现在这次南行，是为了你们，不是为我自己。”众人于是一起杀了德宗派来的使者，又大呼说：“虽然知道司徒此次行动是为了士卒，最终还是不如暂且奉诏回归幽州镇。”蔡雄又告谕他们，众人这才安定。朱滔即引军回到深州，秘密派人暗访率众发动骚乱的人，查出来二百多人，全部斩杀。于是又引兵南下，众人莫敢退却。

臣范祖禹评论说：民众都有正常的本性，饥了就要吃饭，渴了就要饮水，并且要供养他们的父母妻子而终天年，这是人的正常本性都想得到的，哪里喜欢叛乱而使家族遭到诛杀呢？但是自古以来大治的时间很少而动乱的时间很多，这是因为在上的君主丧失了治国之道而在下的民众不知跟随什么人，所以奸雄得以阴谋诡计欺骗民众而利用他们进行叛乱。天宝以后，幽州、蓟州成为反叛的地区，中国对这些地方也视为如同戎狄，朱滔劫迫他的民众如此反叛，这些民众不得已而后跟随朱滔反叛朝廷，也足以看出他们的本性并不是喜欢反叛作乱。统治天下的人，应该反省自己而修整政治了。《诗序》里说：“反映周王朝良好政治的小雅全都荒废了，于是四方外夷交相入侵。”先王不怪罪四方外夷而责怪中国做得不对，这是反求诸己，自我修整而已。国君如果实行仁政，让民众亲近他们的长官，喜爱他们的君主，驱赶他们叛乱，也没有人肯听从，奸雄怎能用假话欺诈他们呢？

【评析】

治民是治国的根本，为此必须充分了解民心，否则就是上失其道，即丢失了治国的正道，民众对这样的治国就无所适从，所以历史上总是治少乱多。如果君主治国都合乎民众的心意，就是赶他们去作乱，他们也不会去，而叛乱的人也掀不起浪来。

暴敛之害甚于寇盗

【题解】

小人当政，总是想尽办法搜刮百姓，以讨好君主，从而使自己的官位不断上升，而从不为百姓和国家的根本利益着想。像韦都宾这种人提的建议就是昏庸之策，而杜佑借机大肆搜刮百姓，宰相卢杞也对百姓的痛苦不闻不问，如此朝政，只能让国家走向灭亡。范祖禹认为用各种借口横征暴敛百姓的钱财，这比强盗和叛军的危害还要大，最大的危害还不在于钱财的失去，而在于失去了民心。钱财失去了还可以再积蓄起来，民心一失，则无法收回。孔子说苛政猛于虎，就是要提醒统治国家的人明白，不要为了自己的私欲，而施行苛政，老虎只是吃人，而苛政将会使施行苛政的人一并灭亡。

【正文】

时两河①用兵，月费百余万缗②，府库不支数月。太常博士韦都宾、陈京建议，以为货利所聚，皆在富商，请括富商，钱出万缗者，借其余以供军，计天下不过借一二千商，则数年之用足矣。帝从之，诏借商人钱，令度支条上。判度支杜佑③大索长安中商贾所有货，意其不实，辄加搒捶，人不胜苦，有缢死者，长安嚣然，如被寇盗，计所得才八十余万缗。又括僦柜④质钱，凡蓄积钱帛粟麦者，皆借四分之一，封其柜窖。百姓为之罢市，相帅遮宰相马自诉以千万数。卢杞始慰谕之，势不可遏，乃疾驱自他道归。计悉借商所得二百万缗，人已竭矣。

臣祖禹曰：人君用天下之力，取天下之财，征伐不庭，以一海内，所以保民也。而兵革既起，未尝不自虐其民，暴敛之害，甚于寇盗。寇盗害民之命，而暴敛失民之心。害民命者，君得而治之，君失民心，则不可得而复收也。孔子曰："苛政猛于虎也。"借商之事可见矣。议者必曰："不有小害，不得大治，不有小残，不成大功。"一劳而久逸，暂费而永宁，是以人主甘心焉，而卒致大乱，此不可以不戒。

【注释】

① 两河：唐安史之乱后，称河南、河北二道为两河。

② 缗（mín）：本指古代穿铜钱的绳子，引申为计量单位，每缗一千文。

③ 杜佑（735—812）：京兆万年人。以门资入仕，任江西青苗使、容管经略使、江淮水陆转运使、度支郎中兼和籴使等，又以户部侍郎判度支。后为岭南、淮南节度使。唐德宗贞元十九年（803），入为同中书门下平章事，历顺宗、宪宗二朝，均以宰相兼度支使、盐铁使。唐宪宗元和七年（812）致仕。杜佑以三十六年时间考溯各种典章制度的源流，撰成二百卷巨著《通典》。

④ 僦柜：唐代有柜房，是代人保管金钱及贵重物品以收取保管费的寄存业。所设保管柜称"僦柜"。后演变为典当质钱的质库（当铺）。

【译文】

当时河北、河南用兵，每月费用需一百多万缗，国家仓库已有数月无法支付作战费用。太常博士韦都宾、陈京建议，认为钱货财富都聚集在富商手中，请求向富商借钱，能出一万缗的，借用其余额供应军队，总计天下不过借一二千个富商，数年的用费就足够了。德宗采纳了这个建议，下诏向商人借钱，命令度支部门一一记录上报。判度支杜佑在长安向商人大肆索取钱财，认为商人所报不实的，动辄用刑具加以拷打，商人受不了这种痛苦，有人甚至自缢而死，整个长安城一片叫苦声，就像受到寇盗抢劫一样，总计借到的钱只有八十多万缗。于是又征用当铺典押物品的本钱，凡是积蓄钱帛粟麦的人，都借四分之一，封了他们的柜和窖。百姓为此罢市，成千上万的人相继拦住宰相的乘马自诉遭遇的苦难。宰相卢杞开始还安慰告谕民众，但无法遏止这种上诉的势头，就飞快驱马从其他道路回家。借到商人的钱共二百万缗，商人们都已经被搜刮尽了。

臣范祖禹评论说：国君使用天下之人力，取用天下之钱财，以征伐不服从的叛贼，以统一海内，目的是保护民众。可是战争既已开始，虐待自己的百姓，对百姓进行暴敛的危害，比寇盗抢掠百姓还要厉害。寇盗伤害民众的性命，而君主的暴敛则失掉了民心。伤害民众性命的人，君主可以抓他治罪，君主失去民心，就不可能重新收回来了。孔子说："苛政猛于虎也。"向商人借钱的事可以看到这种苛政了。议政的人一定会说："没有小的害处，不能实现大治；没有小的残暴，不会成就大功。"认为可以一劳久逸，暂时费事而获得永远的安宁，所以君主甘心实行苛政，但最终导致大乱，这是不能不引以为戒的。

【评析】

君主治国总怕有人犯上作乱，其实官吏的贪婪腐败对治国的危害更大。所以君主要用国家的财力来使民众生活幸福，同时则要制止官吏的贪腐，要让官吏成为治国的助手，而不能让他们成为害民的机器。

贤者知国，如良医知疾

【题解】

陆贽是君主治国的好帮手，他对国家的了解就像良医对病人病情的透彻了解一样，所以这样的人能治好国家。看他对治国的分析，就能看出这一点。

【正文】

八月，翰林学士陆贽[①]以兵穷民困，恐别生内变，乃上奏，其略曰："将不能使兵，国不能驭将，非止费财玩寇之弊，亦有不戢自焚之灾。"又曰："无纾目前之虞，或兴意外之患。人者邦之本，财者人之心，其心伤则其本伤，其本伤则枝干颠瘁矣。"又曰："人摇不宁，事变难测，是以兵贵拙速，不尚巧迟。若不靖于本而务救于末，则救之所为，乃祸之所起也。"又论关中[②]形势，略曰："今关辅之间兴发已甚，宫苑之内备卫不全，万一将帅之中又如朱滔、希烈，或负固边垒，诱致豺狼，或窃发郊畿，惊犯城阙，未审陛下复何以备之？"贽请追还神策六军[③]，明敕泾、陇、邠、宁[④]，但令严备封守，仍令更不征发，使知各保安居。又降德音，罢京城及畿县间架等杂税[⑤]，则冀已输者弭怨，见处者获宁，人心不摇，邦本自固。帝不能用。

臣祖禹曰：贤者之知国，如良医之知疾，察其形色，视其脉理，而识死生之变，不待其颠仆而后以为病也。陆贽论用兵之致乱，如蓍龟之先见，何其智哉！夫岂如瞽史之知天道乎？亦观其事而知之也。非独如贽之贤者能知之，意天下之凡民亦必有知之者，惟人君不觉也。

天下之患，在于人莫敢言而君不得知，言之而不听，则末如之何也，必乱而已矣。

【注释】

① 翰林学士：学士始设于南北朝，唐初以名儒学士起草诏令而无名号。唐玄宗时，翰林学士为皇帝心腹，常能升为宰相。陆贽（754—805）：苏州嘉兴（今浙江嘉兴）人。唐代宗大历八年（773）进士，唐德宗即位，为翰林学士。泾原兵变，随德宗出逃奉天。贞元间，拜兵部侍郎、中书侍郎、同平章事。为相时，指陈弊政、废除苛税，后被人诬陷罢相。陆贽为中唐贤相，学养才能、品德风范，深得当时及后世称赞。

② 关中：指四关之内：东潼关、西散关（大震关）、南武关（蓝关）、北萧关（金锁关），在今陕西省中部。

③ 神策六军：神策军是唐中后期中央北衙禁军主力，原为西北戍边军队，后进入京师为唐王朝最重要禁军，负责保卫京师和宿卫宫廷及行征伐事，天宝十三载（754）哥舒翰在磨环川设立，天复三年（903）正式废除。唐穆宗以后共有九帝，除敬宗、哀帝外，其余均为宦官所立，根本原因在于他们掌握神策军兵权。最高统帅为左右护军中尉，两护军中尉之下设左右神策行营。分左右龙武、左右神武、左右神策（或说左右羽林）六军。

④ 泾：泾原节度使，后彰义军节度使，得名于泾、原二州，西北边疆重镇之一。唐代宗大历三年设立，唐昭宗大顺二年（891）改为彰义节度使，治所在泾川（今甘肃泾川北），辖泾、原、渭、武四州，是唐后期防御吐蕃进攻的重要据点。陇：陇县古称陇州，因地处陇山东坡得名。西晋分汧县西部设陇关县，东晋设陇东郡，北魏在汧县置东秦州，复设陇东郡。西魏改东秦州为陇州，陇州之名始于此。北周陇州并入岐州，后复设陇州。隋撤陇东郡，后又复设陇东郡。唐初改陇东郡为陇州，后改为汧阳郡，又复为陇州，治所汧源县。邠宁：邠宁节

度使，方镇名。乾元二年置，相当今甘肃东部环江、马莲河流域以东及陕西彬州、永寿、旬邑、长武等地。光启元年（885）号静难军。其后为王行瑜、李继徽等人割据。

⑤ 间架等杂税：间架税是将百姓的房产按占地面积、修筑年代及房屋质量好坏作为评判对象而征收的赋税，从唐朝开始征收。间是房屋间数，架是前后两根柱子，两架为一间。唐德宗建中四年五月开始对长安城全部私房征间架税，到同年十月十五通令取消。杂税指正税以外的各种税。

【译文】

八月，翰林学士陆贽认为用兵太多而使民众受困，担心会另外爆发内部的变乱，于是上奏，大略是说："将领不能指挥军队，国家不能控制将领，不仅有浪费国家财力而使叛乱更甚的弊端，还会造成无法控制而自焚的灾害。"又说："不能解决眼前的困境，或许会产生意外的灾患。民是国家的根本，财是人心最关注的事情，伤了民的心就会使国家根本被破坏，国家的根本被破坏了，国家的主干就会颠仆。"又说："民心动摇不定，事变难以预测，所以用兵以拙而快速为贵，不以巧而迟缓为贵。如果不使国家根本安宁下来，只是务求挽救末端的事，那么这种挽救就正是灾祸产生的源头。"又论关中的形势，大略是说："现在关内与京畿之间征发税役已很多了，而皇宫内的守卫不全，万一将领中又有像朱滔、李希烈那样的人，或仗着边境的军镇，而把豺狼引到内地来，或悄悄在京城一带发兵叛乱，就会惊动皇宫，冒犯京城，不知陛下又靠什么来防备？"陆贽请求召回神策六军，明确地命令泾、陇、邠、宁等地，只令他们严加守备，又命他们不再征发税赋，使各地民众各保安居。再降诏表示皇帝的恩惠，罢免京城与附近地区的间架杂税，这样来使已经交了税的不再怨恨，而使相关的地区获得安宁，民心稳定，国家的根本就自会稳固。德宗不能采纳。

臣范祖禹评论说：贤者对国家的了解，就像良医对疾病的了解一样。观察病人的外形与脸色，测量病人的脉理，就能看出病人的生死变化，不用等到病人死了之后才知道他有病。陆贽论用兵会导致战乱，这就像占卜用的那些蓍草与灵龟，是多么智慧啊！哪里像那些瞎眼的史官会知道天道呢？也是观察事情的情况就完全了解了。不但像陆贽这样的贤人能知道这些，估计天下普通百姓中也必有看出这一切的人，只是君主不能察觉。天下的灾患，在于无人敢说话而君主不能知道事态的发展，人们说了又不听，就不知道会怎么样了，国家一定会陷于混乱而已。

【评析】

治国必须了解国家的情况，能够判断未来的变化，所以贤明的高官就像高明的医生一样，能一眼看出国家治理不好的原因所在。这时，君主就要认真吸取他们的分析与意见，不要再被小人迷惑和蒙蔽，否则，虽有贤臣帮助，这样的君主也会把国家搞得一片混乱。

德宗不明任相之理

【题解】

德宗治国不能成功，一个重要原因是不懂得选用宰相的道理。范祖禹认为，君主选任宰相，目的只是通过宰相来聚集更多的贤才为治理国家效劳。不懂此理，当然就不能虚心吸取陆贽的意见。

【正文】

车驾至城固[①]，帝长女唐安公主[②]薨。四月，帝至梁州[③]，欲为公主造塔，厚葬之。姜公辅表谏以为山南非久安之地，公主之葬，会归上都，此宜俭薄，以副军须之急。帝使谓陆贽曰：“唐安造塔，其费甚微，非宰相所宜论。公辅正欲指朕过失，自求名耳。相负如此，如何处之？”贽上奏极谏，帝意犹怒，罢公辅为左庶子[④]。

臣祖禹曰：人君置相必求天下之贤，盖欲闻其忠言嘉谋，以交修其所不逮也，《书》曰：“朝夕纳诲，以辅台德。”而后世宰相与谏争之臣，分其所职，人君得失，相不预焉，必责之谏臣，此谄谀之人持禄保位之计，非贤相之职业也。姜公辅一谏，德宗以为非所宜论，卒废黜之，不明之君，岂知所以任相哉？

【注释】

① 城固：地名，今属陕西汉中。

② 唐安公主：唐德宗爱女，唐顺宗同母妹妹，母为昭德皇后。初封唐安

公主，下嫁秘书少监韦宥。朱泚之乱，随父逃亡梁州。兴元元年卒于城固县。

③ 梁州：今陕西汉中地区，三国时始设梁州，治所在陕西汉中，先称南郑，唐德宗改为兴元府。

④ 左庶子：詹事府左春坊的主官。汉以后为太子侍从官之一，南北朝称中庶子，唐在太子官署中设左右春坊，左右庶子分隶二坊。

【译文】

德宗的车队走到城固，他的长女唐安公主死了。四月，德宗到了梁州，想为公主造一座塔，并厚葬公主。姜公辅上书进谏，认为山南不是长久安定之地，公主的葬事，应回到京城再办，现在只应薄葬，以适应军需方面的紧急情况。德宗派人对陆贽说："为唐安公主造一座塔，费用很少，不是宰相所应讨论的。姜公辅正想指责朕的过失，为自己求名而已。如此自负，怎么处理他？"陆贽上书极力劝谏，德宗还是愤怒，把姜公辅撤职为左庶子。

臣范祖禹评论说：君主任命宰相一定要寻求天下的贤才，这是要听取他们的忠言与良谋，以便相互纠正不足之处，《尚书》说："从早到晚听取教诲，以辅助我的德行。"后世的宰相与谏争的大臣，分工各管其职内的事，而对君主的得失，宰相都不干预，一定要谏臣负责，这是谄谀之人保住官职与俸禄的计谋，不是贤明宰相的本来职责。姜公辅一进谏，德宗就以为不是他所应当论说的，马上就把他撤了职，不贤明的君主，哪里知道任用宰相的道理呢？

【评析】

君主治国一定要时刻记住：自己一个人的聪明才智是极其有限的，所以首先要选择任用贤明的宰相，再靠宰相召集选拔天下的贤才来为国家效力。不懂这个道理，君主治国只能走向混乱，国家走向衰亡。

陆贽欲正德宗之心术

【题解】

陆贽作为贤明的宰相，非常想纠正德宗的心术，使德宗懂得治国的正道，为此他不惜不断上书为德宗阐明治国之道。

【正文】

帝问陆贽："近有卑官自山北[1]来者，率非良士。有邢建者，论说贼势，语最张皇。察其事情，颇似窥觇。今已于一所安置，如此之类，更有数人。若不追寻，恐成奸计。卿试思之，如何为便？"贽上奏以为：今盗据宫阙，有冒险远来赴行在者，当量加恩赏，岂得复猜虑拘囚？其略曰："以一人之听览，而欲穷宇宙之变态，以一人之防虑，而欲胜亿兆之奸欺，役智弥精，失道弥远。"又曰："虚怀待人，人亦思附。任数御物，物终不亲。情思附则感而悦之，虽寇仇化为心膂矣。意不亲则惧而阻之，虽骨肉结为仇慝矣。"又曰："陛下智出庶物，有轻待人臣之心，思周万机，有独御区宇[2]之意。谋吞众略，有过慎之防，明照群情，有先事之察，严束百辟，有任刑致理之规，威制四方，有以力胜残之志。由是才能者怨于不任，忠荩[3]者忧于见疑，著勋业者惧于不容，怀反侧者迫于见讨，驯致离叛，构成祸灾。"

臣祖禹曰：德宗好察而不明，是以致乱，而不自知其非，陆贽欲正其心术，故必原其祸之所起而极论之，使之惩既往之失，防未来之悔也。《诗》曰："犹之未远，是用大谏。"陆贽有焉。

【注释】

① 山北：泛指终南、太华二山以北。

② 区宇：天下。

③ 荩（jìn）：与“忠”字义同。

【译文】

德宗问陆贽：“最近有小官从山北来，大都不是优秀士人。有一个叫邢建的，论说叛军的情况，话语最为荒唐。观察他的情况，颇像前来窥探情报的。现在已把他安置在一处，像这样的，还有好几人。如果不追查他们，怕会形成奸诈计谋。卿试思考一下，如何做是好？”陆贽上奏说：现在叛军占据京城皇宫，有冒险赶到皇帝临时居住地的人，当酌情施予恩赏，怎能又来猜忌和拘留监禁？他的上书大略是说：“靠一个人的听与看，而想完全知道宇宙的变化，用一个人的防范与思考，而想胜过亿兆人的奸与欺，由此用心越是多，就离正道越远。”又说：“虚怀待人，人也会想着依附。靠术数来控制别人，人们终究不会亲近。有人想来依附，受到了恩遇，他就会感动和喜悦，此人虽是强盗仇人也会变成忠心的人才。猜疑别人不亲近自己，就会害怕这个人而阻止他，这样的话，虽然是骨肉亲人也会变成仇人了。”又说：“陛下的智慧超出万物，心里就会轻待臣下，陛下对各种事务的思虑周密，就会有靠一个人的心力治理宇宙的心意。智谋压过众人的谋略，就会有过于谨慎的防备心，明察众人的心意，就会有事前判断变化的明察，能严厉约束百官，就会有任用刑罚来达到治理的规度，威严能控制四方，就会有靠力量战胜残敌的意志。因此有才能的人就会埋怨得不到任用，忠诚的人就会担忧受到怀疑，立下功业的人就会害怕无法被宽容，怀有反叛之心的人就会怕被讨伐，这样众人最终就会叛离，构成国家的灾祸。”

臣范祖禹评论说：德宗喜好察知一切而怕不了解情况，所以导致祸乱，而不自知这是错误的，陆贽想纠正他的这种心术，因此必定要追溯灾祸从哪里产生出来的而把事情说到极点，是想使德宗以过去的失败而吸取教训，以防止将来的悔恨。《诗经》说：“事情还不是很久远，因此可以做重大的进谏。”陆贽做到了这一点。

【评析】

想知道一切又担心被人蒙蔽，本是好事，但做过了头，就走向反面，失去了对臣下的信任之心。君主如果不相信臣子，就会对所有的人有猜疑之心，这样就听不进臣子的意见，怀疑心太强，就是一种心理疾病，即一种妄想症。陆贽看到德宗已有这种毛病，所以想从源头上进行引导，避免带来更多的灾祸。这样的君主，在历史上并不少见，但像陆贽这样的大臣，则非常少见。

将在外而以君命制之，必不能成功

【题解】

德宗只相信自己，而不相信别人，所以他想亲自为远在千里之外的军队制订作战计划和方案。陆贽批评了他的这种想法，因为兵家最讲究将在外而君命有所不受，德宗的做法正好违背了这一条。范祖禹引用《周易》的《师卦》进一步阐明了陆贽所说的道理，他认为用兵之道，关键在于选择将领，把军事任务交付给将领，君主就不能再来牵制将领了。可是在实际中，不少君主总以为自己最聪明，不相信将领的能力，所以他要替将领制订作战方案，不想把作战的大权交给将领，甚至不想让将领有作战的功劳，这样的帝王只能说是昏君，按他的用兵计划与方案去作战，只能有一种结果，那就是失败，也就是《周易》所说的凶。

【正文】

五月，帝使谓陆贽曰："浑瑊、李晟①诸军当议规画，令其进取。朕欲遣使宣慰，卿宜审细条疏以闻。"贽以为贤君选将，委任责成，故能有功，况今秦梁②千里，兵势无常，遥为规画，未必合宜。彼违命则失君威，从命则害军事，进退羁碍，难以成功。不若假以便宜之权，待以殊常之赏，则将帅感悦。贽上奏，其略曰："锋镝交于原野，而决策于九重之中，机会变于斯须，而定计于千里之外，用舍相碍，否臧③皆凶，上有掣肘之讥，下无死绥④之志。"又曰："传闻与指实不同，悬算与临事有异。"又曰："君上之权，特异臣下，唯不自用，乃能用人。”

臣祖禹曰，《易·师》之六五曰：“长子帅师，弟子舆尸，贞凶。”六五为师之主，制师之命者也。长子，人之师也，故行师则吉。弟子，听之于人者也，故虽正而凶。然则师之道，在择人而委任之，不可以牵制也。而人君常欲权出于己，或不欲功归于人，将在外而以君命制之，兵从中御，未有能成功者也。

【注释】

① 李晟（727—793）：洮州临潭（今甘肃临潭东）人，曾任太尉、宰相、西平郡王、泾原四镇北庭都知兵马使，后入朝任右神策军都将。建中二年，以神策先锋都知兵马使讨伐反叛的河朔三镇。建中四年泾原兵变，李晟前往奉天勤王，加尚书左仆射、同中书门下平章事，兼京畿、渭北、鄜坊、商华兵马副元帅。兴元元年，李晟收复长安，平定朱泚之乱，兼凤翔、陇右、泾原三镇节度使、行营副元帅。贞元三年，李晟被罢兵权，改封太尉。

② 秦梁：秦州和梁州，此处实指梁州。东晋以秦州寄治梁州，故秦梁并称。

③ 否（pǐ）臧（zāng）：成败。否，失败。臧，成功。

④ 死绥：效死沙场。

【译文】

兴元元年五月，德宗派人对陆贽说：“浑瑊、李晟所率领的各部队应当进行商议和规划，命令他们进攻叛军。朕想派遣使者前去慰问他们的部队，卿应该仔细审察一条条地写好上报给我。”陆贽认为贤明的君主选择将领，委托任务要求他们完成，所以将领们能建立战功，何况现在秦与梁地区离君主所在地有千里之遥，作战的形势没有一定，君主在遥远的地方替他们谋划，未必适当。他们如果违背了君主的命令就会使国君丧失威严，听从君主的命令就会对军事行动有害，因此这种远离战场的谋划使将领们无论进军还是撤退都造成了羁绊，难以取得成功。不如授予根据实际情况方便用兵的权力，给予不同寻常的奖赏，这样的话，将帅就会感动和喜悦。陆贽上奏，其大略说："刀锋箭镝在原野上交错飞舞，而决定策略却在帝王的九重皇宫之中，机会在极短的时间内发生了变化，而确定计谋却千里之外，是用命还是放弃，相互妨碍，无论战场的形势是好是坏，结果都是凶，这使在上的君主会受到限制将领用兵的批评，在下的士卒又没有了拼死作战的士气。"陆贽的奏章中又说："传闻与实际的情况不一样，凭空谋划与面临具体情况也有差异。"又说："君主的权力，与臣下的权力不同，只有不只让自己运用权力，才能让臣下有权办好事情。"

臣范祖禹评论说，《周易·师卦》的六五爻辞说："长子率领军队，弟子用车拉尸体，占卜的结果是凶。"六五是《师卦》的主爻，是控制军队命运的爻。长子，是人们的老师，所以率军用兵就会吉利。弟子，是听令于他人的人，所以他的行动虽然正确，结果也会是凶。这样的话，用兵之道，在于选择人才而委任他，不可以牵制他。可是人君常常想权力要出于自己之手，有时又不想让别人有功，所以将领在外而用君主的命令控制他们，军队要是由宫中的君主遥控指挥，未有能成功的。

【评析】

德宗有不相信别人的心病，所以对率军作战的将领也不会信任。想由自己指挥一切，不想让将领作战有功，这样又怎能让军队作战胜利呢？荒唐的君主，就会有这样的心态与行为。

德宗为唐室造祸之主

【题解】

范祖禹对德宗的评论可以说太严厉了。德宗想治理好国家，却因自己的毛病，而给唐王朝带来灾祸。这种情况，应当引为后世君主的深刻教训。

【正文】

初，鱼朝恩既诛，代宗不复使宦者典兵。帝即位，悉以禁兵委白志贞，志贞得罪，帝复以宦官窦文场①代之。从幸山南，两军渐集，帝还长安，颇忌宿将握兵多者，稍稍罢之。十月，以文场监神策军左厢兵马使②，王希迁监右厢兵马使③，始令宦官分典禁旅。

臣祖禹曰：德宗为唐室造祸之主，此宗社覆亡之本也，臣是以著之。

【注释】

① 窦文场：初为东宫宦官，侍奉德宗。德宗先让白志贞率禁军，泾原之乱，帝召集禁军御贼，只有窦文场等人率宦官及亲王左右从行，于是左右禁军全由窦文场主管。德宗还京，罢诸将兵权，让窦文场、霍仙鸣分别统领。贞元十二年，以文场为左神策护军中尉，霍仙鸣为右神策护军中尉，右神威军使张尚进为右神策中护军，内谒者监焦希望为左神策中护军。

② 左厢兵马使：兵马使是唐中后期方镇手下的军将，有都知兵马使、左

右厢兵马使、前中后军兵马使、宅内兵马使等。肃宗以后，都知兵马使多为藩镇储帅。

③ 王希迁：德宗时的宦官。德宗重返京师后于兴元元年十月将神策军分为左右两厢，以窦文场和王希迁为监神策军左、右厢兵马使，这是宦官分典禁军的开始。贞元二年（786），唐德宗将神策军左右厢扩建为左、右神策军，窦文场等宦官仍然担任监军。贞元十二年（796）六月，德宗又设立左、右神策军护军中尉，由窦文场和霍仙鸣担任，成为神策军的实际统帅。

【译文】

当初，鱼朝恩被诛杀以后，代宗不再让宦官掌管军队。德宗即位，却把宫庭的禁军全部交给白志贞掌管。白志贞有罪后，德宗又让宦官窦文场代替他。窦文场跟着德宗到山南，军队逐渐集中到他手里。德宗返回长安，对过去有战功的将领而带兵较多的人非常猜忌，逐步地除掉他们的兵权。十月，任命窦文场为监神策军左厢兵马使，王希迁为监右厢兵马使，这是开始让宦官分掌禁军。

臣范祖禹评论说：德宗是为唐王朝制造灾祸的君主，这是唐王朝灭亡的根本原因，臣因此指出这一点。

【评析】

整个唐朝历史，范祖禹认为其灭亡的根本原因就是德宗让宦官掌管禁军。这是因为唐朝最精锐的部队就是神策军，一旦让宦官掌握了这支军队，各地叛乱就无法平定，朝内的混乱也无人能消除，国家当然就会逐步走向灭亡。后来唐王朝的皇帝，其命运全由宦官控制，遇到残暴的军镇将领，宦官掌握的神策军又无法镇压，所以唐朝后期皇帝的命运都非常悲惨。可见范祖禹说德宗是为唐王朝制造灾祸的人，是完全正确的。

制治于未乱，保邦于未危

【题解】

战乱不止，军民皆苦，有粮食运来让人民吃饱饭，国家还可维持，但到了这一步，国家命运已经极其危险，君主早应采取正确的治国方针，避免这种情况的出现，才是正道。

【正文】

贞元二年四月，关中仓廪竭，禁军或自脱巾呼于道曰："拘吾于军而不给粮，吾罪人也。"帝忧之甚。会韩滉[①]运米三万石至陕，李泌即奏之，帝喜，遽谓左右曰："米已至陕，吾父子得生矣。"时禁中不酿，命于坊市取酒为乐。又遣中使谕神策六军，军士皆呼万岁。时比岁饥馑，兵民皆瘦黑，至是麦始熟，市有醉人，当时以为嘉瑞。人乍饱食，死者复五之一，数月，人肤色乃如故矣。

臣祖禹曰，《老子》曰："师之所处，荆棘生焉，大军之后，必有凶年。"言民以其愁苦之气伤天地阴阳之和，致水旱之灾。夫以兵除残，如人以毒药攻疾，疾去而人伤亦甚矣，其血气必久而后复，或终身遂衰，一失其养则易以死亡，不若未病之完也。先王制治于未乱，保邦于未危，有天下者，可不务哉？

【注释】

① 韩滉（huàng，723—787）：京兆长安人。玄宗时以门荫入仕，后任

山南节度判官、殿中侍御史、尚书右丞、户部侍郎判度支、太常卿、晋州刺史、镇海节度使、浙江东西观察使。泾原兵变时，韩滉转输江南粟帛，供给朝廷。贞元时，入朝加同平章事、兼江淮转运使。

【译文】

贞元二年四月，关中粮仓已空，禁军中有人自行解下头巾在道路上呼喊："把我们拘禁在军中而不给粮吃，我们是罪人啊。"德宗对此非常担忧。正好韩滉从江南运来粮食三万石（一石为一百二十斤）到关中，李泌即上奏报告，德宗很高兴，马上就对左右的人说："米已运到了，我们父子都能活了。"当时皇宫中不酿酒，于是命人到宫外的坊中买酒庆祝。又派宫中宦官告谕神策六军，军人们都欢呼万岁。连年饥荒，兵与民都又瘦又黑，到这时麦子熟了，街上有了喝醉的人，当时认为这是吉祥的征兆。但人饿久了突然吃饱饭，因此而死的人也有五分之一。过了几个月，人们的皮肤脸色也恢复了正常。

臣范祖禹评论说，《老子》说："军队所到之处，就会长出荆棘；大军作战之后，必有灾荒之年。"这是说民众的愁苦之气伤害了天地间的阴阳谐和，导致水灾旱灾。本来君主是用军队来除掉叛乱的，就像人以毒攻毒来治病，病好了但人却受伤更厉害了，人的血气必定长久之后才能恢复，有的人甚至会一直衰弱下去，一旦失去营养就会死亡，还不如有病而没治好。先王在没有祸乱之前就把国家治理好，在未出现危险之前就保护好国家，治理天下的人，能不这样做吗？

【评析】

治国要能不让战乱出现才是最好的，所以治国之道以制治于未乱未危为最佳，如果早先不好好治国，等出现了战乱再来想办法，就太晚了，民众必然会受许多苦难。所以范祖禹告诫后来的君主要懂得这一点。

李泌为相能直诚尽职

【题解】

李泌是唐朝的良相之一，他做宰相做得很好，主要一点是能直诚尽职。在德宗与太子之间出现矛盾时，他能妥善处理，避免出现父子相残的局面，这就是尽职的表现。

【正文】

郜国大长公主女为太子妃[①]，或告主淫乱，且为厌祷[②]，帝大怒，幽主于禁中，切责太子，太子不知所对，请与萧妃[③]离昏。帝召李泌告之，且曰："舒王[④]近已长立，孝友温仁。"泌曰："陛下惟有一子，奈何一旦疑之，欲废之而立侄，得无失计乎？陛下所生之子犹疑之，何有于侄？舒王虽孝，自今陛下宜努力，勿复望其孝矣。"帝曰："卿不爱家族乎？"对曰："能爱家族，故不敢不尽言。"泌因言："自古父子相疑，未有不亡国覆家者。今幸赖陛下以语臣，臣敢以家族保太子。向使杨素[⑤]、许敬宗、李林甫之徒，承此旨，已就舒王图定策之功矣。"帝曰："此朕家事，何预于卿，而力争如此？"对曰："天子以四海为家，今臣独任宰相之重，四海之内，一物失所，责归于臣，况坐视太子冤横而不言，臣罪大矣。"帝曰："为卿迁延至明日思之。"泌抽笏叩头而泣曰："如此，臣知陛下父子慈孝如初矣。"因戒帝勿露此意于左右，露之则彼皆树功于舒王，太子危矣。明日，帝意果悟，太子由是获免。

臣祖禹曰：李泌善处父子兄弟之间，故能以其直诚正言感悟人主，卒使父子如初，可谓忠矣。谄谀之人助君之决者，必曰："家事，非他人所预。"陷君于恶，率由此言。泌以为天子以四海为家，则莫非家事，以君之子为己任，其知相之职业哉。

【注释】

① 郜国大长公主：初以皇女封延光郡公主，嫁殿中丞裴徽。马嵬坡之变，裴徽被杀，再嫁太仆卿萧升。贞元元年（785），封郜国大长公主，女儿萧氏选为太子李诵的太子妃。贞元六年（790），因为她用巫蛊术，被唐德宗囚禁而死。太子：唐德宗的长子李诵，唐德宗即位后立为太子，贞元二十一年（805）继位，即唐顺宗，起用王叔文等人变法，触犯了宦官和节度使的利益，被迫禅位给太子李纯，自称太上皇。

② 厌祷：指以巫术祈祷鬼神，往往是求鬼神帮助自己害死对手。

③ 萧妃：即郜国大长公主与太仆卿萧升的女儿，嫁给太子为妃，故称萧妃。

④ 舒王：舒王李谊，初名谟，昭靖太子李邈之子。在诸王中年最长，德宗让他任泾原节度大使，李希烈反，招讨使李勉战败，以舒王为扬州大都督、荆襄江西沔鄂节度使、诸军行营兵马都元帅，未及出行，泾原兵反，舒王随从德宗逃到奉天。

⑤ 杨素（？—606），北魏谏议大夫杨暄之孙、北周骠骑大将军杨敷之子，初仕北周，拜车骑将军、仪同三司，参加平定北齐之役，与族兄杨坚相结纳。至隋，任御史大夫，开皇八年（588）任行军元帅，率水军东下攻灭陈朝，拜荆州总管，封越国公。帮助晋王杨广夺嫡成为太子。杨广即位，命他领兵讨平汉王杨谅叛乱，拜尚书令、太师、司徒，封楚国公。

【译文】

郜国大长公主的女儿为太子的妃子，有人告发公主淫乱，还用厌祷术来害人，德宗大怒，把公主幽禁起来，并严厉地斥责太子，太子不知所对，请与萧妃离婚。德宗召来李泌告诉他这件事，且说："舒王最近已长大，为人孝友温仁。"李泌说："陛下只有一子，为什么一天之间就怀疑他，想把太子废掉而立侄子（指舒王）为太子，不会有失策的地方吗？陛下所生的儿子还怀疑他，何况是侄子呢？舒王虽孝，自今陛下宜努力，不要再希望他孝了。"德宗说："卿不爱自己的家族吗？"李泌回答说："能爱自己的家族，所以不敢不尽言。"李泌因此又说："自古父子相互怀疑，没有不亡国败家的。现在幸亏陛下告诉了臣，臣敢用我的家族来为太子作保。从前假使杨素、许敬宗、李林甫等人听取陛下这样说，早就投靠到舒王那里要得到册立太子的功劳了。"德宗说："这是朕的家事，与卿有什么关系，要如此力争？"李泌回答说："天子以四海为家，现在臣单独任宰相的重任，四海之内，一个东西得不到妥善安排，责任都要归于臣，何况坐视太子的冤枉而不说话，臣这样做就是大罪了。"德宗说："为了卿，我要把这事拖到明天来进行思考。"李泌抽出笏板磕头而哭着说："这样办，臣就知道陛下父子会慈孝如初了。"于是告诫德宗不要暴露这个意思让左右的宦官知道，暴露的话，宦官们就会到舒王那里邀功，而太子就危险了。到第二天，德宗果然醒悟，太子因此得以不被废黜。

臣范祖禹评论说：李泌善于调节德宗父子之间的关系，所以能用他的正直忠诚的话来使君主感悟，终使德宗父子如初，可以称为忠诚了。进谄和阿谀的人会帮着君主作出决定，此时一定会说："这是陛下的家事，不是其他人所应干预的。"从而使君主陷于罪恶之中，都是由于有这种话。李泌认为天子是以四海为家的，则都是君主的家事，这是以君主之子为己任，他是懂得做宰相的本职应该怎么做的。

【评析】

唐高宗要立武则天为后，李勣就说这是陛下的家事，臣不能多嘴；玄宗听信武惠妃的谗言，要废太子瑛等人，李林甫也这样说。范祖禹认为他们都是奸臣，相比之下，李泌的做法才是正直忠诚的，才是宰相所应做的。

君臣之道与知命

【题解】

德宗总以为卢杞为人忠诚清高刚强耿介，而不认为他是奸邪之人，这是他的昏庸。当时的人都知道卢杞的奸邪，而德宗却看不到这一点，正说明卢杞的奸邪完全蒙蔽了德宗。李泌极力说明卢杞是奸人，可德宗还为他辩护，把建中之乱说成天命，由此引发了李泌关于天命的议论，李泌所论，非常精到。范祖禹又进一步加以发挥，阐明了穷理尽性与知天命之间的关系，并说明了什么是天命、什么不是天命，以及如何分辨天命。这里的关键是找出人的行动与结果之间的关系，是人的行动招致的结果，就是人事而不是天命。人顺从天道而行，得到了不好的结果，那就是天命。德宗的问题在于他根本没有弄清楚什么是天命，而把人为的灾祸归结为天命，历史上许多君主都是这样思考的，范祖禹的评论之所以有意义，就在于他提示了后人什么是天命、什么是人为。

【正文】

贞元四年二月，帝从容与李泌论即位以来宰相，曰："卢杞忠清强介，人言杞奸邪，朕殊不觉其然。"泌曰："人言杞奸邪，而陛下独不觉其奸邪，此杞之所以为奸邪也。傥陛下觉之，岂有建中之乱[①]乎？"帝曰："建中之乱，术士[②]预请城奉天[③]，此盖天命，非杞所能致也。"泌曰："天命，他人皆可以言之，惟君、相不可言。盖君、相所以造命也。若言命，则礼乐政刑皆无所用矣。纣曰：'我生不有命在天’[4]，此商之所以亡也。”帝曰：“卢杞小心，朕所言无不从。”对曰：“杞言无不从，岂忠臣乎？夫言而莫予违，此孔子所谓‘一言丧邦’[5]者也。”

臣祖禹曰，《易》曰：“穷理尽性以至于命。[6]”自君臣而言之，为君尽君道，为臣尽臣道，此穷理也。穷理则性尽，性尽则至于命矣。孟子曰：莫非命也，顺受其正。[7]夫顺受其正者，人事也，人事极矣，而后可以言命。故知命者不立岩墙之下，立岩墙之下而死者，人之所取也，非天之所为也。顺其道而死者，天之所为，非人之所取也，故曰命。若夫建中之乱，有以取之乎，无以取之乎？若无以取之，则不穷兵，不暴敛，不相卢杞而致乱，乃可谓命也。若有以取之而曰命，岂异于纣乎？夫为人君不知相之奸邪，不省己之阙失，而归之术者之言，以为命，宜其德之不建，政之不修也。李泌之论，不亦正乎！

【注释】

① 建中之乱：德宗建中二年到兴元元年间发生的藩镇叛乱。成德节度使李宝臣死后，其子李惟岳擅自继位，德宗不允许。魏博镇田悦、淄青镇李纳、山南东道节度使梁崇义就与李惟岳联合起兵。不久，卢龙镇节度使朱滔和成德镇降将王武俊又勾结田悦、李纳发动叛乱。淮西节度使李希烈也进行叛乱。783年，德宗调关内兵平定叛乱，泾原镇的士兵路过长安时发生哗变，攻进长安。德宗逃到奉天。泾原叛乱军立朱滔的兄弟朱泚为主，在长安称帝。朔方节度使李怀光救援德宗，到长安后又与德宗发生矛盾，联合叛乱军共同反唐。兴元元年，德宗又逃到梁州。后来，德宗依靠李晟收复了长安，杀了朱泚，与朱滔、王武俊、田悦、李纳等人妥协，平息了这场叛乱。

② 术士：古代称懂得天文占星、医药养生、占卜算卦、修道练气、堪舆等方术的人为术士。

③ 奉天：县名，在今陕西乾县。

④ 我生不有命在天：出自《尚书·西伯戡黎》：西伯既戡黎，祖伊恐，

奔告于王。王曰：“我生不有命在天？”王即纣王，意谓纣王自恃有天命在身，而恣意妄为。

⑤ 一言丧邦：出自《论语·子路》：定公问孔子：“一言而可以兴邦，有这回事吗？”孔子回答说：“有人说：‘为君难，为臣不易。’如果知道为君之难，不就是一言而兴邦吗？”定公又问：“一言而丧邦，有这种事吗？”孔子回答说：“有人说：‘我不以当君主为乐，只是我的话无人敢违抗，这让我高兴。’如果君主的话是对的，而没有人违抗，这不是好事吗？如果君主的话不对，而无人敢违抗，这不等于是一言而丧邦吗？”

⑥ 穷理尽性以至于命：出自《易经·说卦》。意谓穷尽了理和性的问题，就能明白什么是命了。

⑦ 莫非命也，顺受其正：出自《孟子·尽心上》：“莫非命也，顺受其正，是故知命者不立乎岩墙之下，尽其道而死者，正命也；桎梏死者，非正命也。”意思是说怎么样都可以说是命，但关键是要顺从正确的道理去做，所以懂得命的人不站到高墙之下，按照正道去做，虽然死了，也是正当的命，而要是成为罪犯而死，就不是正命了。

【译文】

贞元四年（788）二月，德宗从容地与李泌谈论自己即位以来的各位宰相，说：“卢杞忠诚清高，为人刚强而耿介，人们说卢杞奸邪，朕实在觉得不是这样。”李泌说：“人们说卢杞奸邪，而唯独陛下一个人不觉得他奸邪，这正是卢杞之所以是奸邪的地方。倘若陛下觉察了他是奸邪，哪里还会有建中年间的大乱呢？”德宗说：“建中年间的大乱，术士预先请求修建奉天的城池，这当是天命，不是卢杞所能引致的大乱。”李泌说：“天命的事，其他人都可以说它，只有君主、宰相不能说天命。这是因为君主、宰相是造命的人。如果讲天命，那么礼乐政刑就都无处可用了。殷纣王说：‘我生不有命在天？’这是商朝之所以灭亡的原因。”德宗说：“卢杞小心谨慎，朕的话他无不听从。”李泌回答说：“卢杞对陛下言无不从，哪里是忠臣呢？那种我说的话他一概不肯违背的人，这正是孔子所说的‘一句话就可使国家灭亡’的人。”

臣范祖禹评论说，《周易》里讲：“穷尽事理与人性的道理以达到对命的认识。”从君臣的角度说，当君主的尽为君之道，当臣下的尽为臣之道，这就是穷尽事理。穷尽了事理，关于人性的认识也就穷尽了，穷尽了关于人性的认识，也就达到了对命的认识。孟子说：没有什么不是命，因此只顺从和接受最正确的做法。顺从和接受正确做法，这就是人所要做的事，人所要做的事全都做好了，而后就可以说命了。所以认识了命的人不站高墙的下面，站在高墙下面而死了的人，是人的行动招致的结果，不是天的行为招致的结果。顺从天道而死的人，这是天招致的结果，而不是人的行动招致的结果，所以称之为命。像那次建中年间的大乱，是由人的行动招致的，还是不由人的行动招致的呢？如果不是由人的行动招致的，就应该是不穷兵黩武，不暴敛民财，不让卢杞当宰相而招致了那场大乱，这样才可以说是“天命”。如果是由人的行动所招致而称为命，又与殷纣王有什么不同？德宗作为国君而不知道宰相的奸邪，不反省自己的缺失，而把事情的结果归结到术士的预言上，以为都是天命所决定的，那么他不树立德行，不修整政务，也就是很自然的了。李泌的评论，不也是很正确吗？

【评析】

君有君道，臣有臣道，道就是为人做事的准则，不可违背。《周易》说“穷理尽性以至于命”，就是说道是在穷尽了道理与人性之后所总结出来的唯一正确之路，由此而为人处世，就是命，否则就是非命。古人说某人死于非命，就是说他没有按道做人处事，死是罪有应得。君主与大臣在治国问题上，最重要的就是要懂得其中的道，而道的根本之义，就是孟子所说的“正”。人类社会的一切事都有唯一的正道，人不论处于何种地位，都不能忘了这一点。

聚敛兴利之臣非有生财之术

【题解】

裴延龄用欺骗手法蒙蔽德宗，用虚假的数字谎报国家税收的增加，这种行为都是小人为了迎合帝王的需要，范祖禹认为自唐明皇到德宗，此类人物一再出现，不仅没有给国家增加财富，反而使得国家政治越来越腐败。尽管有人当时就向皇帝揭发这种小人的作为实际就是欺骗，但皇帝受虚荣心的驱使，根本听不进去。范祖禹总结认为，自古以来的聚敛之臣，声称为国兴利，实际都是用此类手法欺上瞒下，从中谋取个人私利。而帝王往往信任这种人，从来不知道总结历史经验，这也是范祖禹特意进行评论的原因所在，希望后世君主能从中看穿小人的一贯伎俩。

【正文】

户部侍郎裴延龄奏："臣判度支①以来，检责诸州欠负三十余万缗，抽贯三百余万缗，呈样物②三十余万缗，请别置欠负耗剩季库③以掌之，染练物④别置月库⑤以掌之。"诏从之。欠负皆贫人无可偿，徒存其数者，抽贯给用随尽，呈样、染练，皆左藏正物，延龄徙置别库，虚张名数以惑帝，帝信之以为能富国而宠之，实无所增也，虚费吏人簿书而已。京城污湿，地生芦苇数亩，延龄奏称咸阳有陂泽数顷可牧厩马，帝使有司阅视，无之，亦不罪也。左补阙⑥权德舆⑦上奏以为："延龄取常赋支用未尽者，充羡余⑧以为己功，县官⑨先所市物，再给其直，用充别贮。边军自今春以来，并不支粮。陛下必以延龄孤直独立，时人丑正流言，何不遣信臣覆视，究其本末，明行赏罚。今群情众口喧于朝市，岂京城士庶皆为朋党邪？陛下亦宜回圣虑而察之。”帝不从。

臣祖禹曰：自古聚敛兴利之臣，非有生财之术⑩，皆移东于西，指虚为实，徒张官吏，置簿书，以罔惑人主，取功赏而已。由明皇至于德宗，其事不谋而同。盖兴利必用小人，小人莫不为欺，故其所行皆由一律也。

【注释】

① 度支：唐中期以后，以盐铁使与度支使、户部使分掌租赋、财政收支与盐铁专卖，亦称三司使。户部：官署名。汉成帝置尚书，有民曹尚书，掌吏民上书事，东汉改掌缮修、功作、盐池、园苑事，与后世工部较近。魏以度支尚书掌财政，另有左民尚书。晋以后，左民之外又有右民。左、右民二曹所掌亦近于后世工部。魏、晋左民尚书与度支尚书均为列曹尚书，即一部之长。北齐以度支尚书管辖度支、仓部、左户（民）、右户（民）、金部、库部六曹，左、右户分掌户籍、田宅、租调等事，实即合左民、度支为一部。隋定六部制度，仍称度支，开皇三年（583）改称民部。唐初仍之，高宗即位，以避太宗世民讳，改为户部，掌财赋户籍等事。长为尚书，副为侍郎，唐、宋财政多由他部执掌，明、清始悉归户部。

② 呈样物：呈上作为样品之物。

③ 季库：三月为一季。凡三月终，则入物于库，故谓之季库。

④ 染练物：染，用染料着色。练，煮熟生丝或织品，使之柔软洁白。染练物指用以染练的材料和工具。

⑤ 月库：每月入物，故谓之月库。

⑥ 左补阙：官名。唐垂拱元年（685）置，与拾遗同掌供奉讽谏。分左右，左补阙属门下省，右补阙属中书省。

⑦ 权德舆（759—818）：字载之。唐天水略阳（今甘肃秦安东南）人，

家于润州丹徒（今江苏镇江）。名士权皋之子，贞元十八年拜礼部侍郎，三掌贡举。元和五年，自太常卿拜礼部尚书同中书门下平章事，为政宽厚。权德舆性直谅宽恕，蕴藉风流，好学不倦，贞元、元和间执掌文柄，名重一时。

⑧ 羡余：唐以后地方官员以赋税盈余的名义向朝廷进贡的财物。

⑨ 县官：官府。

⑩ 生财之术：《礼记·大学》：“生财有大道，生之者众，食之者寡，为之者疾，用之者舒，则财恒足矣。”意谓财富要多生之，而少用之，要快速生产它们，而要慢慢耗用它们。

【译文】

户部侍郎裴延龄上奏说：“臣兼管国家财政工作以来，检察督责诸州欠交的租税共有三十余万缗，抽贯钱共有三百余万缗，地方进呈的样品共有三十余万缗，请另外设置专门收藏欠缴的租税和消耗所剩的钱物季库来管理这些物品，另外还有着色的熟绢则另设月库来进行管理。”德宗下诏采纳这个建议。欠交的租税都是穷人无法偿还的，只是保存了这些租税的数字，抽贯钱随时根据用度而使用，且随时都已用完，进呈的样品、着色熟绢这类物品，都是左藏中正常收藏的物品，裴延龄另外设库把它们转移进去，想出虚假的名目迷惑德宗，德宗相信他，认为他能使国家富裕，因而宠爱他，实际上没有什么增加，白白地浪费官吏人员和账簿而已。京城土地脏污潮湿，土地上生出数亩芦苇，裴延龄上奏声称咸阳有数顷的陂泽可以放牧皇家的厩马，德宗派有关部门的官员察看，没有这种陂泽，也不怪罪他。左补阙权德舆上奏认为：“裴延龄把正常租赋没有支出完毕的钱物，冒充赢余作为自己的功劳，朝廷先来买物品，再付给其价值，用来充当另外的库藏。边境军队自今年春天以来，都没有供给粮食。陛下深信裴延龄为少有的正直人而与众不同，认为人们散布诬蔑正直之人的流言，何不派出使臣加以核实，追究事情的本末，明确地实行赏罚？现在众人都有意见而在朝市之间喧哗议论，难道京城的士人和庶民都是一伙同党吗？陛下也应当改变自己的想法而察知实情。”德宗不听从这些意见。

臣范祖禹评论说：自古以来那些聚敛兴利的大臣，并没生财之道，只是把物资从东移到西，把虚无的说成实有的，白白地多用官吏，设置账簿文书，以欺骗人主，取得有功之赏而已。从唐明皇到唐德宗，这种人做的事不谋而同。这是因为要增多物利就必须用小人，而小人无不进行欺骗，所以他们的行为都是一样的。

【评析】

很多大臣以为能为朝廷增加税收就是能臣，就是最好的治国，这是非常错误的。范祖禹说这种人不过是“聚敛兴利之臣”，他们并不是生财有术，而是用歪门邪道，如移东于西，指虚为实，或者更多地搜刮民众的财物。这种人，能得到昏庸君主的赏识，但是却会使国家命运必然地走向衰落。

德宗违反君人之常道

【题解】

德宗很想励精图治，但他的本心却不信任大臣，猜忌心很重，他看待人才的标准，也只是看重表面上的口才，而不问实际情况。对于德宗的这些缺点，陆贽也曾非常诚恳地予以批评指正，但德宗根本听不进去。范祖禹认为孔子早就说过如何治国的问题，列了三个原则，后来的帝王只要按照这三个原则去做，治理好国家并不是难事，因此称之为君人常道。可帝王们对此不重视，所以范祖禹认为德宗的这种做法，应该使后世帝王引以为戒。

【正文】

十年，帝性猜忌，不委任臣下，官无大小，必自选而用之，宰相进拟，少所称可，群臣一有谴责，往往终身不复收用。好以辩给取人，不得敦实之士，艰于进用，群材淹滞。陆贽上疏谏，其略曰："以一言称惬为能，而不核虚实，以一事违忤为咎，而不考忠邪。其称惬则付任逾涯，不思其所不及，其违忤则罪责过当，不恕其所不能。是以职司之内无成功，君臣之际无定分。"帝不听。

臣祖禹曰：昔仲弓[①]为季氏[②]宰[③]，问政，孔子曰："先有司，赦小过，举贤才。[④]"夫为政不先有司，则君代臣职矣，不赦小过，则下无全人矣，不举贤才，则小人进矣。失此三者，以为季氏宰且不可，而况为天下乎？自尧、舜以来，未有不由此三者而治，盖君人之常道也。德宗反之，亦足为后世戒哉。

【注释】

① 仲弓：孔子的弟子冉雍，字仲弓，春秋时鲁国人，以德行著称。

② 季氏：即春秋时鲁国季孙氏，鲁庄公季弟季友的后代，与孟孙氏、叔孙氏合称鲁国三桓。鲁桓公时有四子，嫡长子为鲁庄公，庶长子庆父，又称共仲，后代称仲孙氏，庶子之长又称孟，故又称孟氏、孟孙氏；庶次子叔牙的后代称叔孙氏；嫡次子季友的后代称季氏，皆为鲁国的卿，三家皆出自鲁桓公之后，故称三桓。

③ 宰：春秋卿大夫的家臣和采邑的长官称宰。

④ 先有司，赦小过，举贤才：出自《论语·子路》：仲弓为季氏宰，问政。子曰："先有司，赦小过，举贤才。"曰："焉知贤才而举之？"曰："举尔所知，尔所不知，人其舍诸？"先有司是使人人各司其职，各得其所；赦小过是指赦免小的过失；举贤才是推举你所知道的贤才，不知道的，众人也会推举出来。

【译文】

十年，德宗生性猜疑忌妒，不信任臣下；官职无论大小，必定由自己选拔任用；宰相呈进的奏章，很少能给予肯定；群臣一旦受到谴责，往往终身不复录用。喜欢以是否能言善辩来选取人才，所以得不到敦厚诚实的人才。人才很难得到进用，成群的人才被埋没。陆贽上疏劝谏，其大略说："因为一句话让自己快意就认为这是才能，而不核察是虚是实；因为一件事违忤了自己就认为这是过错，而不考察是忠是邪。那些让自己称心的人就在官任上超常提拔，不考虑他的不足之处；那些违忤了自己的人就治罪过当，不宽恕他的无能为力。这就使得任职之内没有人能获得成功，君臣之间也没有了一定的情分。"德宗不听这些意见。

臣范祖禹评论说：从前孔子的弟子仲弓担任了鲁国贵族季氏的宰，问如何为政，孔子说："把各有关部门的事务办好放在首位，赦免小的过失，举荐贤才。"治理国政如果不先把各有关部门的事务办好，就会使君主包办代替臣子的职责了；不赦免小的过失，就会使下级没有完人了；不举荐贤才，就会使小人升进到各种官职上来了。做不好这三件事，当季氏的宰都还不行，何况治理天下呢？自尧、舜以来，没有不通过这三者而治理好国家的，因为这是为人君长的常道。德宗违反这三条，也足以成为后世帝王的鉴戒了。

【评析】

范祖禹认为德宗治国是违反治国正道的，最根本的问题是不相信别人，因此也就不能让贤人为治国出力。反过来说，治国正道无非就是选用贤明的人才来办理国家各种事务，而不可能全由君主一个人包办，君主也是根本包办不过来的。孔子说的“先有司，赦小过，举贤才”，可谓至理名言，君主治国应该按这三点去做。

为法者，必使民去末反本

【题解】

陆贽根据当时两税法的弊端，提出改革的建议，征收民众能够生产的粮食和布帛，而不是征收民众手里所没有的货币。这一建议的道理在于，粮食和布帛是民众能够生产出来的，而货币则是官府铸造出来的，向民众征收他们手里有的东西，而不是征收他们没有的东西。当时的两税法把民众应交的两税都折合成钱数，以及其他杂物，让民众缴纳。这是民众没有生产的东西，逼迫他们用自己的粮食布帛换取货币和杂物，在换取过程中，不免加价去买，减价去卖，一加一减，使民众受到不少损失。更大的危害是迫使民众离开农耕生产从事商品交易，最终使农田荒芜，织机空闲，这对于以农耕生产为主的古代国家而言意味着丧失了经济基础，所以范祖禹认为正确的富国之道是让民众回到农耕生产上去，而不是相反。制定国家法律与政策的人，一定要牢记这条准则，不可违背。

【正文】

贽又奏请均节财赋，凡六条，其二请两税以布帛为额，不计钱数，其略曰：谷帛者，人之所为也，钱货者，官之所为也，是以国朝著令，租出粟，庸出绢，调出缯纩布[1]，曷尝有禁人铸钱而以钱为赋者也？今之两税独异旧章，但估资产为差，便以钱谷定税，临时折征杂物，每岁色目颇殊，惟计求得之利宜，靡论供办之难易。所征非所业，所业非所征，遂或增价以买其所无，减价以卖其所有，一增一减，耗损已多。望勘会诸州，初纳两税年绢布定估，比类当今时价，加贱减贵，酌取其中，总计合税之钱，折为布帛之数。

臣祖禹曰：泉货所以权物之轻重，流于天下则为用，积于府库不为利也。何以知其然邪？谷帛出于民，而官不可为也，钱出于官而民不可为也，取其所有而与其所无，则上下皆济矣。是故以谷帛为赋，则民不得不耕织以奉公上，此驱之于农桑也。如不取其所有而取其所无，则民之所有，弃之必贱矣，官之所无，收之必贵矣。谷帛轻，则民为之者少，钱重，则物甚贱者多，是以利壅于上，民困于下，至于田野荒，杼轴空②，由取其所无故也。然则以钱为赋，官岂得其利乎？为法者，必使民去末而反本，则富国之道也。

【注释】

① 缯（zēng）纩（kuàng）布：用丝和棉织成的布匹。缯，丝织品。纩，新丝棉絮。

② 杼轴空：《诗经·小雅·大东》："小东大东，杼轴其空。"形容生产废弛，贫无所有。杼，盛纬器。

【译文】

陆贽又上奏请求平均和节约使用财赋，共有六条建议，其中第二条请求把征收的两税统一按布帛计算数额，不计算钱的数量，他的奏章大略是说：粮谷与布帛，是民众经过劳作而产生的，而钱币，是官府制造出来的，所以本朝著明法令，交租要出粮食，庸要出绢帛，调要出缯纩布，何尝有禁民铸钱而以钱为赋的呢？只有现在征收的两税与以前的法令不同，只是估计民的资产定为差等，就以钱谷确定税额，临时折合成杂物进行征收，每年的名目颇为不同，只考虑求得的好处与方便，不问供给和办理的难易。所征收的不是民众所生产的，民众生产的又不是所征收的，于是有人加价来买他所没有的物品，有人减价来卖他有的物品，一增一减，耗损已多。希望审核议定各州的两税，按最初缴纳两税那年的绢布估价核定，再参照现在的物价，贱的就增加，贵的就减少，酌情取中间值，总计应缴两税的钱，折合为布帛的数量。

臣范祖禹评论说：货币是用来权衡物品价值轻重的，在天下流通就能为天下人利用，蓄积在国家的仓库里就不能增利。根据什么知道是这样呢？粮食与布帛出自于民众，而官府不能生产它们，钱币出自于官府而民众不能铸造，收取他们手里有的东西而给予他们所没有的，上与下就全都如愿了。所以用粮食和布帛作为赋税，民众就不能不进行耕织以供奉公家和皇上，这是驱动民众从事农桑生产。如果不收取他们手里有的东西而收取他们没有的东西，那么民众手里有的东西，就会抛弃掉而价格必定很贱，而官府所没有的东西，要想征收上来价格就必定很贵了。粮食布帛不值钱，民众从事生产的人就少了，钱币太值钱，很多物品的价格就会很贱，所以这样就会使利益壅积在上位的官府手里，而在下的民众就很困穷了，以至于田野荒芜，织布机空闲，这是因为收取民众手里没有的东西。这样的话就是以钱为租赋，官府怎能得到它的好处呢？制定法律的人，一定要让民众离开商业而回到农耕生产上去，这就是富国之道。

【评析】

泉、货、钱、宝、布、刀等，在中国古代都是钱的名称。增加国家与民众的收入，并不仅仅是货币的问题。货币发行得过多，就会引起通货膨胀。最重要的是增加物质生产，这才是治国的“本”，其他的都是“末”。治理国家，不能本末倒置，如此才能使国家与民众真正享受富强的好处。

阳城敢于直言，为人所不能

【题解】

阳城这种大臣，才是真正的大臣，是君主治国所要依靠的人，不懂这一点，怎能治理好国家？

【正文】

十一年二月，裴延龄谮陆贽、李充、张滂等失势怨望，动摇众心。四月，贬贽为忠州别驾①，充等皆贬长史。帝怒未解，中外惴恐，以为罪且不测。谏议大夫阳城②率拾遗王仲舒③等守延英门④上疏，论延龄奸佞，贽等无罪，帝大怒，欲加城等罪，太子为之营救，帝意乃解，令宰相谕遣之。时朝夕欲相延龄，城曰："脱以延龄为相，城必取白麻⑤坏之。"恸哭于庭，七月，城改国子司业⑥，坐言延龄故也。

臣祖禹曰：韩愈作《争臣论》⑦，当城未有言之时也，世之论者，或祖袭愈之余意，讥城以在职久而不言，及陆贽之贬而后发，向若贽不贬则无所成其名矣，岂得遂默而已乎？臣以为不然。扬雄曰：或问贤，曰：为人所不能。城有待而为之者也。遏裴延龄为相，救陆贽将死，此人所不能，非贤孰能为之？一奋其忠，名震四方，终身废放，死而无憾，自古处士之有益于国，如城者鲜矣，后世犹责之无已，其不成人之美亦甚哉！

【注释】

① 忠州：今属重庆，西汉时置临江县，王莽时改称临江，属巴郡。唐太宗李世民以临江县忠勇志士辈出，改称忠州，为山南东道忠州治所。别驾：亦称别驾从事，汉置，为州刺史的佐官，隋改别驾为长史，唐初以郡丞为别驾，高宗时改别驾为长史。

② 阳城：夏县处士，定州北平（今河北定州）人，李泌为相，引荐阳城为谏议大夫，当时阳城以布衣身份前来皇宫，德宗赐之章服而后召见，后任右谏议大夫、国子司业等。李泌死后，户部尚书裴延龄巧佞奉上，窃弄威权。阳城尤为忿嫉，尽疏其过恶，欲密论奏，事前请李泌之子李繁缮写，李繁即向裴延龄告密，裴延龄马上进宫，在德宗面前对阳城所论之事，一一辩解。等到阳城疏奏入，德宗以为妄议，不予理会。

③ 拾遗：唐代谏官，武则天时置左右拾遗，掌供奉讽谏，以救补人主言行的缺失。王仲舒（762—823）：字弘中，并州祁人。贞元年间，举贤良方正，拜左拾遗。德宗欲以裴延龄为相，他与阳城都上奏章表示反对。后任右补阙、礼部考功员外郎，因过贬为连州司户参军、荆南节度参谋。穆宗时，召为中书舍人，又除江西观察使。

④ 延英门：延英殿之门，是当时听政议事之处。殿院外设中书省、殿中内省等机构。自代宗起，皇帝欲有咨度或宰臣有奏对，即于此殿召对。旁无侍卫，礼仪从简，人得尽言，成为皇帝日常接见宰臣百官、听政议事之处。

⑤ 白麻：植物名，即苘麻，茎皮可编织麻袋、搓绳索、编麻鞋等，还可用来造白麻纸，种子可榨油，全草可作药用。这里是指阳城要把用白麻纸书写的诏书撕坏，不让这个诏命传达出来。也有解释说是阳城要穿白麻衣来破坏这件事。但据《新唐书》记载，唐代拜将相和命兵出征，皆用白麻纸写诏书，故当采前一说。

⑥ 国子司业：隋炀帝于国子监始置，从四品，为国子监副主官。高宗龙朔二年改名少司成，武则天改名成均司业，中宗复旧名。

⑦《争臣论》：韩愈为阳城直谏而作的文章，文中认为：“入则谏其君，

出不使人知者，大臣宰相者之事，非阳子之所宜行也。”批评阳城不是宰相，不应批评这些事，更不应公开暴露君主的过错。范祖禹并不同意这种看法。

【译文】

十一年二月，裴延龄诬告陆贽、李充、张滂等人失去权势而怨恨，动摇民心。四月，把陆贽贬为忠州别驾，李充等人都贬为长史。德宗的怒气还消不了，朝廷内外的人都惶惶不安，认为自己也会被治不测之罪。谏议大夫阳城领着拾遗王仲舒等人守在延英门上疏，指出裴延龄是奸佞之人，陆贽等人无罪，德宗大怒，要给阳城等人加罪，太子替他们说情营救，德宗的怒气才消解了，命宰相进行宽慰而放他走。当时德宗整天都想让裴延龄任宰相，阳城说：“假使让裴延龄任宰相，我阳城必夺过白麻纸写的诏书撕坏它。”并在宫庭中恸哭，七月，将阳城改为国子司业，是因为他说裴延龄的事。

臣范祖禹说：韩愈作《争臣论》，是在阳城未上疏的时候，世人评论这件事，或用韩愈的看法，批评阳城在职久不发言，到陆贽被贬之后才出来进谏，如果陆贽不被贬，他就不会出名了，又怎会终究沉默就算完呢？臣我以为这种说法不对。汉代的扬雄说：有人问什么是贤，回答说：能做出别人做不出的事，就是贤。阳城是有准备而后发言的。阻止裴延龄任宰相，救陆贽将被害，这是人们做不到的，不是贤人谁能做到？他发扬一次忠直，就名震四方，终身被罢黜流放，至死不憾，自古以来不做官的士人能对国有益，而像阳城这样的，太少了，后世还不停地责备他，这种不成人之美的态度也是太过分了！

【评析】

韩愈就阳城的事写出《争臣论》，貌似有理，却被范祖禹驳得体无完肤，这是坚持正道而不为似是而非的说法所迷惑的正义之举。对待人与事，只能根据是不是于国于民有利，而不应先衡量是不是有身份地位，更不应考虑为做错事的人留面子。这里就有正道与否的问题，治国理政，必须坚持正道。

德宗以一人之虑，终受左右之欺

【题解】

德宗不相信别人，最终只能被左右的小人欺骗，这是必然的结果，也是治国的最大恶果。

【正文】

帝不欲生代节度使，自择行军司马以为储帅①，李景略为河东行军司马②，节度使李说③忌之，乃厚赂中尉窦文场④使去之。会有传回鹘入寇者，帝忧之，以丰州⑤当虏冲，择可守者，文场因荐景略。九月，以景略为丰州都防御使。

臣祖禹曰：德宗以姑息藩镇为事，然必自选参佐以副之者，犹欲出于己也。而藩臣得以计去之，宦者得以术使之，终不由己，惟其苟简多畏，无法以自守也。夫以一人之虑，其可胜左右之欺哉？

【注释】

① 行军司马：北周时设行军司马，为行军统帅（行军元帅、行军总管）主要佐属之一，隋、唐沿置，多由中央任命文士出任。唐朝中后期，在节度使下设立行军司马，作为节度使府的主要参佐之一。储帅：节度使的储备人选。

② 李景略：契丹名将李楷固的后人，父亲李承悦曾任檀州刺史、密云军使，李景略因父职而被补为幽州功曹，被朔方节度使李怀光招入幕

府，后授大理司直、监察御史。朱泚之乱平定后，李怀光屯军咸阳，有谋反之意，李景略劝说李怀光修复宫殿，迎接德宗，李怀光不从，李景略辞职退归。灵武节度杜希全将他延入幕府，又升殿中侍御史兼丰州刺史、西受降城使。丰州北扼回纥，回纥使者来中国，必然由此经过，李景略守法不屈，回纥畏惧他的威严，不敢犯法，杜希全上表诬奏，贬他为袁州司马。杜希全死后，李景略再任左羽林将军。河东节度使李说病重，德宗调李景略为太原少尹、节度行军司马，准备接任。李说颇为不满，贿赂宦官窦文场，准备除去李景略。一年后，回纥骑兵将南下阴山，丰州须有守卫，德宗准备让他接任，窦文场趁机说李景略堪为边任，于是以李景略为丰州刺史兼御史大夫、天德军西受降城都防御使。河东：指山西西南部，黄河由北向南流经山西西南境，因在黄河以东，故称河东。唐代以后泛指山西。

③ 李说（740—800）：唐淮安王李神通之后。官至河东节度使、检校礼部尚书。

④ 中尉：战国时赵国初置，掌荐举人才。秦汉时为武职，主管京畿治安。汉武帝改称执金吾。唐德宗于神策军置护军中尉，统领神策军，由宦官担任，如窦文场、霍仙鸣、田令孜都曾任神策军中尉。

⑤ 丰州：唐时属京畿道关内道，治所在九原（今内蒙古五原南），曾一度改称九原郡。

【译文】

德宗不想让节度使父子世袭，要由自己来选择行军司马作为节度使的储备人选，李景略任河东行军司马，节度使李说忌恨他，就用很多钱财贿赂任神策军中尉的宦官窦文场，让他把李景略排挤掉。正好此时有消息说回鹘将要入侵，德宗为此担忧，认为丰州首当其冲，要选一个能守住丰州的人，窦文场就趁机推荐李景略。九月，德宗任命李景略为丰州都防御使。

臣范祖禹评论说：德宗一味姑息藩镇，但一定要由自己挑选藩镇节度使的辅佐之官，还是想由自己来决定。但藩镇能靠计谋除掉德宗任命的人，宦官也能靠阴谋排挤这些人，最终还是由不得德宗自己，只是因为德宗苟且并对藩镇多有畏惧，没办法实现自己的想法。靠一个人的思考，能胜过左右小人的欺骗吗？

【评析】

德宗对付宦官与藩镇最终是失败的，原因在于他只靠自己一个人拿主意，没有得力的大臣帮助他。而且总的政策是姑息藩镇，用些小主意，又怎能从根本上扭转和掌控大局呢？小人总有办法排挤正人君子，所以忠诚的大臣都被一个个地排除掉了，德宗只能成为孤家寡人。

宦官干预军政必败国丧师

【题解】

唐朝的皇帝大多相信并重用宦官，而对文臣武将则怀有猜忌。地方军镇的武将举兵叛乱，派兵镇压，却用宦官当监军，这样的军队怎能取胜？唐朝的皇帝都这么软弱无能吗？唐中后期派兵作战，大多以宦官来干预军政，这是唐朝必然走向灭亡的直接原因。

【正文】

先是诸道兵讨吴少诚①，既无统帅，每出兵，人自规利，进退不一，诸军自溃于小溵水②，委弃器械资粮，皆为少诚所有，于是始议置招讨使。夏绥节度使③韩全义本出神策军，素无勇略，专以巧佞货赂结宦官，中尉窦文场爱厚之，荐于帝，以为蔡州四面行营招讨使④，十七道兵皆受节度。每议军事，宦官为监军者数十人坐帐中，争论纷然，莫能决而罢。天渐暑，士卒久屯沮洳⑤之地，多病疫，全义不存抚，人有离心。五月，与吴少阳等战于溵南广利原，锋镝未交，诸军大溃，全义退保五楼。七月，少诚进击之，诸军复大败，全义夜遁，保溵水县城⑥。

臣祖禹曰：自古宦者预军政，未有不败国丧师者，而唐为甚，后世亦可以鉴矣。犹循覆车之轨，岂非有疑于将帅，而以宦者为可信乎？则莫若慎择将帅，委任而勿疑之善也。且将帅忠贤则不必监之，苟非其人，将不顾其父母妻子，何有于宦者乎？臣见其为害，未见其有益也。

【注释】

① 吴少诚（750—809）：幽州潞县（今北京通州区潞城镇）人。先为王府户曹，后为荆南衙门将，为淮西节度使李希烈下属。李希烈遇害后，杀死继任者陈仙奇，自领淮西节度使，割据称雄，不听朝命，屡次击败朝廷军队。唐德宗授他检校右仆射，唐顺宗又加位同平章事，唐宪宗时为检校司空。

② 溵水：在今河南临颍县西南，东流合于颍水。贞元十五年（799），下诏削夺吴少诚官爵，遣十六道兵马进讨，战败于小溵河，即此河。

③ 夏绥节度使：即定难军节度使，唐贞元中分振武、朔方二节度置夏州节度使，领夏、绥、银、宥等州，今陕西绥德以北、宁夏银川及内蒙古南部之地，拓跋思恭据有其地，赐号定难，至五代十国仍割据此地。

④ 蔡州：今河南新蔡，隋以溱州为上蔡，唐代宗时称蔡州，属淮西节度使。元和十二年（817），李愬雪夜袭取蔡州，擒获淮西节度使吴元济后，蔡州归唐进行管辖。四面：东西南北四方，指各地前来的诸道军队。行营：军队出征时的军营，也指军事长官的驻在处。招讨使：唐时多以大臣、将帅或地方长官兼任，用以对付地方叛乱等。

⑤ 沮（jù）洳（rù）：低洼积水潮湿。

⑥ 保溵水县城：唐贞元十五年十二月，唐军讨吴少诚，溃败于小溵河。次年二月，唐以夏绥节度使韩全义统十七道兵讨吴少诚，唐军再败，韩全义退保溵水县城（今河南商水西南）。淮西军进逼溵水，韩全义退陈州（今河南周口市淮阳区），留部将孟元阳守溵水县城。孟元阳挫败叛军，吴少诚撤回蔡州（今河南汝南）。

【译文】

各道的部队去讨伐吴少诚，不任命全军的统帅，每次出兵，各道军队各自谋利，进退不能一致，各部队在小溵水自己就溃败了，丢弃了军械物资与粮草，都被吴少诚得到了，于是开始商量设置招讨使来统率各军。夏绥节度使韩全义，出身神策军，一向没有勇气与胆略，专门靠用奉承奸佞和贿赂来巴结宦官，掌管神策军的中尉窦文场非常喜欢他，于是推荐给德宗，德宗就任命韩全义为蔡州四面行营招讨使，十七道的讨叛部队都归韩全义指挥。每当商议作战事宜，宦官作为军队的监军有数十人坐在帐中，纷纷争论，没能决定下来就散了。天气渐渐热起来了，士兵们长期驻在湿洼地方，很多人生了病，韩全义完全不加抚恤，人们都有了离散之心。五月，韩全义指挥部队与吴少阳等人在溵水之南的广利原，还没有交锋，各道部队全都溃散，韩全义后退到五楼防守。七月，吴少诚进军攻击韩全义，各道部队再次大败，韩全义连夜逃跑，在溵水县城防守。

臣范祖禹评论说：自古宦官干预军事，没有不让国家战败而丧失军队的，在唐就更严重，后世也可以引以为戒。唐仍然沿着翻车的轨迹这样做，难道不是怀疑将领而以宦官为可信的吗？与其信任宦官，还不如谨慎地选择将领，加以委任而不怀疑他们，这才是最好的做法。而且如果将领忠诚贤明就不必再派宦官来监视他们，如果不是合适的人选，将不会顾及他的父母妻子，还会顾得上宦官吗？臣看到这种做法的危害，没看到这样做的好处。

【评析】

唐中后期最大的昏庸就是让宦官担任军队的监军，让他们监管作战的将领与军队，这也是历史上极为少见的做法。唐朝军队后期越来越无能，不是将领无能，士兵无能、而是皇帝的不信任，任用的宦官无能。

德宗不敢治武夫

【题解】

将领作战失败，宦官们为他掩盖，德宗也为他找借口，不加治罪，这样用人做事，谈什么治国理政？德宗既对人猜忌，又不敢治罪，所以范祖禹说他其实胆小，没有做君主的魄力。

【正文】

十七年正月，韩全义①至长安，窦文场为掩其败迹，帝礼遇甚厚。全义称足疾，不任朝谒，遣司马崔放②入对，放为全义引咎谢无功，帝曰："全义为招讨使，能招来少诚，其功大矣，何必杀人然后为功邪？"闰月，遣归夏州③。

臣祖禹曰，《诗》曰："不侮鳏寡，不畏强御。④"惟有常德者能之。德宗急于文吏，缓于武夫，凡有土地甲兵者，皆畏缩而不敢治，难乎有常德哉！

【注释】

① 韩全义：唐时任夏绥节度使，以讨伐淮西闻名。

② 司马：官名，最早负责管理马匹，是重要的军职。殷商时位次三公，与司徒、司空、司士、司寇并称五官，汉武帝时置大司马，为大将军的加号；后汉单独设置，隋唐以后，为兵部尚书的别称。崔放：韩全义的下属。

③ 夏州：古地名，在今陕西靖边县红墩界镇白城子村。晋时赫连勃勃称夏王，筑统万城为都，北魏灭其国，改统万城为统万镇，后改为夏州。隋改为朔方郡，唐复为夏州，唐僖宗时，党项首领拓跋思恭为夏州节度使，平黄巢有功，一度收复长安，赐姓李，封夏国公，其军称定难军，子孙承袭，为西夏重镇。

④ 鳏（guān）寡：男人没了老婆为鳏，女人没了丈夫为寡。强御：强横的人。

【译文】

十七年正月，韩全义作战失败回到长安，宦官窦文场为他掩盖作战失败的情况，德宗对他给予优厚礼遇。韩全义称有脚病，不上朝拜见，派手下的司马崔放进宫报告情况，崔放替韩全义作战失败而引咎谢罪，德宗说："全义作为招讨使，能招来吴少诚，其功很大，何必要杀了人才算有功呢？"闰月，派韩全义返回夏州。

臣范祖禹评论说，《诗经》里说："不要欺侮鳏夫寡妇，不要畏惧强横的人。"只有具备常德的人能做到。德宗对文官十分刁难，对武将却非常软弱，凡是有土地和军队的人，他都畏惧而不敢治罪，难说德宗有常德啊！

【评析】

范祖禹认为德宗以德为谥号，却不是有常德的人，讽刺他名不副实。所谓常德是指能坚持正道而不动摇改变的道德，治国之道必须坚持不变，这对君主来说就是常德，如果对文官是一套，对武将是另一套，则不能称之为有常德。这样的君主，是不可能按照正道来治国的。

德宗三大弊政

【题解】

唐德宗是唐代宗的长子，在代宗朝，曾以天下兵马元帅的身份讨伐史朝义，平定河北，使得他对自己的能力估计颇高。所以唐德宗即位为帝后，急于革除旧有的弊政，想要裁抑藩镇，而成德、魏博、淄青、卢龙诸节度使却先后拒命，为了筹措军费，他加征间架、除陌钱，税外加税，使得百姓破产，愁苦不堪，而最终裁抑藩镇的计划也无所成效。遇到藩镇变乱，又从一个极端走向另一个极端，开始一味姑息纵容，唯恐生事，猜忌防范有功之臣，以宦官统领禁军，使得政局比以前更加混乱。

【正文】

右德宗，在位二十六年崩，年六十四。

臣祖禹曰：唐历世二十，历年三百，德宗享国二十有六年，亦不为不久，以其时考之，秕政[①]尤多，而大弊有三。一曰：姑息藩镇，二曰：委任宦者，三曰：聚敛货财。本失志大而才小，心褊[②]而意忌，不能推诚御物，尊贤使能，以为果敢聪明足以成天下之务。初欲削平僭叛，划灭藩镇，一有奉天之乱，而心陨胆破，惴畏姑息，惟恐生事，既猜防臣下，则专任宦者，思其穷窘，则聚敛掊刻[③]，益甚于初矣。自古治愈久而政愈弊，年弥进而德弥退，鲜有如德宗者。惟不知其过也，是以藩镇强而王室弱，宦者专而国命危，贪政多而民心离，唐室之亡卒以是三者，其所从来者渐矣。

【注释】

① 秕（bǐ）政：即弊政，不良的政治措施。

② 褊（biǎn）：指心胸气量狭窄。

③ 掊（póu）刻：又作掊克、掊剋，指聚敛，搜括民财。

【译文】

以上是德宗朝的部分，唐德宗在位二十六年去世，终年六十四岁。

臣范祖禹评论说：唐朝皇室历经二十代，持续近三百年，唐德宗在位二十六年，时间不算短，从当时的情况来考察，弊政很多，其中特别严重的有三点。第一，无原则地宽容藩镇；第二，信用宦官；第三，聚敛钱财。探究失误的原因，在于唐德宗志大而才小，气量狭窄而心胸猜忌，不能以诚心驾御万物，不能尊敬与任用贤能的人，以为自己的果敢聪明足以成就天下的事业。起初唐德宗想要削灭越礼背叛的藩镇，可一遇到藩镇变乱逃往奉天，却吓破了胆，因畏惧而无原则地纵容，唯恐再生事端，又因猜忌防范大臣而专任宦官，考虑到国家穷困窘迫，就急于敛取赋税搜括民财，情况比起初更加严重。自古以来，很少有君主像唐德宗这样，统治时间越久而政治越腐败，年寿越长而德行越亏。由于他不知道自己的过失，所以藩镇强大而王室弱小，宦官专权而国命倾危，贪腐众多而民心离散，最终由于这三点导致李唐王室灭亡，而祸患的由来却有一个逐渐发展的过程。

【评析】

德宗在位时间长，有三大弊端，危害唐王朝极为深重，姑息藩镇与重用宦官危害更大，藩镇是颠覆唐朝廷的敌人，宦官是使朝廷混乱而无能的根源，作为治国的君主对此认识不清，德宗可以说是一个完全失败的君主。

宪宗

君臣上下各有其职

【题解】

君主与大臣应有不同的分工，君主不能干大臣所要做的事，这是对大臣的不信任。所谓日理万机，就是这种不明分工的表现，并不代表君主的能干。因为事情有大有小，君主只要抓住大事大纲就行了，具体事务是大臣及其下属所要处理的。

【正文】

二月，帝与宰相论自古帝王，或勤劳庶政，或端拱无为，互有得失，何为而可？杜黄裳[①]对曰："王者上承天地宗庙，下抚百姓四夷，夙夜忧勤，固不可自暇自逸。然上下有分，纪纲有叙，苟慎选天下贤才而委任之，有功则赏，有罪则刑，选用以公，赏刑以信，则谁不尽力？何求不获哉？故明主劳于求人，而逸于任人。至于簿书狱市烦细之事，各有司存，非人主所宜亲也。昔秦始皇以衡石程书[②]，魏明帝自按行尚书事[③]，隋文帝卫士传餐[④]，皆无补于当时，取讥于后来。其耳目形神非不劳也，所务非其道也。夫人主患不推诚，人臣患不竭忠。苟上疑其下，下欺其上，将以求理，不亦难乎？"帝深然其言。

臣祖禹曰，晁错[⑤]有言曰："五帝神圣，其臣莫能及，故自亲事。"错之学，本刑名之言也，岂足以知帝王之道哉？然而后世或稽其说以谀人主，至使为上者行有司之事，宰相失职，天下不治，由其臣不学之过也。

夫人主任一相，一相举贤才，贤者各引其类，岂不易而有成功乎？是故上不可代其下，下不可勤其上，若为上而行有司之事，岂独治天下不可为也，一县亦不可为也，奚独一县也，一家亦不可为也。黄裳之相宪宗，其知所先务哉。

【注释】

① 杜黄裳（738—808）：京兆万年人，进士及第，曾入郭子仪幕府，任朔方从事，后任侍御史、太子宾客、太常寺卿、门下侍郎、同平章事、检校司空、河中节度使。

② 秦始皇以衡石程书：据《史记·秦始皇本纪》，天下之事无大小由秦始皇亲自处理，所要处理的文书非常多。衡是秤，古代一百二十斤为一石。衡石表示文书太多，称起来多达百斤以上。程又作呈，说始皇日夜有呈，不能中止休息。

③ 魏明帝（曹叡，206—239）：魏文帝曹丕的长子，初为平原王，魏文帝死前命为太子，文帝死，他即位于洛阳，史称明帝。在位期间防御了吴、蜀的攻伐，平定鲜卑，攻灭公孙渊，设律博士，制《魏律》十八篇，后期大兴土木，广采众女。按行：批复处理再让官员执行。尚书事：尚书省的政务。

④ 隋文帝（杨坚，541—604）：隋朝开国皇帝。其父杨忠为西魏和北周贵族，北周时封随国公，杨坚袭父爵。北周时杨坚为上柱国、大司马，终受北周静帝禅让为帝，即隋文帝，在位前期，能锐意改革，政绩卓著。晚期多疑，杀害功臣，听信文献皇后之言，废太子杨勇，立晋王杨广为太子，即隋炀帝。卫士传餐：指文帝专心处理政务，停不下来吃饭，要由卫士传送饭食。

⑤ 晁错（前200—前154）：颍川（今河南禹州）人，汉文帝时任太常掌故，后任太子舍人、博士、太子家令，景帝时，任内史、御史大夫。他主张重农抑商、纳粟受爵、移民实边、削除诸王权力，吴王刘濞等七国诸侯以“诛晁错，清君侧”为名，举兵反叛。景帝将晁错腰斩。

【译文】

二月，宪宗与宰相评论自古以来的帝王，认为有的皇帝辛勤地处理众多的政务，有的安静地坐着而实行无为之治，各有得失，怎样才好呢？杜黄裳回答说："帝王向上要面对天地与宗庙，向下要安抚百姓与四方不同民族，白日黑夜担忧而辛苦操心，本来就不能让自己闲暇和安逸。但上与下各有应做的事，治国的纪纲是有次序的，如果谨慎地选拔天下的贤才而用他们任职，有功就赏，有罪就罚，选用的时候要公正，赏罚要讲信用，这样的话，谁不尽力干好自己的职事呢？想办好什么事还不能达到目的呢？所以明智的君主的辛劳只在寻求人才上，而在任用了这些人才之后自己就很轻松。至于政务中的那些公文及具体的案件审理等烦琐细小之事，都有各个部门来处理，不是君主所宜亲力亲为的。从前秦始皇每天批阅的公文多得要用成百上千斤来称量，魏明帝自己来处理尚书的事，隋文帝办公繁忙得顾不上吃饭，要卫士来传餐，都无补于当时的治国，还被后人加以讥笑。这种帝王的耳目身体与精神不是不辛劳，而是他们所做的事不合乎治国之道。作为君主只担心不能对大臣们推诚布公，只担心大臣们不竭力尽忠。如果在上的君主怀疑他的下属，在下的臣子欺骗在上的君主，这样来求治理好国家，不也是很难的吗？"宪宗认为他说得很对。

臣范祖禹评论说，西汉的晁错说过："古时的五帝是神圣的，大臣中无人能及，所以五帝亲自处理政事。"晁错的学术，本是法家的刑名之学，哪里足以了解帝王之道呢？可是后世有人考察了他的说法来奉应巴结君主，致使在上的君主来做各部门的事务，而使宰相失职，天下得不到治理，就是因为这些大臣犯了不认真学习治国之道的错误。让君主选任一个宰相，一个宰相推举贤才，贤人分别引荐他的同类，怎会治国不容易成功呢？所以在上的君主不能代替他的下属，在下的大臣不能让在上的君主辛勤处理政务。如果在上的君主来做各部门的事，那就不仅不能治理好天下，就是一个县也不能治理好；何止一个县，就是一家也不能管好。杜黄裳做宪宗的宰相，他是知道先要做什么的。

【评析】

上下有分工，就不要相互超越自己的职分，代替和干涉别人的事。下代不了上，上却能插手下属的事。所以只会出现君主做得不对，而不会有臣下干涉君主的情况。因此这种鉴戒，主要是说给君主听的。但官员也有上下级之分，上级做出决策，定好原则和规则，就让下属去办理，上级官员不要插手下属的事，不能所有的事都要下级汇报或填表，上级只按所定的决策和相关的原则、规则衡量下级所办的事务，再论功过而行赏罚，这才是治国理政的正道。

救灾必须给民以实惠

【题解】

古代遇到自然灾害，统治者有两种应对方式。一种是蠲免租税，减少百姓负担，降低灾害造成的不利影响；一种是祈求上天，迷信祭祀，大赦天下，赏赐官爵。前者施惠于民，有利于人民抵御灾害，维持生存；而后者恩惠不及于百姓，基本起不到实际的赈灾作用，在这里范祖禹赞扬前一种应对方式，认为救灾必须给民以实惠，方为治本之策。

【正文】

帝以久旱，欲降德音。李绛、白居易①上言，欲令实惠及人，无如减其租税，又请出宫人，禁诸道横敛以进奉，及岭南、黔中、福建掠卖人为奴婢。闰月己酉，制降天下系囚，余皆如二臣之请。己未，雨，绛表贺曰："乃知忧先于事，故能无忧，事至而忧，无救于事。"

臣祖禹曰：古之救灾，必施舍己责，逮鳏寡，赈乏绝，至汉之时，恤民者犹赐之田租②，后世人君，惟赦有罪及有爵而已，德泽不加于百姓也。绛、居易以为欲令实惠及民，无如减其租税，使宪宗诏令不为空文，贤人之谋，岂不信哉？

【注释】

① 白居易（772—846）：号香山居士，下邽（今陕西渭南北）人。贞元十六年中进士，历任左拾遗、东宫赞善大夫、江州司马、杭州刺史、

苏州刺史、太傅等职。以诗著名，题材广泛，形式多样，语言通俗，又是中唐新乐府运动的主要倡导人。诗《长恨歌》《琵琶行》，描写细腻，生动感人，有《白氏长庆集》。

② 赐之田租：《汉书·文帝纪》：二年九月诏赐天下民今年田租之半，十二年诏赐农民今年租税之半，十三年诏除田之租税。《汉书·食货志》：文帝赐民十二年租税之半；明年除民田之租税；孝景二年，令民半出田税，三十而税一。

【译文】

因为天气长时间干旱，唐宪宗想要发布施惠宽恤的恩诏以祈求降雨，李绛、白居易于是进言，想要让百姓得到实际的恩惠，最好减少他们的租税，李绛、白居易又请求释放宫女，禁止各藩镇为向朝廷进奉而横征暴敛的行为，以及禁止岭南、黔中、福建掠卖人为奴婢的现象。闰月己酉日，下诏恩赦所有在押的囚犯，其余都按照李绛、白居易的请求办理。己未日，上天果然下雨，李绛上表祝贺说："由此可知，事先做准备，就能避免忧患，事到临头才忧虑，于事无补。"

臣范祖禹评论说：古代救灾必须免除百姓的赋税劳役，把恩惠施及老弱孤苦之人，赈救缺乏粮食与物资的人，到汉代时，忧虑人民疾苦的人，还会减少百姓的租税，后代的君主，只是赦免罪犯、赏赐官爵而已，实在的恩惠不给予普通百姓。李绛、白居易认为要让百姓得到实际的恩惠，最好减少他们的租税，避免使宪宗的诏令成为一纸空文，可见贤人的谋划，哪里是不实在的呢？

【评析】

真正的救灾就是要给百姓实实在在的好处，如减免债务和租税，或发放粮食与物资，否则君主的救灾诏令只能成为一纸空文，百姓得不到实际的好处，更会加深百姓对君主的失望与怨恨。

天下大祸在于人君过举而下莫敢言

【题解】

君主不可能凡事都是正确的，总会有失误之处，这时就要让臣下有机会提出批评，而且君主还要有足够的度量来听取这些批评，不要总以为大臣是在让自己为难。

【正文】

十月，制削夺王承宗[①]官爵，以左神策中尉吐突承璀为左右神策，河中、河阳、浙西宣歙等道行营兵马使、诸路招讨处置等使[②]。翰林学士白居易上奏以为，自古及今，未有征天下之兵，专令中使统领。今承璀之任，乃制将都统也，陛下忍令，后代相传，云以中官为制将都统，自陛下始乎？时谏官御史论承璀职名太重者相属，帝皆不听。戊子，帝御延英殿，度支使李元素、盐铁使李鄘、京兆尹许孟容、御史中丞李夷简、谏议大夫孟简、给事中吕元膺、穆质、右补阙独孤郁[③]等极言其不可，帝不得已，明日，削承璀四道兵马使，改处置为宣慰而已。

臣祖禹曰：宪宗以中官为大将，此乱政也，然其群臣皆以为不可，强谏而力争者，相属于朝，此则治世之事也，亦足以见其贤臣之多矣。天下之祸，莫大于人君过举而下莫敢言，如皆莫敢言，则至于亡而不自知也。

【注释】

① 王承宗（？—820）：太鲁州（今吉林镇赉县）人，出身奚族度稽部，成德节度使王士真之子。元和四年（809），其父病死，自领节度留后。唐宪宗即位，令左军中尉吐突承璀率领六镇兵马讨伐王承宗，无功而返。元和十一年（816），王承宗与淮西节度使吴元济一同反叛，兵败后请罪。朝廷仍让他任成德军节度使。

② 河中、河阳、浙西、宣歙等道：河中，唐开元九年（721），升蒲州为河中府，因位于黄河中游而得名。河阳，今河南孟州南，在黄河北岸，故称阳。浙西，浙江西道的简称。宣歙（shè），唐置宣歙观察使，领宣、歙、池三州。道，唐代的行政区划，唐太宗分天下为十道，玄宗分十五个道：陇右道、河北道、河南道、山南东道、山南西道、剑南道、黔中道、关内道、河东道、江南西道、江南东道、岭南道、京畿道、淮南道、都畿道，山南东道和山南西道合称山南道，江南西道、江南东道和少黔中道合称江南道。

③ 李元素（？—810）：德宗、宪宗时御史大夫。盐铁使：唐代中期以后特置的官员，管理食盐专卖，兼掌银铜铁锡铸冶，特派大臣充任或由淮南节度使兼任，诸道盐铁使兼诸道转运使，通称盐铁转运使。李鄘（yōng，？—820）：唐代宗时进士，补秘书省正字，后为吏部员外郎、御史中丞。唐宪宗时为门下侍郎、同平章事。许孟容（743—818）：京兆长安人。举进士，授校书郎，后为徐州节度使从事、侍御史、濠州刺史、礼部员外郎、给事中、太常少卿、刑部侍郎、尚书右丞，元和四年任京兆尹，后迁兵部侍郎、河南尹、吏部侍郎、尚书左丞，拜东都留守。御史中丞：秦置，汉为御史大夫的次官，隋置御史大夫，不置御史中丞，唐时御史大夫与中丞并置，大夫极少除授，以中丞为长官。李夷简（757—823）：先后任山南节度使、御史大夫、门下侍郎同平章事、淮南节度使、检校左仆射兼太子少师等。孟简（？—823）：德州平昌（今济南商河西北）人，贞元进士，后任户部行参军、吏部员外郎、司封郎中、谏议大夫、常州刺史、给事中、越州刺史、户部

侍郎、山南东道节度使、睦常二州刺史。吕元膺（749—820）：字景夫，郓州东平（今山东东平）人。先后任安邑尉、河北节度史辅佐、殿中侍御史、右司员外郎、蕲州刺史、给事中、同州刺史、御史中丞、尚书左丞、东都留守、吏部侍郎。穆质：怀州河内人。应制策入第三等。自补阙至给事中、太子左庶子、开州刺史等，敢于直言。独孤郁（776—815）：河南洛阳人。进士，始任奉礼郎，后为监察御史、右拾遗、翰林学士、考功员外郎、史馆修撰、秘书少监。

【译文】

十月，宪宗削除王承宗的官爵，让担任左神策军中尉的宦官吐突承璀任左右神策军河中河阳浙西宣歙等道行营兵马使、诸路招讨处置等使。翰林学士白居易上奏，以为自古及今，征战天下的军队，没有专门派出宦官来统领的。现在吐突承璀的任命，是控制将领的总管，陛下忍心下这样的命令，是要让后代相传说让宦官担任控制将领的总管，是从陛下开始的吗？当时的谏官御史讨论认为吐突承璀的官职名称太重，进谏批评的人络绎不绝，宪宗都不听。戊子日，宪宗亲临延英殿，度支使李元素、盐铁使李鄘、京兆尹许孟容、御史中丞李夷简、谏议大夫孟简、给事中吕元膺、穆质、右补阙独孤郁等人都极力说不能这样任命宦官，宪宗不得已，第二天，削除了吐突承璀的四道兵马使，改处置使为宣慰使，这才罢休。

臣范祖禹评论说：宪宗让宦官任大将，这是乱政，但他的群臣都认为不能这样做，朝廷上强谏而力争的大臣接连不断，这就是治世的现象，也足以看出当时的贤臣之多。天下最大的灾祸，是君主有了过分的举措而臣下无人敢加以批评，如果臣子都不敢说，就会使君主走到灭亡还不自知。

【评析】

君主有过错，要靠大臣们来指出和纠正，君主则要能听取批评，采纳正确的意见。如一意孤行，国将不治。大臣们如都能对君主的过错进行批评，就是正气压倒邪气，国家还有希望。

人君御天下失之易而取之难

【题解】

淮西之叛是唐中期一大祸害，朝廷费时四年才平定，说明朝廷的力量已经变弱，更说明地方势力在较长时间里使人们有不复知有朝廷的心态，这才是最严重的危害。这是中国历史上分裂势力控制地方的一个实例，对于统一的国家来说，其中也有不少的历史教训值得鉴戒。

【正文】

初，淮西①之人劫于李希烈②、吴少诚之威虐，不能自拔，久而老者衰，幼者壮，安于悖逆，不复知有朝廷矣。自少诚以来，遣诸将出兵，皆不束以法制，听各以便宜自战，故人人得尽其才。韩全义之败于溵水也，于其帐中得朝贵所与问讯书，少诚束而示众曰："此皆公卿嘱全义书，云破蔡州日，乞一将士妻女为婢妾。"由是众皆愤怒，以死为贼用。虽中土，风俗犷戾过于夷貊，故以三州之众，举天下之兵，环而攻之四年，然后克之③。

臣祖禹曰：人君之御天下，其失之甚易，其取之甚难。以宪宗之明断，将相之忠贤，竭天下之兵力，以伐三州，四年而后克，其难如此，则人君岂可不兢兢业业，慎其所以守之者哉！

【注释】

① 淮西：即淮右，今安徽江淮地区。唐朝在合肥设德胜军，淮西又有德

胜之称。唐初天下分十道，其中有淮南道。淮西节度使原称淮南西道节度使，又称淮宁节度使、彰义节度使，是安史之乱后藩镇之一。唐平定吴元济后废除。

② 李希烈（？—786）：燕州辽西（今北京市顺义区西北）人。淮西节度使李忠臣族侄，少时参加平卢军，颇有战功，李忠臣任命他为光禄卿。李忠臣被部将驱逐，逃往长安。唐代宗以忻王李造为淮西节度副使，派李希烈为留后主事。唐德宗即位后，以李希烈为淮宁军节度使。建中二年，山南西道节度使梁崇义勾结河北三镇反叛，李希烈奉诏讨伐，封南平郡王。建中三年，李希烈联合王武俊、李纳、田悦、朱滔各自称王，反叛朝廷，年底占领汴州，称帝，国号楚。后刘洽击败李希烈，李希烈败退淮西。贞元二年，部将陈仙奇毒死李希烈，归顺朝廷。

③ 环而攻之四年，然后克之：唐平淮西是唐中期的平叛战争。唐德宗时，淮西节度使李希烈叛唐，先称王，后称帝。元和九年（814）八月，淮西节度使吴少阳（原为吴少诚部将，吴少诚死后吴少阳杀吴少诚之子而自立，朝廷任命他为淮西节度使）死，其子吴元济自立为帅，兵力逼近东都洛阳。宪宗先派十六道兵进讨，战果不大，又派太子詹事李愬为唐、随、邓三州节度使，从西路讨伐叛军，李愬拔文城栅（河南遂平西南），切断吴元济的申州（今河南信阳）、光州（今河南潢川）、蔡州（今河南汝南）三州间的联系，李光颜率北路军在郾城（今属河南漯河）击败叛军。吴元济调蔡州军增援，蔡州空虚。唐东路军由寿州（今安徽寿县）西进，南路军由鄂州（今湖北武汉市武昌区）北进，牵制淮西申、光二州，使西路军可趁机直捣吴元济老巢蔡州。在郾城督战的宰相裴度请朝廷撤去监军，使主将能临机决断。十一月，李愬率军乘雪夜奇袭蔡州，生擒吴元济。申、光二州随后投降。持续三十多年的淮西叛乱结束。

【译文】

当初，淮西地区的人在李希烈、吴少诚的淫威肆虐下，不能摆脱，时间长了，年老的人变衰弱了，幼小的人长大了，他们都安于这种叛逆于朝廷的现状，不再知道还有朝廷。自吴少诚以来，朝廷派出诸位将领出兵，都不用法制约束他们，听任他们各自根据当时的情况自行作战，希望人们都能尽量发挥其才能。韩全义在溵水战败，在他的营帐中缴到朝中权贵写给他的问候信，吴少诚拿着这些信给众人看，说："这都是朝中公卿嘱托韩全义的信，说攻克蔡州的时候，想得到一个将士的妻女作自己的奴婢。"于是众人都很愤怒，拼死为叛贼作战。虽然是中原，但他们的风俗的粗犷暴戾超过四方的胡人，所以凭着三个州的人力，朝廷派出天下的军队，围起来攻了四年，然后才攻克下来。

臣范祖禹评论说：君主统治天下，失去控制非常容易，再夺回来就非常困难。凭着宪宗的明断，将相的忠贤，用了全天下的兵力，来讨伐三个州，四年后才攻克，其困难就是如此，因此，君主岂能不兢兢业业，谨慎治国，以守住天下！

【评析】

唐中期的节度使们已有如此势力，朝廷对付他们已极为困难。之所以如此，就是因为唐王朝的君主一味姑息藩镇军将，不加限制和控制，一旦用兵，就有力不从心之感，能最终平定淮西叛乱，实属大幸。可知平时不作为，就易于失去对天下的控制，一旦有叛乱，则难以平定。所以《老子》说："天下难事必作于易，天下大事必作于细……为之于未有，治之于未乱。"事情一有苗头，君主就要有预判，着手于细微，防止演变成难局。

士不可不知耻

【题解】

士人是君主治国的主要帮手，是组成整个官僚体系的主要人物，他们如果不知耻，则不能帮助君主坚持治国的正道，而使天下的治国理政逐步走向崩坏。

【正文】

初，吐突承璀为淮南监军，李鄘为节度使，性刚严，与承璀互相敬惮，故未尝相失。承璀归，引以为相，鄘耻由宦官进，及将佐出祖，乐作，鄘泣曰：吾老安外镇，宰相非吾任也。十二月，鄘至京师，辞疾不入见，不视事，百官到门者，皆辞疾不见。鄘固辞相位，明年，以鄘为户部尚书。

臣祖禹曰，管子有言曰："礼义廉耻，是谓四维，四维不张，国乃灭亡。"夫士之有耻，所以重朝廷也，况为天子之相而可以无耻乎？李鄘不与宦者结，而其进由之，以为垢污，卒辞相位，可谓知耻者矣。若夫为大臣而不自重其身，媚左右近习以固宠，顽顿无耻，见利忘义，闻鄘之风，亦可少愧哉！

【译文】

当初，吐突承璀任淮南监军，李鄘为节度使，性格刚严，与吐突承璀互相敬重而防备，故皆未尝有过失。吐突承璀返回朝廷，引荐李鄘为相，李鄘以宦官引荐为耻辱，在将佐们为他送行时，音乐响起，李鄘流泪说："我老了，习惯于留在外地的藩镇，宰相不是我要的位置。"十二月，李到了京师，以有病为由不入朝见皇帝，也不办理公事，百官到他家，他都说有病而不接见。李鄘坚决推辞宰相职位。第二年，让李鄘担任户部尚书。

臣范祖禹评论说，管子说过："礼、义、廉、耻，这叫作四根大绳，四根大绳不能树立，国家就要灭亡。"作为士人有羞耻心，这是对朝廷的尊重，何况作为天子的宰相还能无羞耻心吗？李鄘不与宦官勾结，而他被任命为宰相是由宦官引荐的，他认为这是肮脏的，最终辞去宰相职位，可以说是知道羞耻的人。像那些身为大臣而不知道要有尊严的人，对皇帝身边的宦官们献媚以巩固自己的官位和恩宠，可以说是顽劣无耻，见利忘义，看到李鄘这种风骨，他们也应该有一点羞愧吧！

【评析】

士人在古代是特殊的社会群体，因为他们是读书人，并经过朝廷的科举考试，被公认为是全社会的精英，让他们来担任国家的各种官职，本身就是对他们的尊重和信任。为此，士人进入朝廷后，要记住他们读书时所学习的为人之道与治国之道，因为全社会唯独他们是懂得这些道理的人，并且在任了国家的官职之后，就要在实践中用这些道义来修身和治国，而他们读书学习所得到的道义之中就有礼、义、廉、耻四项根本原则，他们应该一生据此严格要求自己，不要成为只顾谋求个人私利的小人。这样，国家的治理，人民的安定，才会有希望。

天下既平而祸患常生于所忽

【题解】

朝廷在平定各地叛乱后，裴度总结了宪宗在整个过程中的辛劳操心和谋划，写出来后想要让史官记录下来。宪宗能保持谨慎，没有让人这样做。这表明宪宗此时还是能合乎治国之道的。

【正文】

十四年，淄青平①，裴度纂述蔡、郓②用兵以来，帝之忧勤机略，因侍宴献之，请内印出付史官。帝曰：如此似出朕志，非所欲也。弗许。

臣祖禹曰：宪宗劳而不伐，有功而不矜，此大禹之德也，岂不贤哉！其行已如此，而不胜其骄侈之心，卒任小人以隳盛业，何其拨乱之易，而守成之难耶！盖危则惧，惧则善心生，安则泰，泰则逸心生，是以天下既平，而祸患常生于所忽也。

【注释】

① 淄州：隋时置，治贝丘县（后改淄川县，今山东淄博市淄川区）。辖今山东邹平、高青、淄博及桓台、博兴地区。天宝时改为淄川郡，乾元时恢复为淄州。青州：秦置齐郡，西汉武帝设青州刺史部，驻广县，称青州城。隋初为青州总管府治，后改为北海郡治。淄青平：淄青即淄青节度使，由平卢军南下建立。淄青节度使李正己割据一方，

反抗朝廷，其后经李纳、李师古、李师道，最终被唐宪宗平定。唐代宗大历十年，河北诸镇相互兼并，淄青军趁势扩充，占据淄、青、齐、海、登、莱、沂、密、德、棣十州。大历十一年（776），汴宋镇李灵曜反叛，唐朝廷命各镇讨伐，李正己率淄青军与其他节度使联合将其灭掉，攻占汴宋镇的曹、濮、兖、郓、徐五州，李正己把镇治从青州移到郓州，让其子李纳镇守青州。建中二年，淄青、魏博、成德镇反叛朝廷，李正己病死，其子李纳统领军务。经过激战，唐军获胜，淄青军几乎全军覆没。淄青镇的德州、棣州向唐朝廷投降。十月，淄青镇徐州刺史李洧归顺朝廷，李纳率淄青军攻徐州。唐朝廷派出神策军及宣武、朔方等军，在彭城大战，唐军获胜。建中三年二月，唐军向濮州进攻，李纳退归郡州，与朱滔、李希烈、王武俊、田悦联合反唐，唐朝廷多次派兵征讨，均无结果。建中四年，镇压李希烈的泾源兵路过长安时哗变，史称泾源兵变，德宗下诏赦免淄青和河朔三镇。元和元年（806），宪宗任命李师道为淄青镇节度使。元和十二年，唐军攻克蔡州，擒获吴元济，平定淮西镇。李师道献沂、密、海三州之地，愿听朝廷处分，旋即反悔，改意对抗朝廷。元和十三年（818）七月，唐宪宗命宣武、魏博、义成、武宁、横海五镇联合讨伐淄青镇。元和十四年（819）二月，李师道手下刘悟举兵反正，攻破郓州城，杀死李师道，向唐投降，其他十一州全部投降。割据六十年的淄青镇最终被唐朝廷收复。

② 郓（yùn）：古代地名，春秋时期，鲁国筑郓城。西汉时分置黎县、廪丘县，属兖州东郡。东汉属济阴郡，晋为濮阳国廪丘县。隋在万安县置郓州，唐武德间废东平郡设郓州，治郓城。

【译文】

十四年，淄州、青州平定以后，裴度把蔡州、郓州用兵以来宪宗皇帝所做的辛苦操劳与方略部署等事做了全面总结，书写成文，于是在宪宗设宴招待的时候献给宪宗，并请求印出来交给史官。宪宗说：这样做似乎是出于朕的意愿，但朕并不想这样做。没有答应裴度。

臣范祖禹评论说：宪宗有辛劳而不自傲，有功而不居功，这是大禹的德行，岂不是贤君？他如此要求自己，却不能战胜自己的骄侈之心，最终任用小人而毁坏了治国的盛业，这说明平定叛乱容易而守成是多么难啊！这是因为在危险时就会恐惧，恐惧就会产生善心，平安时就会骄纵，骄纵就会产生放逸之心，所以天下平安之后，祸患就会常常产生于对事情的疏忽之中。

【评析】

君主能惧危，能平乱，却不容易在平安无事的时候仍旧保持这种惕惧之心，而在不知不觉中出现骄纵之心，从而放松了对事物细微变化的关注，而这又是以后出现祸患的开始。所以古人强调治国必须安不忘危，任何时候都要保持惕惧之心，不能放纵自己。

相贤则治，相奸则乱

【题解】

治国的关键人物是君主与宰相，全天下亿兆人的安危，就系于这几个人身上。所以君主一定要明智，宰相一定要贤明，这里面就包括对治国之道的深刻理解与对国家和人民的负责之心，不能因为掌握了最高的权力就只为自己打算，所谓的贤与奸，就由此区分。

【正文】

八月，帝问宰相玄宗之政，先理而后乱何也？崔群①对曰："玄宗用姚崇、宋璟、卢怀慎、苏颋、韩休②、张九龄则理，用宇文融、李林甫、杨国忠则乱，故用人得失，所系非轻。人皆以天宝十四年安禄山反为乱之始，臣独以为开元二十四年罢张九龄相、专任李林甫，此理乱之所分也。愿陛下以开元初为法，以天宝末为戒，乃社稷无疆之福。"皇甫镈③深恨之。

臣祖禹曰：天下治乱，系于用人，明皇之政，昭然可睹矣。崔群以退张九龄任李林甫为治乱之所分，岂徒有激而云哉？其可谓至言矣，圣人复起不能易也。

【注释】

① 崔群（772—832）：贝州武城人，贞元时为进士，授秘书省校书郎。唐宪宗时，任翰林学士、礼部侍郎、中书侍郎、同平章事，反对皇甫

镈为相，出为湖南观察使。唐穆宗时，任武宁军节度使，被节度副使王智兴驱逐。唐文宗时，任华州刺史、宣州刺史、荆南节度使、太常卿、中书舍人、吏部尚书。

② 卢怀慎（？—716）：滑州灵昌县（今河南滑县）人，进士及第，任监察御史、吏部员外郎、侍御史、御史中丞、兵部侍郎、黄门侍郎。唐玄宗继位授同平章事、侍中兼吏部尚书。苏颋（tǐng，670—727）：京兆武功人。进士及第，授乌程县尉，后任太子左司御率府胄曹、监察御史、给事中、中书舍人、太常少卿、工部侍郎，与宋璟一同拜相，任中书侍郎、同平章事，后罢相任检校礼部尚书、益州大都督府长史。韩休（672—739）：京兆长安人，制举入仕，授桃林县丞，任左补阙、主爵员外郎、中书舍人、礼部侍郎、虢州刺史、工部侍郎、尚书右丞、黄门侍郎、同平章事。刚直直谏，罢为工部尚书、太子少师。

③ 皇甫镈（bó，？—820）：安定朝那（今甘肃灵台西北）人。贞元年间中进士，拜监察御史、司农卿、户部侍郎、判度支、门下侍郎、同平章事。牛李党争，与李逢吉等罢免裴度与崔群，勾结山人柳泌献长生药，唐宪宗服药而死。唐穆宗即位，贬为崖州司户参军。

【译文】

八月，宪宗问宰相，玄宗治国之政怎样，为什么先能治国而后使国家陷于战乱呢？崔群回答说："玄宗用姚崇、宋璟、卢怀慎、苏颋、韩休、张九龄，就把国家治理得好，用宇文融、李林甫、杨国忠，就使国家陷于混乱，所以用人的得失，关系很大。人们都以为天宝十四载的安禄山反叛是大乱的开始，臣独独认为开元二十四年罢了张九龄的宰相而任用李林甫，这才是治与乱的分界线。愿陛下效法开元初年的做法，以天宝末年的做法为戒，这才是社稷的无限福气。"皇甫镈为此深恨崔群。

臣范祖禹评论说：天下是治还是乱，都与君主用人有直接关系。唐明皇治国的成败，可让人看得非常明白。崔群认为斥退张九龄而任用李林甫是玄宗治国由治而乱的分界线，难道只是有所愤激才这样说的吗？他的看法可以说是至理名言，圣人再生也不会否定这种说法。

【评析】

整个中国古代历史的教训就是君主与宰相是否贤明的问题，不少人研究中国历史，总是说制度问题，但任何制度最终都要由人来操作和运作，所以人是根本的问题。同样的制度，在中国古代并没有根本性的变化，但有治有乱，却有很大的不同，所以说人是历史的关键因素。

穆宗

朝臣结为朋党之害

【题解】

在人的问题上，最关键的又是人的素质的问题。古代大臣都是科举出身，都读过圣贤书，为什么还会有那么大的不同，这就是素质的问题。所谓的素质，并不是后天学习所养成的文化素养，而是一种天生的性质，后天的学习不能从根本上改变这种天生的性质，所以同样是读书人出身的大臣，就有很大的不同。于是朝廷中的大臣们就会分成完全不同的群体，他们都是臭味相投，人以群分，由此形成朝廷朋党的现象。

【正文】

长庆元年三月，翰林学士李德裕①，吉甫之子也，以中书舍人李宗闵②尝对策讥切，其父恨之。宗闵又与翰林学士元稹③争进取有隙，右补阙杨汝士与礼部侍郎钱徽④善，徽掌贡举，西川节度使段文昌、翰林学士李绅⑤各以书属所善进士于徽，及榜出，文昌、绅所属皆不与焉，而及第者，郑朗，覃之弟；裴譔，度之子；苏巢，宗闵之婿；杨殷士，汝士之弟⑥也。文昌言于帝曰：今岁礼部不公，所取进士，皆子弟，无艺，以关节得之。帝以问诸学士，德裕、稹、绅皆曰：诚如文昌言。帝乃命中书舍人王起⑦等覆试。四月，诏黜朗等十人，贬徽江州刺史⑧，宗闵剑州刺史⑨，汝士开江令⑩。或劝徽奏文昌、绅属书，上必悟，徽曰：苟无愧心，得丧一致，奈何奏人私书，岂士君子所为邪？取而焚之，时人多之。自是德裕、宗闵各分朋党，更相倾轧，垂四十年。

臣祖禹曰：昔汉之党锢[11]，始于甘陵二部[12]相讥，而成于太学[13]诸生相誉。海内涂炭二十余年。唐之朋党，始于牛僧孺[14]、李宗闵对策，而成于钱徽之贬，皆自小以至大，因私以害公。凡群臣有党，由主听不明，君子小人杂进于朝，不分邪正忠谗以黜陟之，而听其自相倾轧，以养成之也。是以穆宗以后，权移于下，朝无公政，士无公论，爵赏僭滥，刑罚交纷。士之附名者，不入于牛，则入于李，不忧国家之不治，而唯恐其党之不进也。与夫三君、八俊[15]，厉名节，立廉耻，以抗权邪者，斯为下矣。何则？汉之党尚风节，故政乱于上，而俗清于下，及其亡也，人犹畏义而有不为。唐之党趋势利，势穷利尽而止，故其衰季，士无操行，不足称也。为国家者，可不防其渐哉？

【注释】

① 李德裕（787—850）：赵郡（治今河北赵县）人，李吉甫次子。以门荫入仕，任校书郎、监察御史、翰林学士、中书舍人、浙西观察使、兵部侍郎、郑滑节度使、西川节度使、兵部尚书、山南西道节度使、中书侍郎、镇海节度使、淮南节度使等。历宪宗、穆宗、敬宗、文宗四朝，受牛李党争倾轧，被排挤出京。唐武宗即位后，为相五年，拜太尉，封赵国公。唐武宗与李德裕君臣相知，为晚唐绝唱。唐宣宗继位后，贬为崖州司户。

② 李宗闵（约783—846）：陇西成纪（今甘肃秦安县）人。牛李党争的“牛党”领袖，贞元时为进士，又举贤良方正制科，任礼部员外郎，随裴度平定淮西之乱。唐穆宗即位，任中书舍人、知贡举、吏部侍郎、同平章事、守中书侍郎、集贤殿大学士、山南西道节度使、中书侍郎、参知政事，唐武宗即位，李德裕执政，将李宗闵流放封州。宣宗立，徙郴州司马。李宗闵与李德裕父子结怨，相互倾轧近四十年，史称牛李党争。

③ 元稹（779—831）：河南洛阳（今属河南）人。贞元间明经及第，授

左拾遗、校书郎、监察御史、同州刺史、尚书右丞、武昌军节度使。

④ 礼部侍郎：礼部副长官，西汉侍郎为郎官之一，掌守宫廷门户，充当车骑随从皇帝。钱徽（755—829）：浙江吴兴（今浙江湖州）人。父亲钱起官至尚书郎。贞元初进士，在湖北谷城县令王郢手下任职，又为观察使樊泽幕僚。元和初任左补阙，后为翰林学士、中书舍人、知制诰、司封郎中，后得唐宪宗赏识，拜中书舍人、太子右庶子、虢州刺史、礼部侍郎，因贡举得罪段文昌，贬为江州刺史，后为工部侍郎、华州刺史、尚书左丞，以吏部尚书致仕。

⑤ 西川节度使：即剑南西川节度使，治所成都，曾与东川节度使合并，后又分开，相当于今成都平原及以西以北和雅砻江以东地区。唐朝末年王建在此建立前蜀。段文昌（773—835）：西河（今山西汾阳）人，早年入韦皋幕府，后任灵池县尉、登封县尉、集贤校理、监察御史、补阙、祠部员外郎、翰林学士、祠部郎中。唐穆宗继位后，段文昌任中书侍郎、同平章事、西川节度使、刑部尚书、兵部尚书、淮南节度使、荆南节度使等。李绅（772—846）：字公垂，无锡（今属江苏）人，唐宪宗元和时为进士，补国子助教，后任中书侍郎、尚书右仆射、淮南节度使等。

⑥ 郑朗（？—857）：河南荥泽（今河南郑州）人，穆宗长庆元年（821）进士，任右拾遗、起居郎、谏议大夫、侍讲学士、给事中、华州刺史、定州刺史、御史中丞、户部侍郎、鄂岳浙西观察使、义武与宣武二节度使、工部尚书、御史大夫、同中书门下平章事。郑覃（？—842）：郑朗之兄。唐文宗时任宰相，牛李党争中李党领袖之一。裴譔：裴度之子。裴度（765—839），河东闻喜（今山西闻喜东北）人，唐德宗贞元间进士，后任御史中丞，支持宪宗削藩，而与宰相武元衡同时遇刺，代武元衡为相。后统诸将平定淮西之乱，仕穆宗、敬宗、文宗三朝，官终中书令。裴度辅宪宗实现元和中兴，荐引李德裕、李宗闵、韩愈等，重用李光颜、李愬等名将。苏巢：李宗闵的女婿。杨殷士：杨汝士的弟弟。

⑦ 王起（760—847）：太原（今山西太原），贞元间进士，又登直言极谏科，后任校书郎、蓝田县尉，李吉甫辟为淮南掌书记，唐文宗时任兵部尚书、太子少师、左仆射、山南西道节度使、同平章事。

⑧ 江州：西晋割扬州之豫章郡与鄱阳郡等十郡为江州。隋改置九江郡。唐武德时废郡复州，天宝间改为寻阳郡，乾元时又改为州。刺史：刺是检核问事，即监察之职，史为御史。秦时每郡设御史，任监察之职，称监御史。汉武帝分全国为十三部（州），各部置刺史一人。汉成帝时刺史改称州牧，由监察官变为地方军事行政长官。东汉光武帝改为刺史，隋文帝撤销郡，炀帝改州为郡，改刺史为太守。唐代改郡为州，改太守为刺史，玄宗时复州为郡，复刺史为太守，肃宗再复唐初旧制。

⑨ 剑州：唐先天二年（713）改始州为剑州，治普安（今剑阁）。开元时分剑南西川节度和剑南东川节度，剑州属剑南东川节度。天宝时改剑州为普安郡，乾元时复为剑州。

⑩ 开江：西魏时置县，名新宁县，属东关郡，隋属通州，唐属山南西道通州，至民国时改为现名。令：县令。

⑪ 汉之党锢：东汉晚年，太尉陈蕃与司隶校尉李膺不满宦官专权，多次针对宦官亲属，宦官张让、侯览诬告李膺和太学生、名士结党诽谤朝廷，汉桓帝下令逮捕党人二百多人。李膺在狱中说一些宦官子弟也为党人，宦官们只好让桓帝大赦党人，但不许再任官职，史称“党锢”，“锢”即禁锢。直到黄巾起义后，朝廷才宣布解除党锢之禁。

⑫ 甘陵二部：桓帝为蠡吾侯时受学于甘陵周福，及位后擢周福为尚书。时同郡河南尹房植有名当朝，乡谣：“天下规矩房伯武，因师获印周仲进。”二家宾客，互相讥揣，各树朋徒，渐成尤隙，于是甘陵出现南北部，党人之议自此开始。后太学生等赞赏各地名士，在党锢之祸中皆被迫害。

⑬ 太学：中国古代国立最高学府。夏为东序，商为右学，周代名上庠，汉武帝时于京师长安设太学。东汉太学始于建武五年（29）四方学士

云会京师洛阳，汉光武帝立五经博士。至汉质帝时，太学生有三万余人。

⑭ 牛僧孺（780—848）：安定鹑觚（今甘肃灵台）人，进士出身，元和时与李宗闵等抨击时政，为宰相李吉甫排斥。后任户部侍郎、同平章事、武昌军节度使、兵部尚书、同平章事，为牛（僧孺）、李（德裕）之争中的牛派首领。武宗时，李吉甫之子李德裕为相，牛僧孺被贬为循州长史。

⑮ 三君：东汉世人宗仰的窦武、刘淑、陈蕃三人，时号三君。八俊：东汉李膺、荀翌、杜密、王畅、刘祐、魏朗、赵典、朱宇八位名士，时称八俊。

【译文】

长庆元年三月，翰林学士李德裕，是李吉甫的儿子，因为中书舍人李宗闵曾在科举对策中对李吉甫加以批评，所以李吉甫很恨李宗闵。李宗闵又与翰林学士元稹相争以求进取，而结下了仇隙，右补阙杨汝士与礼部侍郎钱徽友善，钱徽掌管贡举时，西川节度使段文昌、翰林学士李绅分别给钱徽写信，托钱徽关照他二人所看好的考生，等到揭榜，段文昌、李绅所托的人都没有中进士，而进士及第的人：郑朗，是郑覃的弟弟；裴譔，是裴度的儿子；苏巢，是李宗闵的女婿，杨殷士，是杨汝士的弟弟。段文昌对穆宗说：今年礼部主持的科举不公平，所录取的进士，都是官员的子弟，没有学问，是靠疏通关节中进士的。穆宗询问诸位学士，李德裕、元稹、李绅都说：确实如段文昌所说。穆宗于是命中书舍人王起等人进行覆试。四月，下诏罢黜郑朗等十人，把钱徽贬为江州刺史，李宗闵贬为剑州刺史，杨汝士贬为开江令。有人劝钱徽上奏说段文昌、李绅也写信嘱托，穆宗一定会明白，钱徽说：如果没有惭愧之心，得失是一样的，为什么要拿别人的私信向皇帝报告，这难道是士君子所应做的吗？于是把这些信都拿来烧了，当时的人都称赞他。从此以后李德裕、李宗闵各自分成不同的朋党，进一步相互倾轧，持续近四十年。

臣范祖禹评论说：从前汉代的党锢，始于甘陵二部的相互讥讽，形成于太学生的相互赞誉，海内受其祸害二十多年。唐代的朋党，开始于牛僧孺、李宗闵在科举中的对策，而形成于钱徽被贬时，都是从细小而变成重大的问题，使人因私而害了公。凡是群臣结党，是由于君主对人物与事情的观察不明，而使君子与小人混杂着都进了朝廷，君主又不分正与邪、忠与谗而加以罢黜和升迁，并听任他们相互倾轧，于是就养成了朋党局面。所以在穆宗以后，权力转移到臣子手里，朝廷中没有了公正的政治，士人间也没有了公正的舆论，皇帝的封爵奖赏变得泛滥和越过等级，刑罚也用得非常混乱。士人为了求名也会对朋党双方加以依附，不入牛党，就入李党，而不再担心国家得不到治理，而是唯恐本党不占优势。汉代的三君、八俊的砥砺名节、树立廉耻，由此来抗拒权贵的邪恶，相比之下，后来的朋党就是很低级的了。为什么呢？汉代的党人崇尚风度气节，所以上面的政治已乱，而下面的风俗还是清新的，等到了东汉灭亡的时候，人们还畏惧道义而有所不为。唐代的朋党则是奔趋于势利，势空利尽了才停止，所以到了唐代衰落的时候，士人们都没有了节操德行，不值得一提了。治理国家的人，能不在开始时就防备这种情况的发生与发展吗？

【评析】

古人的观念与今天不一样，中国古代思想观念中，一方面赞赏朋友情义，如孔子说："有朋自远方来，不亦乐乎！"又在伦理道德中有"孝友"一条；另一方面则反对结党营私。可知古人的朋与党是要分开的。但唐代的朋党，却将二者联系起来并合为一词，似乎朋与党是不可分的。之所以如此，是由于党是从朋开始的。即人们先为朋友关系，这是单纯的友情。但在政治活动中，这样的朋友自然就会发展为相互关照、相互同情、相互赞同，于是在政治中就形成了朋党。人们在朋党关系下，并不觉得自己不对，还会认为自己是在坚持正道，反对邪道。但从君主统治角度看，不允许大臣们分成不同的集团，各持己见，互不相让。于是就会形成今天人们常说的：有立场，无是非。朋党决定了人们的立场，立场一定，是非就无法保持客观公正。在古代政治制度下，对朋党是坚决予以否定的，是一种罪行，所以皇帝要对结成朋党的人进行打击。但朋党都是两两相对的，打击了一方，就等于鼓励了另一方，所以受打击的一方也不会服气，于是就在意气用事的情形下，使朋党态势长期不能解决，这样就对朝廷的治国理政造成了必不可免的破坏作用。所以，唐中期以后的朋党，对治国起了负面作用，在唐王朝走向衰亡的过程中产生了很坏的影响。但朋党的问题，到宋朝、明朝再次出现，说明人们实在不容易从这种关系中摆脱出来，虽有前车之鉴，似乎也不能使后人杜绝之。

文宗

用小人去小人，必害及国家

【题解】

重用宦官，已是国之大害，用小人来除宦官，则是又加一害，文宗用人不当，除害不成，反而使宦官之害更为严重。

【正文】

九年十一月，帝与李训、郑注[①]谋诛中官，训及王璠、郭行余、李孝本、罗立言[②]诛中官不克，训出奔。仇士良[③]等知帝预谋，怨愤，出不逊语，帝惭惧不复言。士良等遣禁兵露刃出合门[④]，逢人即杀，死者千六百余人，横尸流血，狼籍涂地。擒王涯、贾餗、舒元舆[⑤]等，系两军，或斩李训首送京师。左神策出兵三百人以李训首引王涯、王璠、罗立言、郭行余，右军出兵三百人拥贾餗、舒元舆、李孝本献于庙社，徇于两市，命百官临视，斩于独柳之下，枭其首于兴安门[⑥]外，亲属无问亲疏皆死，孩稚无遗。时数日之间，杀生除拜皆决于两中尉，帝不预知。凤翔监军[⑦]斩郑注，献其首枭之，灭其族。仇士良等各进阶迁官。自是天下事皆决于北司[⑧]，宰相行文书而已。宦官气益盛，迫胁天子，下视宰相，凌暴朝士如草芥焉。

臣祖禹曰：文宗愤宦官之弑逆，欲除其偪，当择贤相而任之，朝廷既清，纲纪既正，赏罚之柄出于人主，执其元恶，付之有司，正典刑而已矣。乃与训、注为诡谲之计，欲用甲兵于陛城之间，不以有罪无罪皆夷灭之，召外寇以攻内寇，是以一败涂地，社稷几亡，非徒无益而愈重祸。盖自古不用君子而用小人以去小人，未有不害及国家者也。

【注释】

① 李训（？—835）：本名仲言，改名李训，陇西成纪（今甘肃静宁西南）人，进士及第。入河阳幕府，因罪流放象州，后投奔郑注，由宦官王守澄推荐，任四门助教、国子监博士、侍讲学士、兵部郎中、翰林学士，礼部侍郎、同平章事。以他为首策划诛杀宦官，事败，史称“甘露之变”，逃出长安后被杀。郑注（？—835）：本姓鱼，绛州翼城（今山西翼城）人，冒姓郑氏，出身微贱，以医术游历江湖，得宠于襄阳节度使李愬，结交监军王守澄。进入京师，交结朝臣，任昭义节度副使，太和时为唐文宗治病，后任太仆卿、御史大夫、工部尚书。劝唐文宗封宦官仇士良为左神策中尉，分散宦官王守澄的权力。后协助唐文宗处死王守澄，任凤翔节度使，与李训秘商消灭宦官，事败逃返凤翔，为监军杀死。

② 王璠：元和五年进士，元和中，为监察御史、起居舍人、知制诰、御史中丞。郭行余：早年中进士，唐文宗时任楚州刺史、汝州刺史、御史中丞、大理卿。李训令其募兵，授邠宁节度使。李训杀宦官失败，郭行余被宦官杀死。李孝本：唐宗室，任刑部郎中，依靠李训、郑注，权知中丞事，参与李训杀宦官的策划，事发后，李孝本杀宦官十余人。事败，李孝本投奔郑注，走至咸阳西原被捕后杀死。罗立言：宝历初年为检校主客员外郎、盐铁河阴院官。太和中任司农少卿，李训谋杀宦官，以罗立言为京兆少尹，事败被杀。

③ 仇士良（781—843）：循州兴宁（今广东兴宁东北）人。唐顺宗时入宫为宦官，侍奉太子李纯，李纯即位为唐宪宗后，任内给事、内外五坊使、凤翔监军使、鄂岳监军使、右领军卫将军、知内侍省事、神策左军中尉兼左街功德使。甘露之变后加特进、左骁卫上将军，后又任开府仪同三司、左卫上将军。拥戴唐武宗继位，任观军容使、统左右

神策军。揽政二十余年，杀死二王、一妃、四宰相，使国政更坏。

④ 合门：合即閤（gé），合门即古代宫殿中的侧门。

⑤ 王涯（约764—835）：山西太原人。贞元间为进士，任蓝田尉、翰林学士、起居舍人、中书侍郎、同中书门下平章事。穆宗时，为剑南、东川节度使。文宗时，以吏部尚书总盐铁，参与甘露之变，事败被抓腰斩。贾餗：河南人，中进士，太和间为中书舍人、礼部侍郎、兵部侍郎、京兆尹兼御史大夫、中书侍郎同中书门下平章事、集贤殿大学士。李训密谋诛灭宦官，贾餗参与其事，失败后被灭族。舒元舆（？—835）：婺州东阳（今属浙江）人。元和间中进士，任刑部侍郎、兵部侍郎、监察御史、刑部员外郎，文宗时，为同中书门下平章事。与李训等人谋诛宦官，事败后被腰斩。

⑥ 兴安门：位于唐代长安皇城的东北角，为唐大明宫南宫门之一，在大明宫西城墙之外，大明宫与西内苑之间。

⑦ 凤翔：今陕西宝鸡市凤翔区，西周称雍邑，秦曾称雍城，后一直称雍县，到唐肃宗改扶风郡为凤翔郡，又升凤翔郡为凤翔府，称西京，改雍县为凤翔县，代宗时凤翔县属凤翔府，凤翔府治天兴，在今凤翔区南七里。监军：唐中期后出兵作战，常以宦官为监军，督察多路兵马就称都监。

⑧ 北司：唐称内侍省为北司，唐宫城在皇城之北，中书、门下、尚书三省及所属各官署都在皇城之中，内侍省在宫城之中，位于各官署之北，故称北司。肃宗至昭宗年间，南衙指以宰相为中心的中央决策机构，北司指以枢密使、神策军护军中尉为核心的宦官集团。

【译文】

太和九年十一月，唐文宗与李训、郑注谋划诛杀宦官，李训与王璠、郭行余、李孝本、罗立言诛杀宦官不成功，李训逃出京城。仇士良等人知道文宗参与谋划，怨恨文宗，说话不尊重文宗，文宗惭愧又害怕，不敢再说什么。仇士良等人派禁兵露出刀刃从宫内小门出去，逢人即杀，杀死一千六百余人，横尸流血，满地狼藉。抓到王涯、贾餗、舒元舆等人，囚禁在神策军，有人斩杀李训，把他的首级送到京师。左神策军出兵三百人，拿着李训的首级，让王涯、王璠、罗立言、郭行余等人跟在后面，右神策军出兵三百人，押着贾餗、舒元舆、李孝本，在太庙用这些人祭祀，又到两市向人们传示，命百官都来观看，然后在一棵大柳树之下杀死他们，在兴安门外高挂他们的首级示众，他们的亲属不论是亲是疏全都杀死，连小孩子也不漏过。当时数天之间，杀人和封官，都由两个神策军的中尉决定，文宗都不能过问。凤翔监军斩杀郑注，献上他的首级，也挂起来示众，将他全族杀死。仇士良等人都升官进爵，从此，天下的事都由北司裁决，宰相只不过签署文书而已。宦官气势更盛，迫胁天子，蔑视宰相，凌暴朝中士人如同草芥。

臣范祖禹评论说：文宗对宦官杀死皇帝等逆行非常气愤，想解除宦官对皇帝的威逼，应当选择贤明的宰相而任用他们，朝廷中除去小人，国家的政治纲纪返回正道之后，赏罚的大权都掌握在君主手里，逮捕宦官的首恶，交给有关部门，根据法律定罪就可以了。不这样做，却与李训、郑注等人策划诡谲计谋，想在宫廷之内使用士兵武力，不管宦官有罪无罪都要杀掉，这是招来外面的强盗来攻击宫内的强盗，所以一败涂地，国家差一点灭亡，不仅无益，而更加重了灾祸。这是因为自古以来不用君子除小人而用小人除掉小人，没有不危害到国家的。

【评析】

文宗想除掉宦官的危害，但方法不当，历史上类似的例子不少，之所以不成功，是因为所用的人也是与宦官一样的小人，说明靠小人来做事只会失败，甚至带来更大的灾祸。消除祸害不是没有正道，文宗不明此理，所以失败，而唐王朝就更为衰落了。

李德裕能正本图治

【题解】

用一个贤明的宰相，从政治上正本以求治，这是治国的正道，武宗能做到这一点，所以会有以后会昌年间的成功。

【正文】

五年正月，帝崩，武宗[①]即位。以李德裕为门下侍郎同平章事。德裕言于帝曰："致理之要，在于辨群臣之邪正。夫宰相不能人人忠良，或为欺罔，主心始疑，于是旁询小臣，以察执政，如德宗末年所听任者，唯裴延龄辈，宰相署敕而已，此政事所以日乱也。陛下诚能慎择贤才以为宰相，有奸罔者立黜去之，常令政事皆出中书，推心委托，坚定不移，则天下何忧不理哉？"

臣祖禹曰：古之王者，唯以一相总天下之务，是以治出于一，政无多门。苟非其才，则退之而已矣，不以小臣间之，谗慝疑之，所以重责任也。德宗之时，宰相失职，故其政谬乱，德裕欲先正其本而后图所以为治，其能致会昌之功伐，盖以此欤？

右文宗，在位十五年崩，年三十三。

【注释】

① 武宗：唐武宗李炎（814—846），原名李瀍，840—846年在位，唐穆宗李恒第五子。唐文宗去世，李瀍即位，年号会昌，倚重宰相李德

裕，削弱宦官、藩镇。会昌五年（845），下令拆毁佛寺，没收佛寺土地，一度呈现中兴局面，史称“会昌中兴”。唐武宗信仰道教，服食长生丹药。会昌六年（846）死。

【译文】

五年正月，文宗死，武宗即位。他任命李德裕为门下侍郎同平章事。李德裕对武宗说：“达到国家治理的要点，在于分辨群臣的正与邪。当宰相的人不可能都是忠良，有的人会欺骗君主，君主心里开始有怀疑，就会询问身旁的小臣，由此来观察宰相，像德宗末年，他所听信的人，只有裴延龄一伙人，宰相只是签署文书而已，这就是国家政事日益混乱的原因。陛下真能谨慎地选择贤才之人让他担任宰相，有奸诈欺骗的就马上罢黜除掉他，让国家政事经常都由中书省办理，相信而托付给他们，坚定不变，则天下还用担心不能治理吗？”

臣范祖禹评论说：古代的帝王，只用一个宰相总管国家的事务，所以国家的治理出于一个中心，政务没有多个中心。如果其人的才能不适合当宰相，撤了就是，不要让小臣从中作梗，也不因种种原因而怀疑他，这是为了加重宰相的责任。德宗时，宰相失职，所以他的治理错谬混乱，李德裕想先纠正根本问题，而后找到用来治国的路子，他能促成会昌之治的成功，就是因为采取了这样的做法。

以上唐文宗，在位十五年而死，年三十三岁。

【评析】

君主治理国家，必须保持由一个政治中心来决策和发号施令，因此君主必须只用一个宰相，不能受他人的影响。君主的任务就是判断宰相是否胜任，不行就撤换，能胜任就放心地让他处理国家政事。如果用了宰相又不放心或有疑心，宰相也无法好好地处理政务，国家之治就会走向混乱，国家命运就会走向衰亡。

武宗

小人养君之欲以济己私

【题解】

君主之所以会被小人迷惑，还是能够找到原因的。仇士良对他的徒弟们说的话，就证明了这一点。史官能记载这个事，说明这不是什么秘密，只是君主自己不知道或不重视而已。

【正文】

仇士良以左卫上将军内侍监①致仕，其党送归私第，士良教以固权宠之术，曰："天子不可令闲，常宜以奢靡娱其耳目，使日新月盛，无暇更及他事，然后吾辈可以得志。慎勿使之读书，亲近儒生，彼见前代兴亡，心知忧惧，则吾辈疏斥矣。"其党拜谢而去。

臣祖禹曰：小人莫不养君之欲，以济己之欲，使其君动而不静，为而不止，则小人得以行其计矣，岂独奢靡之娱悦耳目足以荡君心哉？又有甚焉者矣，或殖货利，或治宫室，或开边境，或察臣下，随其君之所好，皆所以窃权宠也。人君乐得其欲，而不知其为天下害，是以政日乱而不自知，惟能亲正直，远邪佞，则可以免斯患矣。

【注释】

① 左卫上将军：唐德宗时置为左卫长官，位大将军上，称左卫上将军，掌宫禁宿卫，另有右卫上将军。内侍监：内侍省的长官，也称内侍监。内侍省或称内侍监、司宫台，专用宦官，由内侍监、内侍、内常

侍等负责，掌传达诏旨，守御宫门。

【译文】

仇士良以左卫上将军内侍监的官职退休，他的党徒送他返回家里，仇士良教给他们巩固权力和恩宠的方法，说："不能让天子闲着，经常要用奢靡的事让他的耳朵和眼睛处于娱乐之中，并让这些奢靡娱乐日新月益，让他没有时间再顾及其他的事，然后我们就可以得志了。小心不要让他读书，不要让他亲近读书人，（读书人让他读书，就使）他看到了前代的兴亡，于是心里就知道担忧和害怕，我们就会被疏远了。"仇士良的徒党听了这番话，拜谢后离去。

臣范祖禹评论说：小人没有不助长君主私欲的，靠此来实现自己的欲望，使他的君主一直动着而静不下来，一直在娱乐活动之中而停不下来，于是小人就能实现他们的诡计了，哪里仅仅是用奢靡的活动来娱乐君主的耳目使君主的心动摇不止呢？还有比这更厉害的，有的是让君主一心增长财富，有的是让君主只想着营建宫殿，有的是让君主在边境开战而扩充领土，有的是让君主一心只来监视臣下，都是顺着君主个人的喜好，由此而窃取权力和恩宠的。君主满足了自己的欲望而觉得快乐，而不知这都是国家的灾害，所以他的国政就日益混乱而不自知了，只有亲近正直的人，远避邪佞的人，才能避免这个祸患。

【评析】

仇士良说得很明白了，君主们要记住这个"反面教员"，学会识别小人，这样才能知道去寻找正人君子，作为自己治国的助手，不让国家走向衰亡。

宣宗

宣宗求长生之弊

【题解】

帝王乃天下至尊至贵之人，身处高位而贪恋不已，于是内心就会生发出长生不死永享帝位的奢望，一旦陷于这种奢望，即使像唐太宗那样英明的君主都不免迷惑，沉溺于服食丹药，最终不仅不能延年，反而会导致早死。唐代从太宗到武宗，多位皇帝“前仆后继”，至死犹惑，后世皇帝如宣宗者，不仅不能接受祖先的教训，反而执迷不悟，一心向慕长生不死，竟然忌讳册立太子，猜忌大臣，岂不哀哉？

【正文】

十二年二月，以崔慎由[①]为东川节度使[②]。帝[③]欲御楼肆赦，令狐绹[④]曰：“御楼所费甚广，事须有名，且赦不可数。”帝不悦，曰：“遣朕于何得名？”慎由曰：“陛下未建储宫，海内属望，若举此礼，虽郊祀亦可，况于御楼？”时上饵方士药，已觉躁渴，而外人未知，疑忌方深，闻之俯首不复言，旬日，慎由罢相。

臣祖禹曰：三代之时，自天子至于庶人，皆有常职以食其力，有常行以勤其生，壮而强勉焉，老而教训焉，修身以俟死而已，天下无异道，未有众人皆死，而欲一己独不死者也。执左道以乱政者杀，故无迂怪之士。凡药所以攻疾，岂有服之而不死者哉？后世去圣寖远，异端竞起，由秦汉以来，乃有神仙服食不死之说，故人心多惑，圣道不明，此其一端也。而人主尤甘心焉，以唐考之，自太宗至于武宗，惑于方士而饵药以败者六七君，皆求长生而反夭其天年，亦可以为戒矣。而宣宗又败以药，至以储嗣为讳恶，岂不蔽甚矣哉？夫心术不可不慎也，一有所惑，将无所不至，不足以语学矣，而况可为圣贤乎？

【注释】

① 崔慎由：字敬止，唐清河武城（今山东武城）人，大和进士，又登贤良方正制科。聪敏强记，大中初，官至翰林学士、户部侍郎，大中十年（856），升工部尚书同平章事，成为宰相，向皇帝建言授官甄别流品，要求册立太子，宣宗不悦，又遭萧邺排挤，大中十二年（858），出为东川节度使。

② 东川节度使：全称为剑南东川节度使。757年，分剑南节度使东部辖地为剑南东川节度使，简称东川节度使。治梓州（治今四川三台），领梓、遂、绵、剑、龙、阆、普、陵、泸、荣、资、简十二州，759年，又增领昌、渝、合三州。784年以后，辖境逐渐缩小，唐末为王建所并。

③ 帝：唐宣宗李忱（810—859），846—859年在位，宪宗第十三子，武宗的叔父，因吃丹药中毒而死。

④ 令狐绹（táo，802—879）：字子直，唐京兆华原（今陕西铜川市耀州区）人，令狐楚之子，大和进士。宣宗时，召为翰林学士，升户部侍郎，皇帝常召其入问政，议论如何抑止宦官专权等事。850年，升兵部侍郎同平章事，成为宰相，辅政十年。

【译文】

十二年二月，唐宣宗任命崔慎由为东川节度使。宣宗想要亲临高楼观拜佛骨并且赦免罪犯，修功德以求长生，令狐绹说：“御楼花费太大，行事必须有名义，况且也不可屡次赦免罪犯。”宣宗听了不高兴，说：“让我做什么才算是事出有名呢？”崔慎由说：“陛下尚未册立太子，全国都期望这件事情，如果举行册立太子的大礼，即使祭祀天地都可以，何况御楼？”当时宣宗正服食方士的丹药，已经感觉躁渴，而别人并不知道此事，宣宗此时又正在猜忌大臣，听了崔慎由的话后，低下头不再说话，不久，宣宗罢去崔慎由的宰相职务。

臣范祖禹评论说：夏、商、周三代之时，从天子到平民，都有固定的职务来自食其力，有永久实行的行为准则来度过人生，盛年时尽力而为，到老年时教导训诫，修养自身来等待生命的终结，众人都会死亡，天下没有不同的想法，没有希望自己独生不死的人。杀掉从事邪门歪道来扰乱朝政的人，所以没有迂阔怪诞之人。药物都是用来治病的，靠吃药而长生不死的人是不存在的。后世距圣人渐远，于是异端学说争相兴起，从秦汉以来，才有服食丹药不死成仙之说，因此人心多多有迷惑，圣人之道衰微不明，这就是其中一大征兆。而君主特别向慕长生不死，拿唐代来考察，从唐太宗到唐武宗，受方士诱惑服食丹药而伤生的皇帝有六七人，都是为追求长生反而摧折年寿，也都可以作为鉴戒了。而唐宣宗却仍然以丹药伤生，以至于把册立太子看成忌讳厌恶的事情，难道不是太不明是非了吗？人的内心不可不谨慎，一旦被迷惑，将会什么事都干得出来，那时连学问都谈不上了，怎么还可能成为圣贤之人呢？

【评析】

帝王总想长生不死，就有人投其所好，骗帝王吃长生不老药，由此牟取财利。历史上反面的例子太多，后来的帝王总是不能吸取教训，国运由此衰败。到了现代社会，还有不少人迷信这一套，相信什么大师，为他们奉献金钱，这就更令人慨叹他们的愚蠢了。

宣宗以宦官为腹心

【题解】

唐中后期的皇帝总是一再相信宦官，而执迷不悟，这不只是皇帝们的昏庸，更是小人有很多方法来迷惑帝王，且帝王心中多有欲望，被小人趁机而入，帝王就深陷其中而不能自拔了。

【正文】

十三年六月，初，帝长子郓王温①无宠，居十六宅，余子皆居禁中，夔王滋，第三子也，欲以为嗣，为其非次，故久不建东宫。帝饵医官李玄伯、道士虞紫芝、山人王乐药，疽发于背，八月，疽甚，宰相及朝臣皆不得见，帝密以夔王属枢密使王龟长、马公儒、宣徽南院使②王居方使立之，三人及右军中尉王茂玄皆帝平日所厚也，独左军中尉王宗实素不同心，三人相与谋，出宗实为淮南监军。宗实已受敕于宣化门外，将自银台门出，左军副使亓元实谓宗实曰："圣人不豫踰月，中尉止隔门起居，今日除改，未可辨也，何不见圣人而出？"宗实感寤，复入诸门，已踵故事，增人守捉矣。亓元实翼导宗实直至寝殿，帝已崩，东首环泣矣。宗实叱龟长等，责以矫诏，皆捧足乞命，乃遣宣徽北院使齐元简迎郓王，壬辰，下诏立郓王为皇太子，权勾当军国政事，仍更名漼。收龟长、公儒、居方皆杀之。癸巳，宣遗制，以令狐绹摄冢宰。

臣祖禹曰：古者受遗托孤，必求天下之忠贤，伊、周圣人不可及已，汉武帝总揽英俊，及其末年，所得者霍光、金日磾[3]而已，其可谓难也。齐桓公定嗣于易牙[4]，故其国大乱。宣宗不能早立太子，而以非次属诸宦者，至使元实挟正立长，以相屠灭。自文宗以后，立不以正矣，然皆出于宦者之专命，非人主使之也。宣宗不惩其祸，而以委之，盖以宰相为外臣，宦者为腹心，溺于所习，而不自知其非也，安在其为明哉？

【注释】

① 郓王温：唐宣宗之子李温。宣宗临死前安排宦官王归长等人册立夔王李滋为太子，以便继位，神策左军中尉王宗实与左军副使亓（qí）元实发现后予以阻止，立郓王李温为太子，改名漼，即位后为懿宗。

② 枢密使：始置于唐后期，为枢密院主官，以宦官充任。如宦官王龟长当时即为枢密使。唐宣宗时，宦官马元贽、王公长、马公儒、齐元简、王忠实、王茂玄等受重用，握有实权。宣徽南院使：唐后期设宣徽院，分南、北二院，以宦官任宣徽使与副使。

③ 霍光（？—前68）：河东郡平阳（今山西临汾）人，大司马霍去病异母弟，初以门荫选为郎官，后任侍中、奉车都尉、光禄大夫，汉武帝临终时，拜大将军、大司马，受命托孤，辅佐汉昭帝，昭帝死后立废昌邑王刘贺，立汉宣帝即位。金日磾（mì dī，前134—前86）：凉州武威郡人，初为匈奴休屠部太子，兵败后降霍去病，来到长安，赐姓金，封为御马监，后任侍中、驸马都尉、光禄大夫，汉武帝病重时，随霍光、上官桀等人接受顾命，辅佐太子刘弗陵即位，即汉昭帝。

④ 易牙：齐桓公的近臣，擅长烹调，得齐桓公的欢心。管仲病重临死前，齐桓公欲用鲍叔牙继任，管仲认为鲍叔牙善恶过于分明，不可以为政。齐桓公又问易牙如何？管仲认为易牙为了满足国君的要求不惜烹了自己的儿子，没有人性，不宜为相。因此请桓公务必疏远易牙、卫开方、竖刁三人。管仲病逝，齐桓公将易牙三人撤职，永远不准入朝。过了三年，又召三人回宫，次年齐桓公病重，易牙与竖刁等拥立

公子无亏，迫使太子昭奔宋，齐国五公子发生内乱。易牙等堵塞宫门，假传君命，不许人进宫，桓公终被饿死。后齐人杀公子无亏，立太子昭为君，即齐孝公。

【译文】

十三年六月，当初，宣宗的长子郓王李温不受宠，住在十六宅，其他皇子都住在宫中，夔王李滋是第三子，想成为太子，但按次序还排不上，所以宣宗也长期不立太子。宣宗吃了医官李玄伯、道士虞紫芝、山人王乐的长生不老药，背上发了毒疮，八月，毒疮更严重了，宰相和朝廷的大臣都见不到宣宗，宣宗秘密地把夔王托付给枢密使王龟长、马公儒、宣徽南院使王居方，让他们扶立夔王，三人与神策右军中尉王茂玄都是宣宗平时深为信任的人，只有神策左军中尉王宗实一向与这些人不同心，三人商量，让王宗实到外地任淮南监军。宗实已在宣化门外接受了任命，将要从银台门出宫，神策左军副使亓元实对王宗实说："皇上病重已有一个多月了，中尉您只是隔着门问候皇上的起居，今天让你改任新职，未能辨清是真是假，为何不见了皇上再赴任？"王宗实一下子醒悟过来，又进入宫内，看到人们已按旧例，增加人手守卫各处。亓元实引着王宗实直接来到宣宗的寝殿，宣宗已经驾崩，头向东，人们环绕着在哭泣。王宗实叱责王龟长等人，谴责他们假借宣宗的诏令，王龟长等人都爬在地下捧着王宗实的脚乞求饶命。王宗实就派宣徽北院使齐元简迎来郓王，初九，下诏立郓王为皇太子，暂且处理军国政事，仍按惯例改名为漼。逮捕王龟长、马公儒、王君方，都诛杀掉。初十，宣告宣宗的遗命，任命令狐绹摄理政务。

臣范祖禹评论说：古时大臣接受皇帝的遗命和托孤，一定要找天下的忠贤之人，伊尹和周公旦，那是圣人，大家都赶不上，汉武帝聚集天下的英才，到他的末年，所得到的人才也只有霍光和金日磾而已，可以说得到贤人是很难的。齐桓公的继任者由易牙来定，所以他的国家大乱。宣宗不能及早确立太子，而把不合乎当太子的次序的人托付给几位宦官，最终王宗实扶助正道而确立长子为太子，并屠杀了宣宗相信的那些人。自唐文宗以后，立太子都不按正道来，但都出于宦官的专命，不是君主所指派的。宣宗不从这些灾祸中吸取教训，而把立太子的事托给宦官，这是因为他把宰相看成外臣，把宦官看作心腹，沉溺于以往的习惯，而不自知其错误，哪里能看到他是英明的呢？

【评析】

宣宗至死还是只相信宦官，立太子也不合规矩，显然不是合格的君主。唐朝中后期的皇帝基本上都不能摆脱宦官的控制，不相信大臣，加上大臣又分朋党，其中也有不少小人，在这种情况下想治理好国家，只能是梦想了。

僖宗

盗贼之起必由暴赋重敛使民失职

【题解】

人民安居乐业是国家安定的基础，人民流离失所是社会动乱的根源。横征暴敛，与民争利，政权将为民所弃。储富于民，为民置产，政权才能持续长久。从夏商到唐末，历史反复上演，都说明了这个道理。当人民走投无路时只能铤而走险，此时为政者不救民，反而盘剥重压，人民势必走向政权的反面，社会必然动乱。

【正文】

濮州贼王仙芝①及其党尚君长②攻陷濮、曹州③，众至数万，冤句人黄巢④亦聚众数千人应仙芝。巢少与仙芝皆以贩私盐为事，巢善骑射，喜任侠，粗涉书传，屡举进士不第，遂为盗。与仙芝攻剽州县，横行山东，民之困于重敛者争归之，数月之间，众至数万。

臣祖禹曰：自古盗贼之起，国家之败，未有不由暴赋重敛而民之失职者众也。《书》曰："夏王率遏众力，率割夏邑。"又曰："降监商民，用乂仇敛。"此桀、纣之所以亡也。秦汉以下，莫不皆然。唐之季世，政出阉尹，不惟赋敛割剥，复贩鬻百物，尽夺民利，故有私盐之盗。商贾之事，皆官为之，使民无衣食之资，欲不亡，其可得乎？

【注释】

① 王仙芝（？—878）：濮州（治今山东鄄城北）人，私盐贩出身，875

年，率众在长垣（今河南长垣东北）起义。自称天补平均大将军兼海内诸豪都统。攻克曹州、濮州等，黄巢聚众响应，攻城掠地，东都大震。蕲州刺史裴偓向他投降，并为他向朝廷求官，唐授他为左神策军押牙兼监察御史，因黄巢等反对，不敢受命，不久即与黄巢分兵作战。

② 尚君长（？—878）：王仙芝起义军将领尚让之兄。877年，奉王仙芝之命，向唐招讨副都监杨复光商洽投降事宜，途中为唐将宋威所劫，押送长安被杀。

③ 曹州：唐代州治在济阴，今属山东菏泽。西周时为曹国，北魏置西兖州，与济阴郡同治左城，北周改西兖州为曹州。清雍正间，升为府，赐名菏泽。

④ 黄巢（？—884）：曹州冤句（今山东曹县西北）人。屡举进士不第，以贩私盐为业。乾符二年（875），王仙芝等人起兵，黄巢在冤句起兵响应。乾符五年（878），王仙芝兵败被杀，余部投靠黄巢，推黄巢为黄王，自称“冲天大将军”。中和元年（881），进入长安，称帝。时在四川的唐僖宗命朱温、李克用等人攻打黄巢，黄巢于中和三年撤出长安，四年（884）六月，黄巢在狼虎谷（今山东莱芜西南）为部下所杀。

【译文】

濮州造反者王仙芝及其党羽尚君长攻陷濮、曹州，人数发展到数万人，冤句人黄巢也聚众数千人响应王仙芝造反。黄巢早年与王仙芝都以贩卖私盐为生计，黄巢擅长骑马射箭，喜欢见义勇为，粗略地涉猎典籍，多次考进士都没录取，于是成为盗贼。与王仙芝一同侵扰劫夺州县，在山东征战所向无敌，被苛税逼得走投无路的百姓争相加入，数月之间，聚众达到数万人。

臣范祖禹评论说：自古以来，造反者的出现，国家的败亡，都是由于重赋苛税使得大批百姓失去常业所造成的。《尚书·汤誓》篇说：“夏王耗尽民力，剥削夏国的人民。”《微子》篇又说：“向下看看殷民，他们用杀戮和重刑横征暴敛。”这就是夏桀、商纣之所以亡国的原因。自秦汉以来，都是这个道理。到唐代末年，宦官专权，不仅横征暴敛，又加上贩卖各种货物，完全侵夺了人民的利益，所以才会产生贩卖私盐的盗贼。商业买卖赚取金钱，皆由官府垄断，使得人民连基本的生活保障都没有，想不亡国，岂有可能？

【评析】

古时民众起兵反朝廷，都被朝廷称为盗匪，但都声势浩大，朝廷镇压不住，其原因是太多的民众参加这种造反。民众之所以如此，又是因为朝廷的暴赋重敛，使民众无法生活下去。历朝历代都是这样，所以，民众成了改朝换代的主力军。这也是中国历史上的重要鉴戒之一，治国理政者不要以为他们都是暴民。事先不保障民众的生活，事后又只知道镇压，这样的治国理政，最后只是死路一条。

民疾官吏如寇仇

【题解】

作为一个幅员辽阔、人口众多的国家，统治者不可能亲临万民，事事躬亲，于是就需要任用官吏来分管地方。上有所好，下必甚焉，统治者的倡导倾向，对地方官吏有极大影响。中央的君主希望推行德政，地方的官吏尚且不能尽力执行，更何况君主推行弊政，那么官吏搜刮必然更加严苛。正所谓取其上而得其中，若径取其下，其得可知矣。

【正文】

十二月，黄巢入长安，纵兵大掠，焚市肆，杀人满街，尤憎官吏，得之者皆杀之。

臣祖禹曰，扬雄[①]有言曰："秦之有司，负秦之法度，秦之法度，负圣人之法度。"先王患德之不达于下也，故举仁贤而任之，上有惠泽，下吏犹或不能究宣，而况君为聚敛刻急之政，则其臣阿意希旨，必有甚者矣。故秦之末，郡县皆杀其守令而叛，盖怨疾之久也。唐之盗贼尤憎官吏，亦若秦而已矣。《诗》曰："岂弟君子，民之父母。"夫为吏而使民爱之如父母，则其爱君可知矣。苟使民疾吏如寇仇，则其君岂得不危亡乎？

【注释】

① 扬雄（前53—18）：字子云，蜀郡成都（今属四川）人，为人口吃而

博览群书，好学深思。汉成帝时为给事黄门侍郎，新莽时校书天禄阁。曾仿《论语》作《法言》，仿《易经》作《太玄》，以玄为宇宙万物之本源。又撰《方言》记述当时各地方言，还编有字书《训纂篇》。

【译文】

广明元年（880）十二月，黄巢起义军攻入长安，放纵兵卒大肆抢掠，焚烧市场店铺，被杀死的人堆满街道，而且特别憎恨官吏，抓到的官吏都被杀掉。

臣范祖禹评论说，扬雄《法言·寡见》篇说："秦朝的官吏，违背了秦朝的法令制度；而秦朝的法令制度，又违背了圣人所提倡的法令制度。"上古的贤明君王担心仁德不能及于人民，所以才推举仁贤之人并授予官职。君主要给民众恩惠，下面的官吏尚且不能详尽表述、尽力执行，更何况君主推行搜刮严苛的政策，那么臣下迎合在上者的意旨，搜刮必然更加严苛。所以在秦朝末年，各地郡县的人民都杀掉地方官，揭竿而起，举众反叛，这是由于积怨太久的缘故。唐朝的造反者特别憎恨官吏，也像秦朝的百姓一样。《诗经》说："君子品德真高尚，好似百姓父母一样。"担任官吏的人，能够使人民像对待自己父母一样敬爱他，那么人民也会忠爱君主，这是可想而知的。如果逼得人民憎恨官吏如同仇敌一般，那么在上位的君主又岂能不陷于危亡的境地？

【评析】

法律制度可以制定得不错，但执法的官吏可能破坏法律，所以自古以来都有法律，但仍治理不好国家，不是法律本身的问题，而是执法人的问题。再加上法律当中还有一些漏洞或不合理之处，因此治国理政的人，要对这个问题好好研究一下。

人言愤激，其国必殆

【题解】

僖宗治国不善，臣民中自然会有人站出来进行批评，这是不可避免的。君主治国在此时就要虚心听取臣民的批评指正，怎能让小人操持大权，随意杀人来封口呢？古代王朝到了末年，气数已尽，不能任用正人君子，而使小人得道横行，凡是提出批评者，必然会遭到迫害。

【正文】

中和元年，帝在成都①，日夕专与宦官同处，议天下事，待外臣殊疏薄。左拾遗孟昭图②上疏，以为：治安之代，遐迩犹应同心，多难之时，中外尤当一体。去冬西幸，不告南司③，遂使宰相、仆射以下，悉碎于贼，独北司得全。今朝臣至者，皆冒重险出百死者也，所宜同休等戚。伏见前夕黄头军作乱，陛下独与令孜、敬瑄④及诸内臣闭城自守，不召宰相，不谋谋臣，求入不得，请对不许。且天下者，高祖、太宗之天下，非北司之天下，天子者，四海九州之天子，非北司之天子。北司未必尽可信，南司未必尽无用，安有天子与宰相了无关涉，朝臣皆弃若路人，如此恐收复之期尚劳宸虑，尸禄之士得以宴安已。事诚不足谏，而来者冀可追也。疏入，令孜屏不奏，矫诏贬昭图嘉州⑤司户，遣人沈于蟇颐津⑥，闻者气塞而不敢言。

臣祖禹曰：自古大乱之世，亦必有忠义之臣。僖宗播越，几于亡矣，而谏争之职犹有人焉，盖天下未尝无贤，唯其君不能用也。唐之将亡，虽有忠贤，亦末如之何矣。昭图岂不知言发而祸应哉？特出于忠义愤激而不能已耳。夫明主导天下而使之言，其贤者乐告以善道，故国家可得而治也。苟上下否隔，不可告语，使人之言者出于愤激之气，则其国岂不殆哉？

【注释】

① 成都：即今四川成都。

② 左拾遗：官名，协助君主纠正错误。武则天时设左右拾遗，分属门下、中书两省，古时左高于右，左右仆射、左右丞相、左右丞，皆以左官为上。孟昭图：僖宗时为左拾遗，上疏论宦官专政，宦官田令孜矫诏贬他为嘉州司户参军，并派人在中途把他沉到蟇颐津害死。

③ 南司：即南衙，见前“北司”注。

④ 敬瑄：陈敬瑄（？—893），蜀（今四川）人，田令孜之兄，原做饼为生，田令孜得势后，召入左神策军，任左金吾卫大将军、剑南西川节度使、侍中、中书令等。唐昭宗即位，田令孜失势，他起兵抗命。昭宗景福二年（893），被王建击败并处死。令孜：田令孜（？—893），本姓陈，字仲则，蜀人。唐懿宗时随养父（姓田）入宫为宦官，唐僖宗即位后，呼他为“阿父”，田令孜把持大权。广明元年（880），黄巢军攻入长安，田令孜随唐僖宗奔蜀。光启元年，唐僖宗回长安，以田令孜为左右神策十军使。河中节度使王重荣斥田令孜有十罪，田令孜即令朱玫、李昌符等人攻打王重荣，王重荣与河东节度使李克用共拒田令孜，田令孜战败后焚长安坊市，挟僖宗逃往兴元（今陕西汉中）。田令孜自知为众不容，逃奔成都，依靠其兄西川节度使陈敬瑄。大顺二年（891），王建攻入成都，之后杀死田令孜和陈敬瑄。

⑤ 嘉州：原指今四川眉山，历史上曾叫南安县、平羌郡等。唐武德时改为嘉州，治龙游县（今四川乐山市市中区），天宝时改为犍为郡，后又复为嘉州，辖境在今四川乐山、峨眉山、夹江、犍为、沐川、马边等地。

⑥ 蟇（má）颐津：又作蟆颐津。在今四川眉山东北岷江之滨。胡三省注《通鉴》："蟇颐山，在眉州眉山东七里，山状如蟇颐，因名，山临江津，今有孟拾遗祠。"

【译文】

中和元年，僖宗在成都，每天昼夜只与宦官相处，与他们商议天下事务，对待朝廷官员特别疏远。此时左拾遗孟昭图上疏提出：国家治理得好的时代，远近的人都能同心同德，而在多难的时候，宫中与外朝更应同心一体。去年冬天皇帝西来蜀地，临行时竟然不告诉南司的朝廷之臣，于是导致宰相、仆射以下的官员全都被叛军杀死，只有皇宫中的宦官机构得以保全。现在朝廷大臣来到西蜀的，都是冒着重重危险经过百死的，无论是好是坏都应对他们一视同仁。臣下看到此前黄巾军叛乱，陛下只与田令孜、陈敬瑄及那些宫内的宦官关上城门保护自己，不召宰相，不召谋臣，大臣们想进城也办不到，要请求对话也不允许。况且天下是高祖、太宗的天下，不是北司宦官的天下，天子是四海九州的天子，不是北司宦官的天子。北司的宦官未必都是可以信任的，南司的大臣未必都是无用的，天子怎能与宰相毫不接触，朝廷大臣都像被抛弃的路人，这样的话，恐怕收复天下的时间还会很久，要让陛下辛苦操劳，而尸位素餐的官员得以享乐。事情实在是不足劝谏了，而后来的人希望还能有所补救。孟昭图的疏送进宫内，田令孜压住不报，假借皇帝诏书名义把孟昭图贬为嘉州司户，又派人在半路上把孟昭图沉到蟇颐津，听说这件事的人都灰心丧气而不敢再说。

臣范祖禹评论说：自古大乱的世道，也必定会有忠义之臣。僖宗逃难，几乎灭亡了，而谏诤的官职还有人在，这是因为天下不是没有贤人，只是君主不能任用。唐将灭亡的时候，虽有忠贤之臣，也没有什么办法了。孟昭图难道不知道说了这些话就会有灾祸降临到自己身上吗？只是他出于忠义而愤激得不能自止罢了。那些英明的君主引导天下而让他们说话，其中的贤者就会乐意把治国的善道告诉君主，所以国家可以得到治理。如果上下隔绝，不能对君主说话，说人们只能凭愤激之气来说话，那么其国家怎能不危险？

【评析】

《老子》说："大道废，有仁义；智慧出，有大伪；六亲不和，有孝慈；国家昏乱，有忠臣。"人们总说这是老子反对仁义、智慧、孝慈和忠诚，看了《唐鉴》所说的唐代历史和范祖禹的评论，才知道《老子》所说根本不是人们理解的那种意思。老子根本不反对仁义忠诚等，而是说仁义与忠诚等，是对大道废和国家昏乱的挽救。难道人们都喜欢大道废和国家昏乱吗？人们正是看不下去了，才会用仁义和忠诚来挽狂澜于既倒，孟昭图，不就是很好的例子吗？

君主杀谏臣为亡国之兆

【题解】

王朝越是到最后，君主越是昏庸愚蠢，不可救药。唐僖宗时唐还没有灭亡，但他的荒唐之举，却把尚有一息之存的唐王朝更快地推向了灭亡的深渊。

【正文】

光启元年六月乙巳，右补阙①常濬上疏，以为陛下姑息藩镇太甚，是非功过骈首②并足，致天下纷纷若此，犹未之寤，岂可不念骆谷③之艰危，复怀西顾④之计乎？宜稍振典刑，以威四方。田令孜之党言于帝曰：此疏传于藩镇，岂不致其猜忿？庚戌，贬濬万州司户⑤，寻赐死。

臣祖禹曰：杀谏臣者，其国必亡。故侯昌业⑥、孟昭图、常濬皆以谏而死，自是以后，无敢言者。唐亡之兆，亦以著矣，何必天变彗孛⑦之为妖乎？夫忠臣欲救社稷之危，人君不惟弃其言，而又戮其身，不祥莫大焉，此其国所以为墟也。

【注释】

① 补阙：官名。武则天时置，分左右二人，掌供奉讽谏，隶中书省。

② 骈（pián）首：两头并排，指功过不分。

③ 骆谷：在今陕西周至西南，谷长四百余里，关中与汉中的交通要道。

④ 西顾：唐僖宗在位时，权宦田令孜把持朝政，政局混乱，引发黄巢起义。黄巢攻入长安，僖宗逃亡蜀郡。西顾即指僖宗从长安向西逃亡蜀郡。

⑤ 万州：今重庆万州区。唐以前为万川郡、万川县、南浦县，东汉建安二十一年属固陵郡，后属巴东郡（今重庆奉节）。唐武德时置浦州，贞观时改为万州，天宝时改为南浦郡，后又复名万州，近代曾称万县，后又改名万州。

⑥ 侯昌业：曾任左拾遗，因上疏直谏，批评僖宗不亲政事，专务游戏，赏赐无度，使田令孜专权无上，天象示警，社稷将危。僖宗大怒，召侯昌业至宫中内侍省，赐死。

⑦ 彗孛（bèi）：彗星和孛星。彗星古人称扫帚星，认为预示人间将要更换朝代。孛，即光芒四射的一种彗星。古人认为彗孛出现，是大不吉利的预兆。

【译文】

光启元年六月乙巳，右补阙常濬上疏，批评说：陛下姑息藩镇太甚，是非功过都一样对待，致使天下如此大乱，还没有醒悟，怎么不想想走到骆谷向西蜀逃亡时的艰危，再想想仓皇西逃时的计划？应该振作起来，使用刑罚来威镇四方。田令孜的同党对僖宗说：这个主张用刑的奏疏传到藩镇，岂不是会招致他们的猜忌与忿恨？二十八日，把常濬贬为万州司户，很快又赐他自杀。

臣范祖禹评论说：杀谏臣的，其国家必定灭亡。所以侯昌业、孟昭图、常濬都因进谏而死，从此之后，没人敢言了。唐灭亡的征兆，也很明显了，何必等到天上出现彗星孛星才知道有妖异呢？那些忠臣想挽救天下国家的危亡，君主不但抛弃他们的进言，还杀戮他们的身体，这是最大的不祥，所以其国家最后成了一片废墟。

【评析】

侯昌业、孟昭图、常濬等人看到唐要亡国，不得不冒死向僖宗进谏，但田令孜这伙人用花言巧语让僖宗听见这些劝谏就生气，他们下手太狠毒，把这些尽忠的大臣都害死了。国家要灭亡，先让进忠言的大臣死去，这样的历史鉴戒还能说不让人痛心疾首吗？

昭宗

小人不可以有功

【题解】

中唐以后，宦官擅权，帝位多由宦官决定。往昔士人登第，以作为天子门生为荣，此时由宦官决定立谁做皇帝，以至于宦官视皇帝为门生，称其为门生天子，皇帝威权扫地。范祖禹认为，道德修养高的人，即使立功也会谦虚谨慎；而没有道德标准的人，稍立功勋就会难以掌控。唐代宦官跋扈悖逆到如此地步，就在于居功自傲，自恃有扶立皇帝的功劳而肆行不法。

【正文】

乾宁①元年七月，李茂贞②遣兵攻阆州③，杨复恭④、杨守信⑤帅其族党犯围走，将自商山⑥奔河东，至乾元⑦，遇华州⑧兵，获之。八月，韩建⑨献于阙下，斩于独柳。李茂贞献复恭与守亮⑩书，诉致仕之由，云："承天门乃隋家旧业，大侄但积粟训兵，勿贡献，吾于荆榛中立寿王⑪，才得尊位，废定策国老，有如此负心门生天子。"

臣祖禹曰：惟君子可以有功，小人不可以有功也。君子有功而不伐，小人有功而益骄，先王戒小人勿用者，以其不可立功也。夫无功犹不可长也，况其有功，何以堪之？故小人而有非常之功者，国之不幸也。复恭，刑臣⑫，至与天子为敌。昭宗⑬亲战，用大师而后克之，其言不臣如此，由其恃援立之功故也，岂不足为永戒哉？

【注释】

① 乾宁：唐昭宗李晔的年号，894—898年。

② 李茂贞（856—924）：深州博野（今河北蠡县）人，本姓宋，名文通，任神策军指挥使。光启年间，朱玫反叛，因护卫僖宗有功，授武定军节度使，赐姓名李茂贞。后杀李昌符，代领凤翔节度使，杨复恭与其兄子杨守亮据兴元反叛，李茂贞将其击破。昭宗许其兼领两镇。896年，攻入长安，昭宗避难华州，李茂贞焚烧宫阙，大掠坊市而去。901年，被封为岐王，入朝掌握朝廷大权。

③ 阆（làng）州：唐时置隆州，后改称阆州，又改为阆中郡，又改回称阆州，在今四川阆中市。嘉陵江流经阆中一段，古称“阆水”，以此得名。

④ 杨复恭（？—894）：原为唐懿宗的宦官，福建人，本姓林，因是宦官杨玄翼的养子，故改姓杨，是天下兵马都监杨复光的从兄。唐僖宗时升宣徽使、枢密使。黄巢攻克长安，僖宗逃到汉中，杨氏代田令孜为左神策中尉。僖宗回长安后，任为观军容使，后定策立昭宗，操纵朝政。昭宗大顺二年（891）致仕，后为韩建擒杀。

⑤ 杨守信：杨复恭的养子。

⑥ 商山：位于陕西丹凤县城西丹江南岸，秦末汉初，四皓［东园公唐秉、角（lù）里先生周术、绮里季吴实和夏黄公崔广］隐居商山，刘邦曾请他们出来做官，四人拒绝。张良又聘四皓为刘邦长子刘盈的老师，避免太子被废黜，后刘盈继位为汉惠帝。

⑦ 乾元：县名。唐乾元元年以安业县改名乾元县，治所在今陕西柞水，隶属京兆府，不久又改属商州。

⑧ 华州：在今陕西渭南市华州区，因处于华山姊妹山少华山脚而得名。公元前806年西周宣王庶弟郑桓公受封于此，建立郑国。春秋时，秦国设郑县，南北朝西魏时设华州。

⑨ 韩建（855—912）：许州长社（今河南长葛）人。中和初年，黄巢威逼长安，韩建随忠武监军杨复光入援，后投降军容使田令孜，任潼关

防御使兼华州刺史，后任华商节度使、潼关守捉使。乾宁二年，唐昭宗与关中诸节度使冲突，韩建与凤翔节度使李茂贞、邠州节度使王行瑜攻长安，韩建后又迎唐昭宗于华州，被封为中书令。乾宁四年八月，唐昭宗回京，封韩建为守太傅。天复元年十一月，宦官韩全诲胁迫唐昭宗投奔凤翔节度使李茂贞，宣武节度使朱全忠闻知自河中引军而西，前锋至同州，韩建判官司马邺降，朱全忠进围华州，韩建投降，任许州节度使，后任佑国军节度使、京兆尹。朱全忠建立后梁后，韩建为守司徒、同平章事。后梁乾化二年（912）六月，张厚作乱，杀死韩建。

⑩ 守亮：即杨守亮，本姓訾名亮，杨复光平定黄巢起义时，养为假子，改名杨守亮。

⑪ 寿王：唐昭宗未即位以前，曾被封为寿王。

⑫ 刑臣：指宦官，因入宫时受过宫刑，故称刑臣。

⑬ 昭宗（867—904）：唐昭宗李晔，唐懿宗第七子，888—904年在位。后被朱温（朱全忠）所杀。

【译文】

乾宁元年（894）七月，李茂贞派兵攻打阆州，杨复恭、杨守信率领同族亲属突围逃跑，打算从商山向河东逃亡，路经乾元县，被华州士兵捉住。八月，韩建将他们押往京城，在独柳处以斩刑。李茂贞将杨复恭写给养子杨守亮的书信上呈朝廷，书信诉说了自己辞去官职的原因，其中说："承天门（长安太极宫正南门）是隋文帝时旧有的建筑（按：此乃书信中的隐语，意指李唐的天下也是从隋朝那里抢夺来的），你只管囤积粮食、训练士兵，不要向朝廷上贡。我于艰危困苦之中拥立寿王，他才得以登上帝位，如今废弃我这样的册立功臣，竟有如此负心的门生天子（帝位由宦官决定，故杨复恭视皇帝为门生）。"

臣范祖禹评论说：只有君子可以有功，而小人却不可以有功，因为君子有功不会自我夸耀，小人有功则会日益骄横，上古贤明君王告诫不要任用小人，就是因为不可以让他们立功。小人无功时尚且不易掌控，更何况立有功劳，君主如何统御他们呢？所以如果小人立有非同寻常的功勋，这将是国家的不幸。杨复恭是宦官，以至于与天子相匹敌，唐昭宗御驾亲征，发动大军才最终平定他。杨复恭的书信言辞悖逆，不守臣道到如此地步，就是他自恃有扶立之功的缘故，这难道不足以作为永久的鉴戒吗？

【评析】

在治国理政的问题上，范祖禹提出只有君子可以有功，小人不可以有功，这也是古代历史上的一个重要问题。因为君子有功不会害国家，小人有功就会骄横起来，干出许多坏事。因此君主治国不能用小人，更不要希望他们立功。这也许会让现代人不可理解，其实仔细一想，就会明白其中的道理。因为小人终归是坏人，暂时的成功，并不表明他是真心为国尽力，只是他们手中用来向君主讨价还价的资本，答应他们的要求，国家要坏；不答应，他们就会干更大的坏事。所以唐后期的君主对藩镇采取姑息政策，就是不懂这个道理。

唐之乱亡，皆由藩镇

【题解】

昭宗天复元年（901）以后，唐朝政局进一步恶化。由宰相崔胤领导的大臣和宦官之间的敌对形势恶性发展，每一方为了打击对方都不惜付出任何代价，而操纵双方的节度使们正可以从中得到好处。真正的问题是哪个节度使会得势，朝廷中哪一派终将屈服。到903年，朱温完全控制了朝廷和京师。第二年，朱温把昭宗迁到由他控制的东都洛阳，挟天子以令诸侯，最终昭宗被朱温谋杀，昭宗第九子李柷被立为皇帝。朱温册立新君，既可树威，而且年幼的君主，更有利于自己通过禅让来获得帝位的计划。昭宣帝这个最后的短暂时期，就其本质而言，并非唐朝历史的一部分，而是属于朱温巩固政权的一个阶段。

【正文】

天祐①元年正月，全忠②杀崔胤③，将劫帝迁都，引兵屯河中④。丁巳，帝御延喜楼，全忠遣牙将寇彦卿奉表，称邠岐兵⑤逼畿甸，请帝迁都洛阳。帝未及下楼，宰相裴枢⑥已得全忠移书，促百官东行。戊午，驱士民，号哭满路，骂曰："贼臣崔胤召朱温来倾覆社稷，使我曹流离至此。"老幼繦属，月余不绝。壬戌，车驾发长安。全忠以张廷范为御营使⑦，毁长安宫室百司及民间庐舍，取其材浮渭沿河而下，长安自是遂丘墟矣。甲子，帝至华州，民夹道呼万岁，帝泣谓曰："勿呼万岁，朕不复为汝主矣。"馆于兴德宫，谓侍臣曰："鄙语云：'纥干山头冻杀雀，何不飞去生处乐？’朕今漂泊，不知竟落何所？”因泣下沾襟，左右莫能仰视。二月乙亥，帝至陕[8]，全忠自河中来朝，帝延全忠入寝室，见何后[9]，后泣曰：“自今大家夫妇委身全忠矣。”帝遣间使以御札告难于王建[10]，建使王宗祐[11]将兵会岐兵迎车驾，至兴平[12]，遇汴兵[13]，不得进而还。三月，帝复遣间使以绢诏告急于王建、杨行密[14]、李克用[15]等，令纠率藩镇以图匡复，曰：“朕至洛阳，则诏敕皆出其手，朕意不复得通矣。”四月，全忠请车驾早发，表章相继，帝屡遣宫人，谕以皇后新产，未任就路，请俟十月东行。全忠疑帝徘徊俟变，怒甚，谓寇彦卿曰：“汝速至陕，即日促官家发来。”闰月丁酉，车驾发陕。癸卯，帝憩于谷水[16]。自崔胤之死，六军散亡俱尽，所余击毬供奉内园小儿共二百余人，从帝而东。全忠犹忌之，为设食于幄，尽缢杀之。预选二百余人大小相类者，衣其衣服，代之侍卫。帝初不觉，累日乃寤，自是帝之左右职掌使令，皆全忠之人矣。甲辰，车驾至洛阳，帝自离长安，日忧不测，与皇后终日沉饮，或相对涕泣。全忠使蒋玄晖[17]伺察帝动静，皆知之。帝从容问玄晖曰：“德王[18]，朕之爱子，全忠何故坚欲杀之？”因泣下，啮中指流血。玄晖具以语全忠，全忠愈不自安。时茂贞等移檄往来，皆以兴复为辞，全忠方引兵西讨，以帝有英气，恐变生于中，欲立幼君，易谋禅代，乃遣李振[19]至洛阳，与玄晖及朱友恭[20]、氏叔琮[21]图之。八月壬寅，帝在椒殿[22]，玄晖选龙武牙官[23]史太[24]等夜叩宫门，言军前有急奏，欲面见帝。夫人裴贞一[25]开门见兵，曰：“急奏何以兵为？”史太杀之，玄晖问：“至尊安在？”昭仪李渐荣[26]临轩呼曰：“宁杀我曹，勿伤大家。”帝方醉，遽起，单衣绕柱走，太追而弑之，渐荣以身蔽帝，太亦杀之。又欲杀何后，后求哀于玄晖，乃释之。癸卯，玄晖矫诏称李渐荣、裴贞一弑逆，宜立辉王祚[27]为皇太子，更名柷，监军国事。又矫皇后令，太子柩前即位。宫中恐惧，不敢出声哭。丙午，昭宣帝[28]即位，年十三。

臣祖禹曰：昔周之兴也，以诸侯归之，其亡也，以诸侯叛之，平王[29]以后，周室微弱，政令不行，历数百年而不亡者，亦以诸侯持之也。唐之乱以藩镇，及其末也，藩镇割裂，疆土皆尽，而唐室遂亡。僖[30]、昭之时，惟李克用最为有功，虽尝跋扈而终不失臣节，王室可倚以为藩捍，使太原之势常重，则诸镇未敢窥唐也。而唐以其戎狄之人，疑而不信，外而不亲，有震主之势，而无朝廷之助，是以不竞于汴，而全忠独强，吞噬诸镇，卒灭唐室。自古忠者不见信，所信者不忠，岂有不亡者乎？

右昭宗，在位十七年，为朱全忠所弑，年三十八。

【注释】

① 天祐：唐昭宣帝（又称哀帝）李柷的年号，904—907年。

② 全忠：即朱全忠（852—912），五代后梁的太祖。原名朱温，唐宋州砀山（今安徽砀山）人，初参加黄巢起义军，后来降唐，唐僖宗赐名全忠，后来自己废唐称帝，建立后梁后，又改名为晃。后为其子朱友珪所杀。

③ 崔胤（854—904）：清河武城人。唐乾符二年进士，历任兵部、吏部侍郎，以朱全忠为外援，把持朝政，后引朱全忠进入关中，昭宗成为朱全忠的傀儡。后欲扩充自己的势力，被朱全忠杀死。

④ 河中：756年，设河中防御使。757年，升河中节度使，治蒲州（治今山西永济西南），长期领有河中府、晋、绛、慈等州，相当今山西石楼、汾西、霍州等市县以南，安泽、垣曲以西地区。

⑤ 邠岐兵：邠同“豳”，古代诸侯国名，在今陕西彬州，汉晋时为新平郡，西魏置豳州，唐置邠州。岐，岐山，是山名又为地名，在今陕西岐山县。岐山是周王朝发祥之地，从周太王迁岐到周平王东迁，近400年间，岐山一直是西周的中心。邠岐兵，指当时占据关中的李茂贞等人的部队。

⑥ 裴枢（840—905）：绛州闻喜人，随唐僖宗入蜀，任殿中侍御史，昭宗时以户部侍郎同平章事。昭宣帝时，与朱全忠不合，罢宰相之职，

贬为登州刺史、陇州司户参军，后与朝廷大臣三十余人全被朱全忠杀害于白马驿，尸体被扔进黄河。

⑦ 张廷范（？—905）：清河（今河北清河）人，本是倡优之人，为朱全忠所爱，升御营使、河南尹等。朱全忠想让他担任太常卿，受到裴枢等人的反对，朱全忠以此为理由，杀死裴枢等人，投之黄河。御营使：唐昭宗天祐元年（904）东迁洛阳，以扈从士兵为御营，朱全忠派张廷范为御营使，掌管御营部队。

⑧ 陕：在今河南三门峡市陕州区。秦时置陕县，县境位于崤山山岭之中，是豫西和渭河平原间的咽喉。

⑨ 何后：昭宗皇后何氏，梓州人。昭宗即位，封为淑妃，随行至华州，册为皇后。昭宣帝即位，尊为皇太后，居积善宫，号积善太后。后为朱全忠杀害。

⑩ 王建（847—918）：五代十国时前蜀皇帝。许州舞阳（今属河南）人，唐僖宗为避黄巢逃奔成都，王建率兵入蜀，由宦官田令孜指挥，令孜把他认为养子。大顺二年（891），攻占成都，景福二年四月杀陈敬瑄、田令孜。乾宁四年（897），破梓州（东川节度使治所），占有东西两川之地。天复三年（903），唐封王建为蜀王。后梁开平元年（907），在成都称帝，国号蜀，史称前蜀。天汉元年（917），改国号为汉。次年，复号为蜀。时中原战乱，文士多奔于蜀，王建虽目不知书而喜与文士谈论，且前蜀建立后没有大规模战争，使蜀地得以太平。

⑪ 王宗祐：王建的部将，任邛州刺史及北路行营指挥使。

⑫ 兴平：在今陕西兴平。

⑬ 汴兵：指朱全忠的部队。朱全忠在唐僖宗时降唐，任宣武军节度使，治所在汴州（今河南开封），因此他的部队称汴兵。

⑭ 杨行密（852—905）：原名杨行愍，庐州合肥（今安徽合肥）人。唐末参加起义军，后应募当了唐王朝的州兵，升为牙将，僖宗中和三年（883），官拜庐州刺史，昭宗时官中书令，封为吴王，后来第四子杨溥建吴国，追尊行密为武帝，庙号太祖。

⑮ 李克用（856—908）：沙陀部人，其父朱邪赤心，唐懿宗赐姓名李国昌。李克用因镇压黄巢有功，升河东（今山西太原西南）节度使，昭宗乾宁二年（895）封晋王。昭宣帝天祐四年（907），朱温称帝，克用仍用唐天祐年号，次年，克用死。其子李存勖继立，灭后梁、建后唐，追尊李克用为太祖武皇帝。

⑯ 谷水：河名，从河南渑池县流到洛阳汇入洛水。

⑰ 蒋玄晖：朱全忠的部将，当时任枢密使。

⑱ 德王：昭宗之子，李裕。朱全忠逼迫昭宗迁都洛阳时，见德王眉目疏秀，且年龄已大，恐为后患，派人杀死了他。

⑲ 李振：朱全忠的心腹，为人残忍狡诈，劝朱全忠杀死大臣三十余人，把尸体投进黄河，是白马之祸的主谋。李克用打败后梁，将李振满门抄斩。

⑳ 朱友恭：朱全忠的将领，本姓李，名彦威。自幼追随朱温左右，屡立战功，被朱温收为养子。他奉命杀死唐昭宗，朱全忠此后将他处死。

㉑ 氏叔琮（？—904）：今河南尉氏人，朱全忠的将领，与朱友恭一起奉命杀死唐昭宗。事后朱全忠为了洗白自己，把氏叔琮贬为白州司户，并强迫他自尽。

㉒ 椒殿：后妃居住的宫殿。

㉓ 龙武牙官：龙武，唐代禁军名。牙官，指副武官，泛指下属小官。

㉔ 史太：朱全忠部将，亲自率人杀死唐昭宗等人。

㉕ 裴贞一：唐昭宗的妃嫔，位阶为夫人。夫人，当时后宫妃嫔官职之一，皇后以下的妃嫔，以贵妃、淑妃、德妃、贤妃为夫人。

㉖ 李渐荣：昭宗的昭仪。

㉗ 辉王祚：即唐昭宣帝李柷，原名祚，辉王为继位前的王号。

㉘ 昭宣帝：李柷（chù，892—908），唐朝最后一个皇帝，唐昭宗第九个儿子，904—907年在位，在朱全忠逼迫下，以禅让形式把帝位让给朱全忠，唐朝灭亡。908年被朱全忠杀死。李柷死后，朱全忠加谥号“哀皇帝”，后唐庄宗时改谥“昭宣光烈孝皇帝”。通常称唐哀帝，范

祖禹《唐鉴》称昭宣帝。

㉙ 平王：指周平王，姬姓，名宜臼。

㉚ 僖：即唐僖宗李儇（xuān，862—888），873—888年在位。为唐懿宗第五子，在位时发生了黄巢起义，被迫逃到西蜀。

【译文】

天祐元年正月，朱全忠杀死崔胤，准备劫持皇帝迁移国都，率领军队驻扎在河中道。二十一日，昭宗来到延喜楼，朱全忠派遣牙将寇彦卿上表，说邠岐的军队已逼近京郊，请求昭宗迁都洛阳。昭宗还没从延喜楼下来，宰相裴枢已收到朱全忠发来的公文，催促百官东行。二十二日，驱赶百姓迁徙，号哭之声充斥道路，骂道："奸臣崔胤召来朱温颠覆国家，使得我们流转离散至此。"道路上老幼连续不断，一个多月不绝于道。二十六日，皇帝从长安出发，朱全忠任命张廷范做御营使，拆毁长安宫室以及官民住宅，将建筑木材随渭水沿黄河流下至洛阳，长安从此成为一片废墟。二十八日，昭宗来到华州，百姓夹道欢迎，高呼万岁，昭宗流泪说道："不要喊万岁，我不再是你们的君主了。"昭宗寓居在兴德宫，对近侍的廷臣说："俗语说'纥干山头太寒冷，雀儿何不速飞走，逃生好去享安乐'，我现在漂泊无依，不知道最终的归宿在何方。"于是伤心落泪浸湿衣襟，侍臣伏地不敢仰视。二月初十，昭宗来到陕县，朱全忠从河中道前来朝觐，昭宗引朱全忠入寝室，见到何皇后，皇后流泪说："从今往后，我们夫妻俩的性命就托付给你了。"昭宗派遣密使携带手诏向王建求救，王建派王宗祐统兵会合岐州军队来迎接皇帝，到达兴平，遇到朱全忠军队的阻拦，不能前进而返回。三月，昭宗再次派遣密使携带自己写在绢上的诏书，向王建、杨行密、李克用等求救，命令他们集结率领诸镇军队，前来挽救复兴危亡的国家，昭宗在诏书中说："我到洛阳后，诏书实际上都是出于朱全忠之手，我的旨意不再能传达给你们了。"四月，朱全忠促请皇帝早日起程，催促的奏章相继不断，昭宗多次派遣侍臣，告诉朱全忠皇后刚刚产子，受不了路途颠簸，请求等到十月再东行。朱全忠怀疑皇帝徘徊不前是为了等待形势变化，于是大怒，对寇彦卿说："你速去陕县，马上催促皇帝启程到这里来。”闰四月初三，昭宗从陕县出发。初九，昭宗一行在谷水歇息。自从崔胤被杀，禁军六军（左右龙武、左右神武、左右神策）散亡俱尽，只剩下陪皇帝踢球的内苑役卒共二百余人，跟从皇帝东行，朱全忠还是不放心，借口在帷帐中请他们吃饭，将他们全部勒死，事先挑选了二百多个年纪与其相仿的人，穿上他们的衣服，取代他们做皇帝的侍卫。昭宗起初尚未察觉，数日后才发现，从此以后，皇帝身边任事使唤的人，就都是朱全忠的亲信了。初十，皇帝到达洛阳，自从离开长安，皇帝每日都害怕遭遇不测，只能与皇后整天酗酒消愁，有时两人相对哭泣。朱全忠派蒋玄晖侦察皇帝的动静，所以皇帝的举动朱全忠都知道。昭宗不慌不忙地问蒋玄晖："德王是我的爱子，朱全忠为什么一定要杀了他呢？”于是流下眼泪，咬中指而流血，极为痛心，蒋玄晖将这些情况全部告诉朱全忠，朱全忠更加感觉不放心。当时李茂贞等往来声讨的文书，都以恢复李唐皇室为托词借口，朱全忠正要率领军队向西征讨，而因为昭宗具有英武豪迈的气概，朱全忠害怕皇帝在后方政变，想要另立年幼的君主，易于策划帝位的禅让，于是派遣李振到洛阳，与蒋玄晖及朱友恭、氏叔琮图谋此事。八月十一日，昭宗正在后妃寝宫，蒋玄晖派遣龙武牙官史太等在夜间叩击宫门，说战场有紧急奏报，想要面见皇帝。夫人裴贞一开门后看见有士兵，问道："紧急奏报为何带兵前来？”史太将裴贞一杀死，蒋玄晖问："皇帝在哪里？”昭仪李渐荣在窗前高声喊道："宁可杀我们，不要伤害皇帝。”昭宗正在酒醉之中，听到喊声，赶快起来，身穿单衣绕着殿柱逃命，史太追上并杀死昭宗，昭仪李渐荣因为用自己的身躯保护昭宗，也为史太所杀。史太又想杀死何皇后，何皇后向蒋玄晖乞怜，才免于一死。十二日，蒋玄晖假托诏令说昭仪李渐荣、夫人裴贞一弑君，应当册立辉王李祚为皇太子，改名柷，监管军国之事。又假托皇后的命令，令太子在昭宗灵柩前即位为帝。皇宫里的人都畏惧害怕，不敢哭出声。十五日，昭宣帝李柷即位，年仅十三岁。

臣范祖禹评论说：从前周朝的兴起，是因为诸侯归附王室，周朝的灭亡，是因为诸侯背叛王室。自周平王东迁洛邑以后，周王室衰弱，政策和法令得不到施行，但是历经数百年却不灭亡，也是由于诸侯扶持王室的缘故。唐朝乱世起于藩镇，到唐朝末年，藩镇割据，国土尽丧，李唐王朝于是灭亡。

唐之乱亡，皆由藩镇

唐僖宗、昭宗之时，只有李克用最有功劳，可以扶持皇室，虽然曾经恃强骄横，但是终归不失作为人臣的节操，皇室依仗他作为护国之臣，使得太原形势稳固，所以诸藩镇尚不敢觊觎皇权。而因为李克用出身于西突厥沙陀部族，李唐皇室对他怀疑而不予信任，疏远而不加亲近，使得李克用有振兴皇室的势力，却得不到朝廷的协助，因此率军路过汴州时，被朱温打败，险些遇害。于是朱温变得特别强大，吞并诸镇，最终灭亡李唐皇室。自古以来，忠诚的人不被信任，被信任的人却不忠诚，朝廷一旦如此，岂有不亡之理？

以上是唐昭宗，在位十七年，被朱全忠杀害，享年三十八岁。

【评析】

唐之乱亡，皆由藩镇，但也不要忘了宦官的作用，可以说是宦官与藩镇勾结，使唐王朝一步步走向灭亡。而唐的君主们，则是促成两股恶势力的关键人物。历史上，小人总能占上风，压倒正人君子，所以唐也避免不了这种恶运。后之治国理政者，对此应该好好研究，为什么正人君子斗不过小人。唐代的藩镇和宦官虽然不能说都是小人，但其中的小人最能得到君主的宠信，所以最终使这些小人的力量越来越强，而朝廷日益衰弱，直至灭亡。所以范祖禹说："自古忠者不见信，所信者不忠，岂有不亡者乎？"这就是唐为后人留下的最大鉴戒。

这一篇中引用了民歌："纥干山头冻杀雀，何不飞去生处乐？"意谓雀鸟冻死在纥干山头，为什么不飞到可以活下去的地方快乐地生活呢？反映了虽为帝王而不能自由选择生活以至于被人摆布的无奈。纥干山，在山西大同城东，亦名纥真山、采药山，山头上夏天常有积雪，所以说冻死鸟雀。这里引用此语，是指唐昭宗受朱温胁迫由长安迁都洛阳，最后被杀。过程中，昭宗完全没有自由，只能借用这个俗谚表达自己的无奈。但后来的君主不仅要知道他最后无奈的心情，更要知道他为什么会落到这步田地。

昭宣帝

贪躁之士自取白马之祸

【题解】

本篇围绕裴枢对待唐室与朱全忠的态度立场展开讨论，认为白马之祸完全是其咎由自取。裴枢在任命太常卿一事上违逆朱全忠，看似忠臣义士，而范祖禹认为，裴枢不顾社稷安危，其大节已亏，在细处展示至公，不仅于事无补，且有邀誉之嫌，最终弄巧成拙，反触怒朱全忠而惹来杀身之祸。由此可见，正确评价一个历史人物，要综观他一生的行迹，不可仅就一事而论。

【正文】

天祐二年三月，独孤损①、裴枢、崔远②并罢政事。初，柳璨③及第，不四年为宰相，性倾巧轻佻。时天子左右皆朱全忠腹心，璨曲意事之，同列裴枢、崔远、独孤损皆朝廷宿望，意轻之，璨以为憾。和王傅④张廷范本优人，全忠欲以为太常卿⑤，枢以为太常卿常以清流⑥为之，廷范以梁客将，不可，乃曰："廷范勋臣，自有方镇，何藉乐卿？恐非元帅之旨。"持之不下。全忠闻之怒，璨因此并远、损谮于全忠，故三人皆罢。五月乙丑，彗星竟天，占者曰："君臣俱灾，宜诛杀以应之。"柳璨因疏其素所不快者于全忠曰："此曹皆聚徒横议，怨望腹非，宜以之塞灾异。"李振亦言于全忠曰："王欲图大事，此曹皆朝廷之难制者也，不若尽去之。"全忠以为然，乃贬独孤损、裴枢、崔远皆为刺史，陆扆⑦、王溥⑧、赵崇⑨、王赞⑩皆为司户，其余或门胄高华，或科第自达，居三省⑪台阁以名检自处，声迹稍著，皆指以为浮薄，贬逐无虚日，搢绅[12]为之一空。辛巳，再贬枢、损、远为泷、琼、白州[13]司户。六月，全忠聚枢等及朝士贬官者三十余人于白马驿[14]，一夕尽杀之，投尸于河。初，李振屡举进士不中第，故深疾搢绅之士，言于全忠曰："此辈常自谓清流，宜投之黄河，使为浊流。"全忠笑而从之。

臣祖禹曰：白马之祸，至今悲之。欧阳修[15]有言曰："一太常卿与社稷，孰为重？使枢等不死，尚惜一卿，其肯以国与人乎？虽枢等之力不能存唐，必不亡唐而独存也。"臣以为不然。昭宗返自凤翔，而全忠篡夺之势已成，人无愚智皆知之矣。枢乃其党，被其荐引，以为宰相，不恤国之将亡，方且宴安于宠禄。全忠之劫迁洛阳，昭宗未及下楼，枢受贼旨，已率百官出长安东门。昭宗卒以弑殒，而唐遂亡。由此观之，枢为忠于李氏乎？忠于朱氏乎？且长安与一太常卿孰重？国亡君弑，与流品[16]不分孰急？枢不惜长安以与全忠，乃惜一卿不与廷范，不恤国亡君弑，而恤流品之不分，其愚岂不甚哉？夫枢非有忠义之心，能为社稷者也，不胜其利欲之心，畏全忠而附之，弑其君父。既从之矣，以为除太常卿小事也，持之不与，未必咈全忠之心，而微以示人至公，从其大而违其细，欲以窃天下之虚誉，不意全忠怒之至此也。全忠以为此小事也犹不从己，其肯听己之取天下乎？是以肆其诛锄，无所不至，不知枢等实非能为唐轻重，乃全忠疑之过也。向使枢有存唐之心，当全忠之劫迁端委[17]而受刃于国门，天下忠义之士闻之，必有奋发而起者矣。枢不为此而惜一卿，不死于昭宗之弑，而死于廷范之事，处身如此，岂能为国虑乎？迹其附会全忠以为相，进不由其道矣，乃欲上不失贼臣之意，下不失士大夫之誉，其可得乎？白马之祸，盖自取之也。然自古如此而死者多矣，贪躁之士，亦可少戒哉！

【注释】

① 独孤损（？—905）：独孤及的从曾孙。天祐二年（905），朱全忠想让

嬖臣张廷范做太常卿，宰相裴枢等人不同意，此年四月，天空出现彗星，宰相柳璨按朱全忠的意旨，说是天谴大臣，于是在滑州白马驿将左仆射裴枢、独孤损、右仆射崔远、守太保致仕赵崇、兵部侍郎王赞、工部尚书王溥、吏部尚书陆扆等人皆以无罪贬官，同日赐死。凡是维护唐王朝而不顺承朱全忠的朝廷大臣，都诬为朋党，连坐贬死数百人，朝廷为之一空，史称“白马之祸”。

② 崔远（？—905）：当时为昭宗的右仆射。昭宗龙纪元年（889）登第，大顺初（890）以员外郎知制诰，充翰林学士，拜中书舍人。乾宁三年（896）转户部侍郎，转兵部侍郎，同平章事。迁中书侍郎兼吏部尚书。昭宣帝天祐初（904）从昭宗东迁洛阳，罢相为右仆射。二年（905），贬白州司户参军，被杀于白马驿。

③ 柳璨：唐代名臣柳公绰和书法家柳公权的族孙，昭宗时进士及第，认为刘知几《史通》对经、史的批评过分，曾撰十章《柳氏释史》，昭宗对他非常赏识，任翰林学士。崔胤被杀，唐昭宗以柳璨为谏议大夫同中书门下平章事。因受朝廷老臣排斥，遂助朱全忠陷害朝廷大臣，造成白马之祸。朱全忠称帝后，璨拜司空，为册礼使。后被朱全忠流放到崖州，随即斩杀。

④ 和王傅：和王李福的师傅。

⑤ 太常卿：九卿之一。秦置奉尝，汉景帝时更名太常，掌宗庙礼仪，兼掌选试博士，历代因之，为专掌祭祀礼乐之官。北魏称太常卿，北齐称太常寺卿，北周称大宗伯，隋至清皆称太常寺卿。

⑥ 清流：借以喻指德行高洁负有名望的士大夫。

⑦ 陆扆（847—905）：初名允迪，吴郡嘉兴人。僖宗光启二年（886）进士及第，昭宗时官至户部侍郎，同中书门下平章事，进中书侍郎，封吴郡开国公。被柳璨等人陷害，先被贬为濮州司户，随后死于白马之祸。

⑧ 王溥（？—905）：当时为工部尚书，被柳璨等人陷害，先被贬为淄州司户，随后死于白马之祸。

⑨ 赵崇（？—905）：曾任太子太保，当时已经致仕，被柳璨等人陷害，先被贬为曹州司户，随后死于白马之祸。

⑩ 王赞（？—905）：当时任兵部侍郎，被柳璨等人陷害，先被贬为潍州司户，随后死于白马之祸。

⑪ 三省：指中书省、门下省、尚书省。中书省长官为中书令，副长官为中书侍郎。中书省负责秉承皇帝旨意起草诏敕。门下省长官为侍中，副长官为黄门侍郎，后改称门下侍郎，门下省负责纠核朝臣奏章，复审中书诏敕，如有不当，可以封还或驳正，称"封驳"。中书、门下二省都设在宫内，又有谏诤之责，以匡正皇帝的过失。尚书省设在宫外，长官为尚书令，实际不任命，由副长官左、右仆射代行职权。三省的关系是：中书取旨，门下封驳，尚书奉而行之。唐初三省长官为宰相，又择他官参加议政，号为参知机务、参议得失，后又有同中书门下三品、同中书门下平章事，由他官参政。唐中叶以后，同中书门下平章事才是真正的宰相，三省长官被排斥出宰相行列。玄宗以后，起草诏敕之权又由翰林学士承当，三省已经名存实亡。

⑫ 搢绅：原意为插笏于绅，后用为官宦或儒者的代称。绅，是仕宦者和儒者围于腰际的大带。

⑬ 泷州：治所在今广东罗定。琼州：在今海南五指山。白州：在今云南大理。

⑭ 白马驿：在黄河边的滑州（今河南滑县），唐末天祐二年（905）裴枢等一批朝廷大臣被朱全忠杀害于此，尸体全部投入黄河，史称白马之祸。

⑮ 欧阳修（1007—1072）：北宋人，吉州吉水（今属江西）人。宋仁宗时知制诰、翰林学士，英宗时官枢密副使、参知政事，神宗时迁兵部尚书。是范仲淹庆历新政的支持者，喜奖掖后进，为唐宋八大家之一。与宋祁合修《新唐书》，独撰《新五代史》。

⑯ 流品：品类，等级。原指官阶，后泛指门第或社会地位。

⑰ 端委：古代礼服。礼衣端正无杀，故曰端；文德之衣尚褒长，故曰委。

【译文】

天祐二年（905）三月，独孤损、裴枢、崔远同时被罢同平章事之职。当初，柳璨进士及第，不到四年就升官为宰相，本性乖巧轻佻，当时昭宣帝左右都是朱全忠的心腹，柳璨委曲己意而奉承他们，同为宰相的裴枢、崔远、独孤损都是朝廷中素有名望的大臣，心里都很轻视他，柳璨以此为憾事。和王李福的师傅张廷范本是倡优之人，朱全忠想让他当太常卿，裴枢认为太常卿一职通常都应当由清流之士担任，而张廷范是汴梁方面的将领，不是朝廷中人，因此不予同意，于是对朱全忠说："张廷范是功勋之臣，自有方镇之职可以担任，何必要任用太常卿这一职位？恐怕不是元帅的意思。"把这一提案压着不办。朱全忠听说后大怒，柳璨借此事为由向朱全忠诬陷裴枢以及崔远和独孤损，所以三人都被罢官。五月初七，彗星横贯天空，占星的人说："这个天象表示君臣都有灾难，应该诛杀有罪的人来禳除这个天灾。"柳璨于是向朱全忠上疏，把平素所仇恨的人都罗列在里面，说："这伙人都聚众横议朝政，满怀怨恨，心中诽谤，应该拿他们问罪来禳除天灾。"李振也对朱全忠说："大王想谋划大事，这伙人都是朝廷中难以控制的人，不如全都除掉他们。"朱全忠以为说得对，于是把独孤损贬为棣州刺史，裴枢贬为登州刺史，崔远贬为莱州刺史，又把吏部尚书陆扆贬为濮州司户，工部尚书王溥贬为淄州司户，太子太保致仕赵崇贬为曹州司户，兵部侍郎王赞贬为潍州司户。其余的朝廷大臣，有的是出身高官贵族，有的是通过科举逐步升官，凡是位居中书、门下、尚书三省部门之职并且以名声清白自处，声望稍显著的官员，都被指为轻浮浅薄之人，每天都有人被贬官和被驱逐出都城，朝廷中的士大夫为之一空。二十三日，又贬裴枢为泷州司户，独孤损为琼州司户，崔远为白州司户。六月，朱全忠把裴枢等人及朝士被贬官者三十余人全部押到白马驿，一夜全部杀害，把尸体投进黄河。当初，李振屡次参加科举考试而不中第，所以深为疾恨朝廷的士大夫，他对朱全忠说："这伙人经常自称是清流，应把他们投进黄河，使他们成为浊流。"朱全忠笑着听从了这个主意。

臣范祖禹评论说：白马之祸，至今为之悲伤。欧阳修在《言行录》里评论裴枢说："裴枢不愿意让张廷范担任太常卿，一个太常卿的官职，与社稷相比，哪个更重要？假使裴枢等人不死，还会因为吝惜一个太常卿之职，而愿意把国家送给别人吗？虽然裴枢等人的力量不能保护唐王朝继续存在，也必定不会让唐朝灭亡而让自己独自活着。"臣下以为不是这样。昭宗从凤翔返回长安，而朱全忠篡夺唐王朝帝位的势力形成，人不分愚笨还是聪明都知道这一点了。裴枢乃是他的党羽，受到朱全忠的推荐和引用，让他担任宰相，他不忧伤国家将要灭亡，还在从得宠和官禄中享受安乐。朱全忠胁迫昭宗迁到洛阳，昭宗未来得及下楼，裴枢就已接受了贼人的命令，已经率领百官出了长安城的东门。昭宗最终被朱全忠弑杀而死，而唐王朝最终灭亡。由此看来，裴枢是忠于李氏王朝呢？还是忠于朱全忠呢？况且长安与一个太常卿之职哪个更重要？国家灭亡，君主被弑，难道不比人们不分身份等级更紧急？裴枢不吝惜长安而把它送给朱全忠，却来吝惜一个太常卿之职而不给张廷范，不吝惜国家灭亡和君主被弑，却痛惜人们不区分身份等级，他的愚蠢难道不更过分吗？那位裴枢不是有忠义之心，而能维护社稷的人，他不能消除自己的利欲之心，畏惧朱全忠而依附他，让朱全忠杀害了自己的君父。既已顺服了朱全忠，还认为任命一个太常卿只是一件小事，抓着不给人家，这样做未必违背朱全忠的心意，而能稍微向人表示自己是至公之心，在大事上顺从了朱全忠而在小事上违背他，想以此窃得天下人对自己的空虚赞誉，没有想到朱全忠会愤怒到这种地步。朱全忠以为这样的小事都不听从自己，还肯听从自己篡取天下吗？所以大肆进行诛杀消灭，无所不至，不知裴枢等人实际上不能成为维护唐王朝的重要力量，这乃是朱全忠疑心过了头。在此之前如果裴枢有保存唐王朝的心愿，当朱全忠劫迫昭宗迁都时能穿上官服在国门之前面对朱全忠的屠刀，天下忠义之士知道了这种事，必定会有奋发而起的人。裴枢不这样做而吝惜一个太常卿，不为昭宗的被杀而死，却为了不让张廷范当太常卿而死，让自己如此处事，怎能为国家担忧呢？考察他依附朱全忠而当了宰相，就是出仕之际没有走正道了，却想在上不违背贼臣朱全忠的意旨，在下不失去士大夫的赞誉，这是能得到的吗？白马之祸，看来是他们咎由自取。但是自古以来像这样而死的人已有很多，贪恋官位而浮躁的士大夫，也可以由此而稍加鉴戒呀!

【评析】

白马之祸，是士大夫的悲剧，却又是由士大夫造成的，残暴的军阀只不过是顺水推舟而已。所以前面说藩镇与宦官中有小人，士大夫中同样有小人，而不管是什么地位身份的人，其中的小人都是残害忠良的人，所以后人也不能简单地按身份地位来作历史分析的根据。范祖禹说是士的贪躁使他们自取其祸，这也是批评士大夫处事的不合正道。并非所有的士大夫都贪躁，只是士大夫中的部分人有贪躁的毛病，但在特定情况下，这会引起更大的灾祸。白马之祸，不能简单地看作藩镇对士大夫的迫害，而应探究其中的人性之恶，不应只停留在人们外表的身份上。

人君要培养士的廉耻

【题解】

唐昭宣帝在朱全忠的淫威之下不得不把皇帝之位禅让给他，举行禅让仪式时，让杨涉担任押送传国玺的专使，杨涉的儿子杨凝式在国史馆工作，要记录这些活动，因此他对其父亲说，你作为唐朝的宰相，而让唐朝灭亡，不能说没有罪过，还要亲手把传国玺交给别人，暂时看来保住了富贵，但终被记录在史册，千年之后，人们看到史书，就会知道你这种人的这种行为，逃不过后人批评。中国古代史官对于人们行为是善是恶的评价标准，不以一时得失为标准，而以是否合乎道义为标准。杨凝式的这番话，是对历朝历代卖国求荣者的严厉批判。所以杨涉一听大为惊骇，连着几天都神色不宁，可见这对他是多么沉重的心理打击。范祖禹认为在改朝换代的时候，一定会有仗节死义的忠臣，也一定会有贪图富贵的奸臣贼子。这也证明唐的灭亡，是因为朝中之臣基本上都是小人了，所以范祖禹感叹，唐朝有三百年的天下，可是到了最后，却没有一个忠义之士挺身而出救助扶持，其原因又是唐的君主不能培养士的廉耻之心，让大家都变成小人了。

【正文】

四年三月，帝禅位①于梁②，以杨涉③为押传国宝使④，涉子直史馆⑤凝式⑥言于涉曰："大人为唐宰相，而国家至此，不可谓之无过。况手持天子玺绶与人，虽保富贵，奈千载何？盍辞之？"涉大骇曰："汝灭吾族。"神色不宁者数日。

臣祖禹曰：自古易姓[7]之际，必有仗节死义之臣，忠于本朝，故贼臣惮焉。唐之亡也，其宰相奸险趋利，卖国与盗，惟以倾覆宗社，士之立于朝者，皆小人也。故以绶玺与人而不以为不可，劝进贼庭而不以为羞，惟凝式一有言，而其父大骇，以为狂惑不祥之人矣。岂其贤人君子遭世之乱而隐伏不见欤，抑其累世之君不能养其风俗而无礼义廉耻之习欤？何三百年之天下而无一忠义之士扶持之也？人君岂可不养士之廉耻，以重其国哉？

【注释】

① 禅位：将帝位让给其他人，而不传给自己的儿子。古称“禅让”，所说尧禅位于舜，舜禅位于禹，其后禅让就变成了世袭。后世虽有名为“禅让”之事，但实际都是逼迫强夺。唐昭宣帝禅位给后梁朱全忠，就是一例。

② 梁：五代的后梁，此指朱全忠。

③ 杨涉：祖父杨收，唐懿宗时宰相，父亲杨严，官至兵部侍郎。杨涉在昭宗时为吏部尚书。昭宣帝时，为中书侍郎、同中书门下平章事。唐亡，在后梁为门下侍郎、同中书门下平章事，在位三年，无所施为，罢为左仆射，后数年卒。

④ 押传国宝使：官名，负责押送传国玺的主管官员。

⑤ 直史馆：唐以统文馆（即昭文馆、修文馆）、集贤殿书院、史馆为三馆。史馆属中书省，掌修国史。唐太宗置史馆修撰、直馆等官，掌修国史。直史馆，即史馆直学士。直学士，官名。唐门下省弘文馆、中书省集贤殿书院及史馆皆置学士，掌校理图籍，六品以下称直学士。

⑥ 凝式：杨凝式（873—954），华阴（今陕西华阴）人。历事唐、后梁、后唐、后晋、后汉、后周。唐哀帝天祐二年，登进士第，任史馆直学士。后梁时为考功员外郎，后唐时为比部郎中，知制诰。后晋时，以礼部尚书致仕。后汉时为少傅少师。后周时为太子太保。

⑦ 易姓：天子换了别人，姓氏随之而改，故易姓即是改换王朝。古时王朝为家天下，以一姓为天子，如唐朝为李家天下，朱全忠代唐，天下

即改为朱姓了。

【译文】

天祐四年三月，昭宣帝把帝位禅让给朱全忠，让杨涉担任押传国宝使，杨涉的儿子直史馆杨凝式对杨涉说："大人是唐的宰相，国家到了这个地步，不能说你没有罪过。何况亲手拿着天子的印玺送给别人，虽然保住了富贵，可是对千载之后人怎么解释呢？何不推辞掉这个使命？"杨涉大为惊骇，说："你这样说话会灭掉我们全族。"杨涉神色不宁，好几天都平静不下来。

臣范祖禹评论说：自古以来改朝换代的时候，必定会有仗节死义的忠臣，忠于本朝，所以奸贼之臣会感到害怕。唐在灭亡的时候，它的宰相奸邪阴险只知为自己找好处，把国家卖给盗贼，这只是因为在国家覆灭的时候，在朝当官的人，全都是小人了。所以他们把帝王的传国玺拿给别人而不认为是完全错误的，劝贼人来做帝王，也不认为是羞耻之事，只有杨凝式说出这种话来，他的父亲大为惊骇，以为这个儿子是狂惑不祥的人。难道是贤人君子遇到世乱而隐伏不出现了吗，还是唐朝数代的君主不能培养良好的风俗而不再有礼义廉耻的风尚了呢？为什么唐朝长达三百年的天下而没有一个忠义之士在此时站出来扶持救助它呢？国君怎能不培养士大夫的廉耻心，以此来加强其国家的命运呢？

【评析】

改朝换代时的仗节死义之臣，是正人君子在最危难之时的最后表现，但不能根本挽救政局，只能算是实现个人的正义之责。但作为历史，要对这种人给予高度赞赏，不能因为他们已不能挽狂澜于既倒而忽视他们。为节操道义而死，永远是值得赞颂的行为。但更重要的是在和平时期就要培养人们的道义气节，并且要使这种道义气节成为天下的主流风气。一个社会与时代，是否充满正气，关系到它的历史命运，所以范祖禹说："人君岂可不养士之廉耻，以重其国哉？"这样的历史鉴戒，希望在天下太平时就为治国理政的人牢记在心。

得失天下的关键

【题解】

昭宣帝是唐代最后一位君主，在位只有四年时间，就被朱全忠杀死，于是大唐王朝宣告结束，中国历史进入五代时期。范祖禹对此发表评论，提出一个问题，即得天下与失天下，关键原因是什么？他认为就是一个字：仁。仁则得天下，不仁则失天下。以行仁政而得天下，这是儒家学者孟子的主张，范祖禹基本沿用孟子的观点，认为君主只要能够行仁政，就使民心悦而自动归顺，于是就能称王于天下。如果君主不行仁政，民众就会离开他而逃走，又怎能得天下呢？至于得到天下之后的关键问题则是德，有德就能兴盛，无德就会衰败。所以作为国家的君主，最重要的是努力修德，实行仁政，然后等待天下的民众自动归顺。也有用武力而不是用仁德来得天下的，如朱全忠夺取唐王朝的天下，就是这样的。这样的做法，表面也得到了天下，但人心不服，所以天下容易背离这种君主，他的统治不会长久。相比之下，汉与唐两代的得天下，都还有一点仁德，能得到民心的喜悦而顺服，而曹魏和后梁的得天下就完全不能与汉唐相比，所以得天下之后不久要么天下分裂，要么再被别人夺去。总之，无论是唐的亡国，还是靠盗贼手段篡夺天下，都有后人引以为鉴戒的东西，后来的帝王对此不能忽略不顾，所以范祖禹评论此事来使后世帝王注意。

【正文】

右昭宣帝，在位四年，禅位于梁，梁封帝为济阴[①]王，明年为梁所弑，年十七。

臣祖禹曰：三代之得天下也以仁，其失天下也以不仁。人心悦而归之则王，离而去之则亡，故凡有德则兴，无德则废。君人者勤于德以待天下之归而已，至于后世有天下者，其德不足，而以势力劫持之，天下之人非心服也，力不能胜也，故天下易离。然而汉、唐之有天下也，除其暴乱而待之以宽，人心悦而从之，故其享天下皆长久，虽不足以及三代，亦其次也。魏之代汉，非由积德，故天下不服，分而为三，数十年而亡。若朱全忠之篡唐，又不足以及曹氏，直为盗贼而已矣，言之可丑，岂足道哉？然唐之所以亡，不可不戒，乱臣贼子，不可不惩也。臣故举其大略而著之。

【注释】

① 济阴：在今山东菏泽市定陶区西北。

【译文】

以上是昭宣帝，在位四年，把帝位禅让给朱全忠，史称后梁，朱全忠把昭宣帝封为济阴王，到了第二年昭宣帝又被朱全忠弑杀，年龄只有十七岁。

臣范祖禹评论说：夏、商、周三代得到天下靠的是仁政，他们丧失天下是因为不行仁政。人心喜悦而归顺他，这个人就能称王于天下；人们离开而逃走，其帝王就会亡国，所以凡是有德的君主就会兴盛，无德的君主就会被废黜。统治天下的人努力修行仁德，等待天下之人归顺自己而已，至于后世的君主，其仁德不足，而用武力抢劫得到天下，天下之人不是心服他，而是力量不足以战胜他，所以这样得来的天下容易分裂。这样说来，汉、唐得到天下，是消除了当时帝王的暴政而用宽大和平的态度对待天下，人心喜悦而乐意顺从他，所以这两个朝代享有天下都很长久，虽然比不上夏、商、周三代，也是仅次于三代的王朝了。曹魏取代了汉朝，不是因为曹氏积有仁德，所以天下人不服，于是分裂为三个国家，过了几十年就亡国了。像朱全忠这样篡唐，又不足以比得上曹氏，只不过是做盗贼的人而已，说到他都觉得丑陋，哪里值得称道呢？但是唐王朝之所以灭亡，不可不引为鉴戒；而乱臣贼子的篡国，也不能不有所惩戒。所以臣列举其大略情况而写在这里。

【评析】

治国之道，包括的内涵甚多，如君主对天下民众的仁爱，就是其中之一；又如君主对自身德行的高标准和严要求，也是其中之一。前者可保证君主不实行暴政，后者可保证君主不成为昏庸愚蠢之主。有这两条，又可保证君主能识别和不任用小人。而君主自身的德行，又包括品德与智慧，不然只会成为仁君，而成不了明君，对于治国理政还是有所不足。总结历史，观察历史的鉴戒，中心问题是何为治国之道。由此出发而来衡量一切问题，才会形成正确的认识。

唐之兴亡，宋之鉴戒

【题解】

这是《唐鉴》最后一条评论。《唐鉴》从唐高祖起兵开始评论，一直论到昭宣帝被迫把帝位“禅让”给朱全忠。综观唐代二百九十年的历史，范祖禹认为唐初有贞观之治，中期有开元之治，未想盛极而衰，出现了天宝大乱，唐王朝于是开始衰微。其后虽有宪宗元和之政，号称“中兴”，但整个唐代是治日很少，而乱日很多。唐代的君主不能修身齐家以正天下，把起兵诛其亲人称为“定内难”，把逼父而夺其位称为“受内禅”，可知唐代皇族根本就是闺门之内无礼无法，这是他们不能正天下之乱的根本原因。范祖禹又总结了历史发展的规律，认为乱到了极点就会走向治。唐代的乱延续到五代，而后有宋朝拨乱反正，顺天应人，兵不血刃，市不易肆而天下定。宋代的兴盛是唐代无法相比的。而其根本原因就在于内则家道正而人伦明，以仁政养民，以勤俭自律，整个行政系统都能令行禁止，没有唐代的藩镇之害。他希望宋朝的皇帝能以唐代为鉴戒，继承祖宗的做法，实行永世保民之道。

【正文】

右唐起高祖武德元年，终昭宣帝天祐四年，凡十四世，二十帝，二百九十年。

臣祖禹曰：唐自高祖取隋，五年而四方底平，九年而太宗立，贞观之治，几于三代。然一传而有武氏之篡，朝命中绝二十余年。中、睿享国日浅，朝廷浊乱，明皇以兵取而后得之[①]。开元之治，几于贞观，而终之以天宝大乱，唐室遂微。肃宗以后，无足称者，惟宪宗元和之政，号为中兴。凡唐之世，治日如此其少，乱日如彼其多也。昔三代之君，莫不修身齐家以正天下，而唐之人主，起兵而诛其亲者，谓之“定内难”，逼父而夺其位者，谓之“受内禅”，此其闺门②无法，不足以正天下，乱之大者也。其治安之久者，不过数十年，或变生于内，或乱作于外，未有内外无患，承平百年者也。扬雄曰：“阴不极则阳不生，乱不极则德不形。”③唐室之乱，极于五代，而天祚有宋太祖皇帝，顺天人之心，兵不血刃，市不易肆，而天下定。神武所临，海外有截。继以太宗文治，四宗守成，太平百有余年，虽三代之盛，未有如此其久者也。其取之也，虽无以远过于前代，其守之也，则不愧于三王。内则家道正而人伦明，其养民也仁，其奉己也俭，德泽从厚，刑罚从薄，外则县之政听于令，郡之政听于守，守之权归于按察，按察之权归于朝廷，上下相维，轻重相制，藩镇无擅兵之势，郡县无专杀之威。士自一命④以上，刑辱不及也，故无大臣之诛。施及群生，功利无穷，较之唐世，我朝为优。夫唐事已如彼，祖宗之成效如此，然则今当何鉴，不在唐乎？今当何法，不在祖宗⑤乎？夫惟取鉴于唐，取法于祖宗，则永世保民之道也。

【注释】

① 以兵取而后得之：唐睿宗景云元年（710）八月，韦后毒死唐中宗，自立为皇太后，临淄郡王李隆基（即后来的唐玄宗，又称唐明皇）率兵诛杀韦氏，扶立睿宗。

② 闺门：家门。

③ 阴不极则阳不生，乱不极则德不形：出自《太玄·玄文》。

④ 一命：周代官员分九级，其任命从最低的一命直到最高的九命，所以一命指最低级的官员。

⑤ 祖宗：指宋代开国及初期的几位皇帝，宋太祖、太宗等，范祖禹撰写《唐鉴》时是在宋神宗时，书成宋神宗已死，于是他把书献给宋哲

宗。这里他希望当时的宋朝皇帝继承祖宗的治国之道，使宋王朝永世长存。

【译文】

以上唐从高祖武德元年起，到昭宣帝天祐四年止，共十四世，二十帝，二百九十年。

臣范祖禹评论说：唐代从唐高祖李渊取代隋朝，经过五年而平定了天下四方，过了九年而唐太宗李世民继位，在位期间实现了贞观之治，其政治成就接近于三代的开国君主。但只传了一代就出现了武则天的篡国，唐朝的国家命运中途断绝了二十多年。中宗、睿宗在位的时间都很短暂，朝廷的政治污浊混乱，唐明皇用武力夺取了政权而后得到天下。开元时期的治国，又接近了贞观之治，但是最终又出现了天宝时期的大乱，唐王室于是衰败下来。唐肃宗以后，没有值得称道的君主，只有唐宪宗元和时期的政治，号称唐朝的中兴时期。综观唐王朝的整个时代，政治良好的时间是如此少，而政治浊乱的时间又是如此之多。从前三代的国君，没有哪位不是通过修身齐家来正天下的，而唐代的君主，起兵诛杀他的亲人，称之为“平定内部的灾难”；逼迫他的父亲而夺走其王位，称之为“受内禅”，这就是家门之内没有规范，不足以治理好天下，是最大的祸乱。其能使天下太平最久的也不过数十年，或者是在王室内部产生了政变，或者是在朝廷之外出现了战乱，没有一个时期是内外没有灾祸而能保持太平长达一百年的。扬雄在《太玄·玄文》里说：“阴不到达极点，阳就不会开始产生；乱不到达极点，德也不会表现出来。”唐王朝的动乱，到五代达到了极点，而上天保佑宋太祖皇帝，使他顺应天人的心愿，兵不血刃，市场也不用改换门面，就让天下平定下来。太祖皇帝的神灵和威武施展到全天下，使海外的国家也都表示顺服。其后又有宋太宗接续下来，以文治国，又有四代君主守住已有的天下，太平日子长达一百多年，就连夏、商、周三代的盛世，也没有像这样长久的。宋代的帝王取得天下，虽然没有远远超过前代的帝王，但他们守住已经得到的天下，则无愧于尧、舜、禹三王。在皇族内部则能使治家之道贞正而伦理关系明确无误，他们养育民众则非常仁爱，他们要求自己则非常节俭，对臣下给予的仁德恩惠是强调优厚的，实施刑罚则是要求从轻的，朝廷之外的县一级的政治则由县令作主，郡一级的政治则听命于郡守，郡守的权力则由按察使加以监督，按察使的权力则由朝廷统一控制。整个国家的上下官员都相互维护，权力的轻重则相互制约，守卫边防的藩镇大将没有专擅兵权的权势，郡县官员没有自主用刑杀人的威风。士绅只要被任命为最初级的官员，刑罚的羞辱就不会用到他身上，所以从来没有诛杀大臣的事。这种恩惠普遍实施到所有的生命身上，功利无穷，与唐代相比，我们宋朝更为优秀。说到唐朝的事情已如前面所谈到的，而我朝祖宗治国的成效又是如此，那么当今应该以什么为鉴戒，难道不应当以唐代为鉴戒吗？今天又当效法什么？难道不应以宋朝的君主为榜样吗？只有以唐朝为鉴戒，效法宋朝的祖宗，才是永保国泰民安的正道。

【评析】

唐代历史的鉴戒，是从各位皇帝的治国来展开的。高祖利用了形势，在太宗等人的协助下顺利取得天下。太宗在一批贤臣的帮助下，加上自己能虚心纳谏，取得了贞观之治的成绩。此后有武则天称帝，其实她的治国还是非常成功的。到玄宗时期，开始还能取得开元之治的成功，后来却出现了天宝大乱，使唐王朝走向衰落。故玄宗的过大于功，不能称为明君。肃宗以后的皇帝，只有宪宗有元和之政，史称中兴，但并不能真正扭转唐的运势。此后则愈益衰弱，终至灭亡。范祖禹又从宋代的角度来论唐史的鉴戒，认为宋太祖赵匡胤是扭转历史的重要人物，这在明末清初的学者王夫之眼里，也是如此。本书的序言中已说过这个问题。总体上说，北宋时期把唐代治国中的问题都加以解决了，但也形成了新的问题，即抑制将领太甚，不能有力地抵抗外来侵略。所以王夫之在面对清灭明的时候，就感叹宋的这一弱点，不仅使宋亡国，更使华夏政权亡天下。但这都是范祖禹所看不到的，要由更后面的学者来分析与评论。历史的教训鉴戒，我们今天都充分研究与分析了吗？这是读了范祖禹的《唐鉴》之后要对现代人提出的一个重大问题。